Inhalt

Vorwort

Das vorliegende Buch hat die Aufgabe, dem Studierenden an den Höheren Technischen Lehranstalten einen Überblick über die Gebiete Werkstoffkunde und Werkstoffprüfung zu geben und ihm auch die Möglichkeit zu verschaffen, das Verhalten von Werkstoffen zu verstehen und eine entsprechende Werkstoffauswahl zu treffen.

Es werden also in erster Linie die Eigenschaften der Werkstoffe dargestellt, während ihre Gewinnung und Herstellung in den Hintergrund treten.

Nach den Eigenschaften, die sich aus dem inneren Aufbau bzw. durch verschiedene Behandlungen (z. B. Glühen, Härten usw.) ergeben, richtet sich ja unter Berücksichtigung der Kosten die Auswahl für einen bestimmten Anwendungsfall. Deshalb erfolgt z. B. auch die Einteilung der verschiedenen Stahlsorten nach ihrem Verwendungszweck.

Das große Gebiet der metallischen Werkstoffe wird noch durch einige Legierungen mit speziellen Eigenschaften (amorphe Metalle, superplastische Legierungen und Legierungen mit Formgedächtnis) erweitert.

Bei den nichtmetallischen Werkstoffen werden die Kunststoffe wegen ihrer besonderen Bedeutung sehr ausführlich behandelt, wobei besonders die Unterschiede gegenüber den Metallen verdeutlicht werden. Auf Grund der rasanten Entwicklung der elektronischen Bauelemente, die praktisch in allen Bereichen Verwendung finden, wird auch der Halbleitertechnologie ein breiterer Raum gegeben.

Die am Ende jedes Abschnittes zusammengestellten Fragen und Aufgaben (die Antworten und Lösungen befinden sich im Anhang), erleichtern das Verständnis, tragen zur Vertiefung des Stoffes bei und geben die Möglichkeit zur Selbstüberprüfung. Das Glossar liefert darüber hinaus Erklärungen zu Fremdwörtern und Fachbegriffen.

Es würde mich freuen, aus dem Leserkreis Anregungen, Wünsche und Verbesserungsvorschläge zu erhalten, die nach Möglichkeit bei einer weiteren Auflage berücksichtigt werden können.

Ich möchte ferner allen Firmen und Institutionen danken, die durch Überlassung von Fotos, Literatur und anderen Unterlagen sowie durch ihre fachliche Beratung meine Arbeit wesentlich unterstützt haben. Mein besonderer Dank gilt Herrn Manfred Bosilj für die Manuskripterstellung und die Fertigung der großen Zahl von Bildern und Diagrammen. Dem Verlag danke ich für die sorgfältige Gestaltung und die ausgezeichnete Ausstattung des Buches sowie für die hervorragende Zusammenarbeit.

Der Abschnitt über die Eisengusswerkstoffe wurde in der zweiten Auflage neu überarbeitet. An dieser Stelle danke ich Herrn Dipl.-Ing. Hubert Kerber vom Österreichischen Gießereiinstitut Leoben, der mich mit seinem reichen Fachwissen unterstützte.

Graz, im Juni 2009

Heinz Gabernig

Einleitung 1

Werkstoffkunde und Werkstoffprüfung stellen zusammen mit der Werkstoffverarbeitung (Fertigungstechnik) die Hauptgebiete des großen Bereiches der **mechanischen Technologie** dar. Letztere beschäftigt sich mit den Verfahren zur Gewinnung der Naturstoffe und deren Umwandlung in Fertigprodukte mit vorwiegend mechanischen Mitteln.

Daneben gibt es noch die **chemische Technologie** (chemische Verfahren betreffend), wobei eine exakte Zuordnung zum einen oder anderen Bereich wegen der zahlreichen Überschneidungen kaum möglich ist.

Die **Werkstoffkunde** ist die Lehre von den Werkstoffen. Sie befasst sich mit dem inneren Aufbau der Werkstoffe, den sich daraus ergebenden Eigenschaften und deren Veränderungen durch verschiedene Behandlungen.

Die **Werkstoffprüfung** dient der Ermittlung der Kennwerte, Verarbeitungseigenschaften, chemischen Zusammensetzung und des Behandlungszustandes von Werkstoffen. In der Fertigung werden die geforderten Kenngrößen kontrolliert und allfällige Fehler gesucht. Weiters ist zur Klärung von Schadensfällen häufig eine Werkstoffprüfung erforderlich.

Die in diesem Buch (abgesehen von einigen Beispielen) nicht behandelte **Werkstoffverarbeitung** (auch als **Fertigungstechnik** bezeichnet) umfasst sämtliche Möglichkeiten der Formgebung sowie der Verbindungs- und Beschichtungstechnik.

Werkstoffe sind Materialien zur Herstellung von Fertigerzeugnissen. Es werden dafür Naturstoffe (unmittelbar oder in abgewandelter Form) und Kunststoffe (in chemischen Prozessen aus Naturstoffen hergestellt) verwendet. Die Bezeichnung „Werkstoff" ist allerdings nicht in allen Industriezweigen üblich. Als Beispiele seien Baustoffe (→ Bauindustrie) und Textilien (→ Textilindustrie) erwähnt.

Die Werkstoffe werden nach verschiedenen Kriterien eingeteilt: Die einfachste Möglichkeit ist die Unterteilung in **Metalle** und **Nichtmetalle** (Bild 1.1).

Einen Sonderfall stellen die **Verbundwerkstoffe** dar, die durch Kombination von mindestens zwei Werkstoffen mit unterschiedlichen Eigenschaften entstehen. Sie werden vielfach als dritte Hauptgruppe neben den Metallen und Nichtmetallen angeführt.

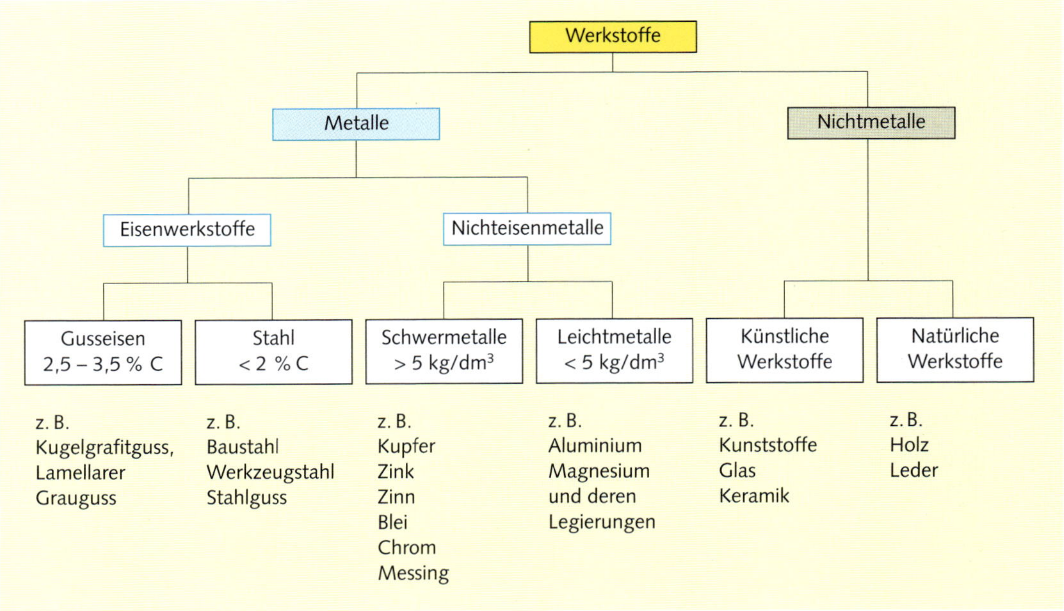

1.1 Einteilung der Werkstoffe

2 Aufbau reiner Metalle

2.1 Allgemeines

Metalle und ihre Legierungen haben unter den Werkstoffen für den Maschinenbau und ähnliche technische Bereiche wohl die größte Bedeutung. Ganz allgemein hat der Gebrauch von Metallen in der Menschheitsgeschichte eine sehr lange Tradition. Vor allem gediegen vorkommende Metalle (z. B. Gold, Silber oder Meteoreisen) wurden schon einige Jahrtausende v. u. Z. zur Herstellung verschiedenster Gegenstände verwendet (Bild 2.1).

2.1 Die berühmte goldene Totenmaske des Tut ench Amun ist über 3000 Jahre alt.

Was macht eigentlich die Besonderheit eines Metalles aus?

- Rund drei Viertel aller chemischen Elemente sind Metalle. Sie sind alle **undurchsichtig** und befinden sich bei Raumtemperatur mit Ausnahme des Quecksilbers im festen Aggregatzustand (Bild 2.2).

2.2 Quecksilber ist als einziges Metall bei Raumtemperatur flüssig. Es erstarrt erst bei ca. –39 °C.

- Als äußeres Kennzeichen bemerkt man an blanken Metalloberflächen einen charakteristischen **Glanz**. Dieser wird durch das ausgezeichnete Reflexionsvermögen für Licht hervorgerufen. Man nützt diese Eigenschaft vielfach, um hell spiegelnde Flächen zu erzeugen (Metallspiegel).
- Metalle sind **gießbar**. Im Normalfall erhalten die Metalle nach ihrer Gewinnung aus den Erzen durch das Gießen ihre erste Form (Bild 2.3).

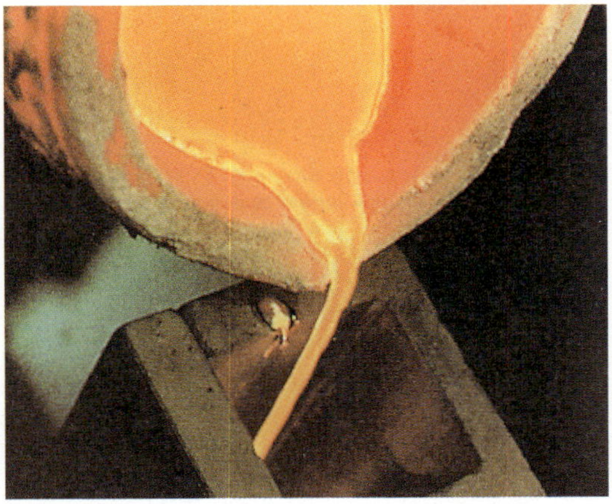

2.3 Metalle sind gießbar

- Unter Einwirkung äußerer Kräfte kommt es bei den meisten Metallen vor dem Bruch zu einer mehr oder weniger starken **plastischen Verformung**. Diese Verformungsfähigkeit, welche besonders im warmen (glühenden) Zustand sehr gut ist, hat für die Formgebung der Metalle eine große Bedeutung (Bild 2.4).

2.4 Beispiel einer plastischen Verformung: Fertigung einer Schelle aus Bandstahl durch Biegen.

Ein besonderes Merkmal ist das **hohe Leitvermögen für Wärme und elektrischen Strom.**

- Metalle können untereinander und mit Nichtmetallen **Legierungen** bilden, die andere Eigenschaften besitzen als die reinen Metalle (Bild 2.5).

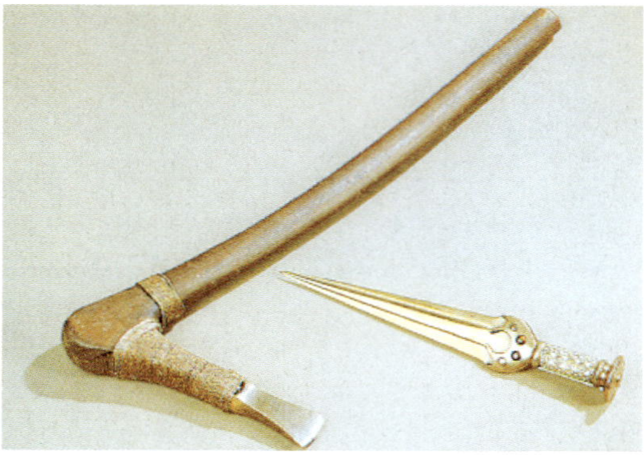

2.5 Wie diese Funde aus der Bronzezeit belegen, kannten die Menschen schon im Altertum Legierungen.

- Bei Metallen kann es ferner zur **Auflösung in Säuren** kommen, wobei Salze entstehen. In den wässrigen Lösungen dieser Salze befinden sich positiv geladene **Metallionen (Kationen)**.

All diese Eigenschaften treten bei den einzelnen Metallen in unterschiedlichem Maße auf. Bei manchen Elementen ist der Metallcharakter deshalb zweifelhaft. Dazu kommt, dass einige Elemente sowohl in der metallischen (oder metallähnlichen) als auch in einer nichtmetallischen Modifikation auftreten. Der Begriff „Metall" bezeichnet somit eigentlich einen Zustand. Nähere Einblicke in die Eigenschaften und in den Aufbau der Metalle bringen die folgenden Abschnitte.

2.2 Erstarrung einer Metallschmelze

Metalle sind wie alle Stoffe aus Atomen aufgebaut. Der **flüssige Aggregatzustand** unterscheidet sich vom festen im Wesentlichen durch die Bewegungsform der Atome. Im ersteren Fall ist die Beweglichkeit noch relativ frei, die Atome gleiten praktisch aneinander vorbei. Eine Volumsänderung ist wegen der geringen Atomabstände kaum möglich, dagegen bereitet eine Formänderung infolge der leichten Verschiebbarkeit der Atome keine Schwierigkeit.

Im **festen Aggregatzustand** ist die freie Beweglichkeit der Atome beendet, sie schwingen dann nur mehr um bestimmte Mittellagen. Diese Schwingungen hören erst bei Erreichung

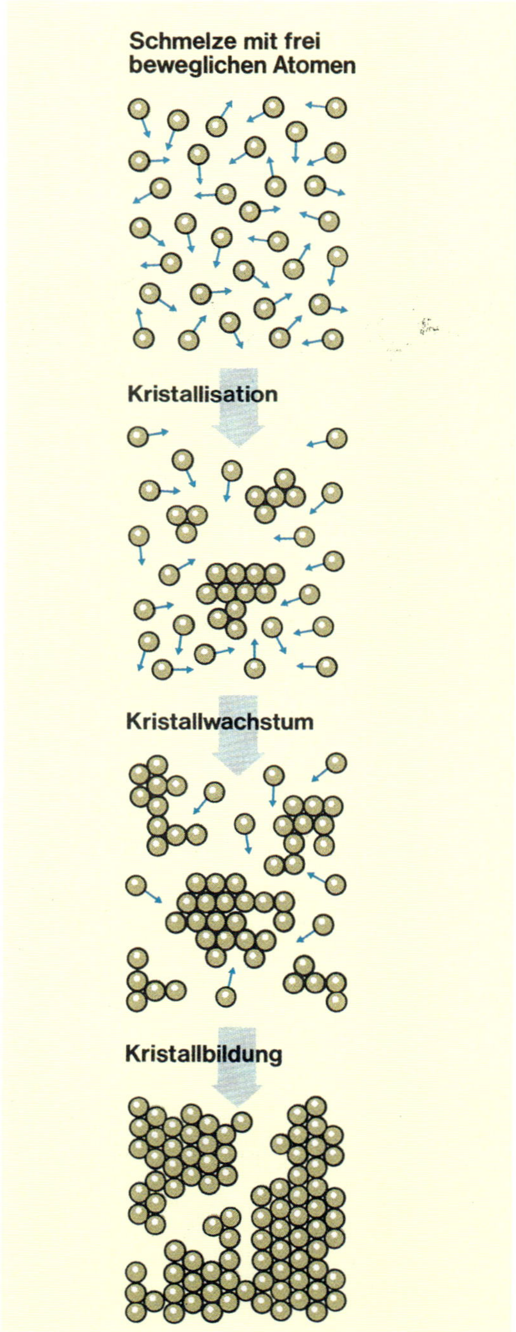

2.6 Entstehung eines Kristalls

des absoluten Nullpunktes auf. Sind die Atome (eigentlich Schwingungsmittelpunkte derselben) regelmäßig angeordnet, spricht man von einem **kristallinen** Festkörper. Bei unregelmäßiger Atomanordnung bezeichnet man den Körper als **amorph** (z. B. Gläser, die meisten Kunststoffe).

Wird einer Metallschmelze durch eine kältere Umgebung Wärme entzogen, sinkt ihre Temperatur. Stellen wir uns vor, wir könnten die Atome des flüssigen Metalles bei diesem Abkühlungsvorgang beobachten. Man würde sehen, dass sich die Atome mit sinkender Temperatur immer langsamer bewegen und sich schließlich an örtlich kälteren Stellen des Schmelzbades (wo bereits die Erstarrungstemperatur erreicht oder geringfügig unterschritten ist) zu geordneten Gebilden zusammenschließen. Es sind dies submikroskopische Kristalle (unter der Auflösungsgrenze des Mikroskops), die auch als **Keime** bezeichnet werden und den Ausgangspunkt des Erstarrungsvorganges bilden (Bild 2.6). Um die Keime wachsen die Metallkristalle so lange, bis die Schmelze verbraucht ist. Beim Zusammenschluss der Atome zu einem Kristall wird die **Erstarrungswärme** frei, die exakt jener Wärmemenge entspricht, welche zuvor beim Schmelzen des Kristalles verbraucht wurde. Diese **Schmelzwärme** benötigt man, um die Atome auf das höhere Energieniveau des flüssigen Aggregatzustandes zu bringen.

Abkühlungsvorgang

Der zeitliche Verlauf des Abkühlungsvorganges wird bestimmt, indem man in regelmäßigen, kurzen Abständen Temperaturmessungen der Schmelze vornimmt. Um klare Aussagen zu bekommen, ist beim Versuch darauf zu achten, dass die Wärmeabfuhr relativ konstant gehalten wird. Trägt man die Temperaturwerte grafisch auf, so erhält man ein Temperatur-Zeit-Schaubild, eine **Abkühlungskurve** (Bild 2.7). Bei langsamer Abkühlung enthält die Kurve einen **Haltepunkt**. Hier beginnt die Erstarrung, wobei die Temperatur so lange konstant bleibt, bis die gesamte Schmelze erstarrt ist. Dies wird durch die frei werdende Erstarrungswärme verursacht, welche die durch die Umgebung entzogene Wärmemenge kompensiert. Auch im umgekehrten Fall (Schmelzvorgang) bleibt die Temperatur bis zur vollständigen Verflüssigung des Metalles konstant. Da sich die Zu- und Abfuhr der Schmelz- bzw. Erstarrungswärme nicht durch eine Temperaturänderung bemerkbar macht, spricht man von **latenter** (verborgener) Wärme.

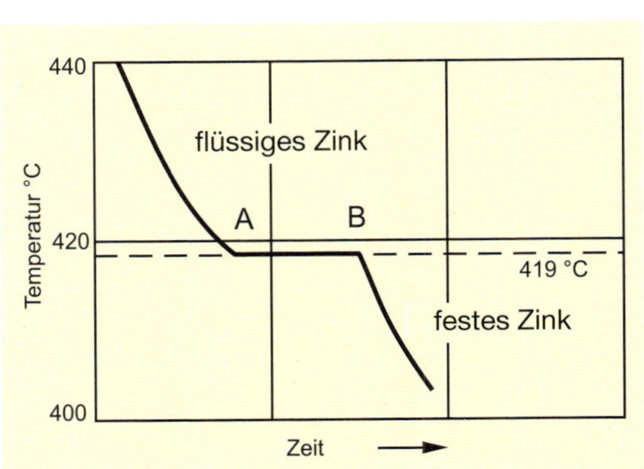

2.7 Abkühlungskurve von Zink

> Kühlt man die Metallschmelze langsam ab, entstehen nur wenige Keime, welche dann zu entsprechend größeren Kristallen anwachsen.

> Wird rasch abgekühlt, bilden sich viele Keime aus und das erstarrte Metall besteht aus vielen kleinen Kristallen.

Man nennt es dann **feinkörnig.** Die Kristalle werden nämlich auch als **Kristallite** oder **Körner** bezeichnet. Die Stellen, an denen sich die Kristallite (Körner) berühren, heißen **Korngrenzen**. In der Praxis wird meist eine feinkörnige Erstarrung angestrebt, da der Werkstoff dann bessere Festigkeitseigenschaften besitzt.

Durch besondere Maßnahmen (sehr langsame und gleichmäßige Abkühlung) kann man auch einzelne größere Kristalle, so genannte **Einkristalle** zu Forschungszwecken „züchten". An solchen Einkristallen, die eine Größe von einigen Zentimetern besitzen können, ist es beispielsweise möglich, die Richtungsabhängigkeit verschiedener Eigenschaften zu untersuchen (siehe auch Abschnitt 2.5 unter Anisotropie).

Neben Keimen aus arteigenen Atomen enthalten Metalle in der Praxis auch Verunreinigungen, die als **Fremdkeime** wirken können. Bei gleichen Abkühlungsbedingungen erstarren Schmelzen mit Fremdkeimen im Allgemeinen feinkörniger. In manchen Fällen wird durch Zugabe geringer Mengen bestimmter Legierungselemente die Bildung solcher Fremdkeime gesteigert und dadurch ein feines Korn erzielt. Man erhält auf diese Weise die **Feinkornbaustähle** (siehe Abschnitt 4.10.1).

Die im Bild 2.7 gezeigte Abkühlungskurve gilt für langsame (< 1 K/s) bis mäßig schnelle (einige K/s) Abkühlungsvorgänge. Bei einer raschen Abkühlung kann es auch zu einer **Unterkühlung** der Schmelze kommen (Bilder 2.8 und 2.9). In diesem Fall kann die Kristallisationswärme die abgeführte Wärme nicht ausgleichen (Haltepunkt bzw. Unstetigkeitsstelle der Abkühlkurve liegt unter der normalen Erstarrungstemperatur). Unterkühlungen treten auch auf, wenn die Bedingungen für die Keimbildung schlecht sind. Das ist der Fall, wenn die Schmelze sehr rein ist, also nur geringe Anteile an Fremdatomen enthält und erschütterungsfrei abgekühlt wird.

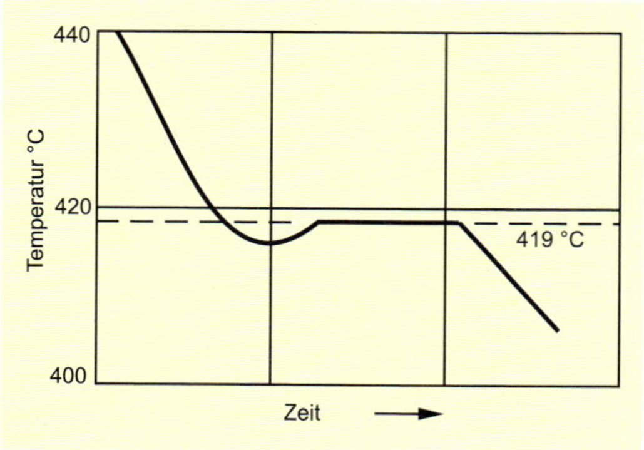

2.8 Erstarrung bei geringer Unterkühlung

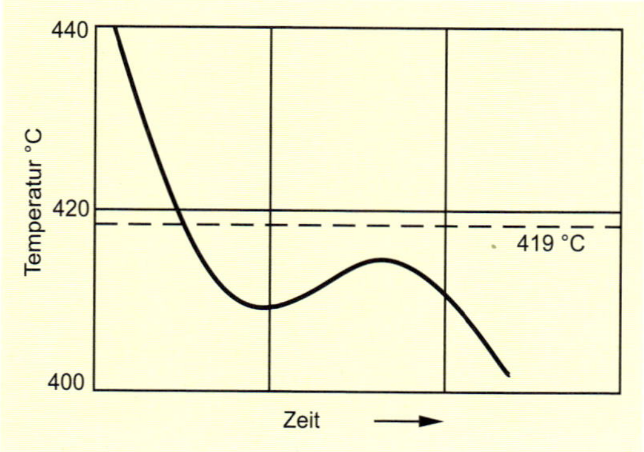

2.9 Erstarrung bei stärkerer Unterkühlung

Durch extrem schnelle Abkühlungsvorgänge (> 10^5 K/s) kann die Bildung von Kristallen unterdrückt werden.

Es entstehen dann **amorphe Metalle,** die auch als **metallische Gläser** bezeichnet werden (siehe Abschnitt 6.1). Man erreicht diese hohen Abkühlungsgeschwindigkeiten beispielsweise dadurch, dass man einen flüssigen Metallstrahl auf eine kalte, rotierende Metallwalze lenkt, wo er zu einem dünnen Band erstarrt. Der amorphe Zustand ist bei diesen Metallen nur bis zu einer gewissen, vom jeweiligen Metall abhängigen Grenztemperatur beständig.

2.3 Betrachtung einer Metalloberfläche unter dem Lichtmikroskop

Da Metalle nicht durchsichtig sind, kann der Metallograph nicht (wie etwa der Biologe) mit durchfallendem Licht arbeiten. Metallmikroskope sind aus diesem Grund **Auflichtmikroskope,** bei denen auf eine Probe Licht geworfen wird, dessen unterschiedliche Reflexionen die Strukturen des Bildes ergeben (Bild 2.10).

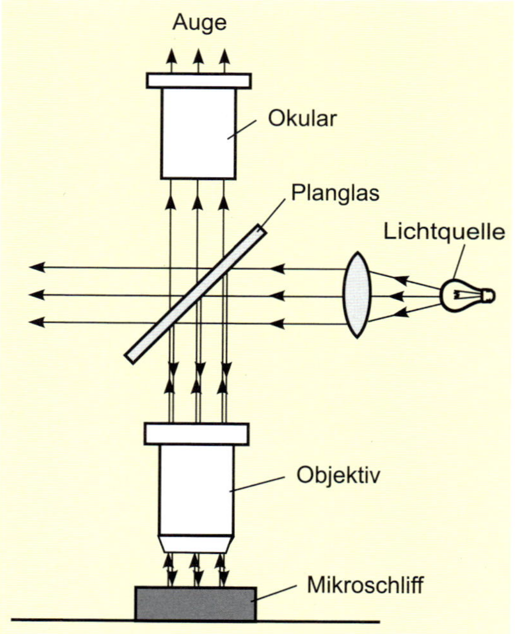

2.10 Vereinfachte Darstellung des Strahlenganges in einem Auflichtmikroskop.

Das von einer Lichtquelle ausgestrahlte Licht wird durch eine Linse gerichtet und auf eine unter einem Winkel von 45° geneigte ebene Glasscheibe (Planglas) gelenkt. Ein Teil des Lichtes geht ungehindert durch diese Glasscheibe hindurch, während der andere Teil senkrecht nach unten abgelenkt wird und durch ein **Objektiv** auf die Probe fällt. Das von der Probe reflektierte Licht gelangt durch Objektiv, Planglas und **Okular** in das Auge des Betrachters. Objektiv und Okular sind Lupen, die aus je einem System aufeinander abgestimmter Linsen bestehen. Durch eine Anzahl auswechselbarer Objektive und Okulare erzielt man einen Vergrößerungsbereich von etwa 10 bis 1500.

Zur Herstellung einer Probe wird vom zu untersuchenden Metall ein kleines Stück abgetrennt. Nach einer allfälligen Einbettung in Kunststoff erzeugt man durch geeignete Schleif- und Polierverfahren eine spiegelglatte Fläche. Man bezeichnet eine so vorbereitete Probe als **Schliff**.

Eine Betrachtung der Probe durch das Mikroskop würde nun im Normalfall das Blickfeld nur als eine helle Scheibe ohne Einzelheiten zeigen. Allerdings besitzen Verunreinigungen, sowie verschiedene Gefügebestandteile (z. B. Grafit im Gusseisen) ein geringeres Reflexionsvermögen als das Metall. In solchen Fällen kann man auch am ungeätzten Schliff Strukturen erkennen.

Um mehr Informationen zu erhalten, folgt nach dem Polieren die Behandlung mit einem dem entsprechenden Metall angepassten Ätzmittel. Dabei stehen Korngrenzen- und Kornflächenätzmittel zur Auswahl.

- **Korngrenzenätzmittel** greifen da stärker an, wo die regelmäßige Anordnung der Atome gestört ist. Das ist überall dort der Fall, wo die Kristalle beim Wachsen gegeneinander stoßen und die Korngrenzen bilden. An diesen Stellen kann sich der regelmäßige Kristallaufbau nicht fortsetzen, da die Kristalle bis zur endgültigen Erstarrung der Restschmelze frei beweglich sind und daher unterschiedliche Orientierungen (Stellung der Hauptachse des Kristalls zur Schliff-Fläche) besitzen. Die an den Korngrenzen durch das Ätzmittel entstandenen Gräben streuen die senkrecht einfallenden Lichtstrahlen nach allen Seiten, wodurch dem Betrachter diese Stellen dunkel erscheinen (Bilder 2.11 und 2.12).

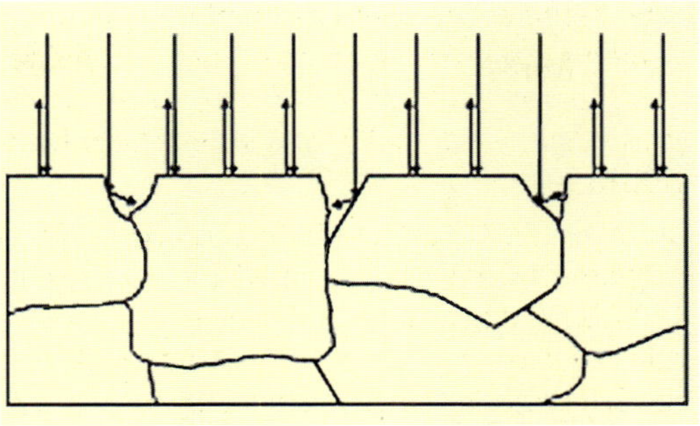

2.11 Reflexion der Lichtstrahlen an einem auf Korngrenzen geätzten Schliff.

2.12 Gefügebild eines Metalles bei Korngrenzenätzung.

- **Kornflächenätzmittel**, die auf die ganze Schliffoberfläche einwirken, greifen die einzelnen Körner je nach ihrer Orientierung verschie-

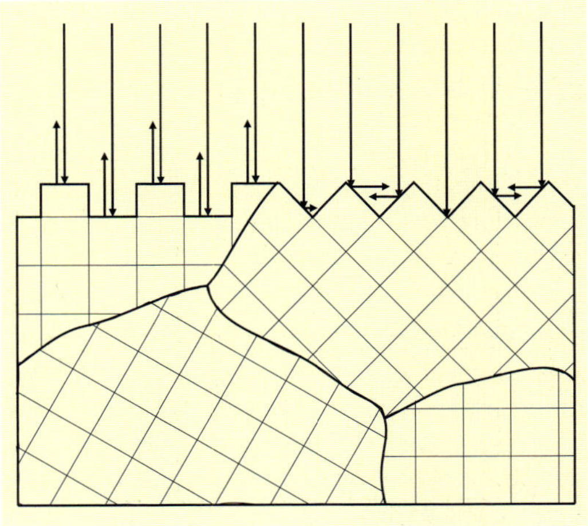

2.13 Reflexion der Lichtstrahlen an einem auf Kornflächen geätzten Schliff.

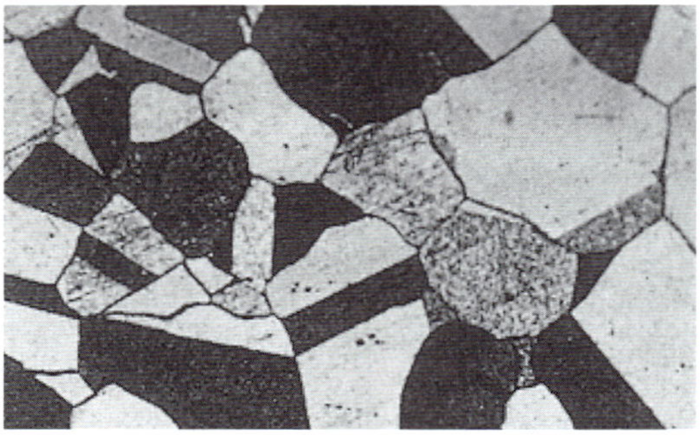

2.14 Gefügebild eines Metalles bei Kornflächenätzung.

den an. Die Kornflächen streuen deshalb das Licht entweder stärker oder schwächer und erscheinen im Mikroskop mit unterschiedlichen Helligkeitsgraden (Bilder 2.13 und 2.14).

Das Bild der Metalloberfläche, welches als **Gefüge** bezeichnet wird, besteht im Wesentlichen aus einzelnen unregelmäßig geformten Kristalliten. Diese sind nur deshalb nicht so regelmäßig geformt (wie z. B. ein freigewachsener Quarzkristall), da sie sich bei der Erstarrung gegenseitig im Wachstum behindern.

2.4 Bindung der Atome in Festkörpern

Was veranlasst die Atome ihre fixen Plätze einzunehmen und damit dem Kristall seine feste Form zu geben?

Es sind dies elektrostatische Kräfte, welche die Bindung der Atome untereinander bzw. an bestimmte Gleichgewichtslagen (Schwingungsmittelpunkte) bewirken. Die Entstehung dieser Kräfte ist in dem Bestreben der Atome begründet, in ihren äußeren Schalen einen stabilen Zustand (Edelgaszustand) anzunehmen. Dieser kann durch Aufnahme oder Abgabe von Elektronen erreicht werden (mit gleichzeitiger Ionenbildung) oder auch dadurch, dass zwei Atome gemeinsame Elektronen besitzen.

Man unterscheidet in der Natur mehrere Bindungsarten. In diesem Abschnitt werden zwar im Wesentlichen nur die reinen Metalle behandelt. Dennoch sollen hier neben der Metallbindung auch andere Bindungsarten beschrieben werden, da diese für Legierungen und für nichtmetallische Werkstoffe von Bedeutung sind.

Metallische Bindung

Bei dieser Bindungsart geben die Metallatome aus ihren äußeren Schalen Elektronen ab, werden also zu positiven Ionen. Da es in einem reinen Metall keine Atome gibt, die Elektronen aufnehmen, bleiben die abgegebenen Elektronen (Valenzelektronen) ohne feste Bindung. Bild 2.15 zeigt eine schematische Darstellung

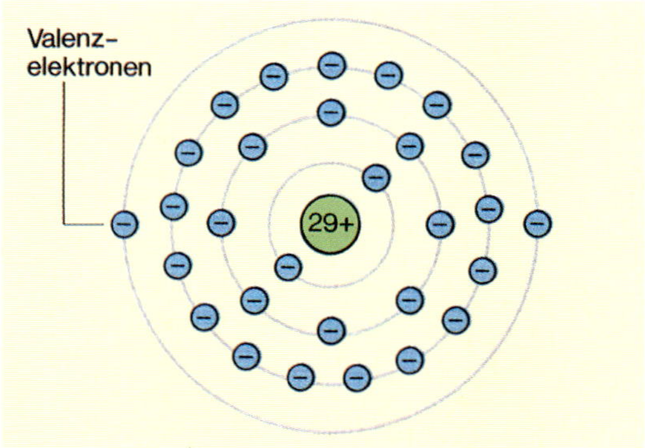

2.15 Kupferatom

eines Kupferatoms mit den 2 Valenzelektronen. Diese Valenzelektronen sind im Metall frei beweglich, weshalb man von einem **Elektronengas** oder einer **Elektronenwolke** spricht. Zwischen dem negativen Elektronengas und den positiven Atomrümpfen wirken elektrostatische Kräfte, durch die das Metall seine Festigkeit erhält (Bild 2.16).

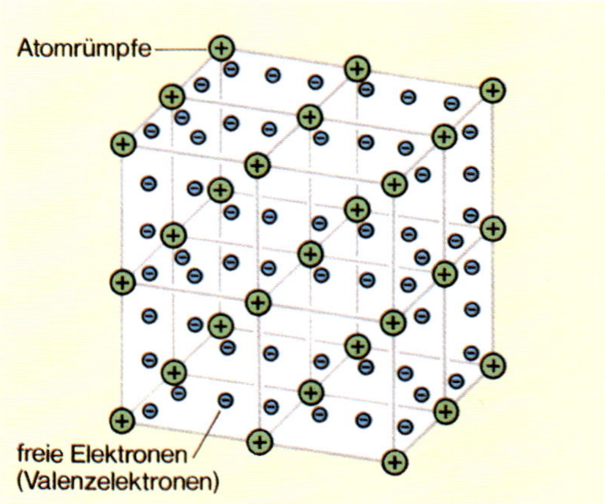

2.16 Metallbindung

Bei hohen Temperaturen können Elektronen in großer Zahl den Metallverband verlassen, woraus sich in Wissenschaft und Technik vielfache Anwendungsmöglichkeiten ergeben (Elektronenmikroskop, Röntgenröhre, Fernseher usw.).

Ionenbindung

Diese Bindungsart liegt beispielsweise beim Stein- oder Kochsalz vor (Bild 2.17). Dieses Salz,

2.17 Steinsalzkristall

mit der chemischen Bezeichnung Natriumchlorid (NaCl), besteht aus den Bindungspartnern Natrium und Chlor mit den Ordnungszahlen 11 bzw. 17. Durch Abgabe eines Elektrons aus der äußersten Schale des Na-Atoms und Aufnahme desselben im noch einzigen freien Platz im Cl-Atom wird in beiden Elementen die Edelgaskonfiguration erreicht. Gleichzeitig werden beide Atome zu Ionen mit Ladungen unterschiedlichen Vorzeichens (Bild 2.18). Durch die Anziehung der so entstandenen Kationen und Anionen wird der Salzkristall gebildet, dessen Kugelmodell im Bild 2.19 dargestellt ist.

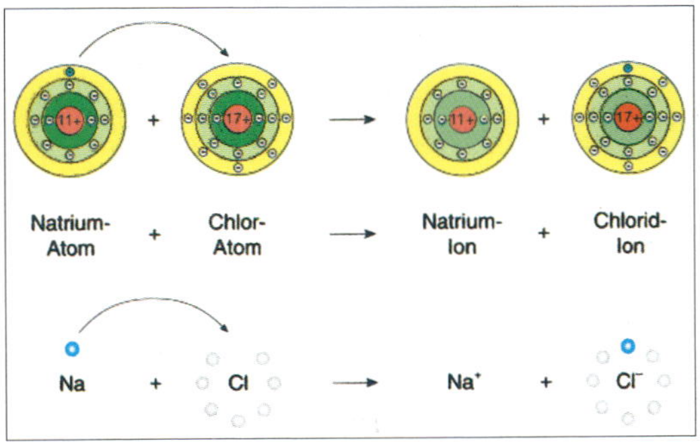

2.18 Entstehung einer Ionenbindung

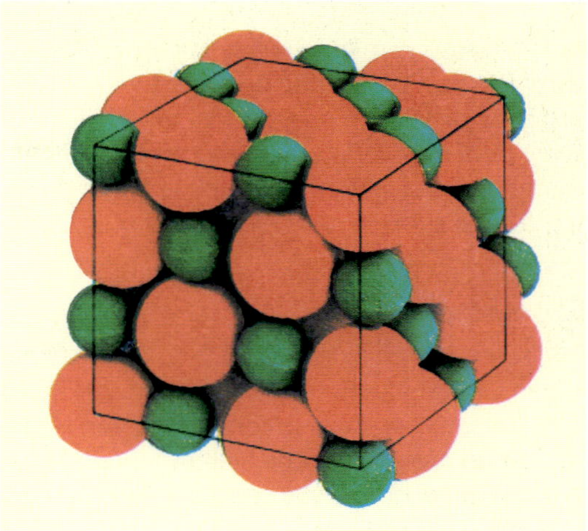

2.19 Kugelmodell eines Steinsalzkristalls

An diesem Beispiel ist beeindruckend, dass die Verschiebung von nur einem einzigen Elektron die Bildung eines Stoffes bewirkt, der mit den Ausgangsstoffen Natrium (Alkalimetall) und Chlor (stechend riechendes Gas) nicht die geringste Ähnlichkeit besitzt und sich auch in den Eigenschaften völlig von diesen unterscheidet.

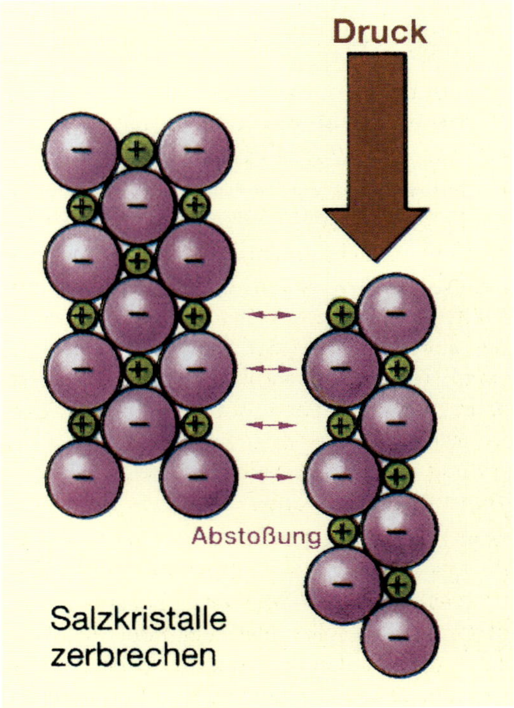

2.20 Salzkristalle sind sehr spröde.

Bei der Ionenbindung, die wegen der verschiedenen Ladungen ihrer Ionen auch **heteropolare Bindung** genannt wird, gibt es eine Zuordnung der Elektronen zu den jeweiligen Atomen (Ionen), wodurch Festkörper dieser Bindungsart meist spröde (plastisch kaum verformbar) und elektrisch nichtleitend sind (Bild 2.20).

Kovalente Bindung

Zwischen Atomen kann es auch zu einer chemischen Bindung kommen, ohne dass dabei Ionen gebildet werden. Bei der Verbindung von Nichtmetallen kann die äußere Elektronenschale dadurch aufgefüllt werden, dass zwei Atome gemeinsame Elektronen besitzen. Es entstehen dabei Wechselwirkungskräfte zwischen den gemeinsamen Elektronenpaaren und den zwei Atomkernen. Für diese Bindung gibt es auch die Bezeichnungen **Elektronenpaarbindung, Atombindung** oder **homöopolare Bindung.** Beispiele sind neben verschiedenen Molekülen, Festkörper wie Silizium, Quarz oder Diamant (Bild 2.21).

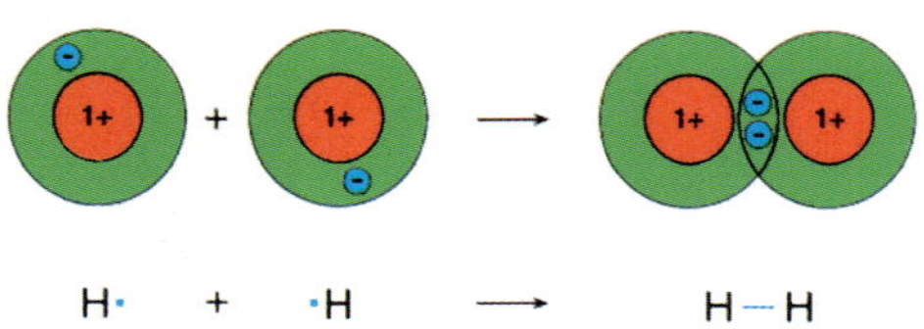

2.21 Bildung eines H_2-Moleküls als Beispiel einer Elektronenpaarbindung. Ein einzelner Punkt neben dem Elementsymbol steht für ein Elektron, ein Strich für ein Elektronenpaar.

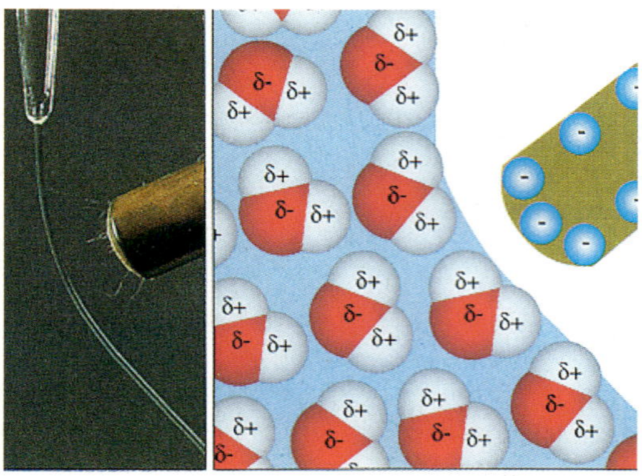

2.22 Ein dünner Wasserstrahl wird von einem elektrisch aufgeladenen Stab angezogen. Wassermoleküle sind Dipole, tragen also elektrische Ladungen.

Neben diesen „starken" Bindungen gibt es auch schwache Bindungskräfte. Das ist z. B. dann der Fall, wenn in einem Molekül die Zentren der positiven und negativen Ladungen nicht zusammenfallen, es also zur Bildung von so genannten **Dipolen** kommt (siehe auch Abschnitt 8.4.2). Moleküle mit Dipolen ziehen sich an ihren elektrisch entgegengesetzt geladenen Seiten an. An der Ablenkung eines Wasserstrahles durch einen aufgeladenen Stab erkennt man, dass die Wassermoleküle Dipole sind (Bild 2.22).

Häufig treten mehrere der hier beschriebenen Bindungsarten nebeneinander auf. Es kommt in diesen Fällen zu Mischformen.

2.5 Kristallaufbau, Kristallsysteme

Im Metallkristall stehen den anziehenden Kräften (Ion-Elektronengas) die abstoßenden Kräfte (Ion-Ion) gegenüber. Im Bild 2.23 ist der Verlauf

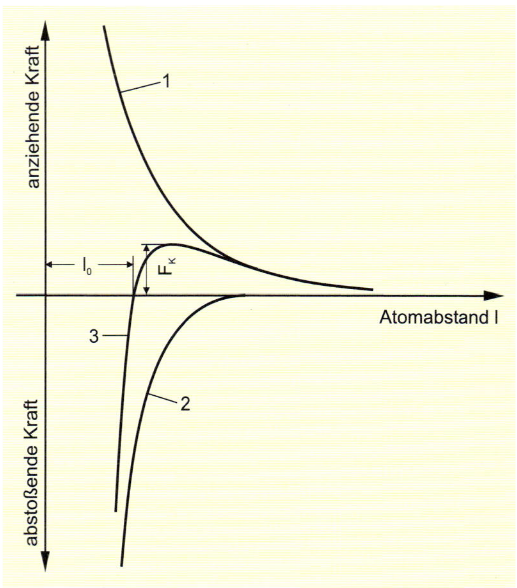

2.23 Kräfteverlauf zwischen zwei Atomen (Ionen) bei der metallischen Bindung in Abhängigkeit ihres gegenseitigen Abstandes l.

1 anziehende Kraft zwischen Atom (Ion) und Elektronengas
2 abstoßende Kraft zwischen den Atomen (Ionen)
3 resultierende Kraft
l_0 Gleichgewichtsabstand zweier ruhender Atome (Ionen)
F_K Kohäsionskraft; wird diese überschritten, so werden die Atome voneinander getrennt

dieser beiden Kräfte schematisch für zwei Ionen dargestellt. Man sieht, dass die beiden Kraftwirkungen unterschiedlichen Funktionen folgen. Die abstoßenden Kräfte nehmen mit abnehmendem Atomabstand sehr viel stärker zu als die anziehenden. Bei einem bestimmten Abstand der beiden Atome sind die Kräfte gerade im Gleichgewicht. Diesen Abstand nehmen zwei in Ruhe befindliche Atome ein (l_0 im Bild 2.23). Im Normalfall führen die Atome aber Schwingungen aus, und unter dem Abstand zweier Atome verstehen wir eigentlich den Abstand ihrer Schwingungsmittelpunkte. Man kann nun zeigen, dass der Abstand der Schwingungsmittelpunkte immer größer als l_0 ist und mit steigender Temperatur wächst. Dies zeigt sich auch in der Praxis als **Wärmeausdehnung** der Metalle.

Um die Zusammenhänge deutlich zu machen, betrachten wir zwei benachbarte Atome in einem Metall und nehmen an, dass diese Wärmeschwingungen ausführen, die exakt gegeneinander gerichtet sind. Zur weiteren Vereinfachung sollen die Einflüsse aller anderen Atome unberücksichtigt bleiben. Bewegen sich die beiden Atome bei ihrer Schwingung aufeinander zu, so werden die Wegstrecken von den Punkten des Kräftegleichgewichtes bis zur maximalen Annäherung (Strecken *a* im Bild 2.24) wegen der stärkeren abstoßenden Kraft kleiner sein als die entsprechenden Strecken, die sich bei einer entgegengesetzten Bewegung ergeben (Strecken *b* im Bild 2.24). Der Atomabstand (Abstand der Schwingungsmittelpunkte) nimmt etwas zu ($l_1 > l_0$). Erhöht man die Temperatur, wird sich wegen der größeren Schwingungsamplituden ein neuer Abstand der Schwingungsmittelpunkte einstellen (l_2), wobei $l_2 > l_1$ ist. Überträgt man diese Überlegungen auf ein Stück Metall, kann man verstehen, warum sich dieses bei Erwärmung ausdehnt.

Die Verhältnisse sind jedoch in Wirklichkeit wesentlich komplizierter, da mehrere Atome in räumlicher Anordnung gleichzeitig in Wechselwirkung stehen. Für die grundsätzliche Betrachtung ist dies jedoch nur von untergeordneter Bedeutung.

Die Atomanordnung im Metallkristall kann wegen der kleinen Dimensionen durch das Lichtmikroskop nicht sichtbar gemacht werden. Um darüber Aufschluss zu bekommen, werden beispielsweise Röntgenstrahlen verwendet, deren Interferenzerscheinungen man betrachtet. Mit Hilfe dieser Methode konnte Max von Laue im Jahre 1912 erstmals die regelmäßige Atomanordnung in Kristallen nachweisen (Bild 2.25).

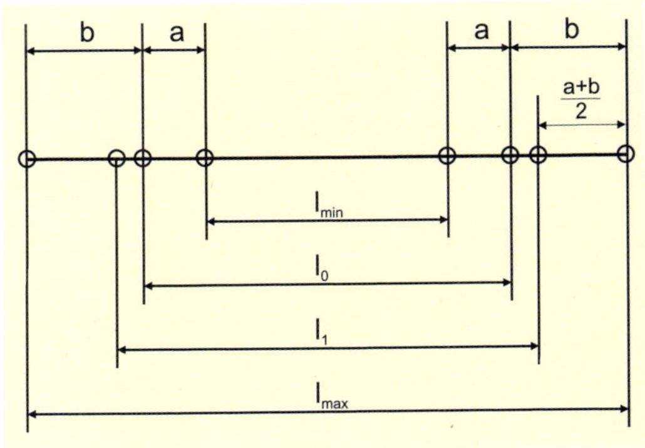

2.24 Abstandsverhältnisse zweier schwingender Atome (Ionen)
- *a* Weg des schwingenden Atoms im Bereich, wo die abstoßende Kraft überwiegt
- *b* Weg des schwingenden Atoms im Bereich, wo die anziehende Kraft überwiegt
- l_{min} kleinster Abstand (größte Annäherung) der schwingenden Atome
- l_0 Gleichgewichtsabstand der beiden ruhenden Atome
- l_1 Abstand der Schwingungsmittelpunkte zweier schwingender Atome
- l_{max} größte Entfernung der schwingenden Atome

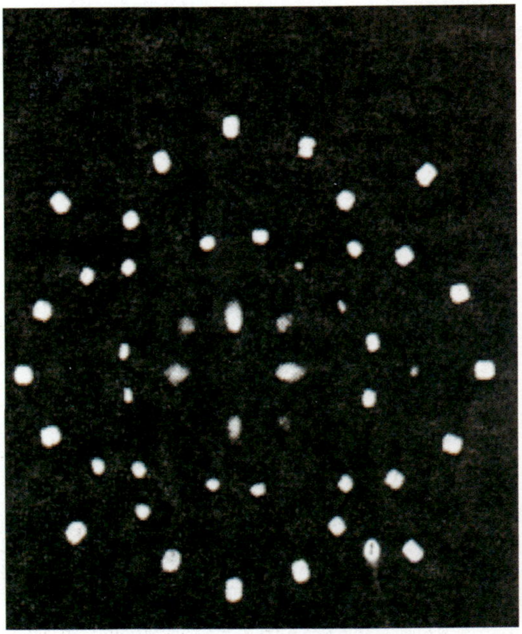

2.25 Laue-Diagramm von Natriumchlorid

In der heutigen Zeit ist es sogar möglich, mit Hilfe des **Rastertunnelmikroskops** die einzelnen Atome und ihre Lage zueinander direkt sichtbar zu machen. Die mit dem Nobelpreis ausgezeichnete Erfindung beruht auf dem so genannten **Tunneleffekt**. Dieser zeigt, dass Elementarteilchen, die nach der klassischen Physik einen bestimmten elektrostatischen Potentialwall wegen ihrer zu geringen Energie eigentlich nicht überwinden dürften, nach der Quantenphysik doch dazu imstande sind (mit einer allerdings sehr geringen Wahrscheinlichkeit). Man spricht in diesem Fall vom „Durchtunneln" des Potentialwalles.

Beispielsweise wird beim „glühelektrischen Effekt" zwischen zwei im Vakuum befindlichen Elektroden bei Anlegung einer Gleichspannung und Beheizung der Katode ein Stromfluss gemessen (Katode emittiert Elektronen). Es kann nun nachgewiesen werden, dass auch bei tiefen Temperaturen Elektronen austreten, was nur durch den Tunneleffekt erklärbar ist. Die Elektronen bilden an der Oberfläche des Metalles eine Elektronenwolke.

Beim Rastertunnelmikroskop werden ebenfalls zwei Elektroden verwendet, die durch eine dünne Isolierschicht (Gas oder Vakuum) voneinander getrennt sind. Die eine Elektrode ist die zu untersuchende Probe, die andere besitzt eine scharfe nadelartige Spitze. Die Spitze wird der Probe so weit genähert, bis sich die Elektronenwolken von Spitze und Probe leicht berühren. Bei einer angelegten Spannung zwischen beiden Elektroden fließt der so genannte „Tunnelstrom". Beim zeilenförmigen Abtasten der Probe mit der Spitze wird der Tunnelstrom dadurch konstant gehalten, dass die Spitze exakt dem Oberflächenniveau folgt (Bild 2.26). Die Bewegungen der abtastenden Elektrode werden in einem Computer verarbeitet, der dann daraus ein Bild erzeugt. Das Bild der Metalloberfläche lässt die regelmäßige Atomanordnung gut erkennen (Bild 2.27).

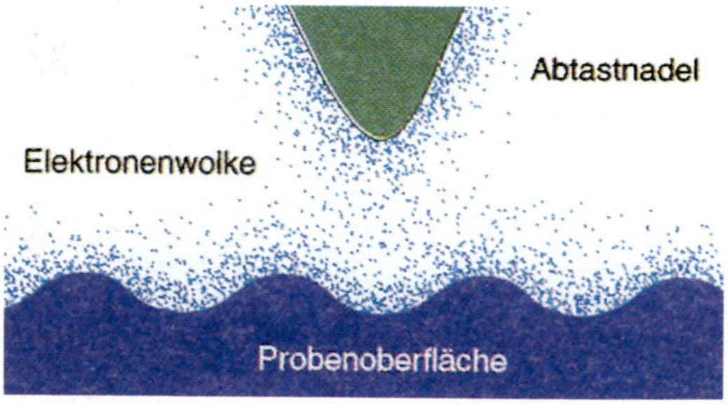

2.26 Beim Rastertunnelmikroskop wird der Abstand zwischen Spitze und Probenoberfläche konstant gehalten.

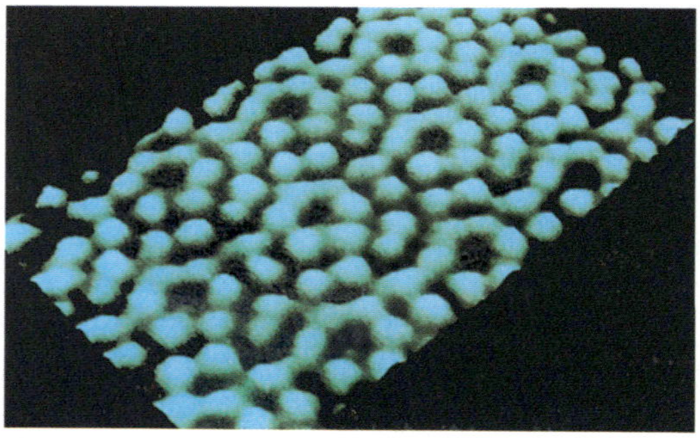

2.27 Metallatome im Rastertunnelmikroskop.

Raumgitter

Man kann nun dieser regelmäßigen Lage der Atome ein Koordinatensystem zuordnen, wobei durch Verbindung der Mittelpunkte (eigentlich Schwingungsmittelpunkte) entsprechender Atome **Raumgitter** entstehen. Jedes Raumgitter besteht aus einer Vielzahl von **Elementarzellen,** den kleinsten Formen, auf die sich die Gitter zurückführen lassen, ohne die Eigenart des Gittertyps zu verlieren. Nach der Gestalt dieser kleinsten Zellen wird das Kristallsystem benannt. Die Zellen werden durch die Größen **Raumwinkel** (α, β, γ) und **Gitterkonstanten** (a, b, c) definiert (Bild 2.28).

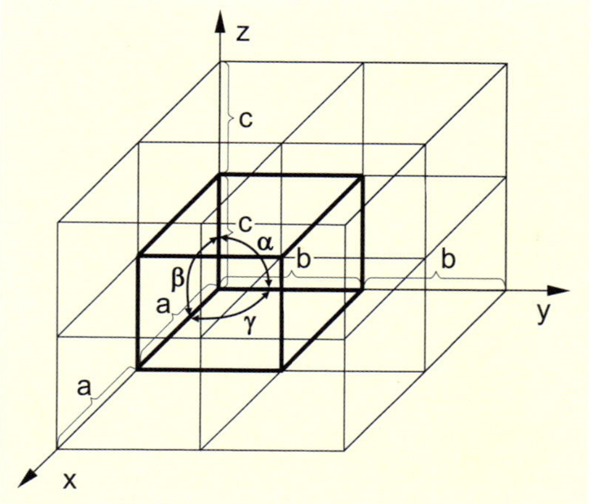

2.28 Aufbau des Raumgitters aus Elementarzellen

Alle in der Natur vorkommenden Kristallarten kann man in 7 Kristallsysteme einordnen:

Kristallsystem	Raumwinkel	Gitter-konstanten
kubisch	$\alpha = \beta = \gamma = 90°$	$a = b = c$
tetragonal	$\alpha = \beta = \gamma = 90°$	$a = b \neq c$
rhombisch	$\alpha = \beta = \gamma = 90°$	$a \neq b \neq c$
rhomboedrisch	$\alpha = \beta = \gamma \neq 90°$	$a = b = c$
hexagonal	$\alpha = \beta = 90°$, $\gamma = 120°$	$a = b \neq c$
monoklin	$\alpha = \gamma = 90°$, $\beta \neq 90°$	$a \neq b \neq c$
triklin	$\alpha \neq \beta \neq \gamma$, alle $\neq 90°$	$a \neq b \neq c$

Diese hier angeführten Grundsysteme werden noch durch verschiedene Modifikationen erweitert. Bei den Metallen treten am häufigsten das **kubisch-raumzentrierte (krz)** und das **kubisch-flächenzentrierte (kfz)** Gitter sowie das **hexagonale Gitter dichtester Kugelpackung (hdP)** auf (Bild 2.29). Die beiden letzteren stellen die dichtest möglichen Atomanordnungen dar. Jedes beliebige Atom wird von 12 unmittelbar benachbarten Atomen umgeben (Bild 2.30). Beide Gitterarten besitzen dichtest gepackte Ebenen, so genannte **Gleitebenen**, in denen jedes Atom 6 Nachbaratome

Kugelpackung	Gitterzelle	Bezeichnung
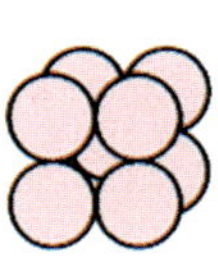	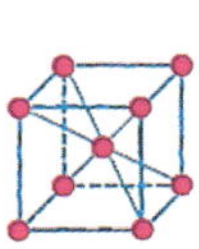	kubisch - raumzentriert
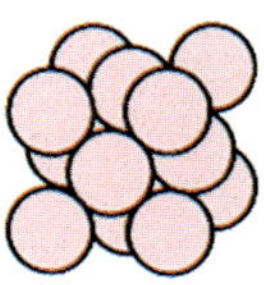	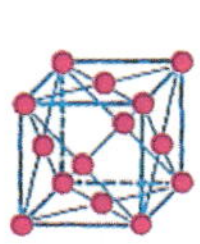	kubisch-flächenzentriert
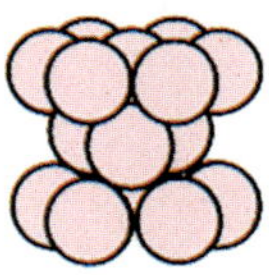	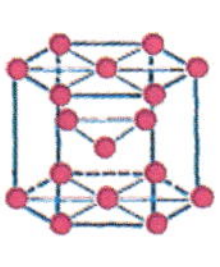	hexagonal

2.29 Die wichtigsten Kristallgitter der Metalle

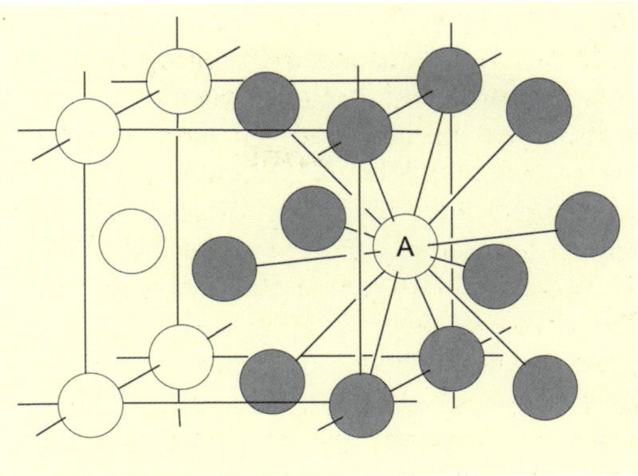

2.30 Beim kfz-Gitter wird jedes Atom von 12 Nachbaratomen „berührt". Als Beispiel wird hier Atom „A" herausgegriffen, wobei aus Gründen der Übersichtlichkeit die Atome gegenüber ihren Abständen zueinander etwas kleiner dargestellt sind.

„berührt". Diese Gleitebenen haben in Verbindung mit den entsprechenden **Gleitrichtungen** eine wesentliche Bedeutung für die plastische Verformbarkeit der Werkstoffe (Bild 2.31). Kristalle mit kfz-Gitter haben 4 Gleitebenen,

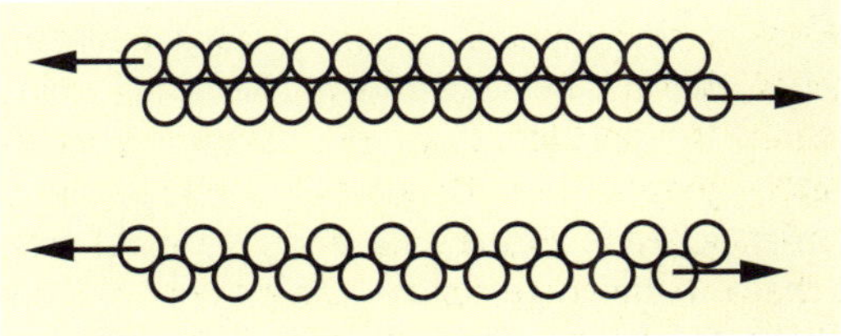

2.31 Gleitung zwischen Atomschichten. Das obere Beispiel verkörpert die dichteste Atomanordnung mit dem geringsten Gleitwiderstand (Gleitrichtung).

solche mit hdP-Gitter nur eine, wobei in beiden Fällen für jede Gleitebene 3 Gleitrichtungen zur Verfügung stehen. Metalle mit hexagonalem Raumgitter zeigen daher im Vergleich zu anderen Metallen eine schlechtere plastische Verformbarkeit.

Nachstehend seien einige wichtige Metalle in Zuordnung zu ihrem Gittertyp angeführt: Cr, α-Fe, Mo, Nb, Ta, V und W (krz), Ag, Al, Au, Cu, γ-Fe, Ni, Pb (kfz) und Be, Cd, Mg, Zn (hdP).

Die Mehrzahl der Metalle hat nur eine Kristallstruktur. Einige Metalle (z. B. Fe, Sn, U) weisen jedoch bei verschiedenen Temperaturen unterschiedliche Kristallformen (Gitterarten) auf. Diese Erscheinung nennt man **Polymorphie** oder

2.32 Polymorphie des Kohlenstoffes: Grafit (a), Diamant (b).

Allotropie. Die einzelnen Kristallformen werden als **allotrope Modifikationen** des betreffenden Stoffes bezeichnet. Für die meisten Wärmebehandlungen des Stahles (z. B. Härten, Normalglühen) ist die Polymorphie des Eisens die Grundvoraussetzung und macht die Erreichung der gewünschten Eigenschaften erst möglich.

Polymorphie gibt es übrigens auch bei Nichtmetallen. Ein eindrucksvolles Beispiel liefert dabei der Kohlenstoff, der in zwei so verschiedenen Modifikationen wie Grafit und Diamant vorkommt. (Bild 2.32).

Eine Folge des regelmäßigen Aufbaues eines Kristalles ist seine **Anisotropie**.

> Von Anisotropie spricht man, wenn bestimmte Eigenschaften eines Körpers richtungsabhängig sind.

Mit einem Wort (etwas unschärfer) könnte man auch „Richtungsempfindlichkeit" sagen.

Bestimmt man an einem Kristalliten eines Metallstückes (besser eignet sich ein speziell gezüchteter größerer „Einkristall") verschiedene physikalische, mechanische oder chemische Eigenschaften, so stellt man für die meisten von ihnen eine deutliche Richtungsabhängigkeit fest. Zum Beispiel sind die Werte des **Elastizitätsmoduls** (siehe Abschnitt 10) von der Untersuchungsrichtung abhängig. Bei Messungen an Eisenkristallen fand man, dass sich die E-Module in den Richtungen Würfelkante, Flächendiagonale und Raumdiagonale wie 1 zu 1,6 zu 2,15 verhalten. Unterschiedliche Werte (je nach Untersuchungsrichtung) ergeben sich auch für

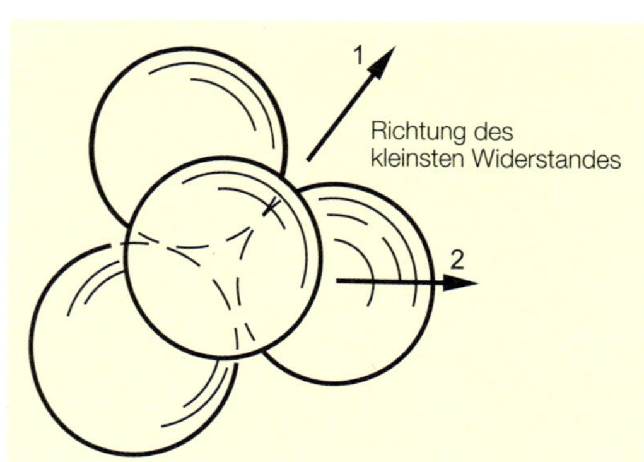

2.33 Der Verformungswiderstand ist bei einem Kristall eine anisotrope Eigenschaft. Das obere Atom lässt sich in Richtung „1" am leichtesten verschieben.

den Verformungswiderstand (Bild 2.33), für die Magnetisierbarkeit (Bild 2.39) und für verschiedene weitere Eigenschaften.

Die Ursache dieses Verhaltens liegt in der regelmäßigen Atomanordnung begründet. Betrachtet man das Raumgitter, so sieht man, dass die Atomabstände in verschiedenen, beliebig gewählten Richtungen unterschiedlich sind (Bild 2.34). Beim kfz-Typ sind sie in Richtung der Raumdiagonalen am größten, in Richtung der Flächendiagonalen am geringsten. Die unterschiedlichen Abstände der Atome haben zur Folge, dass jene Eigenschaften, die von den Atomabständen mitbeeinflusst werden, richtungsabhängig sind. Der Kristall ist anisotrop.

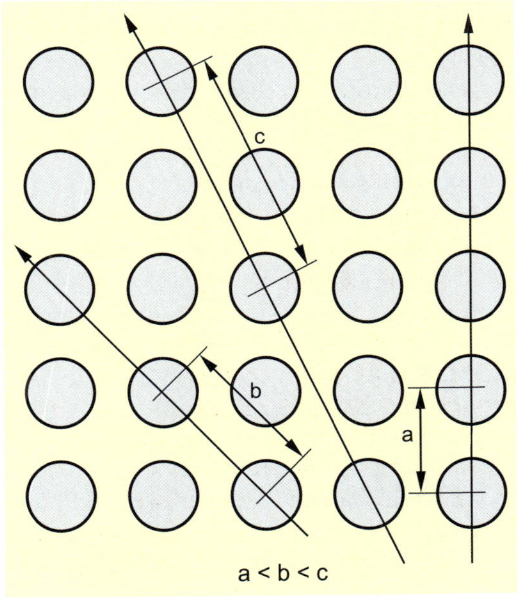

2.34 In einem Raumgitter sind die Atomabstände in verschiedenen Richtungen unterschiedlich.

Freilich gilt dies nur für einen einzelnen Kristall. In einem Metallstück, welches ja aus vielen Kristallen mit unregelmäßiger Lage der Kristallachsen besteht, heben sich die einzelnen Anisotropien statistisch auf. Es besteht nach außen hin keine Anisotropie. Dies gilt allerdings nur unter der Voraussetzung, dass das Metallstück keine **Textur** besitzt (siehe Abschnitt 2.6.4).

2.6 Wichtige Eigenschaften der Metalle

2.6.1 Elektrische Leitfähigkeit

Die gute elektrische Leitfähigkeit der Metalle beruht auf der freien Beweglichkeit der Valenzelektronen (Bilder 2.35 und 2.36). Störungen im Gitteraufbau, z. B. durch Fremdatome oder durch eine Kaltverfestigung (siehe Abschnitt 2.6.5), behindern den Elektronenfluss ebenso wie eine stärkere Schwingung der Atome (hervorgerufen durch eine Erwärmung des Metalles). In beiden Fällen wird die elektrische Leitfähigkeit herabgesetzt.

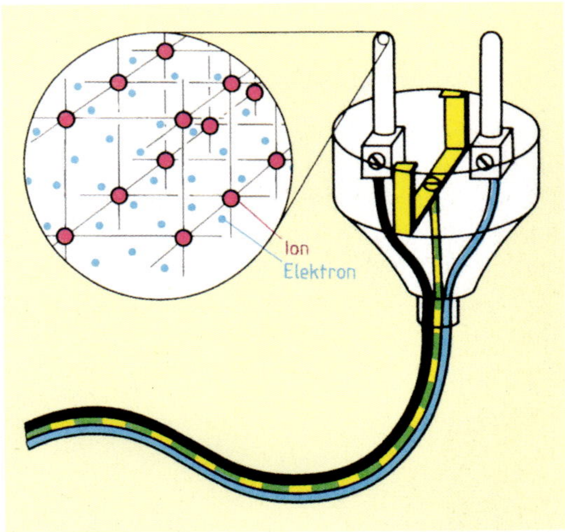

2.35 Die gute elektrische Leitfähigkeit der Metalle beruht auf der freien Beweglichkeit der Valenzelektronen.

2.36 Wird durch einen dünnen, langen Draht (Heizelement) ein hoher Elektronenfluss durchgeschickt, entsteht wegen des großen Widerstandes eine starke Erwärmung.

2.6.2 Wärmeleitfähigkeit

Auch die Wärmeleitfähigkeit von Metallen ist im Wesentlichen vom Vorhandensein und von der Beweglichkeit der freien Elektronen abhängig. Andere Möglichkeiten des Wärmetransportes (z. B. die Weitergabe des Impulses der Wärmeschwingungen) sind offensichtlich von untergeordneter Bedeutung. Man sieht dies zum einen an der Abnahme der Wärmeleitfähigkeit mit steigender Temperatur (ähnlich wie die elektrische Leitfähigkeit). Zum anderen besteht zwischen dem Wert der Wärmeleitfähigkeit und dem der elektrischen Leitfähigkeit ein von der Temperatur abhängiges Zahlenverhältnis, welches für die meisten Metalle annähernd gleich ist (Gesetz von Wiedemann-Franz).

2.6.3 Magnetische Eigenschaften

Die magnetischen Eigenschaften der Metalle werden ebenfalls durch den Aufbau ihrer Atome bestimmt. Die Elektronen bewegen sich um den Kern und haben zusätzlich auch eine Eigenrotation, welche als **Spin** bezeichnet wird. Durch diese bewegten elektrischen Ladungen werden magnetische Felder erzeugt (Bild 2.37), die als magnetische Dipole bezeichnet werden.

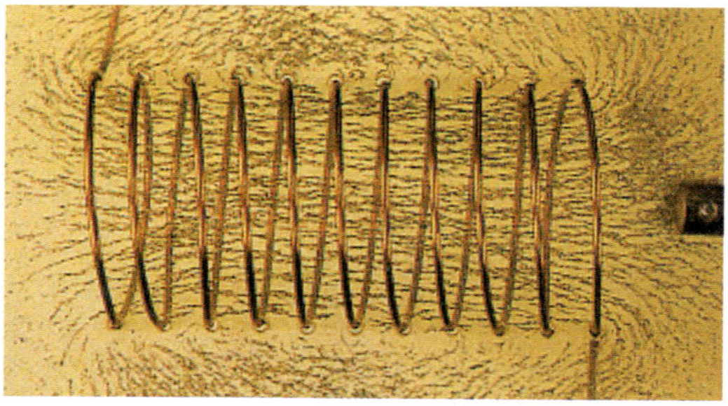

2.37 Bewegte elektrische Ladungen erzeugen magnetische Felder. Das Magnetfeld der Spule wurde durch Eisenfeilspäne sichtbar gemacht.

Dabei sind grundsätzlich zwei Fälle zu unterscheiden:

- In einem **diamagnetischen** Metall (z. B. Kupfer oder Silber) heben sich alle magnetischen Dipole auf. Gelangt so ein Metall in ein äußeres Magnetfeld, werden in seinem Inneren magnetische Dipole induziert, die diesem Magnetfeld entgegenwirken und es geringfügig schwächen. Die magnetische Kraftliniendichte ist in diesen Metallen daher etwas kleiner als jene im äußeren Magnetfeld.
- Bei **paramagnetischen** Metallen (z. B. Aluminium oder Chrom) heben sich die magnetischen Dipole in ihrer Wirkung nicht auf. Zwar erfährt auch hier ein äußeres Magnetfeld eine Schwächung, doch überwiegt die Verstärkung durch die teilweise Ausrichtung der Dipole. Aus diesem Grunde ist die Kraftliniendichte in paramagnetischen Metallen etwas höher, als jene im äußeren Feld, was sich auch in einer schwachen magnetischen Anziehung äußert.

Ferromagnetismus

Von großer technischer Bedeutung ist eine Sonderform des Paramagnetismus, der **Ferromagnetismus**. In ferromagnetischen Metallen gibt es kleine Bereiche, in denen die atomaren magnetischen Felder infolge ihrer gegenseitigen Beeinflussung kleine **Elementarmagnete**, so genannte **Weißsche Bezirke** (nach dem französischen Physiker Pierre Weiß) gebildet haben. In unmagnetischem Eisen sind diese Elementarmagnete ungeordnet, sodass nach außen keine magnetische Wirkung besteht. Erst beim Magnetisieren durch einen Magneten oder durch eine stromdurchflossene Spule erfolgt eine parallele Ausrichtung dieser Bereiche und das ganze Metallstück wird zum Magneten (Bild 2.38). Ferromagnetische Stoffe, das sind in erster Linie Eisen, Nickel und Kobalt, bewirken eine vielfache Verstärkung des äußeren Feldes und werden von diesem stark angezogen. Der magnetische Zustand kann auch nach Wegnahme des äußeren Feldes erhalten bleiben **(Dauermagnetismus)**.

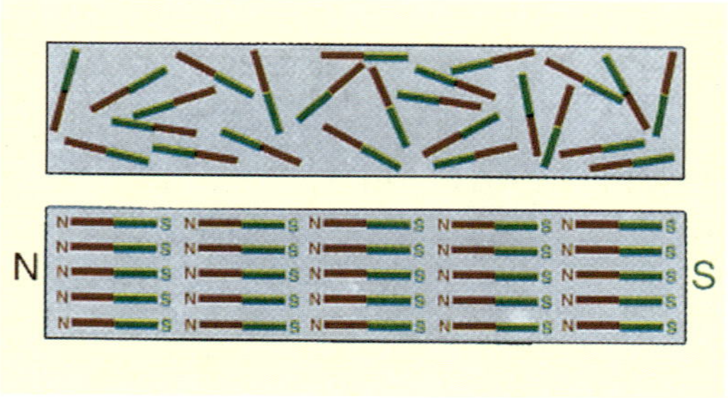

2.38 Elementarmagnete, ungeordnet (oben) und geordnet (unten)

Ferromagnetische Eigenschaften sind stark anisotrop. Dies kann technisch gezielt genutzt werden. Beispielsweise wird bei Transformatorblechen durch einen Walz- und Glühprozess erreicht, dass in allen Körnern die Würfelkanten des krz-Gitters möglichst in einer Richtung parallel zueinander liegen. Verläuft das Feld des Transformators auch in dieser Richtung, werden die bei der ständigen Ummagnetisierung auftretenden Energieverluste auf ein Minimum beschränkt. Eisen ist nämlich in Richtung der Würfelkante am leichtesten magnetisierbar. Leicht magnetisierbar bedeutet, dass die Magnetisierungskurve steil ansteigt, also bereits bei geringen Feldstärken der Wert für die Sättigung erreicht wird (Bild 2.39).

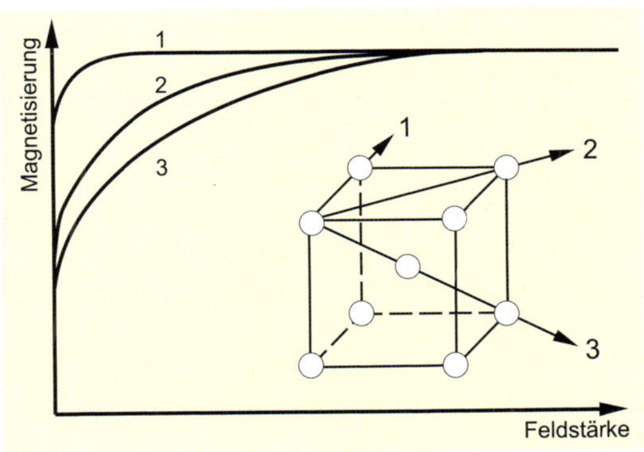

2.39 Anisotropie der Magnetisierungskurven von Eisen

Unter dem Einfluss eines magnetischen Feldes erfahren ferromagnetische Stoffe Dimensionsänderungen. Man bezeichnet diese Erscheinung als **Magnetostriktion**. Sie kann positiv oder negativ sein, je nachdem ob sich der Körper in Richtung der Kraftlinien verlängert oder verkürzt. Technische Anwendung findet die Magnetostriktion bei der Herstellung von Schwingern, wie sie für das Echolot oder für die Ultraschallerzeugung benötigt werden.

Der ferromagnetische Zustand ist nur bis zu einer bestimmten Grenztemperatur beständig. Oberhalb dieser Temperatur, der **Curie-Temperatur** (benannt nach dem französischen Forscher P. Curie), wird eine Ausrichtung der inneren Felder wegen der immer größer werdenden Wärmeschwingungen der Atome unmöglich. Der ursprünglich ferromagnetische Stoff wird dann paramagnetisch. Die Höhe der Curie-Temperatur ist bei den einzelnen ferromagnetischen Stoffen unterschiedlich. Sie beträgt bei Eisen 769 °C.

2.6.4 Plastische Verformbarkeit

Wird ein Metallstück der Einwirkung äußerer Kräfte ausgesetzt, so verformt es sich zuerst **elastisch**. Das bedeutet, dass nach Wegnahme der Kraft die Verformung wieder verschwindet. Überschreiten die Kräfte einen gewissen Wert, kommt es zu bleibenden Formänderungen. Man spricht von **plastischer Verformung** (Bild 2.40). Voraussetzung dafür ist eine Bewegung von Atomen gegeneinander in neue Gleichgewichtslagen. Während der Bewegung darf der Zusammenhalt nicht gänzlich verloren gehen, da es sonst zu Rissen kommen würde. Durch die Wirkung des Elektronengases, welches die Atome (Ionen) auch während ihrer Verschiebung bindet, ist eine plastische Umformung ohne Bruch möglich.

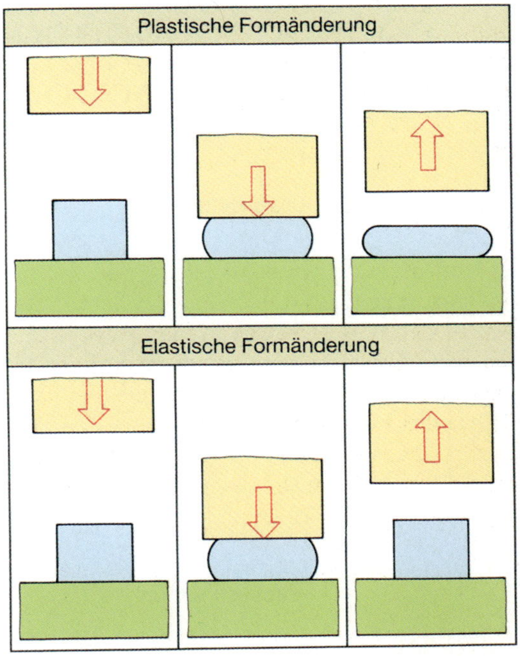

2.40 Elastische und plastische Formänderung im Vergleich

Man kann die plastische Verformung an einem einkristallinen Biegestab zeigen (Bild 2.41). In dieser stark vereinfachenden Darstellung ist der Endzustand der Verformung nach Wegnahme der Kraft zu sehen. Wenn man nun die zum Abgleiten ganzer Gitterebenen erforderlichen Spannungen rechnerisch abschätzt, kommt man überraschenderweise zu Werten, die ein Vielfaches der tatsächlich gemessenen Spannungen ausmachen, welche zur Einleitung plastischer Verformungen benötigt werden. Das Auftreten plastischer Verformungen schon bei relativ geringen Spannungen muss also andere Ursachen haben.

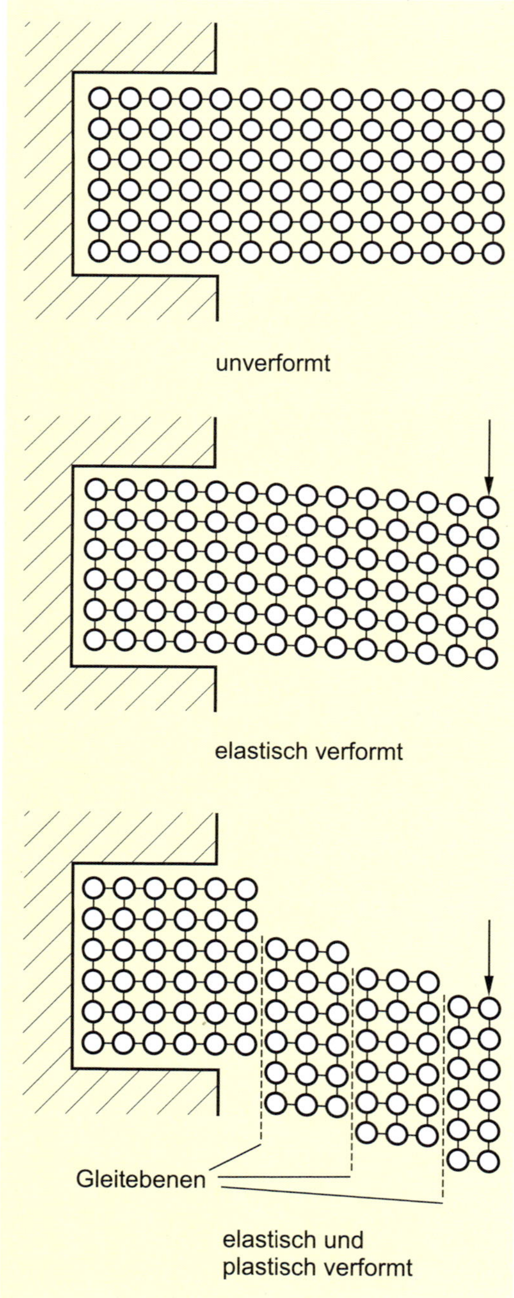

2.41 Verformung eines einkristallinen Biegestabes (schematische Darstellung)

Gitterfehler

Die Erklärung liegt darin, dass Realkristalle **Gitterfehler** besitzen, welche in der Hauptsache beim Erstarren entstehen. Die Fehler kann man in Punkt-, Linien-, Flächen- und Volumendefekte unterteilen.

- **Punktdefekte:** Das sind Leerstellen, artgleiche Atome auf Zwischengitterplätzen, Fremdatome auf Gitterplätzen oder auf Zwischengitterplätzen.
- **Liniendefekte:** Hier unterscheiden sich die Atompositionen längs einer Linie von denen eines ungestörten Gitters. Die Atome sind gegenüber den Ideallagen „versetzt", weshalb man diese Defekte auch **Versetzungen** nennt (Bild 2.42). Im normalen Kristall verlaufen solche „Versetzungsschläuche" in alle Richtungen, wobei durch Verzweigungen und Vereinigungen ein richtiges Versetzungsgeflecht entsteht.

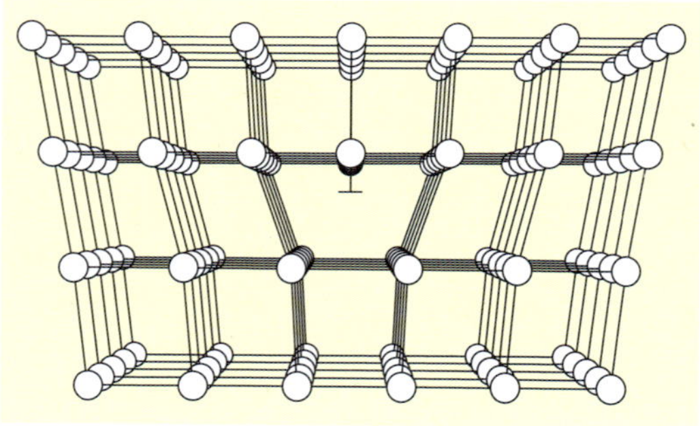

2.42 Liniendefekt (Versetzung)

- **Flächenhafte Defekte:** Dazu zählen die äußere Oberfläche, Korngrenzen, Phasengrenzen, Risse und Ähnliches.
- **Volumendefekte:** Sie umfassen hauptsächlich Hohlräume im Inneren des Körpers und Ausscheidungen einer anderen Phase.

Für die plastische Verformung kristalliner Festkörper sind die Versetzungen am bedeutungsvollsten. Die Atome im Bereich einer Versetzung befinden sich ja nicht auf idealen Gitterplätzen und sind daher nicht so fest gebunden. So kommt es schon unter Einwirkung von relativ geringen äußeren Spannungen zu Atomverschiebungen. Der Gleitvorgang wandert, in zahlreiche Einzelschritte aufgelöst, durch den Kristall und

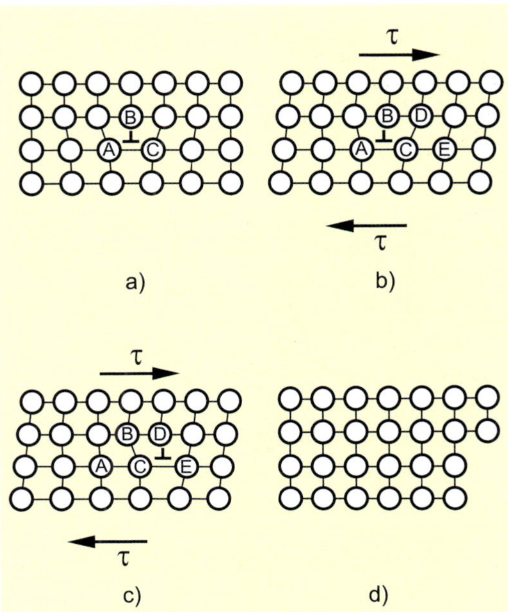

2.43 Plastische Verformung durch die Bewegung einer Versetzung
- a) unverformter Gitterausschnitt mit Versetzung
- b) Verformung durch Schubspannung
- c) Verschiebung der Versetzung um einen Atomabstand
- d) durchgelaufene Versetzung hat an der Oberfläche zu Stufenbildung geführt

benötigt dadurch weniger Kraft (Bild 2.43). Man kann den Vorgang bildhaft mit der Lageänderung eines Teppichs durch das Weiterschieben einer Falte vergleichen. Auch in diesem Fall ist der Kraftaufwand wesentlich geringer als bei einer Verschiebung im Ganzen (Bild 2.44).

2.44 Die Lageänderung eines Teppichs durch Verschiebung einer Falte erfordert weniger Kraft, als eine Verschiebung im Ganzen.

Eine Versetzung bewegt sich bevorzugt auf **Gleitebenen** und in **Gleitrichtungen**, das sind jene Gebiete, wo die Atome am dichtesten angeordnet sind (siehe Abschnitt 2.5). Die Bewegung erfolgt bis zu einem Hindernis (z. B. einer Korngrenze) oder bis zur freien Oberfläche des Kristalls. Im zweiten Fall kommt es dort zur Stufenbildung, wodurch Gleitlinien oder Gleitbänder entstehen. Optisch äußert sich dies im Mattwerden ursprünglich glänzender Metalloberflächen, insbesondere bei grobkörnigen Werkstoffen.

Es gibt neben der plastischen Deformation durch Gleiten noch die Deformation durch **Zwillingsbildung**. Bei diesem Vorgang, der nur kleine Verformungen zulässt, klappen Teile des Kornes mit großer Geschwindigkeit in spiegelbildliche Lagen zueinander um (Bild 2.45). Die Zwillingsbildung tritt bevorzugt bei Kristallen mit wenigen Gleitebenen und bei plötzlicher Beanspruchung auf. Außer durch Verformung können Zwillinge auch beim Erstarren oder Glühen entstehen.

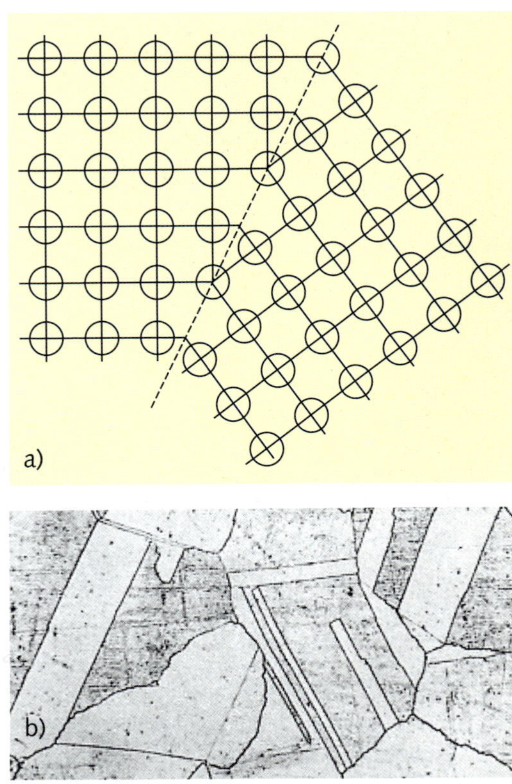

2.45 Zwillingsbildung
- a) Atomare Struktur beiderseits einer Zwillingsgrenze
- b) Zwillinge sind im Gefüge als parallele Linien sichtbar

Wir haben vorhin die Aussage gemacht, dass es zu bleibenden Formänderungen kommt, wenn die auf das Werkstück einwirkende Kraft einen gewissen Wert übersteigt. Eigentlich muss man hier exakter von **mechanischer Spannung** sprechen. Das heißt, man bezieht die Kraft auf ihre Wirkungsfläche. Man unterscheidet dabei zwischen **Normalspannung** und **Schubspannung,** je nachdem ob die Kraft normal oder in Richtung der Bezugsfläche wirkt (Bild 2.46). Da sich die Atome bei einer plastischen Umformung aneinander vorbei in neue Gleichgewichtslagen bewegen, ist für diesen Fall die Schubspannung die maßgebende Größe.

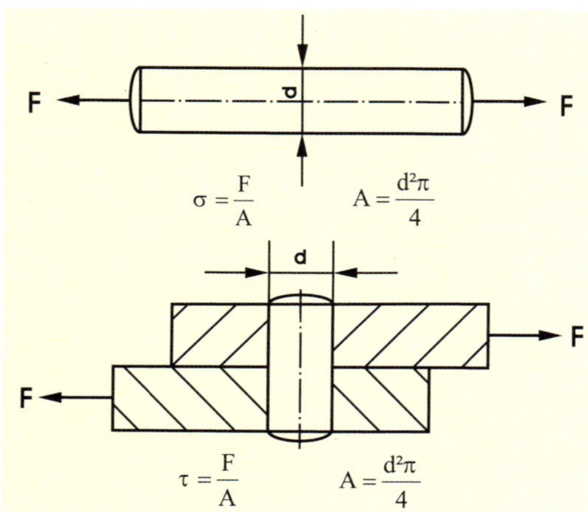

2.46 Normalspannung σ (oben) und Schubspannung τ (unten).

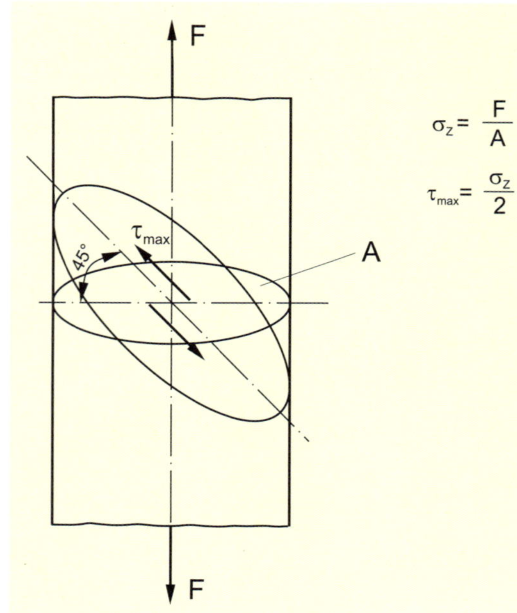

2.47 Die größten Schubspannungen (τ_{max}) liegen bei einer Zugbeanspruchung unter einem Winkel von 45° zur Zugrichtung.

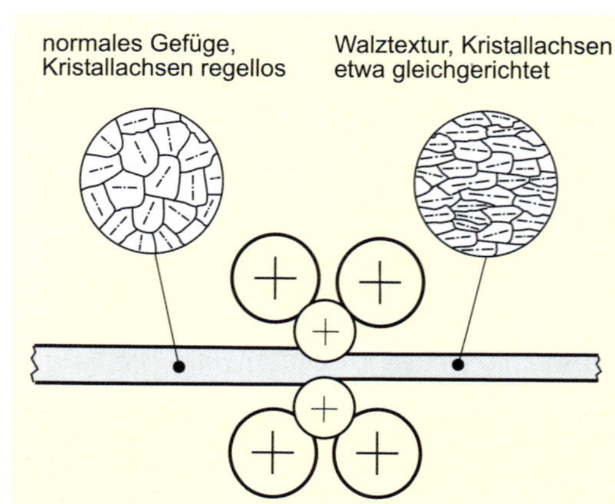

2.48 Entstehung einer Walztextur

In einem Metallstück sind die einzelnen Körner vor einer plastischen Verformung regellos angeordnet. Die Schubspannungen haben nach den Gesetzen der Mechanik ihren größten Wert unter einem Winkel von 45° zu den Hauptspannungen (größte und kleinste Normalspannung). Im Bild 2.47 sind die Verhältnisse an einem Zugstab dargestellt. Das Fließen beginnt zuerst nur in jenen Kristallkörnern, deren Gleitflächen den Winkel von etwa 45° zur Zugrichtung einnehmen. Bei größeren Kräften werden auch die übrigen Körner erfaßt, wobei die Gitter aller Körner das Bestreben haben, eine günstige Lage zur Beanspruchungsrichtung einzunehmen. Das bedeutet, dass die Gleitebenen möglichst in Richtung der größten Schubspannung zu liegen kommen. Das Gefüge wird orientiert, es hat eine **Textur**. Der Werkstoff wird anisotrop (Bilder 2.48 und 2.49).

2.49 Gefügebild der Walztextur eines Stahlbleches mit 0,25 % C (V = 100:1)

Beispielsweise ist der Verformungswiderstand von Blechen, die eine Textur aufweisen, in verschiedenen Richtungen unterschiedlich. Dadurch kann es bei der Weiterverarbeitung solcher Bleche zu Fehlern kommen, z. B. zu einer **Zipfelbildung** beim Tiefziehen (Bilder 2.50 und 2.51).

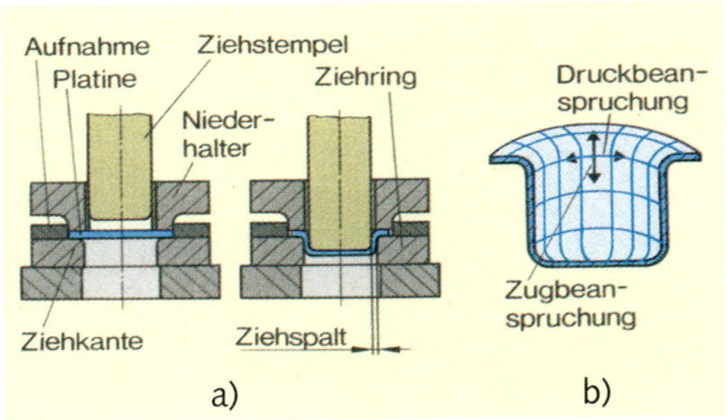

2.50 Tiefziehen
a) Tiefziehvorgang
b) Werkstoffbeanspruchung

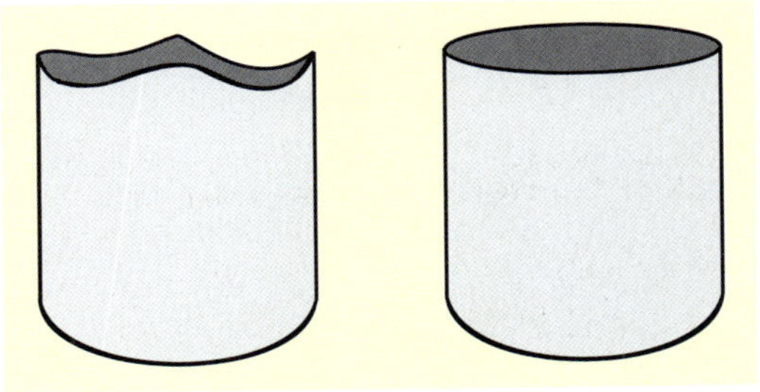

2.51 Zipfelbildung beim Tiefziehen, rechts wurde ein Werkstoff ohne Textur verwendet.

Texturen gibt es auch in anderen Fällen, wie z.B. beim Gießen. Ein Block eines in einer Kokille vergossenen Stahles zeigt über den Querschnitt eine deutliche Gusstextur mit sehr verschiedenen Kristallformen (siehe Bild 4.22 im Abschnitt 4.4).

2.6.5 Kaltverfestigung, Rekristallisation

Das Gleiten der Versetzungen wird an den Korngrenzen oder an anderen Hindernissen (z. B. Verunreinigungen, Ausscheidungen von Fremdphasen) stark beeinträchtigt oder zur Gänze unterbunden. Steigt die Verformungskraft, so werden zusätzliche, weniger günstige Gleitebenen betätigt. Bei weiterer Verformung werden immer mehr Stellen im Raumgitter gestört, der Verformungswiderstand steigt sehr stark an. Schließlich sind praktisch alle Gleitmöglichkeiten erschöpft, das Metall ist **versprödet**. Eine Erhöhung der Kraft führt zum Bruch des Werkstoffes.

In den stark verformten Körnern haben die Atome das Bestreben, den Zwangszustand bzw. die vorhandenen Spannungen zu beseitigen. Bei niedrigen Temperaturen ist die Beweglichkeit der Atome sehr gering, sodass es nur zu unbedeutenden Änderungen der Atomanordnungen kommt. Man bezeichnet diesen Vorgang als **Kristallerholung**.

Erst bei bestimmten Temperaturen erfolgt ein Neuaufbau der Kristalle, die sogenannte **Rekristallisation.** Die am stärksten gestörten Stellen

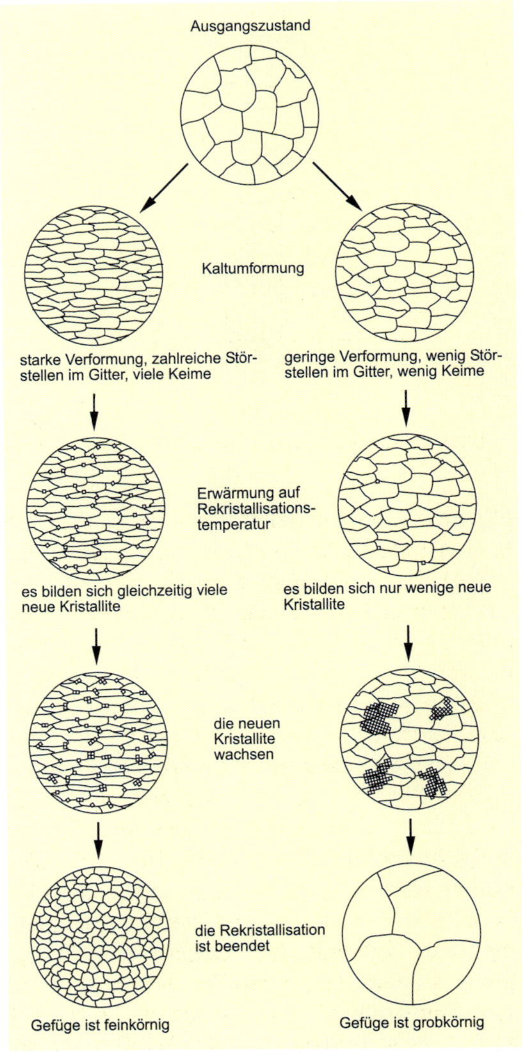

2.52 Kaltverformung und Rekristallisation

wirken dabei als „Keime“, an denen die Rekristallisation beginnt. Bei starker Kaltverformung sind viele Keime vorhanden, wodurch beim Glühen ein feinkörniges Gefüge entsteht. Wird dagegen der Werkstoff nur wenig verformt, bildet sich beim rekristallisierenden Glühen wegen der geringen Zahl der Keime ein Gefüge mit grobem Korn (Bild 2.52). Man kann diese Abhängigkeit der Korngröße vom Verformungsgrad sehr deutlich sehen, wenn man ein keilförmiges oder konisches Werkstück nach der Kaltverformung rekristallisierend glüht und anschließend einen Schliff dieses Werkstückes betrachtet (Bild 2.53).

2.53 Rekristallisierte Keilzugprobe von einem reinen Metall (schematisch)

Die Rekristallisationstemperatur liegt bei gleich starker Umformung für verschiedene Metalle verschieden hoch, wobei ein Zusammenhang mit dem Schmelzpunkt besteht (Bild 2.54). Weiters hängt sie vom Verformungsgrad ab. Am übersichtlichsten stellt man die Beziehungen zwischen Verformungsgrad ausgedrückt durch die prozentuelle Querschnittsabnahme

$$\frac{A_0 - A}{A_0} \cdot 100,$$

Glühtemperatur, Glühdauer und Korngröße grafisch dar (Bilder 2.55, 2.56 und 2.57).

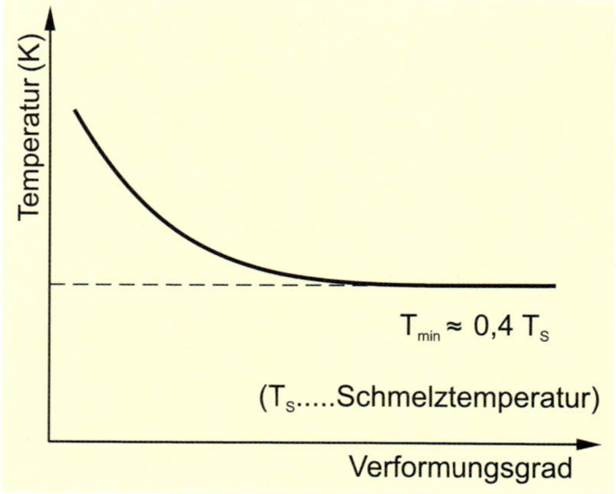

2.54 Abhängigkeit des Rekristallisationsbeginns vom Verformungsgrad bei konstanter Glühdauer

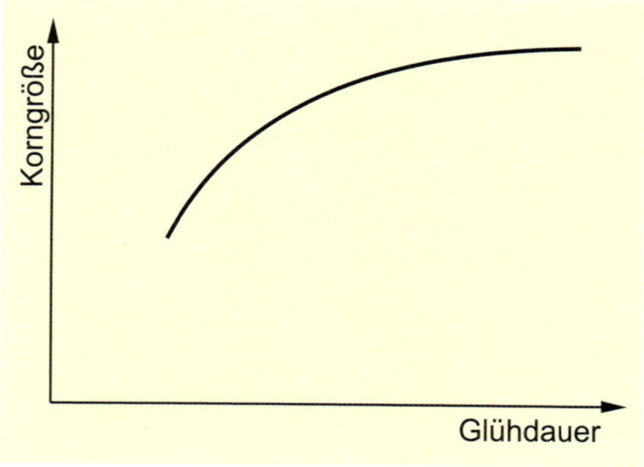

2.55 Abhängigkeit der Korngröße von der Glühdauer bei konstanter Glühtemperatur und konstantem Verformungsgrad

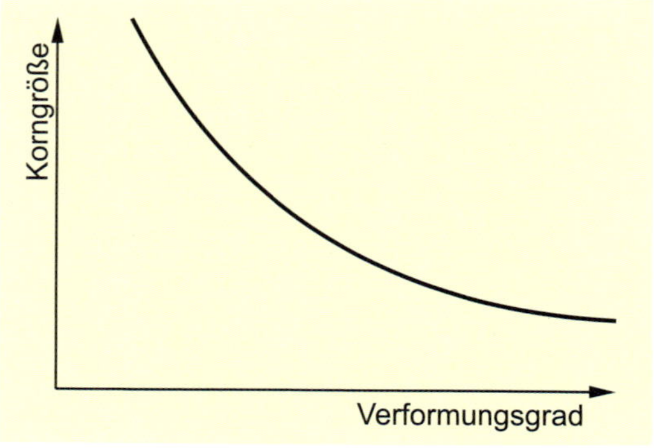

2.56 Abhängigkeit der Korngröße vom Verformungsgrad bei konstanter Glühdauer und Glühtemperatur

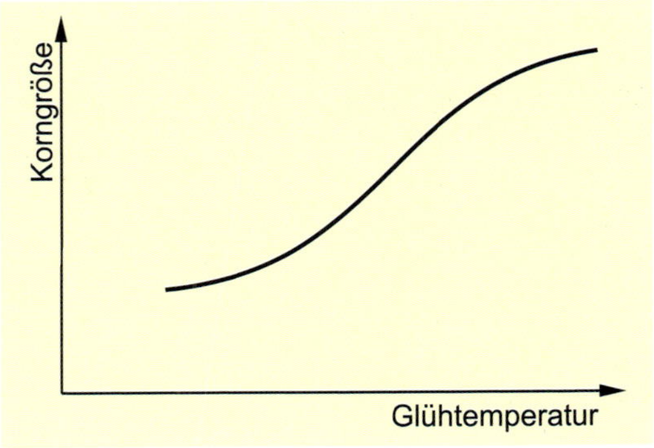

2.57 Abhängigkeit der Korngröße von der Glühtemperatur bei konstanter Glühdauer

Verformt man ein Metall oberhalb der Temperatur, bei welcher die Rekristallisation rascher vor sich geht als die Verfestigung, so spricht man von einer **Warmverformung**.

Fragen und Aufgaben zu Abschnitt 2

2.1 Wodurch unterscheidet sich die Bewegungsform der Atome im flüssigen von der im festen Aggregatzustand?

2.2 Wie sind Atome in Festkörpern angeordnet?

2.3 Warum hat die Abkühlungskurve eines reinen Metalles einen Haltepunkt?

2.4 Durch welche Maßnahmen kann man eine feinkörnige Erstarrung erreichen?

2.5 Was versteht man unter dem Begriff „Gefüge"?

2.6 Wie kann man das Gefüge eines Metalles sichtbar machen?

2.7 Wodurch kommt es zur metallischen Bindung?

2.8 Wie kann man sich die Wärmeausdehnung der Metalle erklären?

2.9 Was versteht man unter dem Begriff „Raumgitter"?

2.10 Was versteht man unter dem Begriff „Elementarzelle"?

2.11 Wie viele Atome kommen im Durchschnitt auf eine kubisch-flächenzentrierte und wie viele auf eine kubisch-raumzentrierte Elementarzelle?

2.12 Wie viel Leervolumen (in Prozenten) befindet sich in einer kubisch-flächenzentrierten und wie viel in einer kubisch-raumzentrierten Elementarzelle, wenn man die Metallatome (Ionen) als kompakte Kugeln betrachtet?

2.13 Worauf beruht die hohe elektrische Leitfähigkeit der Metalle?

2.14 Wie unterscheidet sich eine elastische von einer plastischen Verformung?

2.15 Warum lassen sich die Atome einer „Versetzung" leichter bewegen als solche, die sich an regulären Gitterplätzen befinden?

2.16 Die beiden Begriffe „Anisotropie" und „Textur" sind zu vergleichen.

2.17 Wie beeinflusst der Grad der Kaltverformung die Korngröße eines Rekristallisationsgefüges?

2.18 Der Schmelzpunkt des reinen Eisens beträgt 1536 °C. Wie hoch muss man ein Stück kalt verformtes Eisen mindestens erwärmen, um die Rekristallisationsvorgänge einzuleiten?

Legierungsbildung 3

3.1 Grundbegriffe

Für die Ansprüche, die an die Werkstoffe gestellt werden, reichen die Eigenschaften der reinen Metalle in den meisten Fällen nicht aus. Man stellt deshalb **Legierungen** her.

> Legierungen sind metallische Werkstoffe, bestehend aus zwei oder mehreren Elementen, von denen mindestens eines ein Metall ist.

Diese metallischen oder nichtmetallischen Elemente bezeichnet man als **Komponenten** der Legierung. Je nach der Anzahl der Komponenten ergeben sich Zwei-, Drei- oder Mehrstofflegierungen.

Untersucht man eine große Zahl beliebiger Legierungen, indem man ihre Schliffproben miteinander vergleicht, so zeigen sich unter dem Mikroskop sehr unterschiedliche Bilder. In manchen Fällen sieht das Gefüge der Legierung wie jenes eines reinen Metalles aus. Man bezeichnet so ein Gefüge dann als **homogen** (Bild 3.1 links).

Meist aber ist das Gefüge **heterogen** (Bild 3.1 rechts), d. h. man kann im Schliffbild verschiedene **Phasen** erkennen.

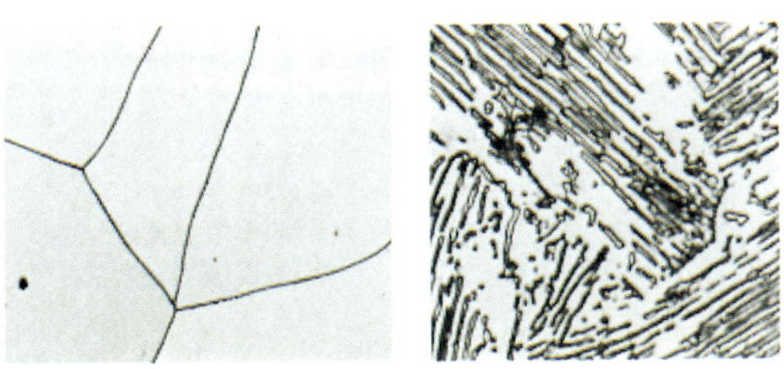

3.1 Homogenes (links) und heterogenes Gefüge (rechts)

> Phasen sind homogene Bereiche eines Gefüges, die voneinander abgegrenzt sind.

Nicht verwechselt werden soll hier dieser Begriff mit der manchmal üblichen Bezeichnung für den Aggregatzustand (z. B. feste, flüssige oder gasförmige Phase). Eine Phase hat an jeder beliebigen Stelle die gleichen physikalischen Eigenschaften. Untersucht man eine große Zahl von Legierungen genauer hinsichtlich ihres atomaren Aufbaues, so findet man, dass es nur drei verschiedene Arten von Phasen gibt. Nämlich

- **reine Elemente,**
- **Mischkristalle und**
- **intermetallische Verbindungen.**

Reine Elemente treten bei einer Legierung dann auf, wenn sich zwei Komponenten im festen Zustand nicht miteinander mischen. Es bildet sich bei der Erstarrung der die beiden Elemente enthaltenden Schmelze ein so genanntes „Kristallgemisch", bestehend aus zwei verschiedenen Phasen (im Mikroskop unterscheidbar). Die beiden Atomarten bauen jeweils ihre eigenen Kristalle auf (Bild 3.2).

3.2 Bei einem Kristallgemisch bildet jede Legierungskomponente eigene Kristalle.

Mischkristalle entstehen dann, wenn zwei oder mehr Legierungselemente auch im festen Zustand ineinander löslich sind. Die Raumgitter der Kristalle werden von den verschiedenen Atomarten gemeinsam aufgebaut. Man spricht von festen Lösungen (engl. solid solution). Unter dem Mikroskop zeigt sich ein Bild wie bei einem reinen Metall. Es werden zwei Arten von Mischkristallen unterschieden:

Beim **Austauschmischkristall**, auch **Substitutionsmischkristall** genannt, treten Fremdatome an die Gitterplätze des Grundgitters (Bild 3.3 links). Sind dabei die Bedingungen besonders günstig (wie z. B. bei der Legierung Cu-Ni), so ist auch eine unbegrenzte Austauschbarkeit möglich. Man spricht in diesem Fall von einer **ununterbrochenen** oder **lückenlosen Mischkristallreihe.** Der Begriff „lückenlos" wird deshalb verwendet, weil hier keine „Mischungslücke"

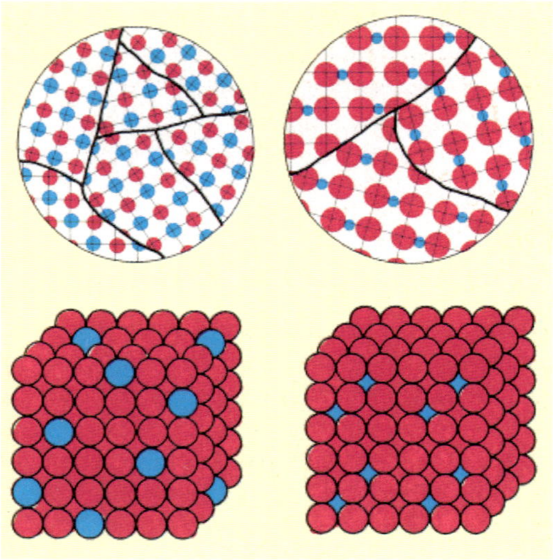

3.3 Austauschmischkristall (links) und Einlagerungsmischkristall (rechts)

vorhanden ist (siehe Abschnitt 3.2.4). Das bedeutet, dass sich bei jedem beliebigen Mischungsverhältnis der beiden Komponenten die gleiche Art homogener Mischkristalle bildet. Voraussetzung für eine lückenlose Mischkristallreihe sind neben einigen chemischen bzw. elektrochemischen Bedingungen:

- gleicher Gittertyp und
- etwa gleich große Atomdurchmesser (Unterschied höchstens 14 %) der beiden Komponenten.

Beim **Einlagerungsmischkristall** besetzen die Fremdatome, die entsprechend klein sind, die Plätze zwischen den Atomen des Grundgitters (Bild 3.3 rechts). Die Löslichkeit ist hier begrenzt (z. B. Kohlenstoff im Eisen).

Durch die Fremdatome wird das Gitter des Grundmetalles mehr oder weniger verzerrt, wodurch Härte und Festigkeit ansteigen. Besonders stark wirken sich Gitterverspannungen bei den Einlagerungsmischkristallen aus.

Intermetallische Verbindung bedeutet eigentlich eine Verbindung zwischen Metallen. Es vermögen aber auch Nichtmetalle (z. B. B, C, N, O, P, S) mit Metallen Verbindungen zu bilden, die metallische Eigenschaften besitzen. Man lässt deshalb diesen Begriff auch für solche Verbindungen gelten. Vielfach gibt es dafür auch die Bezeichnung **intermediäre Phasen**.

Die Raumgitter der intermetallischen Verbindungen sind häufig komplizierter als die der beteiligten Legierungsbestandteile. Beispielsweise kristallisiert der für Stahl wichtige Zementit (Fe_3C) rhombisch, wobei jedes C-Atom von sechs Fe-Atomen umgeben ist (Bild 3.4). Neben der vorherrschenden Metallbindung sind auch Anteile anderer Bindungsarten wirksam. Raumgitter und Bindung bestimmen das meist harte und spröde Verhalten dieser Phasen. Formelbezeichnungen (z. B. Fe_3C oder Al_2Cu) geben nur Mittelwerte der Atomverhältnisse im Kristall an und sind nicht mit den üblichen chemischen Formeln zu verwechseln.

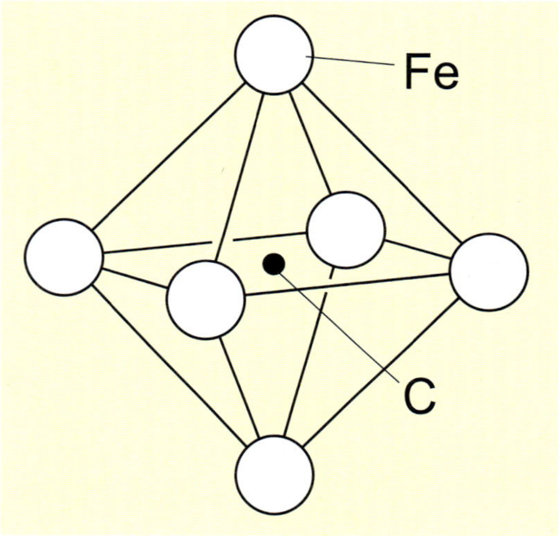

3.4 Beim Zementit (Fe_3C) ist jedes C-Atom von sechs Fe-Atomen umgeben

3.2 Einfache Zweistofflegierungen

Die verschiedenen Metalle verhalten sich gegeneinander und gegenüber Nichtmetallen sehr unterschiedlich. Um einen groben Überblick zu bekommen, wollen wir vorerst einige Zweistofflegierungen – auch **binäre** Legierungen genannt – näher untersuchen. Zu diesem Zweck werden **Zustandsschaubilder** aufgestellt.

> Ein Zustandsschaubild gibt in grafischer Form eine vollständige Übersicht über alle möglichen Zustände bzw. Zustandsänderungen einer Legierungsreihe in Abhängigkeit von der Temperatur und der Konzentration.

Zur Aufstellung eines Zustandsdiagramms geht man in der Regel so vor, dass man sich zunächst Legierungen mit verschiedenen Zusammensetzungen aus den reinen Komponenten durch Einschmelzen herstellt und dann durch die thermische Analyse das Verhalten beim Abkühlen feststellt. Die Abkühlungskurven, die als Funktion von Temperatur und Zeit für eine bestimmte Legierungskonzentration dargestellt werden, zeigen bei Phasenänderungen charakteristische Unstetigkeitsstellen. Es sind dies **Knick-** und **Haltepunkte**. Die Knick- und Haltepunkte der Abkühlungskurven einer Legierungsreihe werden nun in ein Temperatur-Konzentrations-Diagramm eingetragen. Durch Verbindung entsprechender Punkte ergibt sich das Zustandsschaubild. Man bezeichnet die Linie, oberhalb der nur Schmelze vorliegt, als **Liquiduslinie**, jene, unterhalb der sich sämtliche Legierungen des Systems im festen Zustand befinden, als **Soliduslinie**.

3.2.1 Zweistoffsysteme mit vollkommener Unlöslichkeit im flüssigen und festen Zustand

Hier folgt jedes Legierungselement sowohl im flüssigen als auch im festen Zustand seinen eigenen Gesetzen (ähnlich wie z. B. Öl und Wasser). Beispiele für solche Legierungen (eigentlich besser als Gemische bezeichnet) sind Blei–Eisen und mit Einschränkungen Blei–Kupfer. Die letztgenannte Paarung wird als Lagermetall eingesetzt. Bei der Herstellung solcher Legierungen muss auf lebhafte Bewegung der Schmelze und auf rasches Abkühlen geachtet werden, da es sonst zu keiner gleichmäßigen Verteilung der Legierungsbestandteile kommt. Die Aufstellung eines Zustandsschaubildes erübrigt sich hier.

3.2.2 Zweistoffsysteme mit vollkommener Löslichkeit im flüssigen und vollkommener Unlöslichkeit im festen Zustand

Die Legierungsbestandteile vieler Zweistofflegierungen (z. B. Zink-Kadmium oder Kadmium-Wismut) lösen sich im flüssigen Zustand vollständig ineinander, bei der Erstarrung bauen jedoch die beiden Atomarten jeweils ihre eigenen Kristalle auf. Es entsteht ein **Kristallgemisch.** Die typische Abkühlungskurve so einer Legierung zeigt am Beginn der Ausscheidung (Erstarrung) der einen Kristallart einen Knickpunkt. Von dort ist die Kurve durch die frei werdende Erstarrungswärme flacher. Ein Haltepunkt, gekennzeichnet durch einen waagrechten Kurvenabschnitt, ent-

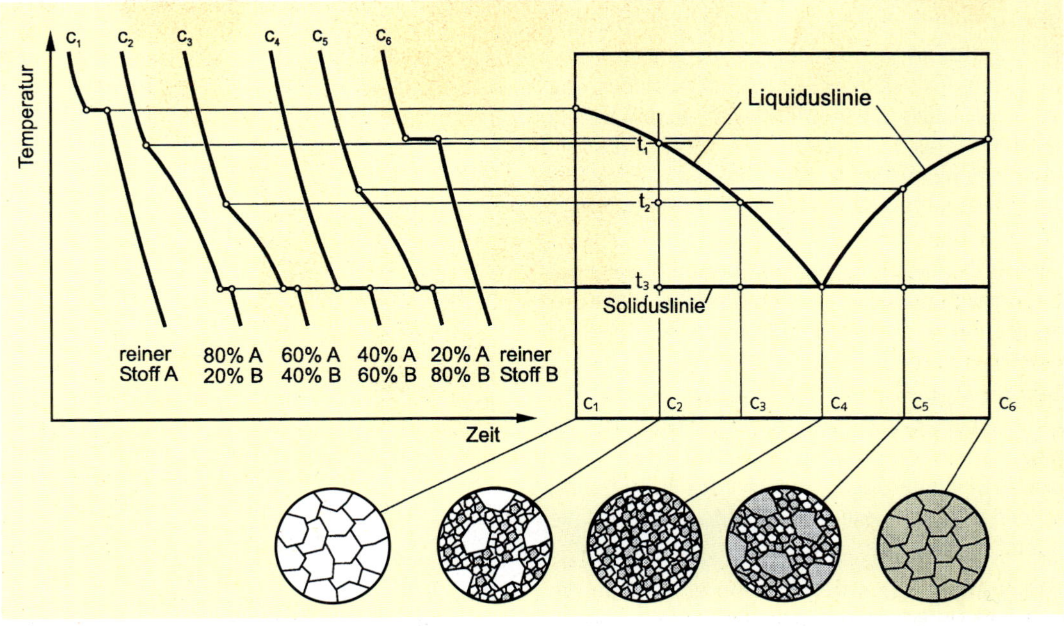

3.5 Abkühlungskurven und Zustandsschaubild bei Löslichkeit im flüssigen und Unlöslichkeit im festen Zustand

steht erst, wenn sich die beiden Komponenten gemeinsam abscheiden (Bild 3.5 links).

Bei einer bestimmten Zusammensetzung der Legierung scheiden sich aus der Schmelze unmittelbar *A*- und *B*-Kristalle gemeinsam ab (Abkühlungskurve c_4). Eine derartige Legierung verhält sich bei der thermischen Analyse wie ein reines Metall und weist den niedrigsten Erstarrungsbeginn der ganzen Legierungsreihe auf. Eine Legierung mit solchen Eigenschaften nennt man eine **eutektische Legierung**, ihr erstarrtes Gefüge **Eutektikum**. Eutektika (der Name bedeutet soviel wie „das leicht Schmelzende") sind im Allgemeinen feinkörnig, da durch den tiefen Erstarrungsbeginn viele Keime vorhanden sind.

Aus den Knick- und Haltepunkten der verschiedenen Abkühlungskurven kann man nun das Zustandsschaubild dieses Systems zeichnen (Bild 3.5 rechts). Wir erkennen die waagrechte Soliduslinie und die V-förmige Liquiduslinie, die an ihrem tiefsten Punkt die Soliduslinie erreicht.

Anhand des Zustandsschaubildes sollen die Vorgänge bei der Abkühlung und Erstarrung einer Schmelze beschrieben werden. Wird beispielsweise eine Schmelze der Konzentration c_2 abgekühlt, so erreicht sie bei der Temperatur t_1 die Liquiduslinie. Es beginnt sich nun jene Kristallart abzuscheiden, die gegenüber der eutektischen Konzentration (c_4) ein Übergewicht hat. Dies ist in diesem Fall Metall *A*. Durch die Ausscheidung von *A*-Kristallen verarmt die Restschmelze an diesem Metall und ihre Konzentration wird *B*-reicher. Man kann die laufende (von der Temperatur abhängende) Konzentration der Restschmelze am Schnittpunkt der Temperaturhorizontalen mit der Liquiduslinie ablesen. Beispielsweise hat die Restschmelze bei der Temperatur t_2 die Konzentration c_3. Bei weiterer Abkühlung wird endlich die Soliduslinie (Temperatur t_3) erreicht und die verbleibende Restschmelze, welche die eutektische Konzentration angenommen hat, erstarrt als Eutektikum. Entsprechendes gilt auch für Legierungen rechts vom Eutektikum. Es erstarren in diesem Fall ab der Liquiduslinie zuerst *B*-Kristalle.

Legierungen, die also nicht von vornherein die eutektische Zusammensetzung aufweisen, verändern sich bei der Abkühlung nach Erreichen der Liquiduslinie (Knickpunkt der Abkühlungskurve) durch Ausscheiden der einen Kristallart so lange, bis die verbleibende Schmelze selbst die eutektische Konzentration angenommen hat und nun als Eutektikum erstarrt. Die vor der eutektischen Kristallisation ausgeschiedenen Kristallite werden als **Primärkristalle** bezeichnet. Sie sind eingehüllt von der zuletzt erstarrenden Restschmelze mit eutektischer Zusammensetzung (Bild 3.5, Gefügebilder unter dem Zustandsschaubild).

3.2.3 Zweistoffsysteme mit vollkommener Löslichkeit im flüssigen und festen Zustand

Die Abkühlungskurven dieser Legierungen haben keinen Haltepunkt, sondern nur zwei Knickpunkte, zwischen denen ein Bereich verzögerter Abkühlung liegt (Bild 3.6). Beim oberen Knickpunkt bilden sich die ersten Mischkristalle, die Erstarrung beginnt. Beim unteren Knickpunkt ist die Erstarrung beendet. Die Verbindungslinien aller oberen und aller unteren Knickpunkte der Abkühlungskurven für verschiedene Konzentrationen ergeben ein Schaubild, welches das Aussehen einer Zigarre hat. Als konkretes Beispiel ist das Zustandsschaubild der Kupfer-Nickel-Legierungsreihe dargestellt (Bild 3.7).

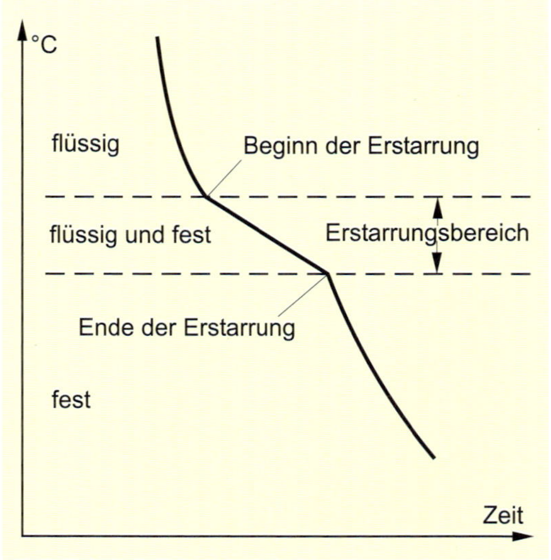

3.6 Abkühlungskurve einer Legierung mit vollkommener Löslichkeit im flüssigen und festen Zustand

Wird eine Schmelze mit der Konzentration c_0 abgekühlt, erreicht man die Liquiduslinie bei t_1. Es beginnt die Erstarrung der ersten Mischkristalle, die allerdings wesentlich mehr Nickelatome enthalten als es der Konzentration c_0 entspricht. Zieht man durch t_1 eine Waagrechte bis zum Schnitt mit der Soliduslinie, so zeigt das Lot aus diesem Schnittpunkt die Konzentration der ersten Mischkristalle an (c_1). Bei weiterer Abkühlung wird nach einiger Zeit die Temperatur t_2 erreicht. Die Konzentration der nun gebildeten Mischkristalle liegt bei c_2, jene der restlichen Schmelze bei c_3.

Aus dem Diagramm ist zu ersehen, dass sich die Konzentration der ausgeschiedenen Mischkristalle mit sinkender Temperatur ständig ändert. Jeder Kristallit, welcher sich an einen anderen kurz vorher gebildeten anlagert bzw. sich neu bildet, hat eine andere Konzentration als sein Vorgänger. Es bleiben aber alle Kristalle bzw. Kristallschichten untereinander und mit der Schmelze durch Diffusion in Wechselbeziehung. Daher stellt sich bei hinreichend langsamer Abkühlung das der jeweiligen Temperatur entsprechende Gleichgewicht innerhalb der Kristalle sowie zwischen Kristallen und Schmelze immer wieder neu ein. Nach endgültiger Erstarrung an der Soliduslinie (t_3) haben dann alle Kristalle die Konzentration c_0 der ursprünglichen Schmelze angenommen.

Die Gefügebilder der gesamten Legierungsreihe gleichen denen reiner Metalle, da man bei Mischkristallen die beiden Komponenten unter dem Mikroskop nicht unterscheiden kann. Die Eigenschaften werden von der jeweiligen Legierungszusammensetzung bestimmt.

Da die Atome in Kupfer-Nickel-Legierungen nur träge diffundieren, ist nach gewöhnlicher Abkühlung die Legierung nicht aus gleichmäßigen Kristallen, sondern aus **Zonenmischkristallen** aufgebaut. Diese Mischkristalle besitzen teilweise mehr, teilweise weniger Nickel (bzw. Kupfer) als ihrer durchschnittlichen Konzentration entsprechen würde. Durch längeres Glühen dicht unterhalb der Soliduslinie können sich die unterschiedlichen Konzentrationen ausgleichen

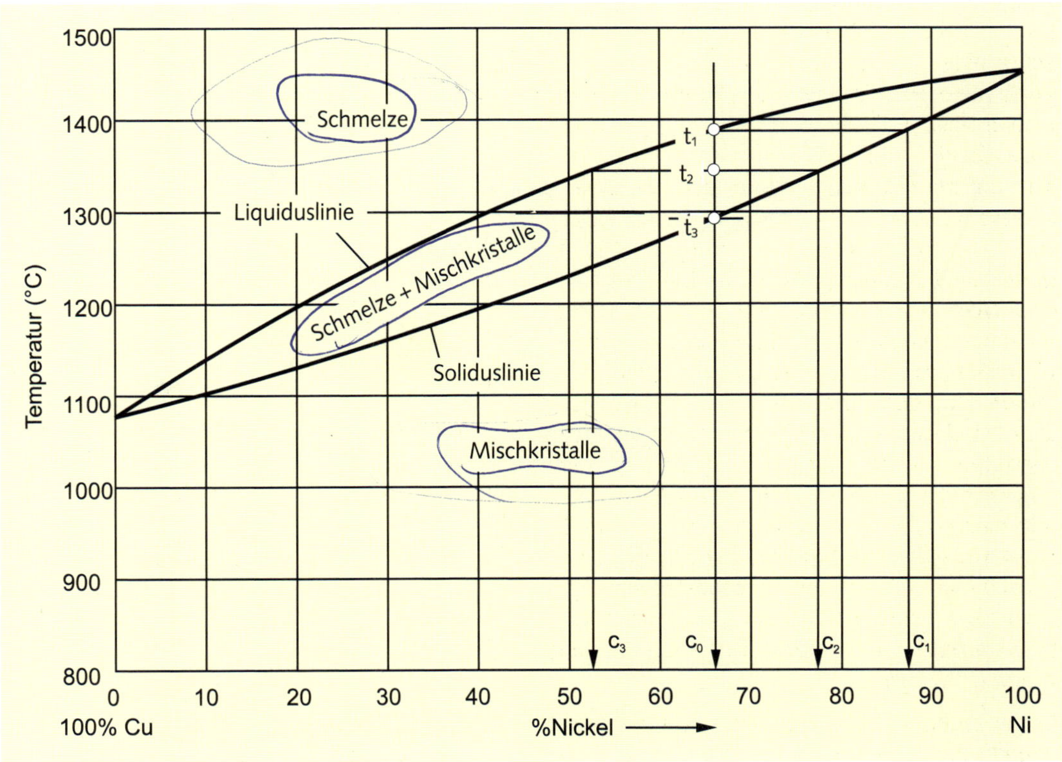

3.7 Zustandsschaubild der Kupfer-Nickel-Legierungen

(Diffusion). Um das bei höheren Glühtemperaturen entstehende grobe Korn zu vermeiden, kann man (wenn dies möglich ist) vor dem Glühvorgang eine starke Kaltverformung durchführen (siehe Abschnitt 2.6.5).

Neben der Zusammensetzung, Art und Anzahl der verschiedenen Phasen, kann man aus dem Zustandsschaubild auch die Massen der in den Zustandsfeldern vorhandenen Phasen mit Hilfe einer Massenbilanzrechnung ermitteln. Man kann z. B. die Anteile von auskristallisierter Substanz (m_K) und restlicher Schmelze (m_{RS}) für den Fall berechnen, dass die ursprüngliche Schmelze (m_S,c_0) auf t_2 abkühlt (Bild 3.7).

1. $m_{RS} + m_K = m_S$
2. $m_{RS} \cdot c_3 + m_K \cdot c_2 = m_S \cdot c_0$

In diesen zwei Gleichungen sind m_S und c_0 gegeben, c_2 und c_3 kann man dem Diagramm entnehmen. Es bleiben somit die beiden Unbekannten m_{RS} und m_K. In ähnlicher Weise kann man bei allen Zustandsschaubildern in heterogenen Zustandsfeldern die einzelnen Phasen bestimmen.

3.2.4 Zweistoffsysteme mit begrenzter Löslichkeit im festen Zustand

Die Mehrzahl aller Legierungen zeigen dieses Verhalten. Wir wollen hier zwei Varianten darstellen.

System mit Eutektikum

Für diesen Fall nimmt man zwei Metalle mit unterschiedlichen Elementarzellen an: Metall *A* kristallisiert kubisch-flächenzentriert, Metall *B* kubisch-raumzentriert. Wenn nur wenige Atome von *B* vorhanden sind, werden sie Gitterplätze in den kubisch-flächenzentrierten Würfeln des Grundmetalles einnehmen und Austauschmischkristalle bilden. Erhöht man den Anteil der Atome von Metall *B* immer weiter, so kommt es einmal so weit, dass sich zusätzlich kubisch-raumzentrierte Kristalle bilden, in die Atome vom Metall *A* eingebaut sind. Ab dieser Konzentration tritt im Gefüge ein zweiter Bestandteil auf, der auch im Mikroskop sichtbar ist. Die beiden Phasen werden als α- und β-Mischkristalle bezeichnet, je nachdem ob sie *A*-reich oder *B*-reich sind. Wird das Metall *B* in

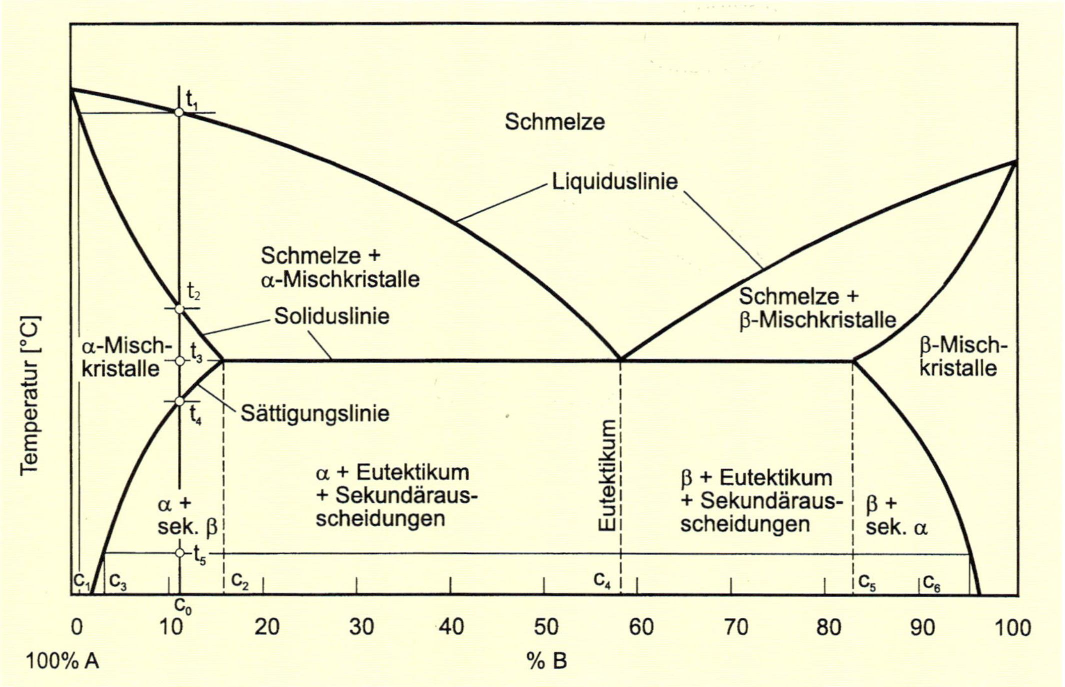

3.8 Zustandsschaubild mit begrenzter Löslichkeit der beiden Komponenten (System mit Eutektikum)

der Legierung weiter vermehrt, so ist ab einer bestimmten Konzentration das Auftreten zweier Phasen, die so genannte **Mischungslücke**, beendet und es finden sich nur mehr β-Mischkristalle im Gefüge. Im Bild 3.8 ist das Zustandsschaubild so einer Legierung dargestellt. Im folgenden Abkühlungsvorgang sollen die Zusammenhänge verdeutlicht werden.

Wird eine Schmelze mit der Konzentration c_0 abgekühlt, so scheiden sich aus ihr bei Erreichung der Liquiduslinie bei t_1 die ersten α-Mischkristalle der Konzentration c_1 aus. Diese haben nur wenig B-Anteile und kristallisieren kubisch-flächenzentriert. Die weitere Erstarrung verläuft so, wie sie bereits beim Kupfer-Nickel-Schaubild besprochen wurde. Bei Erreichung der Soliduslinie bei t_2 ist alles fest und alle α-Mischkristalle haben die Konzentration c_0 der ursprünglichen Schmelze. Bei der Temperatur t_3 könnten die α-Mischkristalle sogar noch mehr B-Atome aufnehmen (entsprechend der Konzentration c_2). Bei weiter sinkender Temperatur wird die **Sättigungslinie** oder **Segregatlinie** bei t_4 erreicht. Wird sie unterschritten, können die α-Mischkristalle nicht mehr alle B-Atome im Gitter halten und scheiden sie aus. Die ausgeschiedenen B-Atome bauen sofort ihre eigenen Gitter auf, in die allerdings auch einige A-Atome aufgenommen werden. Es entstehen auf diese Weise **sekundäre** β-Mischkristalle.

Die Konzentration der α-Mischkristalle geht immer weiter zurück und besitzt z. B. bei t_5 den Wert c_3. Die Konzentration der sekundären β-Mischkristalle kann am Schnittpunkt der Temperaturwaagrechten mit der rechten Sättigungslinie abgelesen werden (c_6).

Legierungsbereiche zwischen den Konzentrationen c_2 und c_5 sind ähnlich aufgebaut wie die im Abschnitt 3.2.2 beschriebene Legierung. Es müssen nur die A- und B-Kristalle durch α- und β-Mischkristalle ersetzt werden und zusätzlich die Sekundärausscheidungen berücksichtigt werden.

Eine Anzahl von Legierungen mit begrenzter Mischkristallbildung lässt sich **aushärten** (siehe Abschnitt 4.7.3). So ein Aushärtevorgang soll am Beispiel einer Aluminium-Kupfer-Legierung mit 4 % Kupfer erläutert werden (Bild 3.9). Wird so eine Legierung einige Zeit bei etwa 550 °C geglüht, so wird das gesamte Kupfer in Lösung gehen **(Lösungsglühen)**. Bei langsamer Abkühlung wird die harte intermetallische Verbindung Al_2Cu ausgeschieden. Durch diesen im Grundwerkstoff gleichmäßig verteilten harten Bestandteil (im Mikroskop sichtbar) werden Härte und Festigkeit etwas erhöht.

Wird jedoch nach dem Lösungsglühen schroff in Wasser abgeschreckt, bleiben vorerst die Kupferatome im Aluminiumgitter in Form einer Zwangslösung eingeschlossen und man erhält **übersättigte Mischkristalle**. Lässt man anschließend die abgeschreckte Legierung einige Tage bei Raumtemperatur liegen **(Auslagerung)**, werden sehr feine Al_2Cu-Kristalle ausgeschieden. In vielen Fällen kommt es gar nicht mehr zur Al_2Cu-Bildung, sondern nur zu Aus-

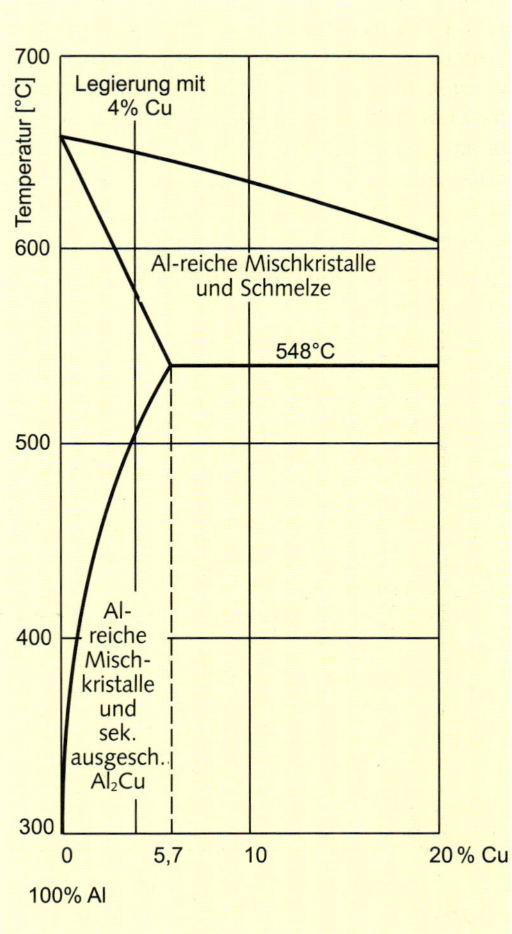

3.9 Teil des Aluminium-Kupfer-Schaubildes

scheidungen und Zusammenballungen von Kupferatomen. Diese submikroskopischen Ausscheidungen behindern die Gleitvorgänge im Gitter besonders stark. Härte und Festigkeit steigen auf die Werte eines weichen Baustahles an.

Anstatt dieser **Kaltaushärtung** kann man auch eine **Warmaushärtung** vornehmen. In diesem Fall wird der Härtevorgang durch leichtes Erwärmen beschleunigt. Die Temperatur darf jedoch nur so weit steigen (max. bis etwa 170 °C), dass die Ausscheidungen im Mikroskop nicht sichtbar werden, da andernfalls ihre festigkeitssteigernde Wirkung stark zurückgeht.

System mit Peritektikum

Durch die Zugabe des jeweiligen Legierungspartners kann auch der Erstarrungsbeginn der einen Komponente erniedrigt, jener der anderen erhöht werden. In solchen Fällen treten innerhalb der Mischungslücke **peritektische Reaktionen** auf, wobei aus Restschmelze und bereits ausgeschiedenen Mischkristallen eine neue Mischkristallart gebildet wird (Bild 3.10). Am Abkühlungsverlauf der beiden Legierungen mit den Konzentrationen c_1 und c_6 sollen die Zusammenhänge dargestellt werden.

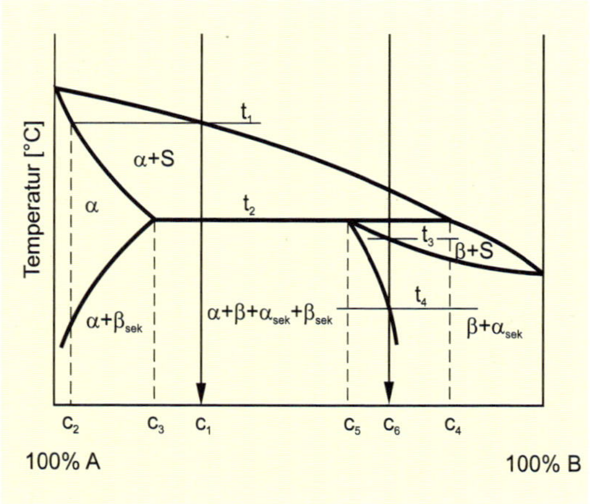

3.10 System mit Peritektikum

Wird eine Schmelze mit der Konzentration c_1 abgekühlt, scheiden sich bei Erreichung der Liquiduslinie (Temperatur t_1) α-Mischkristalle mit der Konzentration c_2 aus. Die weiteren Vorgänge sind vorerst analog jener wie im System mit Eutektikum. Wird die peritektische Temperatur (t_2) erreicht, finden sich α-Mischkristalle, deren Konzentration auf c_3 angestiegen ist und Restschmelze mit der Konzentration c_4. Es beginnt nun die peritektische Umsetzung an der Oberfläche der α-Mischkristalle, die dadurch von einer anwachsenden Schicht (bestehend aus β-Mischkristallen der Konzentration c_5) umgeben werden. Der weitere Massentransport muss nun durch diese Schicht hindurchgehen, was eine gewisse Zeit benötigt. Aus diesem Grund wird meist nicht der Gleichgewichtszustand erreicht. Der Umbau der α- zu β-Mischkristallen erfolgt so lange, bis die Schmelze verbraucht ist. Im Idealfall besteht das Gefüge dann aus α- und β-Mischkristallen mit den Konzentrationen c_3 und c_5. Aus der Entstehung des Gefüges ergibt sich auch sein Name. **Peritektikum** kann etwa mit „das ringsherum Schmelzende" übersetzt werden.

Ein anderes Verhalten zeigt die Legierung mit der Konzentration c_6. Auch hier finden sich bei t_2 α-Mischkristalle und Schmelze. Der Anteil der Schmelze ist allerdings so groß, dass selbst nach der Umwandlung aller α-Mischkristalle zu β-Mischkristallen noch immer ein Rest an Schmelze verbleibt. Aus dieser Schmelze scheiden sich bei weiterem Wärmeentzug β-Mischkristalle aus, bis beim Erreichen der Soliduslinie (t_3) alles fest ist. Die Konzentration aller Kristalle verändert sich dabei bei hinreichend langsamer Abkühlung von c_5 bis zur Konzentration c_6 der ursprünglichen Schmelze.

Wie schon beim System mit Eutektikum besprochen, kommt es auch hier zu Sekundärausscheidungen, wenn gesättigte Mischkristalle weiter abgekühlt werden. Beispielsweise beginnen sich bei der Legierung mit der Konzentration c_6 ab der Temperatur t_4 aus den β-Mischkristallen sekundäre α-Mischkristalle auszuscheiden.

3.2.5 Eisen-Kohlenstoff-Legierung

Gegenüber den bisher besprochenen Zweistoffsystemen ist jenes von Eisen und Kohlenstoff etwas komplizierter aufgebaut. Die Hauptursache dafür ist eine Eigenschaft des Eisens, die Polymorphie (siehe Abschnitt 2.5). Nähere

Zusammenhänge sieht man an der Abkühlungskurve des reinen Eisens (Bild 3.11).

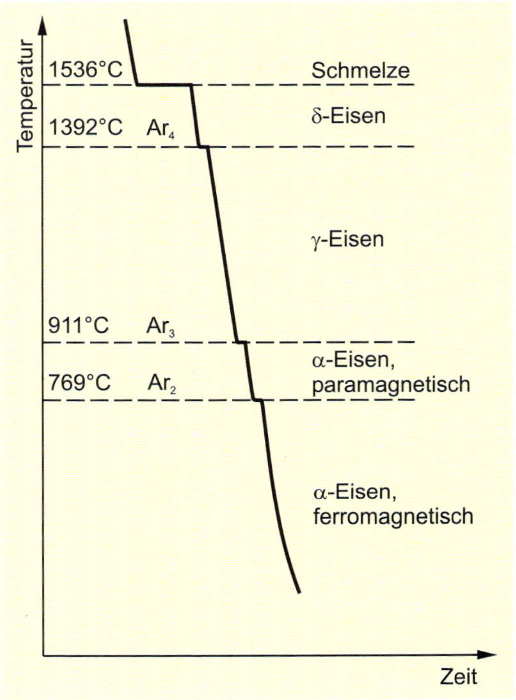

3.11 Abkühlungskurve des reinen Eisens

3.2.5.1 Abkühlungskurve und Gitterumwandlungen des reinen Eisens

Eisen hat bei verschiedenen Temperaturen unterschiedliche Gitterarten. Wenn sich der Kristallaufbau im festen Zustand ändert, wird Wärme verbraucht oder frei, je nachdem ob die Umwandlung bei Erwärmung oder bei Abkühlung erfolgt. Bei der Temperatur-Zeit-Kurve ergibt dies entsprechende Haltepunkte. Die Haltepunkte beim Abkühlen werden mit A_r, jene beim Erhitzen mit A_c bezeichnet. A, r und c sind die Anfangsbuchstaben der französischen Wörter arrêt (Stillstand), refroidissement (Abkühlung) und chauffage (Erhitzung). Die unterschiedliche Bezeichnung (mit den Indizes r bzw. c) ist deshalb üblich, da die Haltepunkte (vor allem der A_3-Punkt) einer **thermischen Hysterese** unterliegen. Man versteht darunter, dass beim Erwärmen höhere Temperaturen für die Umwandlungspunkte gefunden werden als beim Abkühlen.

α-Eisen und δ-Eisen besitzen ein kubisch-raumzentriertes, γ-Eisen ein kubisch-flächenzentriertes Gitter. Die Gitterkonstanten bei 911 °C betragen für γ-Eisen 3,64 Å, für α-Eisen 2,9 Å. Die Längeneinheit Ångström (Å) entspricht 10^{-10} m bzw. 0,1 nm.

Die Umwandlung einer Gitterart in eine andere erfolgt sehr rasch (in Sekundenbruchteilen), man spricht von einer **Umklappung**. Der Vorgang kann deshalb so rasch ablaufen, da hier keine Diffusion stattfindet, sondern sich nur die Atomabstände geringfügig ändern (Bild 3.12).

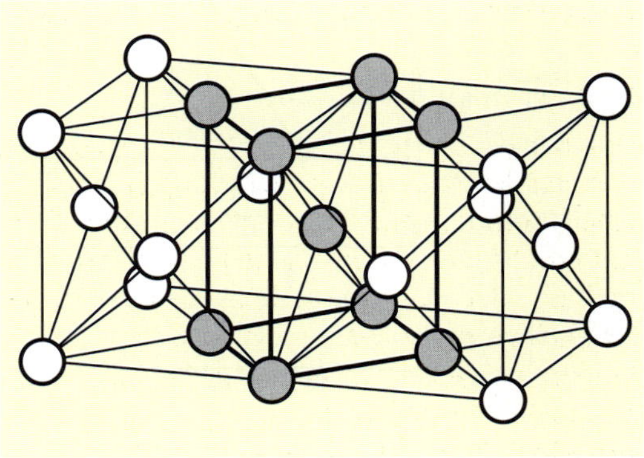

3.12 Vorbildung des α-Gitters im γ-Gitter

Bei A_{r2} (Curie-Punkt genannt) wird das bisher unmagnetische Eisen magnetisch. Man nahm früher an, dass hier ebenfalls eine Gitterumwandlung stattfindet und nannte deshalb das Eisen zwischen 911 °C und 769 °C β-Eisen. Dieser Begriff wird heute nicht mehr verwendet.

3.2.5.2 Eisen-Kohlenstoff-Schaubild

Die Eigenschaften der meisten technischen Eisenlegierungen werden durch den Kohlenstoff entscheidend beeinflusst. In vielen Fällen ist die Anwesenheit des Kohlenstoffs vor allem in Verbindung mit einer entsprechenden Wärmebehandlung (z. B. Glühen, Härten) für die Ausbildung einer bestimmten Eigenschaft verantwortlich. Um zu wissen, welche Maßnahme (z. B. bestimmter C-Gehalt, Höhe der Anlasstemperatur) zur Erzielung einer gewünschten Eigenschaft notwendig ist, ist die genaue Kenntnis des Eisen-Kohlenstoff-Zustandsschaubildes unerlässlich (Bild 3.13).

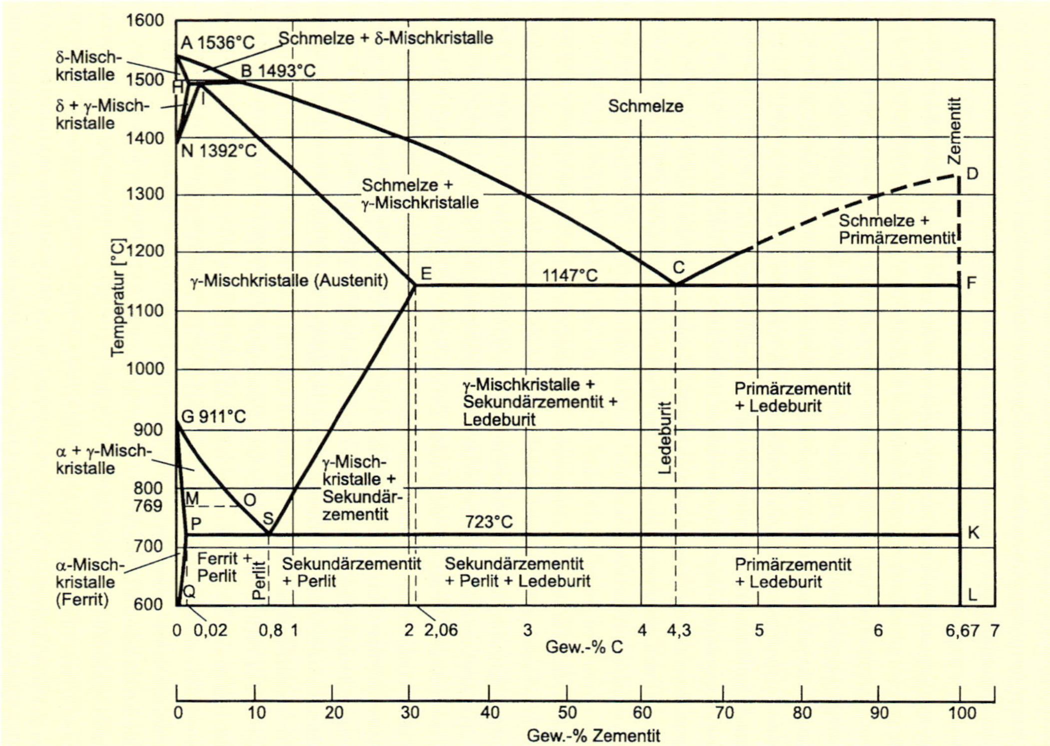

3.13 Das Eisen-Kohlenstoff-Schaubild

In der Legierung Eisen-Kohlenstoff kann der Kohlenstoff in **Einlagerungsmischkristallen** (der Kohlenstoff hat gegenüber dem Eisen einen sehr kleinen Atomdurchmesser) in elementarer Form als hexagonal kristallisierender **Grafit** und als Verbindung **Fe_3C** auftreten. Die Verbindung heißt **Eisenkarbid** oder **Zementit** (wegen der großen Härte) und kristallisiert rhombisch. Zementit kann bei längerem Glühen in seine Bestandteile Ferrit (Eisen) und Grafit zerfallen, ist also nicht völlig stabil. Da er aber doch so beständig ist, dass er bei den meisten Wärmebehandlungsarten unzersetzt bleibt, wird er als **metastabil** bezeichnet.

Man unterscheidet demnach für die Legierung Eisen-Kohlenstoff zwei Systeme

- das **metastabile** System Eisen-Zementit (Fe-Fe_3C) und
- das **stabile** System Eisen-Grafit (Fe-C).

Beide Systeme werden manchmal in einem Doppelschaubild dargestellt. In diesem Fall beziehen sich die voll ausgezogenen Linien auf das metastabile, die gestrichelten auf das stabile System. Die Umwandlungslinien, welche die einzelnen Zustandsfelder voneinander trennen, werden wie schon bei den früher besprochenen Zweistoffsystemen aus den Knick- bzw. Haltepunkten der Abkühlungskurven gewonnen.

Das metastabile System ist gültig für Stahl, weißes Roheisen bzw. Hartguss und wird durch rasches Abkühlen sowie durch die Anwesenheit bestimmter Elemente, vor allem Mangan, gefördert. Das stabile System ist gültig für das graue Roheisen und grafithaltiges Gusseisen (z. B. Grauguss). Meist tritt hier allerdings neben den Grafitausscheidungen auch Zementit im Gefüge auf. Die Ausbildung des Grafits wird wieder durch spezielle Elemente (im Besonderen Silizium), durch hohen C-Gehalt sowie durch langsame Abkühlung begünstigt.

Wir betrachten in erster Linie das für die Praxis wichtigere metastabile System, welches wir noch vereinfachen, indem wir die technisch wenig interessanten Zustandsfelder im linken oberen Teil des Schaubildes (Bereich der δ-Mischkristalle usw.) vernachlässigen (siehe Bild 3.14). Zur klaren Definition und zur leichteren Beschreibung sind die wichtigsten Punkte des Schaubildes mit Großbuchstaben bezeichnet. Es ist zu berücksichtigen, dass dieses Diagramm nur für reine Eisen-Kohlenstoff-Legierungen (unlegierte Stähle und Eisensorten) in Verbindung mit mäßigen Abkühlungsgeschwindigkeiten Gültigkeit hat, Legierungszusätze oder rasche Abkühlung verändern die Zustandsfelder.

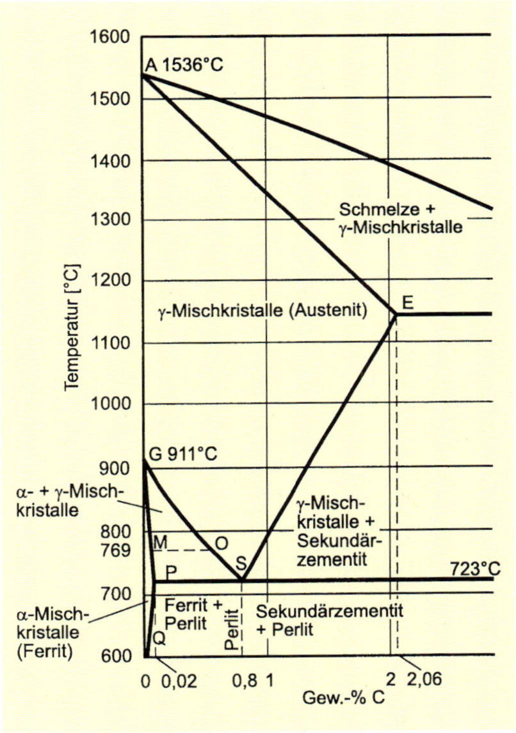

3.14 Vereinfachung des Eisen-Kohlenstoff-Schaubildes

Das metastabile Schaubild endet bei rund 6,67 % C. Dies entspricht, wenn man mit den relativen Atommassen von Eisen und Kohlenstoff rechnet, 100 % Fe_3C. Auf der linken senkrechten Koordinatenachse finden sich die schon bekannten Temperaturen (Schmelzpunkt bzw. Umwandlungspunkte) des reinen Eisens. Durch Zusatz von Kohlenstoff kann die Schmelztemperatur von 1536 °C auf 1147 °C abgesenkt werden (Linie A-B-C). Entsprechendes gilt für die γ-α-Umwandlung längs der Linie G-O-S.

Das α-Eisen vermag wegen seines kubischraumzentrierten Gitters nur wenig Kohlenstoff zu lösen. Nach ihrem Hauptbestandteil Eisen (lat. ferrum) werden die α-Mischkristalle als **Ferrit** bezeichnet. Im Diagramm ist dieser Bereich wegen der besseren Übersichtlichkeit etwas größer dargestellt. Ferrit kann maximal 0,02 % Kohlenstoff aufnehmen (bei 723 °C). Bei tieferen Temperaturen sinkt das Lösungsvermögen ab und bei Raumtemperatur kann nahezu kein Kohlenstoff mehr aufgenommen werden (Sättigungslinie P-Q).

Man sieht aus dem Zustandsfeld G-O-S-E-I-N-G, dass die γ-Mischkristalle (sie werden nach dem englischen Forscher Austen als **Austenit** bezeichnet) den Kohlenstoff wesentlich leichter einlagern können, hauptsächlich wegen des freien Platzes in der Mitte der kubisch-flächenzentrierten Elementarzelle. Der Austenit kann bei 1147 °C 2,06 %, bei 723 °C noch 0,8 % Kohlenstoff aufnehmen (Sättigungslinie S-E).

Zum besseren Verständnis des Zustandsschaubildes sollen nun einige Abkühlungsvorgänge näher untersucht werden.

Erstarrung einer Schmelze mit 1,5 % C

Bei Abkühlung der Schmelze beginnen sich, wenn die Liquiduslinie erreicht wird, die ersten γ-Mischkristalle auszuscheiden. Sie haben etwa die C-Konzentration von 0,5 %. Bei tieferen Temperaturen werden die Mischkristalle immer C-reicher. Beispielsweise beträgt die C-Konzentration der γ-Mischkristalle bei 1400 °C etwa 0,7%. Bei derselben Temperatur beträgt die C-Konzentration der Restschmelze etwa 1,9 %. Die Konzentrationsunterschiede zwischen den einzelnen Mischkristallen werden bei hinreichend langsamer Abkühlung durch Diffusion ausgeglichen, sodass nach endgültiger Erstarrung (Erreichung der I-E-Linie bei etwa 1250 °C) alle Mischkristalle die C-Konzentration der ursprünglichen Schmelze besitzen. Hier wollen wir den Abkühlungsvorgang beenden und in den nachfolgenden Beispielen Abkühlungsvorgänge von Stählen mit unterschiedlichem C-Gehalt aus dem γ-Gebiet besprechen.

Abkühlungsvorgänge von Stählen mit unterschiedlichem C-Gehalt (γ-Gebiet)

• Abkühlung eines Stahles mit 0,01 % C

Bei Erreichung der Umwandlungslinie G-O-S (Punkt 1) beginnt die Bildung der ersten α-Mischkristalle, deren C-Konzentration ganz niedrig ist (Bild 3.15). Die C-Konzentration er-

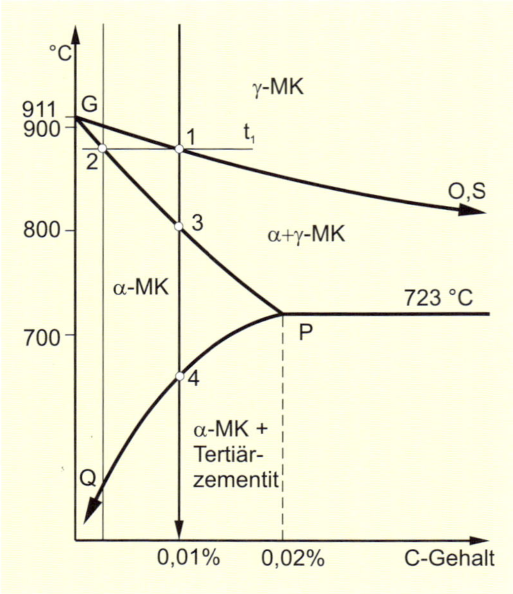

3.15 Abkühlung eines Stahles mit 0,01 % C aus dem γ-Gebiet

hält man durch den Schnitt der Temperaturwaagrechten mit der Linie G-P und anschließendem Lot durch den Schnittpunkt (Punkt 2). Wird weiter abgekühlt, entstehen immer mehr α-Mischkristalle, wobei ihr C-Gehalt entsprechend der Linie G-P ansteigt. Die C-Konzentration der restlichen γ-Mischkristalle ist an der Linie G-O-S abzulesen. Es finden sich also ähnliche Verhältnisse wie bei der Erstarrung einer Schmelze, nur erfolgen diese Umwandlungen hier im festen Zustand. Wird bei etwas über 800 °C die Linie G-P erreicht (Punkt 3), sind sämtliche γ-Mischkristalle in α-Mischkristalle umgewandelt worden. Bei weiterer Abkühlung kommt man schließlich unter die Sättigungslinie P-Q (Punkt 4), wobei sich aus dem Ferrit der überschüssige Kohlenstoff als **Tertiärzementit** an den Korngrenzen abscheidet. Die Anteile an Tertiärzementit sind aber so gering, dass sie im Gefüge kaum sichtbar sind. Unter dem Mikroskop zeigt sich praktisch reiner Ferrit (Bild 3.18a).

In anderen Bereichen des Schaubildes scheiden sich weitere Zementitarten, nämlich Primär- bzw. Sekundärzementit ab.

• Abkühlung eines Stahles mit 0,8 % C

Die γ-Mischkristalle sind bei dieser Konzentration bis 723 °C beständig. Wird diese Temperatur unterschritten, so wandeln sie sich in α-Mischkristalle um. Da Ferrit bei dieser Temperatur nur maximal 0,02 % C lösen kann (Punkt P im Diagramm), wird die Differenz auf die 0,8 % als Zementit ausgeschieden. Ähnlich wie eine Schmelze bei bestimmter Temperatur und Zusammensetzung in zwei feste Phasen übergehen kann (Eutektikum), kann also auch eine feste Phase (γ-Mischkristalle) bei bestimmten Bedingungen in zwei feste Phasen (Ferrit und Zementit) zerfallen. Man bezeichnet so ein Zweiphasengemisch als **Eutektoid**. Das Eutektoid der Eisen-Kohlenstoff-Legierung führt die Bezeichnung **Perlit**, da ein Schliff nach dem Ätzen bei schräger Beleuchtung häufig einen perlmutterartigen Glanz aufweist. Das Gefüge besitzt einen lamellaren Aufbau, bei dem dünne Zementit- und Ferritplättchen abwechselnd aufeinanderfolgen (Bild 3.18d). Bei feinem Korn und schwächerer Vergrößerung ist die lamellare Struktur unter dem Mikroskop meist nicht mehr zu erkennen. Die Perlitkörner erscheinen dann nur noch als dunkle Flecken.

• Abkühlung eines Stahles mit 0,2 % C

Die G-O-S-Linie wird bei ungefähr 850 °C erreicht und die Bildung der ersten α-Misch-

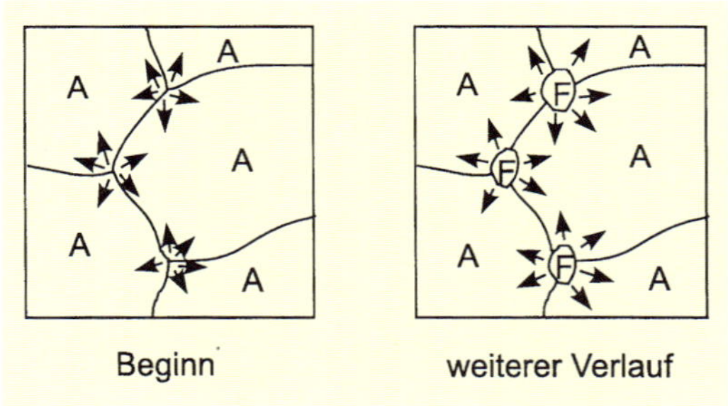

3.16 Mechanismus der Ferritbildung im Austenit. Die Pfeile deuten die Richtung der Kohlenstoffdiffusion an.
F Ferrit (α-Mischkristall)
A Austenit (γ-Mischkristall)

kristalle beginnt. Deren sehr geringe C-Konzentration kann man am Schnittpunkt der Temperaturwaagrechten mit der Linie G-P ablesen. Bei weiterer Abkühlung entstehen immer mehr bzw. größere α-Mischkristalle, bis knapp über 723 °C (Bild 3.16). Hier besitzt der Ferrit die Konzentration von 0,02 % C, der restliche Austenit hat 0,8 % C (die eutektoide Konzentration). Eine Unterschreitung der Temperatur von 723 °C bewirkt die Umwandlung des Austenits in Perlit in der gleichen Weise wie beim vorhergehenden Beispiel. Das Gefüge besteht somit aus Ferrit und Perlit (Bilder 3.18 b und 3.18 c).

- **Abkühlung eines Stahles mit 1,3 % C**

Bei etwa 900 °C erfährt dieser Stahl die ersten Gefügeveränderungen, indem sich aus dem Austenit **sekundärer Zementit** ausscheidet, und zwar vornehmlich an den Korngrenzen (Bild 3.17). Es wurde nämlich die Löslichkeitsgrenze

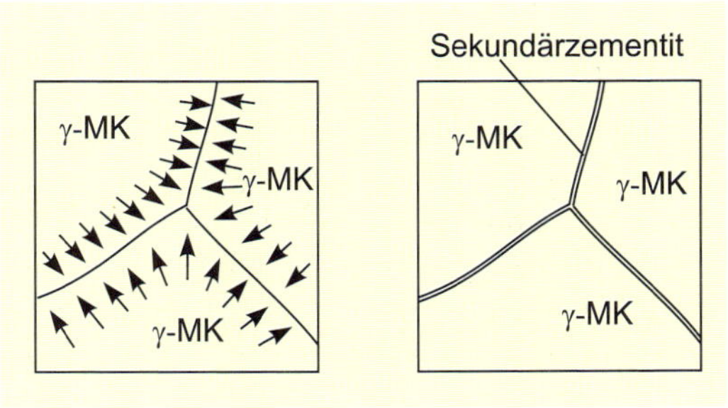

3.17 **Die Folge der abnehmenden Löslichkeit der γ-Mischkristalle (MK) für Kohlenstoff ist die Sekundärzementitausscheidung an den Korngrenzen. Die Pfeile deuten die Diffusionsrichtung des Kohlenstoffs an.**

des γ-Eisens für Kohlenstoff erreicht (Linie S-E). Die Mischkristalle verarmen durch die Zementitausscheidung an Kohlenstoff und erreichen bei 723 °C die eutektoide Zusammensetzung (0,8 % C). Bei weiterer Abkühlung wird aus den γ-Mischkristallen Perlit. Das Gefüge besteht aus einem Netzwerk von Zementit, in dessen Maschen Perlitkörner eingeschlossen sind (Bild 3.18 f).

- **Abkühlungsvorgänge und Gefüge bei C-Gehalten von über 2,06 %**

Man spricht in diesem Bereich, der nicht mehr dem Stahlgebiet zugeordnet wird, von **Hartguss** oder **weißem Gusseisen**, da diese Legierungen durch den reichlich vorhandenen Zementit sehr hart und spröde sind und eine helle Bruchfläche aufweisen.

Hat die Schmelze die eutektische Zusammensetzung (4,3 % C), so bildet sich bei Erreichung der eutektischen Temperatur von 1147 °C das Eutektikum **Ledeburit** (nach dem deutschen Forscher Ledebur benannt). Dieser aus der Schmelze gebildete Ledeburit ist das eutektische Gemisch von Austenit und Zementit. Unter 723 °C wird aus dem Austenit Perlit. Da dieser unter dem Lichtmikroskop bei den üblichen Vergrößerungen kaum aufgelöst wird, besteht das typische Ledeburitgefüge (Bild 3.18 h) aus rundlichen schwarzen Flecken (Perlit) auf weißem Untergrund (Zementit).

Liegt die Zusammensetzung der Schmelze im unter- oder übereutektischen Bereich (also links oder rechts vom Eutektikum), erfolgt die Ausscheidung einer Phase – im untereutektischen Bereich Austenit, im übereutektischen Bereich Zementit (in Form dicker Balken) – solange, bis die Restschmelze die eutektische Zusammensetzung besitzt und als Ledeburit erstarrt. Dieser Zementit, der sich direkt aus der Schmelze (also zuerst) ausscheidet, wird als **Primärzementit** bezeichnet. Die Bilder 3.18 g und 3.18 i zeigen Beispiele eines untereutektischen bzw. übereutektischen Gefüges.

Es soll noch erwähnt werden, dass sich unter 723 °C auch ab 0,02 % C Tertiärzementit aus dem Ferrit abscheidet. Dieser Zementit lagert sich aber an die Zementitlamellen des Perlits an und erscheint deshalb nicht mehr als eigener Gefügebestandteil. Analoges gilt für den Sekundärzementit (unter 1147 °C und über 2,06 % C), welcher sich auch an den bereits vorhandenen Zementit anlagert.

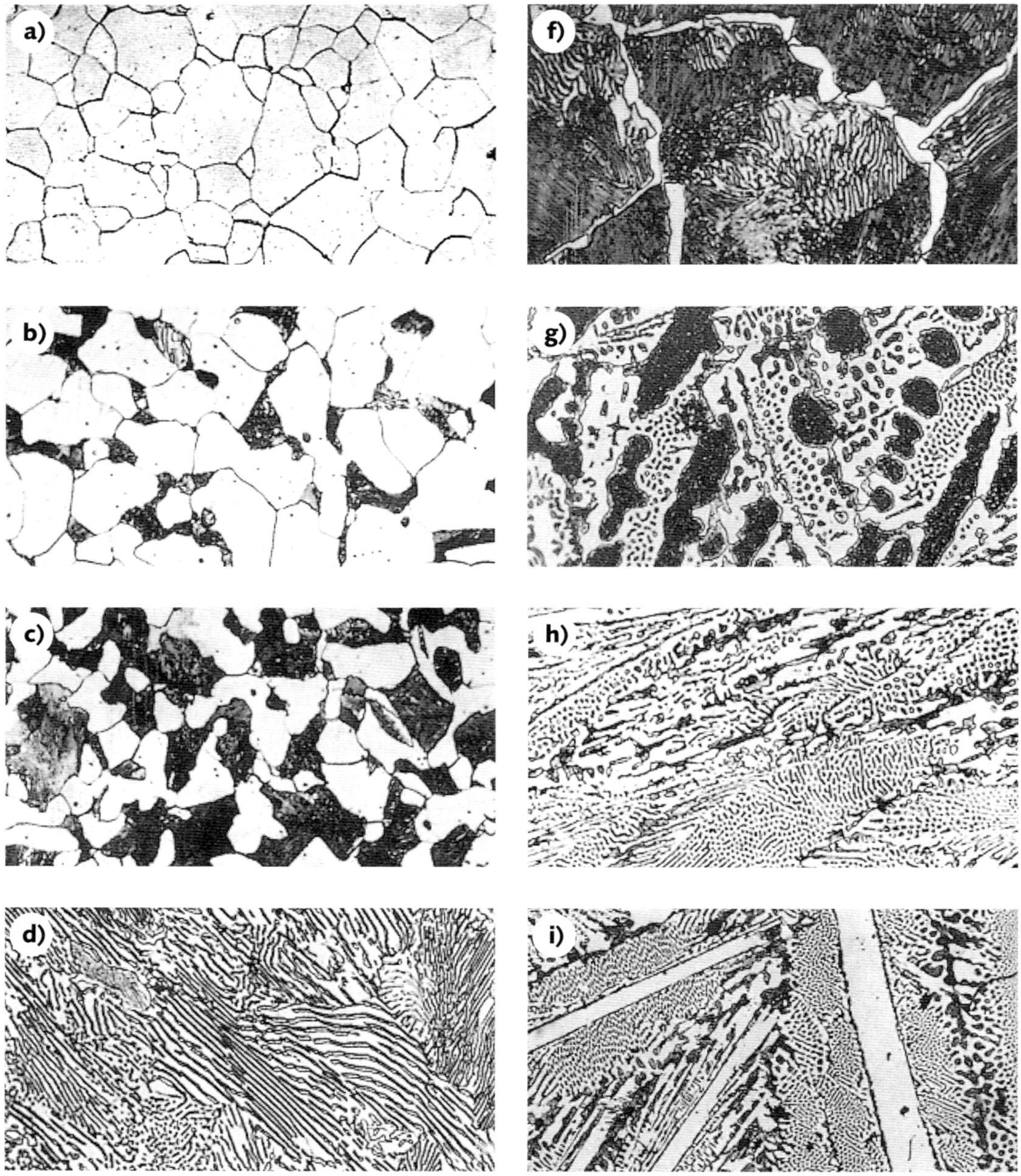

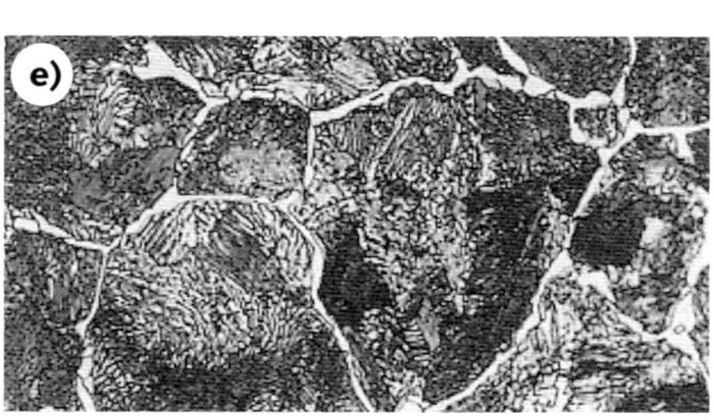

3.18 Gefügebilder von Stahl mit unterschiedlichen Kohlenstoffgehalten

a) Ferrit, V = 500:1
b) Ferrit und Perlit, 0,16 % C, V = 500:1
c) Ferrit und Perlit, 0,35 % C, V = 500:1
d) Lamellarer Perlit, 0,85 % C, V = 500:1
e) Perlit und Sekundärzementit, 1,1 % C, V = 500:1
f) Perlit und Sekundärzementit, 1,3 % C, V = 500:1
g) Untereutektisches weißes Roheisen, 3 % C, V = 200:1
h) Eutektisches weißes Roheisen, 4,3 % C, V = 200:1
i) Übereutektisches weißes Roheisen, 5 % C, V = 200:1

Fragen und Aufgaben zu Abschnitt 3

3.1 Was ist der Unterschied zwischen den Begriffen „Mischkristall“ und „Kristallgemisch“?

3.2 Wie unterscheidet sich bei einer Zweistofflegierung mit Unlöslichkeit im festen Zustand ein unter- von einem übereutektischem Gefüge?

3.3 Bei einer Legierung nach Bild 3.5 beträgt der Anteil an Metall A 80%.
a) Wie groß sind die Massenanteile von primären A-Kristallen (m_A) und Eutektikum (m_{EU})?
b) Welcher Massenanteil an B-Kristallen (m_B) ist im Eutektikum?

3.4 Eine Cu-Ni-Schmelze mit 50 % Cu und 50 % Ni wird abgekühlt.
a) Bei welcher Temperatur beginnt die Erstarrung, und wie hoch ist die Konzentration der ersten Mischkristalle?
b) Welche Anteile an Mischkristallen und Restschmelze sind bei 1300 °C vorhanden? Welche Konzentrationen liegen vor?
c) Bei welcher Temperatur wird die Soliduslinie erreicht, und wie hoch ist bei dieser die Konzentration der verschwindend kleinen Menge der Restschmelze unmittelbar vor der Erstarrung?

3.5 Bei rascher Abkühlung bilden Cu-Ni-Legierungen leicht Zonenmischkristalle.
a) Wie kann man diese beseitigen?
b) Durch welche (nicht immer durchführbare) Maßnahme kann man die Grobkornbildung verhindern?

3.6 Die Abkühlungskurven von a) einem reinen Metall, b) einer Legierung und c) einem amorphen Stoff sind zu vergleichen.

3.7 Wie bezeichnet man allgemein die Gefüge a) einer Zn-Cd-Legierung und b) einer Cu-Ni-Legierung?

3.8 Die Schmelze einer Legierung nach Bild 3.8 hat 40 % B-Anteile.
a) Welche Konzentration besitzen die zuerst erstarrenden Mischkristalle?
b) Welche Massenanteile an α-Mischkristallen (m_α) und Eutektikum (m_{Eu}) und welche Konzentrationen liegen bei der eutektischen Temperatur (nach der Erstarrung) vor?
c) Welche Gefügebestandteile mit welchen Massenanteilen und Konzentrationen sind bei der Temperatur t_5 vorhanden?

3.9 Bei einer Al-Cu-Legierung mit 4 % Cu (Bild 3.9) wird ein Lösungsglühen durchgeführt. Welche Temperatur darf keinesfalls überschritten werden?

3.10 Wie groß ist das Dichteverhältnis von γ-Eisen zu α-Eisen bei 911 °C?

3.11 Wie wirkt sich der plötzliche Übergang vom kfz- zum krz-Gitter auf die Länge eines Eisenstabes aus?

3.12 In welcher Form kann der Kohlenstoff im Zweistoffsystem Eisen-Kohlenstoff vorkommen?

3.13 Welchen C-Gehalt besitzt der Zementit, wenn man für die relativen Atommassen von C und Fe die runden Werte 12 bzw. 56 einsetzt?

3.14 Wie beeinflusst der C-Gehalt den Beginn der γ-α-Umwandlung?

3.15 Bei welcher Temperatur hat γ-Eisen die maximale Lösungsfähigkeit für Kohlenstoff und wie groß ist diese?

3.16 Die maximalen Lösungsfähigkeiten für Kohlenstoff im Ferrit und Austenit sind bei 723 °C zu vergleichen. Jede wievielte Elementarzelle ist dabei von einem Kohlenstoffatom besetzt?

3.17 Stahl mit 1,5 % C-Gehalt wird aus 1200 °C abgekühlt.

a) Bei welcher Temperatur beginnt die Ausscheidung einer neuen Phase?
b) Aus welchen Anteilen besteht das Gefüge knapp oberhalb von 723 °C und wie sind dabei die Mengenverhältnisse?
c) Welche Gefügeanteile sind knapp unterhalb von 723 °C zu sehen?

3.18 Eine Fe-C-Schmelze von 4,3 % C-Gehalt wird abgekühlt.

a) Bei welcher Temperatur erstarrt sie (metastabil)?
b) Was für ein Gefüge entsteht?
c) Wie sind die Mengenverhältnisse der Gefügeanteile?

3.19 Zementit kann sich aus der Schmelze, aus dem Austenit und aus dem Ferrit ausscheiden. Wie wird er jeweils bezeichnet?

Eisenwerkstoffe 4

Der Begriff **Eisenwerkstoff** umfasst alle Legierungen, in denen der Eisenanteil höher ist als der jedes anderen Elementes.

Eisenwerkstoffe sind **Reineisen**, welches nur für einige spezielle Anwendungen in Frage kommt, **Stahl** und **Gusseisen**. Für die Herstellung von Reineisen gibt es mehrere Verfahren. Beispielsweise kann man durch thermische Zersetzung von Eisenpentakarbonyl $Fe(CO)_5$ Eisenpulver gewinnen, welches dann **pulvermetallurgisch** (siehe Abschnitt 7) weiterverarbeitet wird. Stahl und Gusseisen werden zum überwiegenden Teil aus **Roheisen** erzeugt. Roheisen wird fast ausschließlich im Hochofen aus den Erzen erschmolzen.

Name	Zusammensetzung
Magneteisenstein (Magnetit)	Fe_3O_4 ($FeO \cdot Fe_2O_3$)
Roteisenstein (Hämatit)	Fe_2O_3
Brauneisenstein (Limonit)	$Fe_2O_3 \cdot H_2O$
Spateisenstein (Siderit)	$FeCO_3$
Pyrit (Eisenkies)	FeS_2

Tabelle 4.1 Die wichtigsten Eisenerze

4.1 Roheisengewinnung

4.1.1 Hochofenprozess

Rohstoffe

Für die Roheisengewinnung benötigt man Eisenerze, Koks, Zuschlagstoffe und die Verbrennungsluft.

- **Eisenerze** (Tabelle 4.1 und Bild 4.1) sind chemische Verbindungen des Eisens mit anderen Elementen (in erster Linie mit Sauerstoff). Zusätzlich sind noch verschiedene „Gangarten" (Beimengungen) wie z. B. Kalk ($CaCO_3$) oder Kieselsäure (SiO_2) vorhanden.

Vor dem Einsatz im Hochofen werden die Eisenerze aufbereitet. Die **Erzaufbereitung** besteht in einer Zerkleinerung der Erze sowie in der Abtrennung der unbrauchbaren Bestandteile. Bei Bedarf erfolgt außerdem ein Röstvorgang (Erhitzen unter Luftzufuhr), bei dem Feuchtigkeit, Schwefeldioxid (SO_2) und Kohlendioxid (CO_2) ausgetrieben werden. Weiters werden zu kleine Erzteilchen (Feinerz, Erzstaub) durch Sintern (siehe Abschnitt 7) oder Pelletieren stückig gemacht. Das Sintern erfolgt meist auf Bandsinteranlagen (Bild 4.2) unter Beimengung verschiedener Zusät-

4.1 Verschiedene Eisenerze

4.2 Sinterband

ze bei Temperaturen von etwa 1000 °C und darüber. Am Ende des Bandes muss das ablaufende Produkt durch spezielle Sinterbrecher zerkleinert werden (Bild 4.3). Beim Pelletieren werden Feinerze unter Zugabe von Feuchtigkeit und Bindemittel in Drehtrommeln oder auf Drehtellern zu kleinen Kugeln (mit rund 1 cm Durchmesser) geformt. Diese „Grünpellets" werden anschließend zur Erhöhung ihrer Festigkeit noch gebrannt. (Bild 4.4). Den Weg des Erzes von der Lagerstätte bis zum Hochofen zeigt Bild 4.5.

- **Koks** wird durch Entgasung von schwefelarmer Steinkohle unter Luftabschluss bei etwa 1200 °C erzeugt. Er bringt die erforder-

4.3 Sinterbrecher, gepanzert mit speziellen Schweißungen.

4.4 Pellets

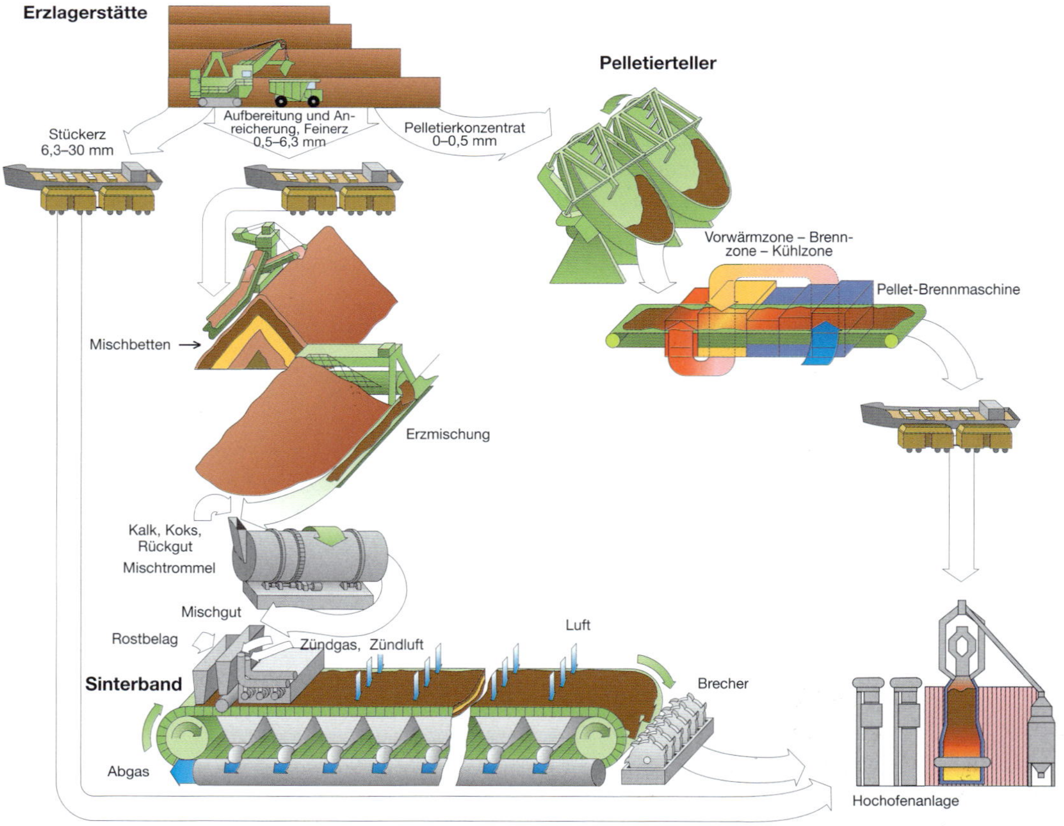

4.5 Von der Lagerstätte zum Hochofen

liche Wärme, dient als Reduktionsmittel und liefert gleichzeitig den Kohlenstoff für das Roheisen. Für die Kokserzeugung eignen sich nur bestimmte Kohlesorten. Nur diese ergeben ein genügend festes Produkt, welches beim Transport stückig bleibt und auch dem Druck bei großen Beschickungshöhen standhält (siehe → Aufbau des Hochofens).

- **Zuschläge** (Kalk, Quarz u. a.) sollen mit den nicht eisenhaltigen Teilen der Erze eine leicht flüssige Schlacke bilden.
- Die **Verbrennungsluft** („Hochofenwind") wird zur Erhöhung des Wirkungsgrades in den Winderhitzern (nach ihrem englischen Erfinder auch „Cowper" genannt) vorgewärmt (Bild 4.6 links). Die turmartigen Winderhitzer besitzen zur Wärmespeicherung innen ein keramisches Gitterwerk. Sie sind regenerative Wärmeübertrager und arbeiten alternierend. Während ein Winderhitzer durch die Verbrennung von Gichtgas aufgeheizt wird, gibt der andere seine gespeicherte Wärme an die durchgeblasene kalte Luft ab, die dann als „Heißwind" in den Hochofen gelangt.

Aufbau des Hochofens

Der Hochofen (Bild 4.6) hat eine schachtförmige Form mit kreisförmigem Querschnitt und be-

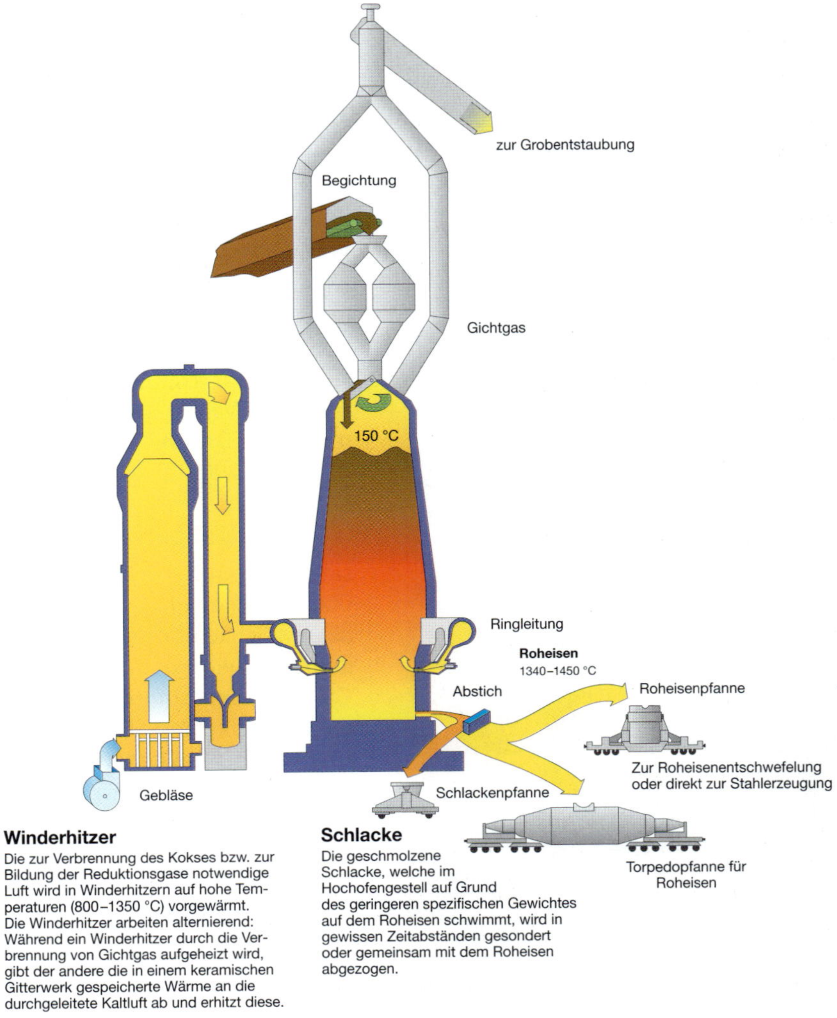

4.6 Hochofen mit Winderhitzer

sitzt wegen der hohen Arbeitstemperaturen eine Ausmauerung aus feuerfesten Baustoffen. Zum Schutz dieses Mauerwerks ist eine Kühlung mit Wasser erforderlich. Dafür gibt es verschiedene Lösungen wie Außenberieselung, Spritzkühlung, Kühlkästen usw. Den Ofen umgibt eine Stahlbaukonstruktion (im Bild nicht gezeichnet), welche die Anlagen für Windzufuhr, Beschickung, Gichtgasabzug und verschiedene andere Einrichtungen trägt.

Die einzelnen Bereiche des Ofens haben ihre eigenen Bezeichnungen. Als **Gicht** bezeichnet man den obersten Teil mit dem Gichtgasabzug. Hier befindet sich auch der Gichtverschluss, der als Schleuse ausgebildet ist (kegelförmige Glocken oder Drehschurren), damit bei einer Beschickung nur wenig Gichtgas entweicht. Der lange, sich nach unten erweiternde Teil ist der **Schacht**. **Rast** ist der kurze, sich wieder verjüngende Teil. Zwischen Schacht und Rast befindet sich der weiteste Teil des Ofens, der **Kohlensack**. Der untere zylindrische Teil ist das **Gestell**. Im oberen Bereich desselben gelangt der Heißwind über eine Ringleitung durch die Windformen (Blasformen) in den Hochofen.

Die Ofenhöhen (Ofensohle bis Gichtbühne) liegen im Bereich von 25 bis 50 m. Mit den zusätzlichen Aufbauten ergeben sich Gesamtbauhöhen von 100 m und darüber. Der Hauptparameter für die Größe und Leistungsfähigkeit eines Hochofens ist sein Gestelldurchmesser. In Österreich besitzt der größte Hochofen einen Gestelldurchmesser von 11 m bei einer täglichen Roheisenproduktion von 5000 t (Bild 4.7). Die entsprechenden Weltspitzenwerte liegen bei über 14 m und etwa 20 000 t.

4.7 Hochofen A der VOEST (Vereinigte Österreichische Eisen- und Stahlwerke) in Linz

Vorgänge im Hochofen

Der Hochofen arbeitet nach dem Gegenstromprinzip: Das Stoffgemisch aus Erzen, Zuschlägen und Koks, das von oben nach unten sinkt, wird in der Gegenrichtung von CO, CO_2 und Stickstoff (aus der Luft) durchströmt. Der Sauerstoff des heißen Windes, der bei den Windformen in den Ofen eingeblasen wird, reagiert sofort mit dem Kohlenstoff des glühenden Kokses (CO_2-Bildung mit Wärmeabgabe). Unter Einwirkung der hohen Temperaturen und des reichlich vorhandenen Kohlenstoffs zerfällt das CO_2 in CO.

Dieses CO steigt nun nach oben und reagiert mit den Eisenoxiden. Die Reaktionsfähigkeit des CO lässt auf dem Weg nach oben mit abnehmender Temperatur nach und hört schließlich ganz auf. Das Gas gibt nun seine noch vorhandene Wärme ab, trocknet den Möller (Gemisch aus Erz und Zuschlägen) und entweicht mit etwa 200 °C als Gichtgas durch die Gasabzugsrohre.

Von oben werden in dem Maße, wie das Einsatzgut absinkt, abwechselnd Möller und Koks über die schon erwähnte Schleuse eingefüllt. Im oberen Schachtdrittel werden Möller und Koks immer stärker erhitzt, weil sie vom heißen Gichtgas durchströmt werden. Die Feuchtigkeit der eingebrachten Stoffe verdampft, die ersten chemischen Reaktionen treten auf.

Etwa im zweiten Drittel des Schachtes beginnt die **indirekte Reduktion** (endothermer Vorgang). Das CO greift einen Teil der Eisenoxide an und entzieht ihnen Sauerstoff. Die ersten Mengen an Eisen, noch vermischt mit Unreinheiten, entstehen.

$$Fe_2O_3 + 3\,CO \rightarrow 2\,Fe + 3\,CO_2 - \Delta H$$

Das weiter abgesunkene Gemisch erreicht nun das Gebiet der Rast. Neben weiterer indirekter Reduktion durch das CO beginnt jetzt der glühende Kohlenstoff selbst die Eisenoxide zu reduzieren, die Zone der **direkten Reduktion** ist erreicht (exothermer Vorgang).

$$Fe_2O_3 + 3\,C \rightarrow 2\,Fe + 3\,CO + \Delta H$$

Zusätzlich löst sich der Kohlenstoff im entstandenen Eisen, wodurch dessen Schmelzpunkt herabgesetzt wird (siehe Eisen-Kohlenstoff-Zustandsschaubild).

Nach dem Durchgang durch die Blasformebene, bei einer Temperatur von bis zu 2000 °C, sind alle in den Hochofen eingebrachten Einsatzstoffe, bis auf den noch vorhandenen Koks, dünnflüssig geworden und sammeln sich im Gestell. Die Schlacke, die sich aus den Verunreinigungen und den Zuschlagstoffen des Möllers gebildet hat, schwimmt dabei auf dem Roheisen, da sie spezifisch leichter ist.

Das Roheisen und die Schlacke werden periodisch in Abständen von einigen Stunden durch die jeweiligen Abstichlöcher abgezogen („abgestochen"), ohne dass der Schmelzprozess unterbrochen wird (Bild 4.8). Das Roheisen wird in große Transportbehälter (Rohrpfannenwagen) abgefüllt (Bild 4.9).

Hochofenerzeugnisse

Das **Roheisen** selbst ist nur ein Zwischenprodukt. Es enthält zahlreiche Verunreinigungen und ist vor allem wegen seines hohen C-Gehaltes (etwa 3 bis 4,5 %) weder walz- noch schmiedbar.

Man unterscheidet im Allgemeinen zwei Sorten:

- Im **Stahlroheisen**, welches wegen seiner hellen Bruchfläche auch als **weißes Roheisen** bezeichnet wird, ist der Kohlenstoff an Eisenkarbid (Fe_3C) gebunden. Es hat einen höheren Mangangehalt und dient zur Stahlerzeugung.
- Das für die Gusseisenerzeugung verwendete **Gießereiroheisen** oder **graue Roheisen** hat eine graue Bruchfläche, da sich der Kohlenstoff hier – bedingt durch den höheren Siliziumgehalt – hauptsächlich als Grafit ausscheidet.

Für die **Hochofenschlacke** finden sich je nach ihrer Zusammensetzung vielfältige Anwendungsmöglichkeiten. Sie kann zur Erzeugung von Pflastersteinen, Schotter, Splitt, als Betonersatz, in geschäumter Form oder als Schlackenwolle für Isolierungen verwendet werden.

Das **Gichtgas** ist wegen seines CO-Anteiles von ca. 20 bis 30 % brennbar, hat allerdings nur einen geringen Heizwert. Man nützt es neben der Beheizung der Winderhitzer noch für verschiedene andere Bereiche (Sinteranlagen, Koke-

4.8 Hochofenabstich

4.9 Rohrpfanne

rei, Wärmeöfen usw.). Vor seiner Verwendung muss es allerdings durch entsprechende Abscheidevorrichtungen vom Gichtstaub befreit werden.

4.1.2 Andere Verfahren der Roheisengewinnung

Corex-Verfahren

Eine sehr wirtschaftliche und umweltfreundliche Variante der Roheisengewinnung stellt das in Österreich entwickelte **COREX-Verfahren** dar (Bilder 4.10 und 4.11). Das Wort COREX wird gebildet aus **Co**al-**Re**duction (Kohle-Reduktion) mit X als Markenzeichen. Die Vorteile dieses Verfahrens liegen vor allem darin, dass man hier weder eine Kokerei noch eine Sinteranlage benötigt. Es werden Kohle (die nicht verkokbar zu sein braucht) und als Eisenträger Stückerz oder Pellets bzw. eine Mischung von beiden verwendet. Die Kohle wird über ein Schleusensystem in den Einschmelzvergaser eingebracht und im oberen Teil desselben (Vergaserkopf) bei Temperaturen um 1000 °C entgast. Aus der Kohle entsteht dadurch Koks, welcher durch Einblasen von Sauerstoff vergast wird. Das den Einschmelzvergaser verlassende Rohgas (Generatorgas), welches in der Hauptsache (95 %) aus CO und H_2 besteht, wird auf die gewünschte Reduktionstemperatur von ca. 850 °C gekühlt und entstaubt. Es reduziert anschließend das im Reduktionsschacht befindliche Erz zu Eisenschwamm (siehe ➜ Direktreduktionsverfahren) mit einem durchschnittlichen Eisengehalt von über 90 %. Der Eisenschwamm wird vom Reduktionsschacht in den Einschmelzvergaser befördert, wo er zu Roheisen erschmolzen wird. Am Boden des Einschmelzvergasers sammeln sich Eisen und Schlacke, welche wie beim Hochofen periodisch abgestochen werden.

Die zur Zeit maximale Größe einer COREX-Anlage liegt bei etwa 3200 t pro Tag. Neben den schon erwähnten Vorteilen müssen noch die im Vergleich zur konventionellen Roheisengewinnung sehr niedrigen Emissionswerte für CO_2, SO_2, NO_2 und Staub bzw. die geringe Belastung des Abwassers durch Phenol und Ammoniak erwähnt werden. Zusätzlich besitzt das den Reduktionsschacht verlassende Gas einen Heizwert von etwa 7500 kJ/Nm³, was viele Anwendungen (u. a. Stromerzeugung in modernen kombinierten Gas-Dampfkraftwerken) ermöglicht.

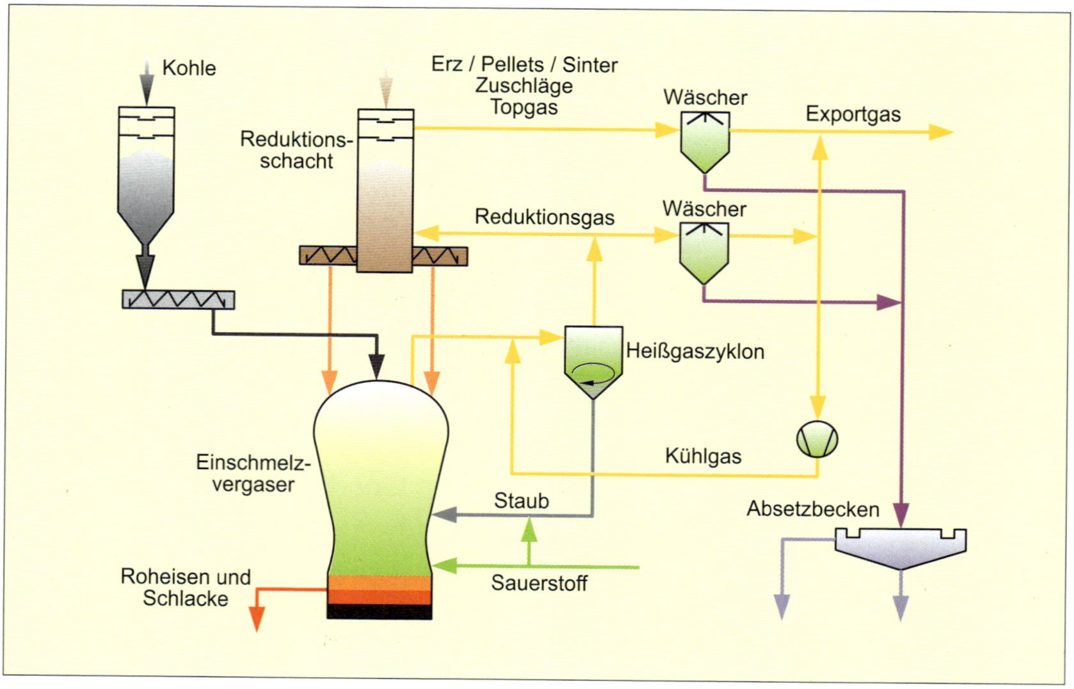

4.10 COREX-Verfahren

4.11 COREX-Anlage

Direktreduktionsverfahren

Nicht immer entsteht bei einem Eisengewinnungsprozess flüssiges Roheisen. Es gibt auch Verfahren, bei denen die Reduktion ausschließlich im festen Zustand erfolgt. Bei diesen **Direktreduktionsverfahren** ist das Ergebnis ein poröses Produkt – auch „Eisenschwamm" genannt – welches neben metallischem Eisen Reste von Eisenoxiden und die im ursprünglichen Erz vorhandenen Gangarten enthält. Die Reduktionstemperaturen liegen je nach Verfahren im Bereich von etwa 700 bis 1000 °C. Als Reduktionsmittel kommen geeignete feste oder gasförmige Stoffe (auch in Kombination) zur Anwendung.

4.2 Stahlgewinnung

> Stahl ist im weitesten Sinne jedes ohne Nachbehandlung schmiedbare Eisen, welches im Allgemeinen nicht mehr als ungefähr 2 % C enthält.

Als Sonderfall werden auch noch bestimmte mit Chrom legierte Eisenwerkstoffe, deren C-Gehalt über 2 % liegt, zu den Stählen gerechnet. Der Begriff Stahl gilt ferner nur für jene Werkstoffe, deren Massenanteil an Eisen größer ist als der jedes anderen Elementes.

Roheisen, das Ausgangsprodukt für die Stahlgewinnung, besitzt einen C-Gehalt um etwa 4 %. Außerdem enthält es unerwünschte oder zu hohe Anteile an Si, Mn, S und P.

Die Entfernung bzw. Verminderung dieser Elemente und damit die Umwandlung von Roheisen in Stahl erfolgt durch das „Frischen". Die Eisenbegleiter (Si, Mn, P usw.) haben zum Sauerstoff eine größere Affinität als das Eisen und können deshalb bei Luft- oder Sauerstoffzufuhr aus dem flüssigen Roheisen herausgebrannt werden. Durch die bei der Oxidation frei werdende Wärme (exothermer Vorgang) erhöht sich die Temperatur des Einsatzes. Dadurch bleibt die Schmelze trotz des geringeren C-Gehaltes flüssig.

4.2.1 Historische Stahlgewinnungsverfahren

Puddel-Verfahren

Bevor man flüssigen Stahl herstellen konnte, war das gegen Ende des 18. Jahrhunderts eingeführte **Puddelverfahren** (to puddle = umrühren) vorherrschend.

Bei diesem wird das flüssige Roheisen durch ständiges Rühren mit den sauerstoffhaltigen Feuergasen eines Herd-ofens in Kontakt gebracht. Dadurch kommt es zur Verbrennung des Kohlenstoffs und der Schmelzpunkt des Einsatzes erhöht sich (siehe Fe-C-Schaubild). Es entsteht allmählich eine teigige Masse.

Bessemer-Verfahren

Die Erzeugung flüssigen Stahls gelang erstmals dem Engländer Henry Bessemer 1855. Beim **Bessemer-Verfahren,** welches als Windfrischen bezeichnet wird, finden die Reaktionen in einem birnenförmigen Gefäß (Bessemer-Birne) statt (Bild 4.12). Durch den siebartig ausgeführten Boden wird Luft durchgeblasen, und die Verbrennung der im Roheisen befindlichen Elemente (C, Si, Mn usw.) bewirkt, dass der Einsatz trotz der Erhöhung seines Schmelzpunktes flüssig bleibt.

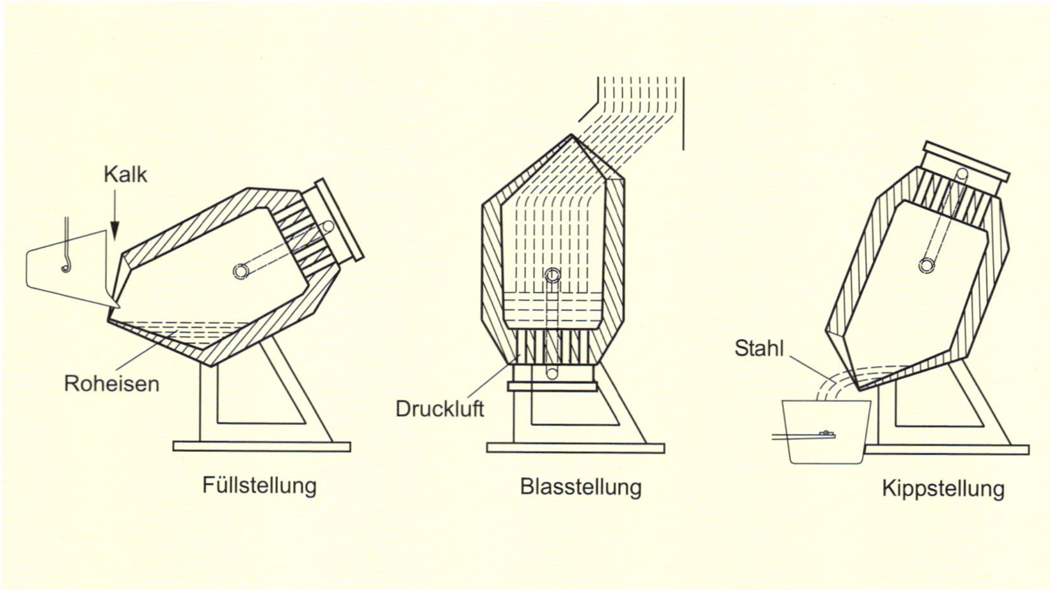

4.12 Bessemer- bzw. Thomas-Verfahren

Thomas-Verfahren

Die saure Auskleidung (Quarzsand) der Bessemer-Birne erlaubte vorerst nur die Verarbeitung phosphorarmer Roheisenarten. Erst die seit 1877 eingesetzte basische Konverterauskleidung aus Dolomit **(Thomas-Verfahren)** erlaubte den Zusatz von Kalk und damit die Bindung von Phosphor in der Schlacke.

Siemens-Martin-Verfahren

Neben dem Windfrischen wurde in der zweiten Hälfte des 19. Jahrhunderts das **Siemens-Martin-Verfahren** entwickelt, welches von etwa 1900 an über einen Zeitraum von mehr als 70 Jahren die Hauptbedeutung für die Stahlgewinnung besaß (Bild 4.13). Bei diesem Herdfrischverfahren wird die benötigte Wärme vor

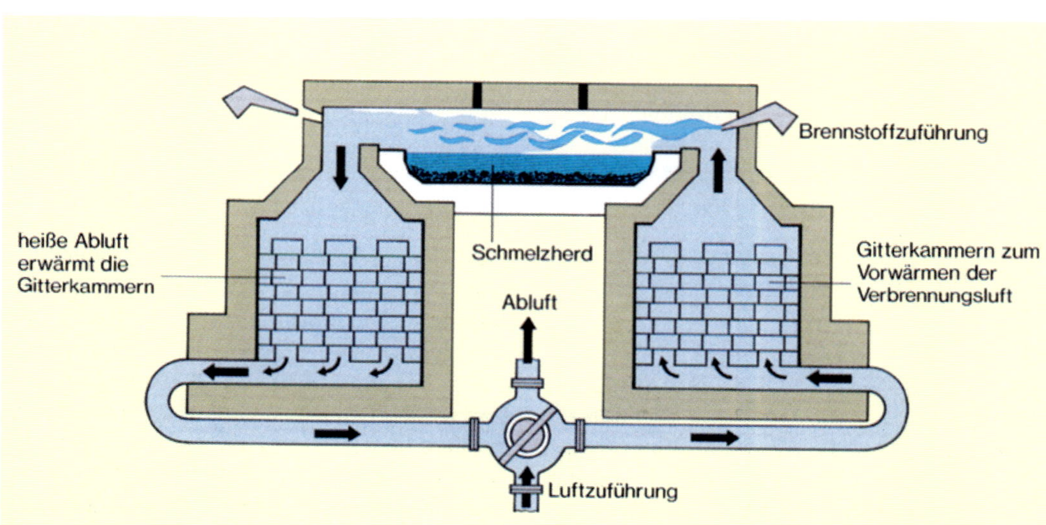

4.13 Siemens-Martin-Verfahren

allem von Brennern (Öl oder Gas) erzeugt, deren Flammen auf den in einem feuerfest ausgekleideten Herdofen befindlichen Einsatz gerichtet sind. Das Frischen erfolgt durch den Luftüberschuss der Verbrennungsgase und den Sauerstoff des zugegebenen Eisenerzes oder Schrotts. Zur Verbesserung des Wirkungsgrades wird die Verbrennungsluft (bei Gasfeuerung auch das Gas) an Wärmespeichern aus feuerfesten Steinen vorgewärmt (Regenerativfeuerung). Sinkt die Temperatur des Gittermauerwerks auf bestimmte Werte, muss umgeschaltet werden. In der Zwischenzeit erfolgt die Erwärmung der ausgekühlten Speicher durch die im Gegenstrom durchgeleiteten heißen Abgase.

Beim Siemens-Martin-Verfahren kann je nach der Prozessführung jedes Mischungsverhältnis zwischen 100 % Roheisen und 100 % Schrott gewählt werden. Der Hauptnachteil dieses Verfahrens ist die lange Prozesszeit von mehreren Stunden. Durch zusätzliche Sauerstoffzufuhr („Sauerstofflanzen") kann die Leistung zwar stark verbessert werden, dennoch werden die Werte der modernen Sauerstoffblasprozesse nicht annähernd erreicht. Aus diesem Grund hat auch das Siemens-Martin-Verfahren heute praktisch keine Bedeutung mehr.

4.14 Der historische LD-Versuch im Oktober 1949 in Linz

4.2.2 Moderne Stahlgewinnungsverfahren

4.2.2.1 Sauerstoffblasverfahren

Man unterscheidet je nach der Art der Sauerstoffzufuhr zwischen

- **Sauerstoffaufblasverfahren** (z. B. LD-Verfahren),
- **Sauerstoffdurchblasverfahren** (z. B. OBM-Verfahren) und
- **kombinierten Verfahren.**

LD-Verfahren

Das **LD-Verfahren** (nach den Stahlwerken in **L**inz und **D**onawitz benannt) wurde um 1950 von österreichischen Eisenhüttenleuten entwickelt (Bild 4.14). Auf Grund einer Reihe von Vorteilen (ausgezeichnete Stahleigenschaften, niedrige Verarbeitungs- und Investitionskosten) gewann dieses Verfahren relativ rasch an Bedeutung und ist nun schon seit längerer Zeit auf dem Weltmarkt dominierend. Als Schmelzgefäß dient ein feuerfest ausgekleideter birnenförmiger Tiegel mit einem Fassungsvermögen bis zu über 400 t (Bild 4.15 a). Zu diesem Tiegel wird mit einer Chargierpfanne flüssiges Roheisen gebracht und eingeleert (Bild 4.16). Vorher wird meist noch Schrott (etwa 20 %) zugegeben. Durch eine wassergekühlte „Lanze" wird Sauerstoff mit rund 10 bar Überdruck aufgeblasen. Die Temperatur des Tiegelinhaltes steigt durch die Verbrennung der Elemente Si, P, C, Mn usw. von ca. 1250 auf etwa 1600 °C. Die höchste Temperatur (über 2500 °C) entsteht dort, wo der Sauerstoff auf das Bad auftrifft („Brennfleck").

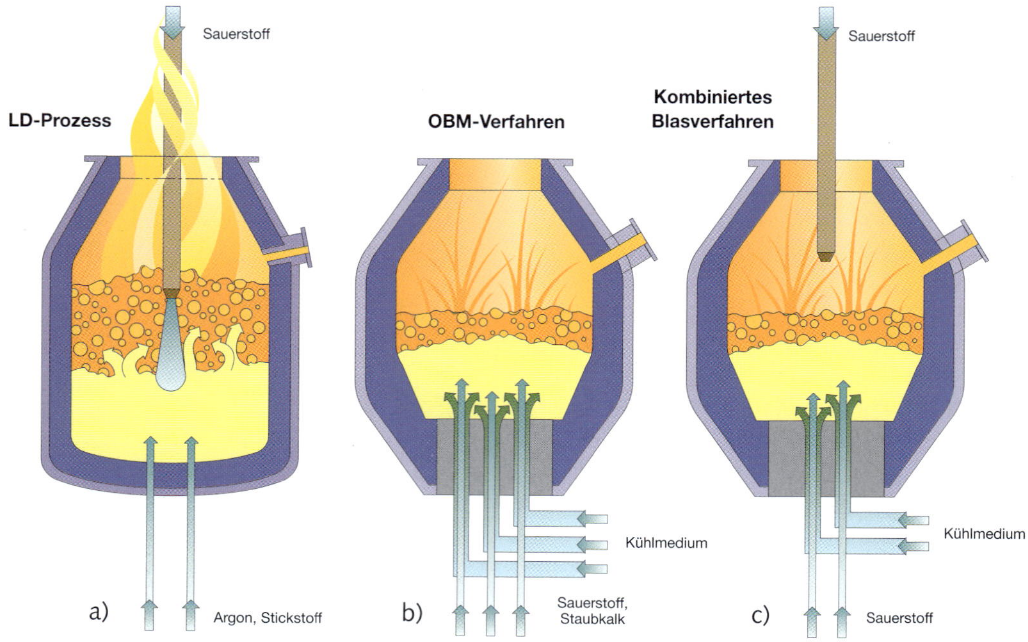

4.15 Sauerstoffblasverfahren (LD-Verfahren)

Zur Schlackenbildung werden Kalk und andere Zuschläge zugegeben. Die Dauer des Frischvorganges beträgt weniger als 20 Minuten. Die Wärme des Rauchgases (1600 °C) wird in Abhitzekesseln genützt.

OBM-Verfahren

Beim **OBM-Verfahren** (**O**xygen-**B**odenblas-**M**axhütte-Verfahren) sind im Konverterboden Manteldüsen angeordnet, durch die innen Sauerstoff und außen Kühlgas (z. B. Methan) eingeblasen werden (Bild 4.15 b). In bestimmten Zeitabständen werden zusätzlich Feinkalk und Spülgase eingebracht. Die Kühlung ist unbedingt erforderlich, denn ohne sie würde durch die hohen Reaktionstemperaturen, die an der Eintrittsstelle des Sauerstoffs entstehen, der Boden des Konverters zerstört werden.

Kombinierte Blasverfahren

Darüber hinaus wurden noch **kombinierte Blasverfahren** in vielfältigen Varianten entwickelt (z. B. gleichzeitiges Aufblasen und Bodenblasen), mit dem Ziel, die Reduktionsabläufe weiter zu beschleunigen und dadurch die Stahlqualität zu verbessern (Bild 4.15 c).

Nach Blasende wird eine Spülbehandlung durch Zufuhr von Inertgasen, wie Argon, über den Konverterboden durchgeführt und dadurch die Schmelze homogenisiert. Wenn die Charge die

4.16 Beschickung eines LD-Tiegels mit Roheisen

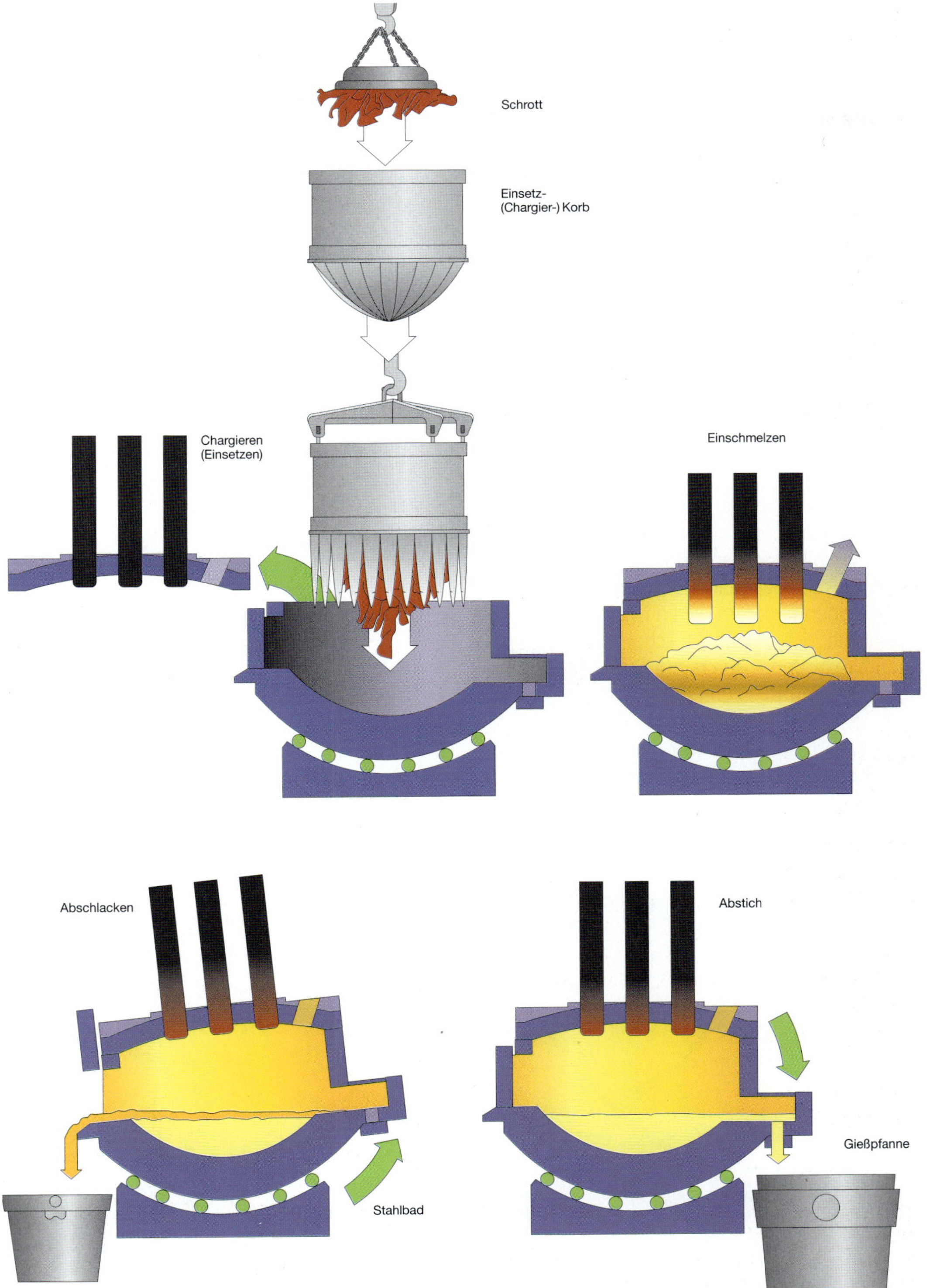

4.17 Elektrolichtbogenofen

Anforderungen bezüglich Temperatur und chemischer Analyse erfüllt, wird der Tiegel gekippt und der Stahl fließt durch das Abstichloch in die Gießpfanne. Nach Beendigung des Stahlabstiches wird der Konverter auf die andere Seite gekippt, und die Schlacke fließt über die Konverteröffnung in einen Schlackenkübel.

4.2.2.2 Elektrostahlverfahren

Elektrostähle weisen nur geringe Verunreinigungen auf, da beim Erschmelzungsvorgang keine Verbrennungsgase anwesend sind. Je nach der Art der Umwandlung von elektrischer Energie in Wärme unterscheidet man verschiedenen Ofentypen.

Lichtbogenofen

Der größte Teil des Elektrostahles wird im **Lichtbogenofen** erzeugt (Bild 4.17). Dieser ist ein kippbarer, feuerfest ausgekleideter Schmelzofen mit gewölbtem Boden und einem Fassungsvermögen bis zu maximal 400 t. Zwischen drei Grafitelektroden und dem festen Einsatzgut (Schrott) entwickelt sich der elektrische Lichtbogen. Die Grafitelektroden – durch den Ofendeckel (Ofendecke) eingeführt – können zur Regelung der Leistung in ihrem Abstand zum Einsatzgut (bzw. Schmelzbad) verändert werden. Zur Beschickung ist bei größeren Öfen der Herd nach Heben der Elektroden und der Ofendecke ausfahrbar. Eine andere Möglichkeit besteht durch das Beiseiteschwenken der Ofendecke, wodurch die Beschickung (Füllen) des Ofens in sehr kurzer Zeit durch einen Chargierkorb von oben möglich ist.

Induktionsofen

Neben dem Lichtbogenofen kommt der „kernlose" **Induktionsofen,** bei dem die elektrische Energie durch Induktion auf das Schmelzbad übertragen wird, als Hoch- oder Mittelfrequenzofen zur Anwendung (Prinzip ➜ siehe Induktionshärten im Abschnitt 4.7.3). Der Ofen (die maximalen Größen liegen bei etwa 60 t) besteht aus einem tiegelförmigen Gefäß, welches feuerfest ausgekleidet ist. Das Gefäß umgibt eine wassergekühlte Kupferspule, durch die Wechselstrom fließt. Im Ofeninneren werden Wirbelströme erzeugt, die den Einsatz zum Schmelzen bringen. Die Badbewegung steigt mit der Frequenz. Durch dieses Verfahren lassen sich besonders hochlegierte Stähle erschmelzen, wobei nur sehr reiner Einsatz verarbeitet werden kann, da ein Frischen kaum möglich ist. Es besteht hier übrigens wegen des Fehlens von Elektroden keine Gefahr, dass der Einsatz aufgekohlt wird.

Die **Anteile der verschiedenen Stahlerzeugungsverfahren** an der Gesamtstahlerzeugung im Verlauf der Jahre zeigt Bild 4.18. Heute sind nur mehr die Sauerstoffblasverfahren und die Elektrostahlverfahren von Bedeutung.

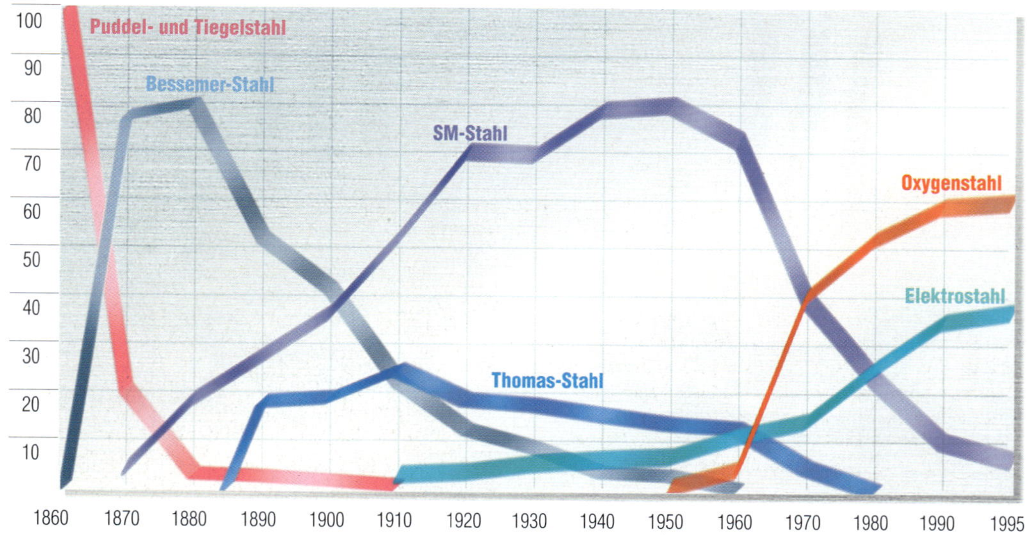

4.18 Anteile der Stahlerzeugungsverfahren an der Gesamtstahlerzeugung

4.3 Sekundärmetallurgie

Sekundärmetallurgie ist ein Sammelbegriff für alle außerhalb des Schmelz- bzw. Frischaggregates gezielt durchgeführten physikalischen und chemischen Behandlungen zur Verbesserung der Stahlqualität. Als Beispiel seien Spülgas- und Injektionsbehandlungen (Gase und Feststoffe), Vakuumbehandlungen (zur besseren Entgasung) sowie Umschmelzverfahren erwähnt (Bilder 4.19 und 4.20).

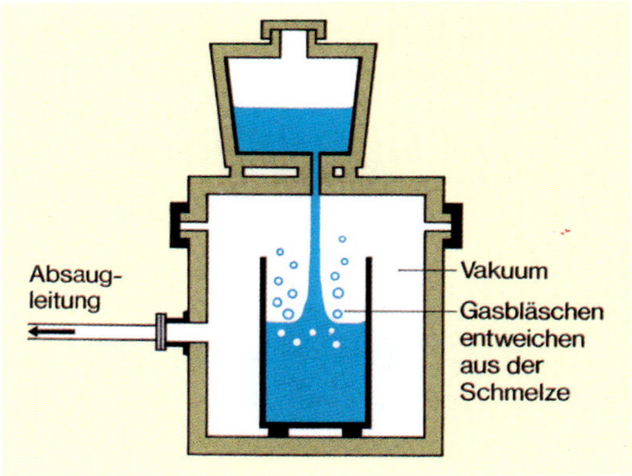

4.19 Gießstrahlentgasung

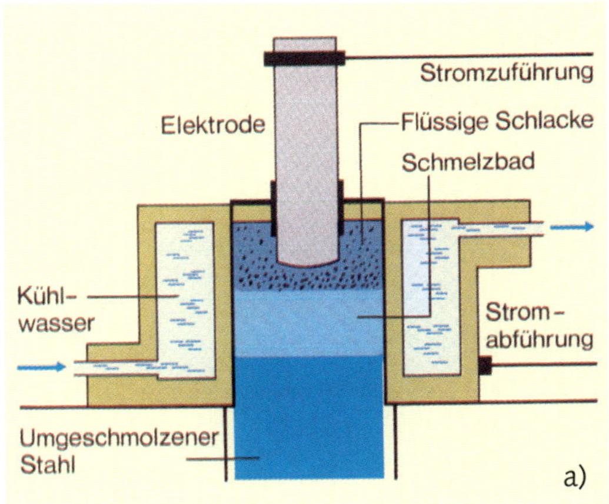

4.20 Beim ESU-Verfahren (Elektro-Schlacke-Umschmelzverfahren) wird ein bereits vergossener Block zur Verbesserung seines Gefüges nochmals umgeschmolzen. Der Block bildet dabei eine Elektrode, die in ein Schlackenbad eintaucht. Der von der Elektrode herabtropfende Stahl wird beim Durchgang durch die Schlacke gereinigt. Eine wassergekühlte, unten offene Kokille gibt dem neuen Block seine Form.

a) Schema
b) Elektroschlacke-Umschmelzen eines Blocks mit 1000 mm Durchmesser

4.4 Vergießen des Stahles

Nur ein geringer Teil des erzeugten Stahls wird als Formguss und damit als Fertigprodukt verwendet. Die Hauptmenge wird zu Blöcken oder zu Strängen vergossen, die danach eine Weiterverarbeitung durch Walzen oder Schmieden erfahren. Die Art des Vergießens ist unter anderem mitentscheidend für die Eigenschaften des Stahls.

Der Gießvorgang läuft so ab, dass der flüssige Stahl durch eine verschließbare Bodenöffnung aus der Gießpfanne in Kokillen (Dauerformen aus Gusseisen) oder in einer Stranggießanlage kontinuierlich zu einem Strang vergossen wird.

Im ersten Fall unterscheidet man fallenden oder steigenden Guss. Beim fallenden Guss (Bilder 4.19 und 4.21), der bei großen Blöcken zur Anwendung kommt, wird der Stahl von oben in die Kokille gegossen. Für kleinere Blöcke wird steigend vergossen, wobei mehrere Formen ein „Kokillengespann" bilden und der flüssige Stahl von einem Eingießtrichter über Verteiler von unten in die Kokillen gelangt (nach dem Prinzip der kommunizierenden Gefäße). Nach dem Erstarren erfolgt das Abstreifen der leicht konischen Kokille vom Block mit Hilfe eines Stripper-Kranes. Der Querschnitt des Blockes zeigt übrigens eine ausgeprägte Gusstextur (Bild 4.22).

4.21 Vergießen des Stahls

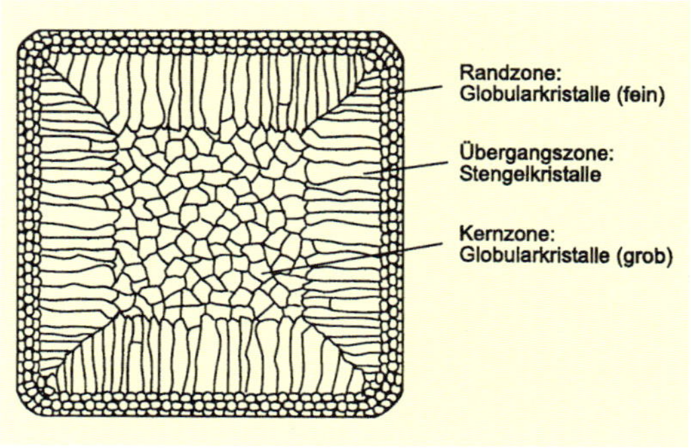

4.22 Der Kristallaufbau eines Gussblockes im Querschnitt zeigt eine deutliche Textur

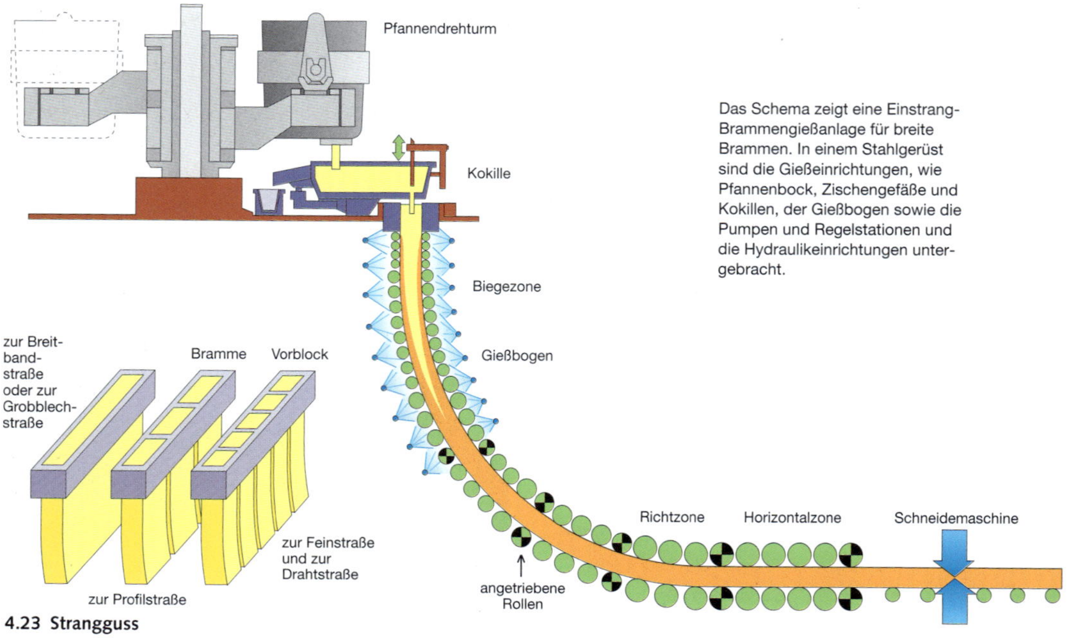

4.23 Strangguss

Beim Stranggießen (nur bei beruhigten Stählen durchgeführt) wird der Stahl in eine beiderseits offene, kurze, wassergekühlte Kupferkokille gegossen, deren Form den Querschnitt des Stahlstranges bestimmt. Eine mitbewegte Brennschneidemaschine teilt den Strang in gewünschte Längen (Bilder 4.23 und 4.24).

4.24 Stranggussbramme

Unberuhigt vergossener Stahl

Beim Erstarren des Stahles an der Kokillenwand scheiden sich zuerst fast reine Eisenkristalle ab (siehe Fe-C-Schaubild). Die noch flüssige Kernzone (Restschmelze) wird dadurch reicher an Kohlenstoff als die ursprüngliche Schmelze. Da jede Stahlschmelze aber nur eine bestimmte Menge an C und FeO gleichzeitig lösen kann, ist dieses Gleichgewicht nun gestört. Der überschüssige Kohlenstoff entweicht in Gasform als CO, was zu einer lebhaften Badbewegung führt. Der Stahl „kocht" in der Kokille. Mit der beginnenden Erstarrung bleibt ein Teil der Gasblasen in der Randzone bestehen. Niedrigschmelzende Verunreinigungen erstarren in der Blockmitte. Das Ergebnis ist eine ungleichmäßige Verteilung der Elemente (man spricht von „Seigerungen"), wobei vor allem die Gehalte an Phosphor und Schwefel im Kern ein Mehrfaches des Durchschnittswertes ausmachen können.

Beruhigt vergossener Stahl

Die Blasen im Block des unberuhigt vergossenen Stahles werden üblicherweise durch Warmumformung verschweißt. Dies lässt sich aber nicht in jedem Fall durchführen. Beispielsweise werden Stahlgussteile nicht weiter verformt. Hier wären Blasen innere Fehler und würden zu Ausschuss führen. Stähle mit höherer Festigkeit und legierte Stähle wiederum müssen mit geringerem Walzdruck verformt werden als Weichstähle, sie erhalten sonst Risse. Durch den kleineren Walzdruck verschweißen die Gasblasen aber nicht mit Sicherheit. In diesen Fällen muss deshalb ohne Gasentwicklung vergossen werden. Dabei wird das gelöste FeO durch solche Desoxidationsmittel reduziert, die flüssige oder feste Produkte liefern (z. B. Aluminium).

Beispiel einer Reduktion:

$$3\,FeO + 2\,Al \rightarrow 3\,Fe + Al_2O_3$$

Beruhigt vergossene Stähle haben keine Blasen im Inneren des Blockes, praktisch keine Seigerungszone, dafür aber einen höheren Gehalt an Schlackenteilchen in sehr feiner Verteilung. Die Alterungsbeständigkeit ist gut, da die Desoxidationsmittel neben dem Sauerstoff auch den Stickstoff binden (Alterung ➜ siehe Abschnitt 4.6 unter Stickstoff).

Nachteilig ist die Entstehung eines tiefen Lunkers, da das Schwinden des erstarrenden Metalles nicht wie beim unberuhigten Guss durch die Gasblasen teilweise ausgeglichen wird. Durch Beheizen des Kopfes unter keramischen Hauben oder Zugabe von exothermen Reaktionsmassen kann der Lunker jedoch verflacht werden (Bild 4.25).

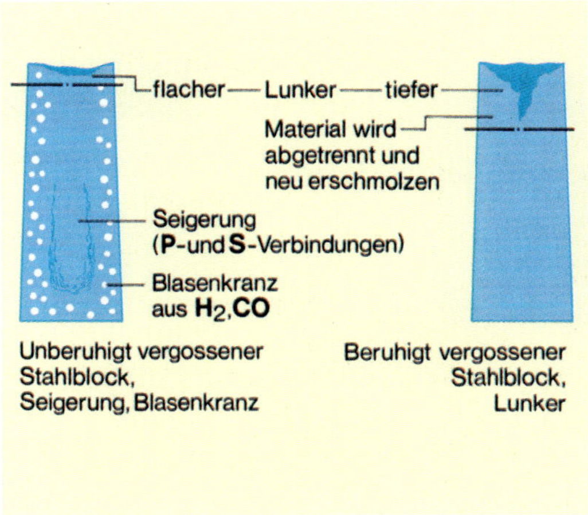

4.25 Unberuhigt und beruhigt vergossener Stahl

4.5 Beispiele für die Weiterverarbeitung des Stahles

Die beiden wichtigsten Verfahren zur Weiterverarbeitung des abgegossenen Stahles sind:

- **Walzen** und
- **Schmieden**.

4.5.1 Walzen

Bild 4.26 zeigt schematisch ein **Grobblechwalzwerk.** Grobbleche sind Bleche mit Dicken von über 5 mm, die aus Stranggussbrammen gewalzt werden. Diese Walzwerke bestehen meist aus einem Vierwalzengerüst (auch Quartogerüst genannt), das die Erzeugung von Blechbreiten bis zu 4 m, in Sonderfällen bis zu 5 m, ermöglicht. Damit das schwere Walzgut zwischen den Stichen nicht zu lange Wege zurücklegen muss, ist die Drehrichtung der Walzen umkehrbar (Umkehr- oder Reversierwalzwerk). Die Durchbiegung der etwa 1 m dicken Arbeitswalzen wird durch übermannshohe Stützwalzen weitgehend verhindert. Nach dem Aufheizen auf etwa 1250 °C im Stoßofen rollt die vorher von Oberflächenfehlern gereinigte Stranggussbramme zum Walzgerüst. Anschließend erfolgt eine Entzunderung mittels Druckwasser und ein Auswalzen in mehreren Schritten bis zur Erreichung der gewünschten Blechdicke. Nachgeschaltete Richtwalzen bringen die Blechtafeln auf die notwendige Planheit. Durch Kreismesserscheren und verschiedene Besäumeinrichtungen wird das Blech nach dem Abkühlen auf die Lieferabmessungen zugeschnitten.

Ebenfalls aus Brammen werden auf einer **Warmbandstraße** Bleche bis zu Dicken von 1,5 mm erzeugt. Bei einer Blechbreite von über 600 mm spricht man von Breitband. Kontinuierliche Breitbandstraßen (Bilder 4.27 und 4.28) bestehen aus bis zu vier Vorgerüsten und meist aus bis zu sieben Fertiggerüsten. Wegen der hohen

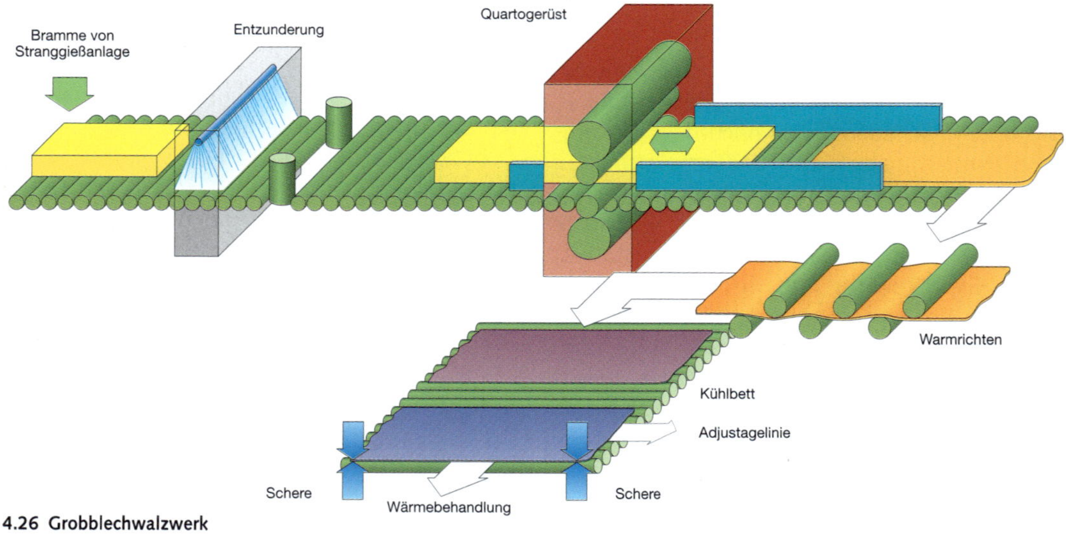

4.26 Grobblechwalzwerk

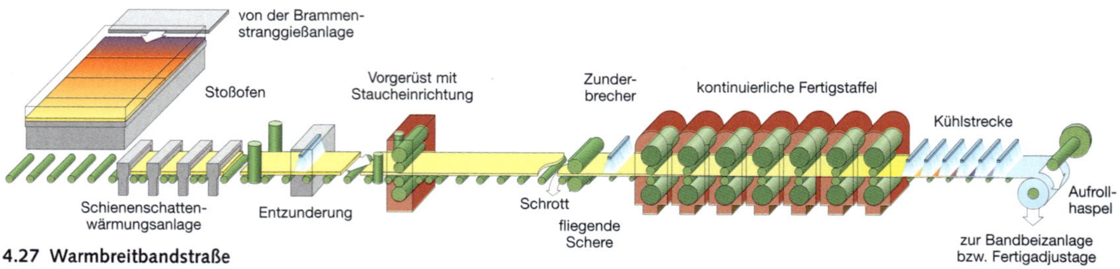

4.27 Warmbreitbandstraße

4.28 Breitbandstraße in einem Warmwalzwerk

Walzkräfte sind sowohl Vor- als auch Fertiggerüste in Quartoanordnung ausgeführt. Die fertigen Bleche werden auf einer Haspel aufgewickelt oder in Tafeln zerschnitten.

Wird das Produkt nicht direkt zur Fertigung (z. B. von Rohren, Profilen, Belagblechen usw.) verwendet, kann eine weitere Verarbeitung in einem **Kaltwalzwerk** die Blechdicken bis auf ca. 0,2 mm reduzieren. Hierzu wird das Warmband vorher in einem Säurebeizbad entzundert (Bild 4.29). Durch die Kaltverformung beim Walzen verfestigt sich das Material und muss deshalb anschließend in Hauben- oder Durchlauföfen unter Schutzgas geglüht werden. Es folgt ein leichtes Nachwalzen (Dressieren) zur Oberflächenverbesserung und anschließend das Besäumen mit speziellen Scheren.

Für das Walzen von **Profilen** werden kalibrierte Walzen (Bild 4.31) verwendet. Beispielsweise werden bei der VOEST-Alpine (Standort Donawitz)

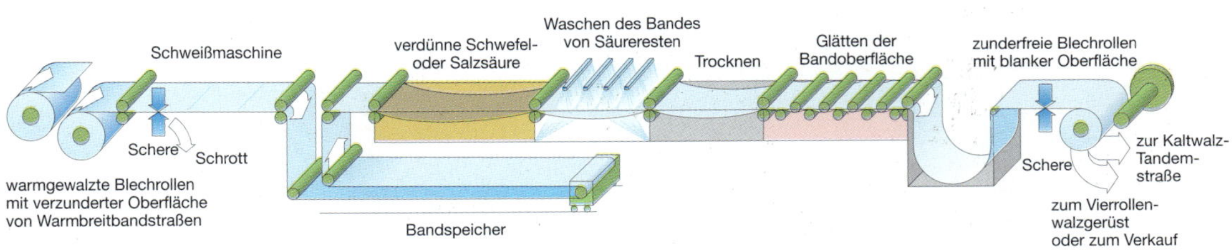

4.29 Bandbeizanlage

4.30 Schienenkühlbett

bis zu 120 m lange unverschweißte Schienen erzeugt, ein Spitzenprodukt, welches weltweit exportiert wird. Bei der Herstellung dieser Schienen wird von bis zu 9 m langen Stranggussblöcken mit einem Querschnitt von 270 x 360 mm ausgegangen, die zuerst auf den erforderlichen Anstichquerschnitt vorgewalzt werden. Die weitere Umformung zur Schiene erfolgt in mehreren Stichen an der Fertigstraße, die aus zwei Vortrio- und einem Fertigtriowalzgerüst besteht.

Der erzeugte Walzstrang, der bis zu 125 m lang ist, wird in einem Hubbalkenkühlbett (Bild 4.30) auf Raumtemperatur abgekühlt und anschließend auf einer Rollenrichtmaschine gerichtet.

4.32 Schienenhärtungsanlage

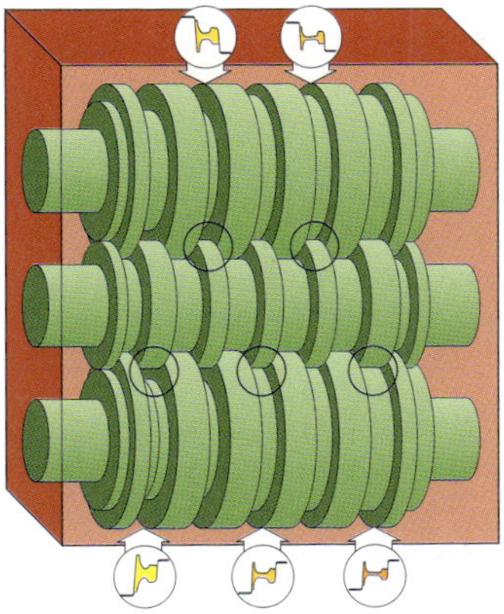

4.31 Triogerüst mit kalibrierten Walzen

4.33 Schmiedepresse mit einer Presskraft von 39 MN (4000 t)

Will man besonders verschleißfeste Schienen erhalten, wird vor der Abkühlung noch ein spezielles Kopfhärteverfahren zwischengeschaltet. Bei diesem so genannten **HSH-Verfahren** (**h**ead **s**pecial **h**ardened) wird der gesamte Walzstrang noch in der Walzhitze mittels eines Manipulators kopfüber in eine wässrige Kühllösung abgesenkt, wobei nur der Schienenkopf eintaucht und damit gehärtet wird (Bild 4.32).

4.5.2 Schmieden

Man unterscheidet zwischen:

- Freiformschmieden und
- Gesenkschmieden.

Beim **Freiformschmieden** wird mit einfach geformten Werkzeugen eine Druck- oder Schlagwirkung auf das Werkstück ausgeübt und dieses stufenweise verformt. Schmiedepressen (Bild 4.33) haben gegenüber Hämmern eine tief greifendere Verformungswirkung. Auf großen Schmiedepressen können Blöcke von mehreren hundert Tonnen bearbeitet werden. Stabförmige Schmiedestücke mit hoher Maßgenauigkeit werden auf **Langschmiedemaschinen** hergestellt (Bild 4.34). Das Werkstück wird dabei von vier Schmiedehämmern, die über Exzenter gesteuert werden, bearbeitet.

Beim **Gesenkschmieden** (Bild 4.35) umschließen die sich gegeneinander bewegten Werkzeuge (Gesenke) das Werkstück ganz oder zu einem wesentlichen Teil. Die Form des herzustellenden Werkstückes ist als Gegenform im Ober- und Untergesenk enthalten. Meist verwendet man mehrere Arbeitsschritte, wobei verschiedene Gesenke (bis zum Fertiggesenk) zum Einsatz kommen. Die geschmiedeten Werkstücke sind sehr maßgenau, mit hoher

4.34 Langschmiedemaschine

4.35 Gesenkschmieden

4.36 Hochleistungsspindelpresse mit einer Presskraft von 315 MN (31 000 t)

Oberflächengüte und müssen vielfach nicht mehr nachbearbeitet werden. Als Arbeitsmaschinen werden Hämmer und Pressen eingesetzt: Zum Beispiel die Hochleistungsspindelpresse im Bild 4.36, welche die gewaltige Presskraft von 315 MN (31 000 t) aufbringt und einen Spindeldurchmesser von 1180 mm besitzt. Durch die niedrige Umformgeschwindigkeit (< 1 m/s) lassen sich mit dieser Presse auch hochlegierte, schwer verformbare Werkstoffe gut verarbeiten. Das Erzeugungsprogramm umfasst Lauf- und Leitschaufeln für Turbinen und Kompressoren, Fahrwerks- und Tragflächenkomponenten für die Luftfahrtindustrie, Schmiedestücke für den Reaktorbau, die Hochdrucktechnik und den allgemeinen Maschinenbau.

4.6 Wirkung der Eisenbegleiter

Eisenbegleiter sind Elemente, die dem Eisenwerkstoff nicht bewusst zulegiert werden, sondern bei der Gewinnung und Verarbeitung in die Schmelze gelangen.

Einige der nachstehend angeführten Elemente können je nach den Gegebenheiten Eisenbegleiter oder auch Legierungsbestandteile sein (siehe auch Abschnitt 4.9).

- **Silizium**
  Silizium bildet harte und spröde Silikate, welche die Kaltverformbarkeit verschlechtern. In Tiefziehblechen darf deshalb nur wenig (< 0,2 %) Si enthalten sein. Auch die Schweißbarkeit wird durch Silizium herabgesetzt.
- **Mangan**
  Mangan bindet neben Sauerstoff auch Schwefel (MnO, MnS), wodurch die Gefahr der Brüchigkeit des Stahles beseitigt und die Warmverformbarkeit gewährleistet wird. Allerdings verursachen größere Mengen von MnO- und MnS-Ausscheidungen einen stärkeren Abfall der Kerbschlagzähigkeit quer zur Walzrichtung (Kerbschlagzähigkeit → siehe Abschnitt 10.1.4).
- **Phosphor**
  Phosphor löst sich in geringem Maße im Eisen (Austauschmischkristalle). Die Festigkeit und Rostbeständigkeit des Stahles wer-

den etwas erhöht, die Zähigkeit sinkt stark ab. Vor allem die Übergangstemperatur der Kerbschlagzähigkeit wird zu höheren Temperaturen hin verschoben (siehe Abschnitt 10.1.4). Bedingt durch seine geringe Diffusionsgeschwindigkeit im Eisen neigt Phosphor sehr stark zu Seigerungen. Da diese nur mit großem Aufwand (langes Diffusionsglühen) zu beseitigen sind, ist es wirtschaftlich sinnvoller, bei Bedarf gleich von vornherein die P-Gehalte auf niedrige Werte zu beschränken.

- **Schwefel**
  Da Schwefel im α-Eisen bei Raumtemperatur praktisch nicht löslich ist, bildet sich als eigene Phase Eisensulfid (FeS). Für die Warmumformung des Stahls sind bei Anwesenheit von FeS zwei Temperaturbereiche von Bedeutung. Zwischen 800 °C und 1000 °C tritt durch die an den Korngrenzen ausgeschiedenen sehr spröden Eisensulfide (zum Teil auch Oxide) der so genannte **Rotbruch** auf. Zum **Heißbruch** kommt es oberhalb 1200 °C durch Aufschmelzung eines Eutektikums, welches aus FeS und Fe gebildet wird. Bei Anwesenheit von Mangan bildet sich MnS (statt FeS) mit dem sehr hohen Schmelzpunkt von rund 1600 °C. Überdies haben die MnS-Ausscheidungen eine kugelige Form und sind regellos im Gefüge verteilt. Die Korngrenzen verspröden dadurch nicht mehr, und es ist möglich, eine Warmumformung ohne Rotbruchgefahr durchzuführen. Bezüglich des Seigerungsverhaltens und der Grenzwerte gilt für Schwefel Ähnliches wie für Phosphor. Eine Ausnahme bilden nur die Automatenstähle, in denen der Schwefel bis zu 0,3 % in Form von MnS enthalten ist. Die etwas schlechteren mechanischen Eigenschaften werden zugunsten der besseren Zerspanbarkeit (kurzbrechender Span) in Kauf genommen.

- **Stickstoff**
  Schon geringste Stickstoffanteile führen zu einer Versprödung des Stahles. Stickstoff ist zwar im Eisen bei Raumtemperatur praktisch unlöslich, dennoch trifft man dieses Element zwangsgelöst in übersättigten Mischkristallen, wenn stickstoffhältiger Stahl aus höherer Temperatur rasch abgekühlt wird. Wird der Stahl kaltverformt, wandern die N-Atome bevorzugt zu den bei der Umformung erzeugten Störstellen (Versetzungen), wobei sich Nitride bilden. Durch diese Ausscheidungen werden die Gleitebenen blockiert, was eine deutliche Verminderung der Kerbschlagzähigkeit zur Folge hat. Dieser Prozess wird, da er mit einer plastischen Umformung im Zusammenhang steht, als **Reckalterung** bezeichnet. Bei Raumtemperatur laufen die Alterungsvorgänge sehr langsam ab (Wochen und Monate), man spricht von **natürlicher Alterung**. Durch leichtes Erwärmen auf etwa 200–300 °C wird die Alterung sehr beschleunigt und tritt schon während der Glühbehandlung auf. Diese **künstliche Alterung** ist auch die Ursache für die **Blaubruchsprödigkeit** (bei 200–350 °C im Bereich der blauen Anlassfarbe). Bei diesen Temperaturen sollte der Stahl wegen seiner deutlich verminderten Zähigkeit nicht verformt werden. Die Alterungsneigung lässt sich durch Zugabe von Elementen mit einer großen Affinität zu Stickstoff (z. B. Aluminium) stark verringern. In manchen Fällen (bei einigen hochlegierten Stählen) wird allerdings der Stickstoff bewusst zur Erzielung spezieller Eigenschaften zulegiert.

- **Sauerstoff**
  Über den Sauerstoff wurde schon beim Vergießen des Stahles (Abschnitt 4.4) gesprochen. Bei einer Desoxidation beispielsweise mit Aluminium bilden sich sehr spröde Al_2O_3-Teilchen in feiner Verteilung, welche beim Walzen ein zeiliges Gefüge verursachen. Ist FeO im Stahl, wird bei Anwesenheit von FeS die Rotbrüchigkeit noch verstärkt. Abhilfe bringt, wie schon früher erwähnt, die Zugabe von Mangan.

- **Wasserstoff**
  Wasserstoff dringt wegen seines geringen Atomdurchmessers leicht in den Stahl ein und verursacht hier eine sehr gefürchtete Versprödung. Dabei sind nicht so sehr die in Einlagerungsmischkristallen gelösten H-Atome gefährlich, sondern ihre Wanderung zu den Störstellen des Gefüges (Gitterfehler, Korngrenzen, Einschlüsse, Hohlräume usw.). Dort vereinigen sich die Atome zu H_2-Molekülen, welche nicht mehr diffundieren können. Der Wasserstoff bleibt dann an diesen Orten eingeschlossen, wobei sich sehr hohe Drücke bil-

den (bis über 100 bar). Durch diese Drücke entstehen bei zusätzlicher mechanischer Beanspruchung Risse.

Wasserstoff kann auf verschiedene Weise in den Werkstoff gelangen. Viele Stahlbleche werden z. B. in verdünnten Säuren gebeizt, um den Zunder zu entfernen. Durch den Kontakt des Metalles mit der Säure entsteht Wasserstoff, der teilweise in den Stahl eindiffundiert und die Beizsprödigkeit verursacht. Durch eine Glühbehandlung lässt sich der Wasserstoff wieder entfernen.

4.7 Wärmebehandlung der Stähle

Allgemein versteht man unter **Wärmebehandlung** eines Werkstückes ein Verfahren oder die Verbindung mehrerer Verfahren, die mit Änderungen der Temperatur oder des Temperaturablaufes verbunden sind, um dem Werkstück bestimmte Eigenschaften zu geben. Dabei kann durch die Umgebung eine Änderung der chemischen Zusammensetzung erfolgen (z. B. durch Aufkohlen oder Aufsticken).

Die Verfahren der Wärmebehandlung können in die zwei Hauptgruppen **Glühen** und **Härten** unterteilt werden (siehe die Abschnitte 4.7.2 und 4.7.3). Eine Zusammenfassung über die Begriffe der Wärmebehandlung von Eisenwerkstoffen gibt die Euronorm EN 10 052.

Die folgenden Ausführungen gelten in erster Linie für unlegierte und mit gewissen Einschränkungen für niedriglegierte Stähle. Da auch die unlegierten Stähle neben Kohlenstoff noch andere Elemente, allerdings in beschränktem Maße enthalten, hat man für die wichtigsten Legierungselemente Grenzwerte festgelegt, die nicht erreicht werden dürfen, wenn der Stahl noch als unlegiert gelten soll (siehe Euronorm EN 10 020). Die Grenzwerte sind für die einzelnen Elemente verschieden, da diese unterschiedliche Auswirkungen auf die Eigenschaften des Stahles haben. In manchen Fällen gibt es sogar bei ein und demselben Element verschiedene Grenzwerte, je nachdem, ob die Analysenproben der Schmelze oder dem festen Stück entnommen werden. Beispiele (der erste Wert gilt für die Schmelzenanalyse, der Wert in der Klammer für die Stückanalyse): Al, Co, W $\leq$ 0,1 % (0,3 %), Si $\leq$ 0,5 % (0,6 %).

Um die Vorgänge bei der Wärmebehandlung besser zu verstehen, sollen vorher die Auswirkungen unterschiedlich schneller Abkühlungsvorgänge auf die Gefügebildung eines unlegierten Stahles näher untersucht werden.

4.7.1 Einfluss der Abkühlungsgeschwindigkeit auf die Gefügebildung

Wird ein untereutektoider Stahl (z. B. 0,5 % C) aus dem γ-Gebiet **langsam abgekühlt** (einige °C/min), beginnt die γ-α-Umwandlung bei A_3 (etwa 770 °C) und die Perlitbildung bei A_1 (723 °C). Dies kann dem Eisen-Kohlenstoff-Schaubild entnommen werden.

Erfolgt die Abkühlung etwas rascher, sinken sowohl der A_3- als auch der A_1-Punkt, wobei die Temperaturverschiebung bei A_3 größer ist. Dies hat zur Folge, dass bei einer bestimmten Abkühlungsgeschwindigkeit die Punkte A_3 und A_1 zusammenfallen (Bild 4.37).

Im Gefügebild sieht man dann, dass bei zunehmender Abkühlungsgeschwindigkeit der Anteil der Ferritkörner immer geringer wird. Schließlich besteht das gesamte Gefüge nur mehr aus Perlit.

Übrigens gelten ähnliche Zusammenhänge auch für übereutektoide Stähle. Auch diese bilden bei entsprechend rascher Abkühlung aus dem γ-Gebiet ein reines Perlitgefüge aus. Aus Gründen der Massenbilanz muss dabei das Dickenverhältnis der beiden Perlitphasen (Fe_3C, Ferrit) dem jeweiligen C-Gehalt angepasst sein. Das bedeutet, dass bei einem C-Gehalt von beispielsweise 0,4 % das Verhältnis der Dicken der Fe_3C-Lamellen zu jener der Ferritlamellen kleiner ist als bei einem C-Gehalt von 0,6 %. Es ist allerdings nicht mehr möglich, bei einer bloßen Betrachtung des Gefügebildes durch das Lichtmikroskop diese Einzelheiten zu erkennen und daraus eventuell auf den C-Gehalt der Probe zu schließen.

Nimmt die Abkühlungsgeschwindigkeit weiter zu, wird der Perlit immer dichtstreifiger und ist schließlich im Mikroskop nicht mehr auflösbar. Man bezeichnete früher diesen dichtstreifigen Perlit als **Sorbit** oder **Troostit**. Letzterer bildet sich bei etwas höherer Abkühlungsgeschwindigkeit vielfach in rosettenartiger Form aus (Bilder 4.38 und 4.39).

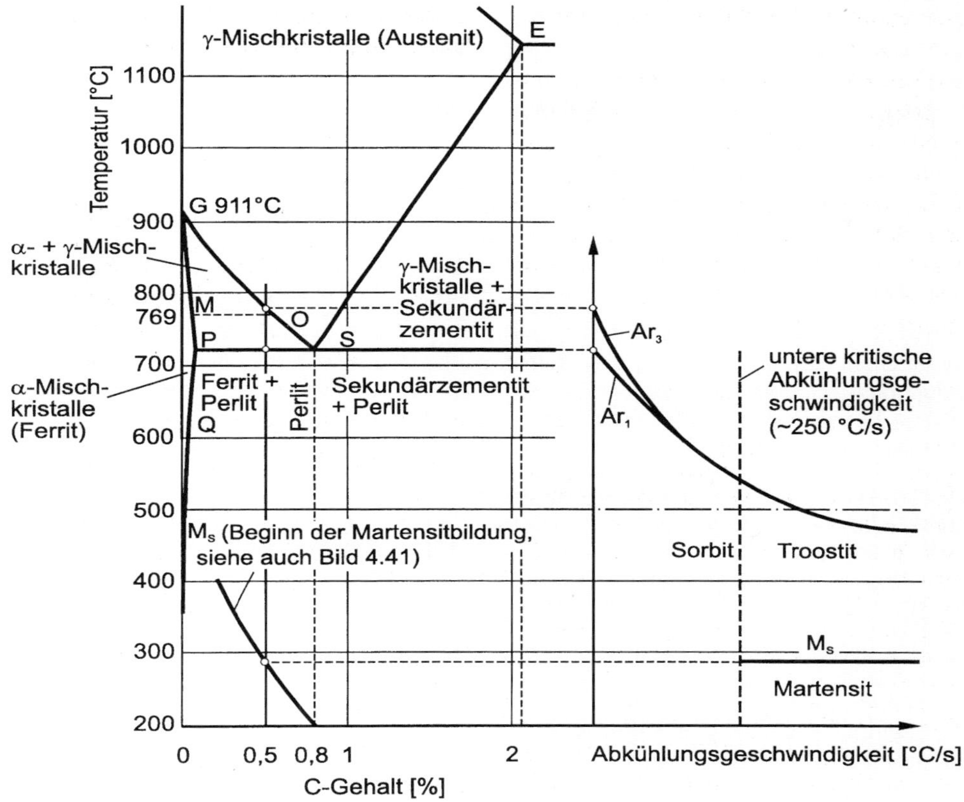

4.37 Verschiebung der Umwandlungspunkte bei beschleunigter Abkühlung aus dem γ-Gebiet

Wird noch rascher abgekühlt, kommt die Diffusion der Eisenatome zum Stillstand und es bildet sich die so genannte **Zwischenstufe.** Diese vor allem bei legierten Stählen auftretende Gefügeart ist ein feines Gemenge von Zementit und Ferrit und wird nach dem amerikanischen Forscher Bain auch **Bainit** genannt. Der Zementit bildet sich hier nicht mehr lamellar (wie beim Perlit), sondern körnig oder nadelig aus.

Bei **Überschreiten der kritischen Abkühlungsgeschwindigkeit** kann selbst der Koh-

4.38 Sorbit (V = 500:1)

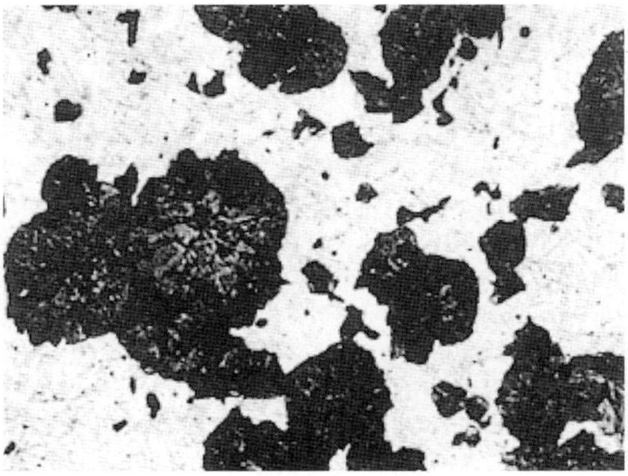

4.39 Troostit im hellen Martensit (V = 500:1)

lenstoff nicht mehr diffundieren (keine Fe_3C-Bildung). Es entsteht ein feinkörniges, nadelartiges Gefüge, welches nach dem deutschen Forscher Martens als **Martensit** bezeichnet wird (Bild 4.40). Die γ-α-Umwandlung findet zwar statt, doch bewirkt die Anwesenheit von Kohlenstoff (als Zwangslösung) eine tetragonale Verzerrung des Raumgitters. Diese Verzerrung, die auch zu einer kleinen Volumsvergrößerung führt, verursacht jenen Spannungszustand, auf den die große Härte des Martensits zurückgeht.

Die kritische Abkühlungsgeschwindigkeit ist von der chemischen Zusammensetzung des Stahles abhängig und ist für unlegierte Stähle mit niedrigem C-Gehalt am größten (über 1000 °C/s). Man unterscheidet zwischen:

- **unterer kritischer Abkühlungsgeschwindigkeit,** bei der erstmals Martensit beobachtet wird und
- **oberer kritischer Abkühlungsgeschwindigkeit,** bei der das gesamte Gefüge aus Martensit besteht.

Jene Temperatur, bei der sich der Martensit zu bilden beginnt, heißt Martensitpunkt (M_S-Punkt). Die Höhe desselben wird durch die Abkühlungsgeschwindigkeit wenig beeinflusst, wohl aber durch den C-Gehalt (Bild 4.41). Liegt der M_S-Punkt tief (dies ist bei hohem C-Gehalt der Fall), bleibt die Umwandlung unvollständig und ein Teil des Austenits bleibt bis zur Raumtemperatur bestehen (Bild 4.42). Dieser **Restaustenit** kann durch Abkühlung auf tiefe Temperaturen oder durch leichte Erwärmung umgewandelt werden. Je nach Temperatur, Dauer der Erwärmung und Stahlart können dabei die Gefügearten Martensit, Zwischenstufe oder feinstreifiger Perlit entstehen.

Zeit-Temperatur-Umwandlungs-Schaubild (ZTU-Schaubild)

Ist der zeitliche Verlauf der Diffusion des Kohlenstoffs und der Legierungselemente in Abhängigkeit von der Temperatur bekannt, können die Vorgänge in ZTU-Schaubildern deutlich dargestellt werden (Bild 4.43). Aus Gründen der Übersichtlichkeit hat die Zeitachse eine logarithmische Teilung. Für jeden Stahl wird ein eigenes, durch Versuche ermitteltes ZTU-Schaubild gezeichnet. Eine ausreichende Zahl von Stahlproben wird auf Austenitisierungstemperatur gebracht und entweder kontinuierlich nach entsprechend vorgegebenen Abkühlungskurven abgekühlt oder rasch auf die gewünschten Umwandlungstemperaturen abgeschreckt und so lange bei diesen gehalten, bis der Austenit isotherm umgewandelt ist.

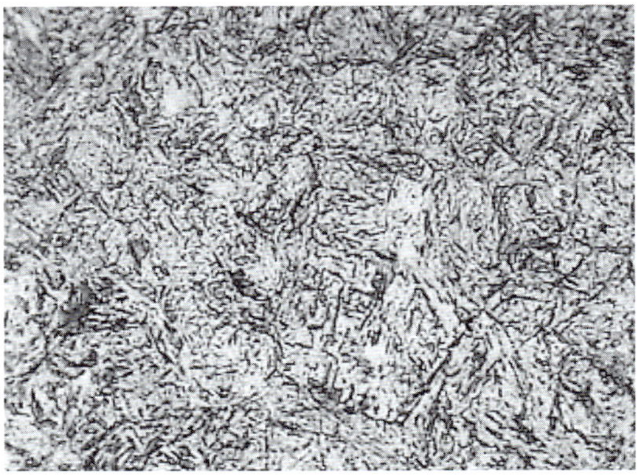

4.40 Martensit (V = 500 : 1)

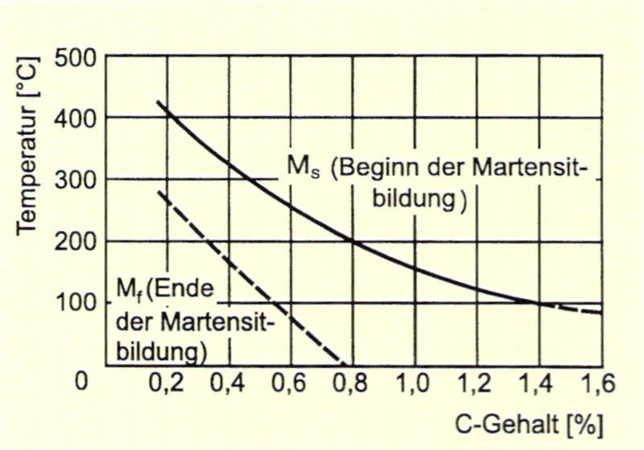

4.41 Lage des Martensitpunktes in Abhängigkeit vom Kohlenstoffgehalt

4.42 Martensit (helle „Nadeln") und Restaustenit (dunkel)

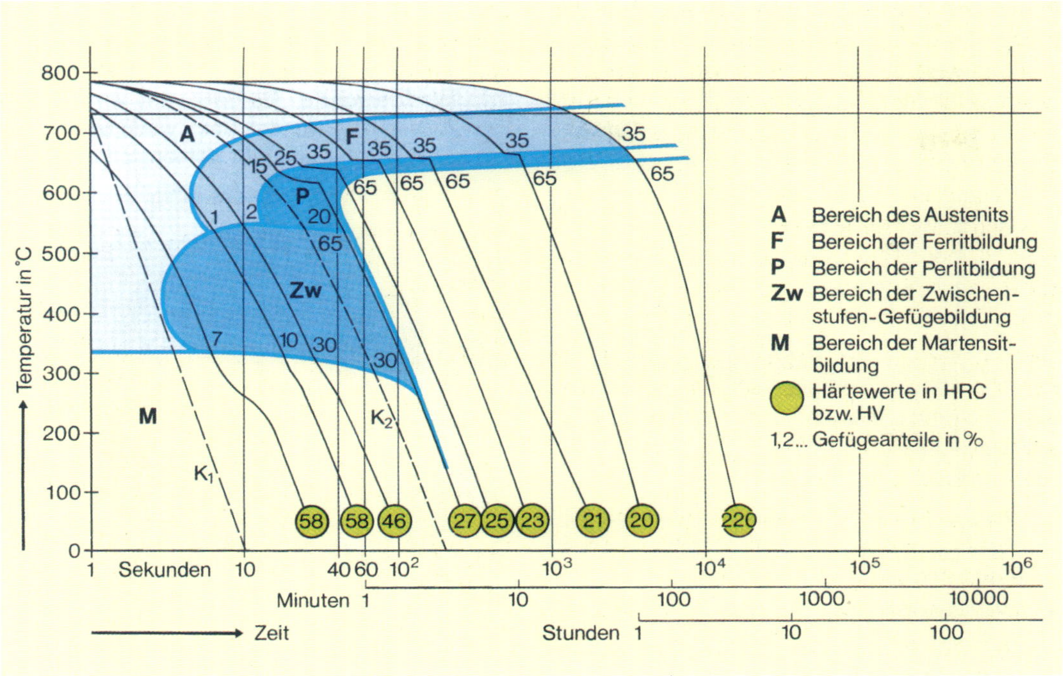

4.43 Zeit-Temperatur-Umwandlungs-Schaubild

In dem hier dargestellten kontinuierlichen ZTU-Schaubild sind die einzelnen Gefügebereiche mit verschiedenen Farbtönen bezeichnet. Dem Diagramm können auch die jeweiligen Prozentsätze der Gefügeanteile entnommen werden. Am Ende jeder Abkühlungskurve sind noch die Härtewerte in HRC bzw. HV eingetragen. Beispielsweise beginnt bei langsamer Abkühlung (Kurve ganz rechts im Bild) nach etwas über 1000 Sekunden die Ferritbildung. Diese ist in knapp einer Stunde abgeschlossen (35 %). Der restliche Austenit wandelt sich anschließend in Perlit um (65 %). Die mittlere Härte des Gefüges beträgt 220 HV (Härtebezeichnungen ➜ siehe Abschnitt 10.1.7).

4.7.2 Glühen

> Glühen ist Erwärmen eines Werkstückes auf eine bestimmte Temperatur, das Halten bei dieser Temperatur und nachfolgendes, in der Regel langsames Abkühlen.

Die von den Werkstücken ausgesendete Strahlung besitzt bei höheren Temperaturen immer mehr kurzwellige Anteile, wodurch die **Glühfarben** entstehen (Bild 4.44).

°C	°F
1300	2370
1200	2190
1100	2010
1000	1830
950	1740
900	1650
850	1560
810	1490
780	1440
740	1360
680	1260
630	1170
550	1020

4.44 Glühfarben

In einem Ausschnitt des Fe-C-Schaubildes sind die Temperaturbereiche für die wichtigsten Glüharten dargestellt (Bild 4.45).

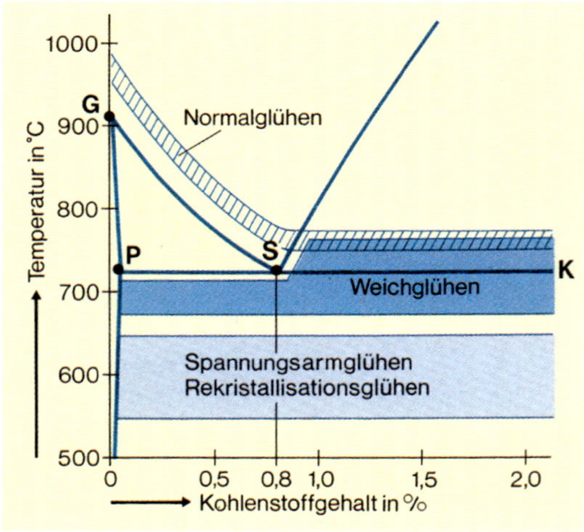

4.45 Glühtemperaturen

Normalglühen (Normalisieren)

Der Vorgang besteht in einer Erwärmung auf Temperaturen etwa 50 °C oberhalb A_{C3} und anschließendes Abkühlen an ruhender Luft. Übereutektoide Stähle werden nur bis etwa 50 °C oberhalb der Linie S-K erwärmt, um unerwünschtes Kornwachstum zu vermeiden. Unabhängig von der Art des Ausgangsgefüges erhält man beim Normalglühen durch die zweimalige Umwandlung (α-γ-α) ein feinkörniges, gleichmäßiges Gefüge mit einer sehr günstigen Kombination von Festigkeits- und Zähigkeitseigenschaften. Aus Wirtschaftlichkeitsgründen wird das Verfahren nur dann durchgeführt, wenn es für eine einwandfreie Funktion des Bauteils unbedingt erforderlich ist. Beispielsweise werden Stahlgussteile, die ja keiner plastischen Verformung (Schmieden, Walzen) unterzogen werden, immer normalgeglüht. Auf diese Weise wird das grobe Gussgefüge (Widmannstätten-Gefüge) mit seinen schlechten Zähigkeitseigenschaften beseitigt (Bilder 4.46 und 4.47).

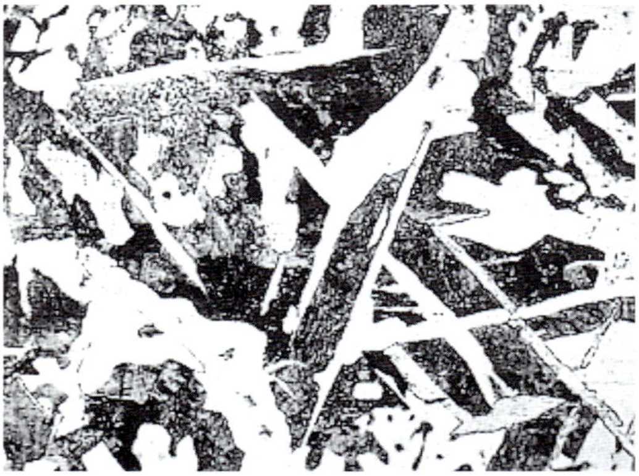

4.46 Stahlguss, ungeglüht mit Widmannstätten-Gefüge, 0,28 %C (V = 100:1)

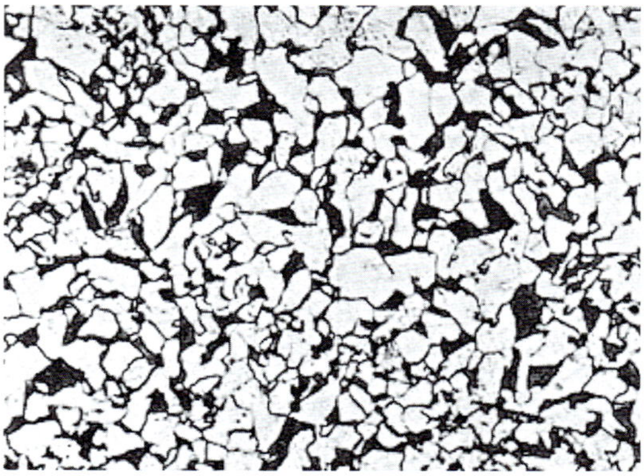

4.47 Stahlguss, normalgeglüht, 0,28 %C (V = 100:1)

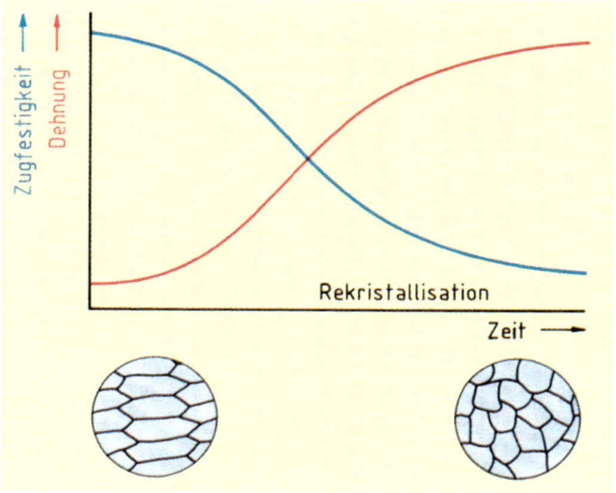

4.48 Änderung von Zugfestigkeit und Dehnung durch Rekristallisationsglühen

Rekristallisationsglühen

Dieses Glühen soll die durch eine Kaltverformung verursachte Kaltverfestigung wieder rückgängig machen und die plastische Verformbarkeit wiederherstellen (siehe Abschnitt 2.6.5). Die Höhe der Glühtemperatur ist indirekt proportional dem Verformungsgrad, bleibt jedoch unter der Umwandlungstemperatur. Die Änderung von Zugfestigkeit und Dehnung eines kaltverformten Stahles durch Rekristallisationsglühen zeigt schematisch Bild 4.48.

Glühen auf kugelige Karbide (Weichglühen)

Durch dieses Verfahren soll der Stahl ein günstiges (weiches) Gefüge für spanende oder spanlose Verformungen erhalten. Wird spanend verformt, kommt das Weichglühen allerdings erst bei C-Gehalten von über 0,5 % zur Anwendung, da sonst eine Neigung zum „Schmieren" besteht. „Schmieren" ist eine unerwünschte Eigenschaft weicher Werkstoffe beim Zerspanen. Durch die Weichheit des Materials wird die saubere Abtrennung des Spanes behindert und dadurch die Oberflächengüte herabgesetzt. Beim Erwärmen erfolgt eine so genannte „Einformung" der im Streifenperlit vorliegenden Zementitlamellen und es entsteht „körniger" Zementit. Man kann entweder längere Zeit unterhalb des A_{C1}-Punktes glühen oder um den A_{C1}-Punkt pendeln. Bei überperlitischen Stählen wird etwas höher erhitzt, man bleibt aber noch unter der Linie S-E. Ein Teil des Zementitschalenwerkes wird aufgelöst und es entstehen an Stelle der zusammenhängenden Maschen einzelne Körner, die beim darauffolgenden Abkühlen als Keime wirken. Man erhält ein Gefüge, in dem der gesamte Zementit in Kornform verteilt ist (Bild 4.49).

Spannungsarmglühen

Dieser Glühvorgang im Bereich zwischen 550–650 °C hat das Ziel, die Eigenspannungen ohne wesentliche Änderung des Gefüges und der mechanischen Eigenschaften herabzusetzen. Bei höheren Temperaturen sinkt die Streckgrenze des Stahles ab. Dabei verringern sich die Spannungen bis auf eine Restspannung, die zurückbleibt. Diese ist so groß wie die Streckgrenze des Stahles bei der Glühtemperatur. Nach dem Glühen wird sehr langsam und gleichmäßig (meist im Ofen) abgekühlt (Bild 4.50).

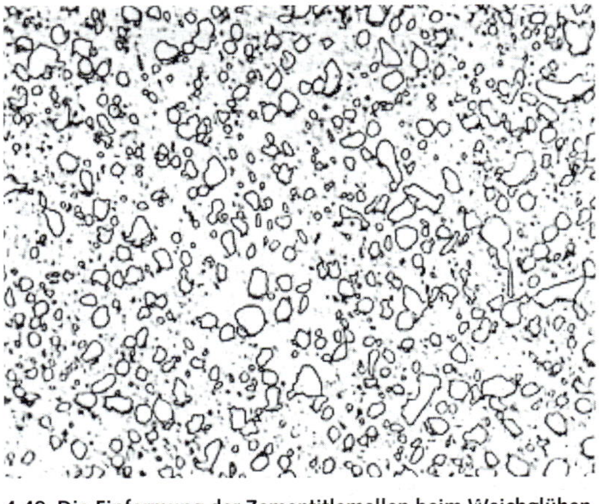

4.49 Die Einformung der Zementitlamellen beim Weichglühen ergibt „körnigen" Zementit (V = 500:1)

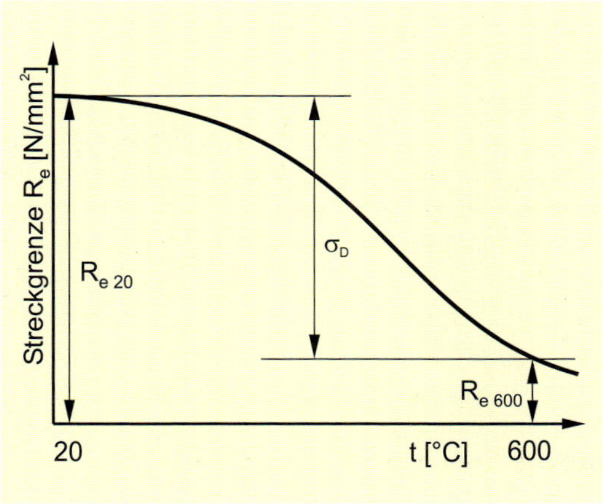

4.50 Verminderung der Eigenspannung beim Spannungsarmglühen

R_{e20} Streckgrenze des Werkstoffes bei 20 °C

R_{e600} Streckgrenze des Werkstoffes bei 600 °C

σ_D Spannungsbetrag um den sich die Eigenspannungen im Werkstück vermindern ($R_{e20} - R_{e600}$)

Grobkornglühen

Um weichen untereutektoiden Stählen eine bessere Zerspanbarkeit zu geben, glüht man mehrere Stunden zwischen 1050–1300 °C, also deutlich höher als beim Normalisieren und erhält dadurch ein grobkörniges Gefüge. Auf diese Weise wird die Neigung zum „Schmieren" herabgesetzt und die Späne brechen kürzer.

Diffusionsglühen

Dies ist ein langes Glühen (bis 50 Stunden) bei hohen Temperaturen im γ-Gebiet nahe der Soliduslinie.

Es soll auf diese Weise eine möglichst gleichmäßige Verteilung aller löslichen Bestandteile über das ganze Gefüge erreicht werden (Ausgleich von Seigerungen). Wird das Werkstück anschließend nicht durch Schmieden oder Walzen plastisch verformt, muss vielfach zur Grobkornbeseitigung noch ein Normalglühen nachgeschaltet werden.

4.7.3 Härten

Will man die Härte eines Stahles mit Hilfe einer Wärmebehandlung erhöhen, so kann dies mit einer

- Ausscheidungshärtung oder
- Umwandlungshärtung geschehen.

Ausscheidungshärtung

Die Ausscheidungshärtung (Aushärtung) beruht darauf, dass Stähle (oder allgemein Metalle) bei höheren Temperaturen ein größeres Lösungsvermögen für Legierungselemente besitzen als bei Raumtemperatur. Wird aus höheren Temperaturbereichen abgekühlt, kommt es zu Ausscheidungen von Legierungselementen oder deren Verbindungen im Gefüge. Dieser Vorgang ist mit einer Härtesteigerung, jedoch auch mit einer Verminderung der Zähigkeit verbunden (siehe Abschnitt 4.10.1 → Martensitaushärtende Stähle und Abschnitt 3.2.4 → Aushärtung einer Aluminium-Kupfer-Legierung).

> Aushärtungen können auch ungewollt auftreten. Man spricht dann von einer Alterung des Werkstoffes.

Umwandlungshärtung

Bei der Umwandlungshärtung (nur diese soll im Folgenden näher behandelt werden) erfolgt eine Erwärmung in das γ-Gebiet (wie beim Normalglühen) und anschließend eine rasche Abkühlung (Abschrecken), damit es zur Martensitbildung kommt (siehe auch Abschnitt 4.7.1). Die richtige Härtetemperatur in Abhängigkeit vom C-Gehalt zeigt Bild 4.51.

Die erreichbare Härte ist hauptsächlich vom C-Gehalt abhängig, doch ist eine Steigerung nur bis etwa 0,9 % C möglich (Bild 4.52). Stähle mit mehr Kohlenstoff besitzen keine größere Härte, sondern nur eine größere Verschleißfestigkeit (wegen der Fe_3C-Anteile). Diese im Martensit befindlichen Zementitkörner kann man sehr gut im Gefüge eines richtig gehärteten überperlitischen Stahles erkennen (Bild 4.53). Werden diese überperlitischen Stähle von der „falschen" Temperatur (nämlich über der Linie S-E) abgeschreckt, wird die Abschreckhärte wegen der zunehmenden Anteile von Restaustenit immer geringer (Bild 4.42). Ein weiterer Nachteil ist die Grobkörnigkeit des gebildeten Martensits.

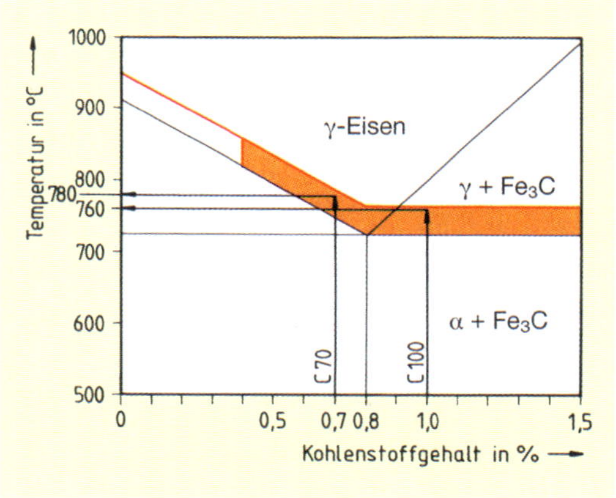

4.51 Härtetemperatur bei unter- und überperlitischen Stählen

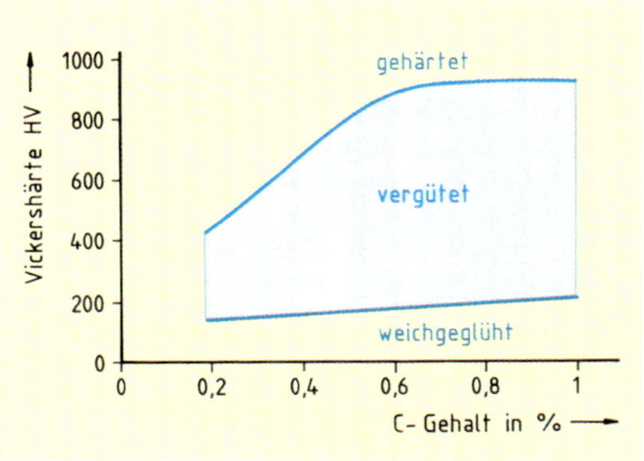

4.52 Härte von unlegiertem Stahl in Abhängigkeit von Wärmebehandlung und C-Gehalt

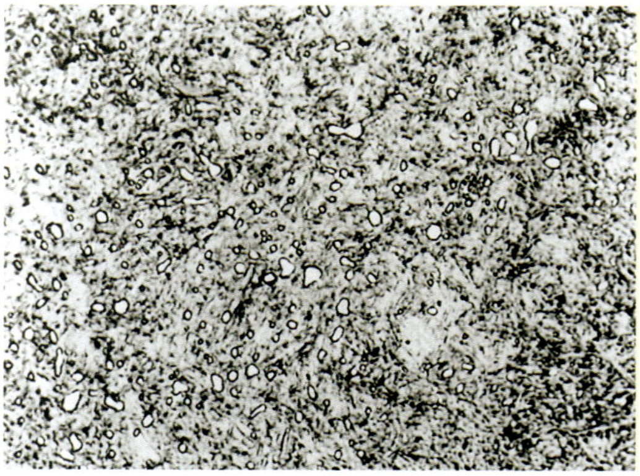

4.53 Gefüge eines aus der richtigen Härtetemperatur abgeschreckten überperlitischen Stahls mit körnigem Zementit im Martensit (V = 500:1)

Erwärmung beim Härten

Beim Härten geht man so vor, dass zuerst langsam vorgewärmt wird, die weitere Erwärmung auf Härtetemperatur jedoch rasch erfolgt. Durch langsames Vorwärmen werden die Anwärmspannungsrisse, durch rasche Weitererwärmung die übermäßige Verzunderung vermieden (Verzunderung ➜ siehe Abschnitt 9.1).

Abschreckmittel

Man verwendet Wasser, wässrige Lösungen, Öle, Metall- und Salzschmelzen sowie bewegte Luft.

- **Wasser** besitzt eine sehr starke Abschreckwirkung. Durch Zusätze von Natronlauge oder Kochsalz, welche die Verdampfungstemperatur erhöhen, kann man die Abschreckgeschwindigkeit noch steigern. Höhere Verdampfungstemperaturen vermindern nämlich die (den Wärmeübergang störende) Dampfbildung. Zusätze von Kalkmilch, Glyzerin, Öl usw. mildern wiederum das Abkühlungsverhalten.
- **Öle** bewirken im Vergleich zu Wasser eine deutlich langsamere Abkühlung.
- Durch **Luft** werden die geringsten Abkühlungsgeschwindigkeiten reicht.

> In einer groben Übersicht kann man die Stähle je nach ihrer Zusammensetzung in Wasser-, Öl- und Lufthärter unterteilen.

Härtbarkeit der Stähle

Wird ein Werkstück abgeschreckt, ist die Abkühlungsgeschwindigkeit im Inneren desselben kleiner als in der Randschicht. Der begrenzende Faktor für den Wärmefluss nach außen ist dabei die Wärmeleitfähigkeit des Werkstoffes. Martensit kann sich aber nur in jenen Zonen des Querschnitts bilden, in denen beim Abschrecken die kritische Abkühlungsgeschwindigkeit überschritten wird. Diese ist wiederum von den Legierungselementen des Stahles abhängig. Unlegierter Stahl hat eine hohe kritische Abkühlungsgeschwindigkeit. Man kann diese selbst bei Verwendung von schroffen Abschreckmitteln (Wasser mit Zusätzen) nur in einer verhältnismäßig dünnen Randschicht (einige Millimeter) erreichen (Bild 4.54). Man spricht bei solch einem Werkstoff auch von einem **Schalen- oder Deckenhärter.** Viele Legierungselemente, wie z. B. Mn, Ni, Cr oder Mo, behindern die Kohlenstoffdiffusion und setzen dadurch die kritische Abkühlungsgeschwindigkeit herab. Das bedeutet, dass schon bei niedrig legierten Stählen die Einhärtetiefe stark ansteigt und bei höheren Legierungsanteilen eine vollständige **Durchhärtung** möglich ist. Auch werden dann mildere Abschreckmittel (z. B. Öle) eingesetzt. In manchen Fällen genügt für die Austenit-Martensit-Umwandlung schon eine Abkühlung in bewegter Luft.

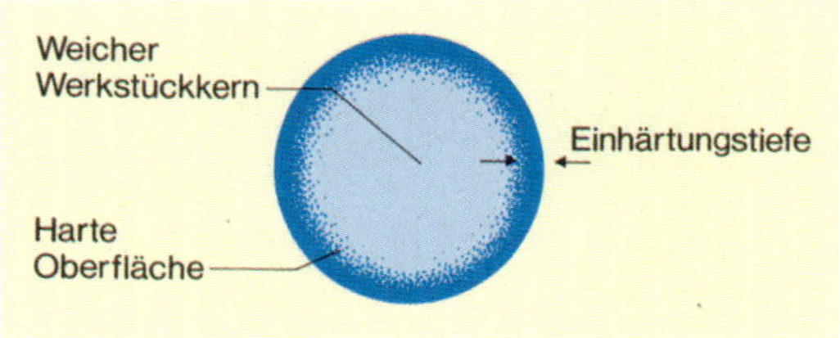

4.54 Einhärtetiefe bei unlegiertem Stahl

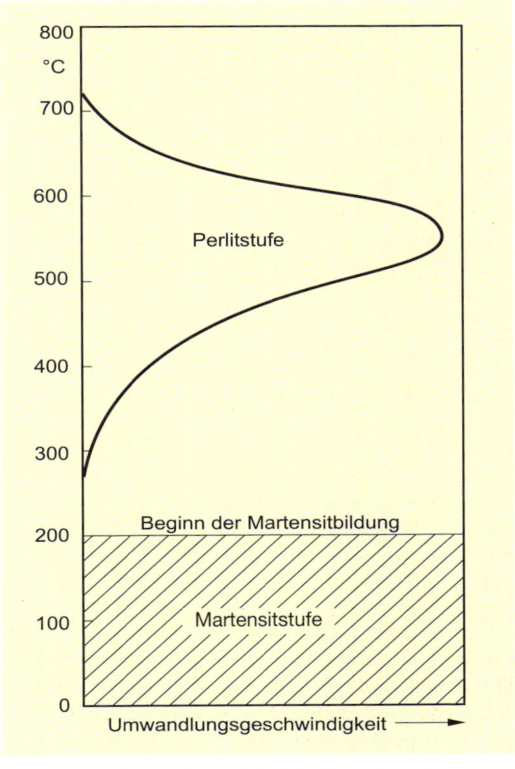

4.55 Umwandlungsgeschgwindigkeit des Austenits in Abhängigkeit von der Temperatur

Die Umwandlungsgeschwindigkeit des Austenits (mit 0,8 % C) in Perlit ist nicht konstant, sondern von der Temperatur (Unterkühlung) abhängig. Sie ist knapp unter 723 °C sehr gering und steigt mit sinkender Temperatur bis zu einem Maximum, welches zwischen 500 und 600 °C liegt (Bild 4.55). In diesem Bereich wandelt sich der Austenit in Sekundenbruchteilen zu Perlit um. Bei tieferen Temperaturen erfolgt die Umwandlung wegen der geringeren Diffusionsgeschwindigkeit der Atome immer langsamer und kommt praktisch zum Stillstand. Bei etwa 200 °C setzt die Martensitbildung ein (siehe auch Bild 4.41). Bei legierten Stählen kann es vorher auch zur Bainitbildung kommen. Aus dem Bild 4.55 geht hervor, dass man die hohen Abkühlungsgeschwindigkeiten nur in einem bestimmten Temperaturbereich benötigt (zur Perlitunterdrückung) und bei tieferen Temperaturen durchaus langsamer und damit für das Werkstück schonender abkühlen kann. Dies wird bei den spannungs- und verzugsarmen Härteverfahren ausgenutzt.

Anlassen

Die richtig abgeschreckten Teile sind glashart und nahezu so spröde wie Glas. Zum Gebrauch benötigen sie eine gewisse Zähigkeit, die durch das Anlassen erreicht wird (Wiedererwärmung nach dem Abschrecken). Die Temperaturen liegen zwischen 150 und 650 °C und hängen von der Stahlsorte und dem Verwendungszweck ab. Dabei ändern sich die Eigenschaften mit wachsender Anlasstemperatur. Beim Anlassen kommt es zu verschiedenen Vorgängen im Gefüge. Sind die Temperaturen niedrig, scheiden sich spezielle Eisenkarbide (ε-Karbid ➜ Fe_2C) in feinstverteilter Form aus. Der tetragonale Martensit wandelt sich in die weniger verspannte kubische Variante um. Steigt die Anlasstemperatur, scheiden sich aus dem Martensit und aus dem allenfalls vorhandenen Restaustenit normale Eisenkarbide (Fe_3C) ebenfalls in feiner Verteilung aus. Nach der anschließenden Abkühlung ist der Restaustenit je nach den Verhältnissen entweder in kubischen Martensit oder in Zwischenstufen zerfallen.

Anlasstemperaturen von über 400 °C sind nur bei legierten Stählen üblich. Es kommt dann zu sehr feiner Ausscheidung von Sonderkarbiden, was mit einer zusätzlichen Festigkeitssteigerung verbunden ist. Durch die höhere Temperatur kann der Kohlenstoff immer besser diffundieren und es bilden sich immer größere Karbidkörner (im Mikroskop sichtbar). Die Zugfestigkeit wird geringer, die Güteeigenschaften wie Verformbarkeit und Zähigkeit nehmen zu.

Durch die Erwärmung werden am Werkstück die **Anlassfarben** sichtbar. Diese Farben, welche nur im Licht sichtbar sind und keinesfalls mit den Glühfarben verwechselt werden dürfen, kommen durch die Interferenz (Überlagerung) von Lichtwellen an den feinen Oxidschichten zustande. Auf die gleiche Weise entstehen übrigens auch an anderen dünnen Schichten, wie z. B. Seifenblasen oder dünnen Ölfilmen die bekannten Farben. Die Anlassfarben erlauben eine Abschätzung der Anlasstemperaturen. Allerdings muss dabei beachtet werden, dass die Bildung der Oxidschichten von der Dauer der Erwärmung und vor allem vom Legierungsgehalt des Stahles abhängt (Bild 4.56).

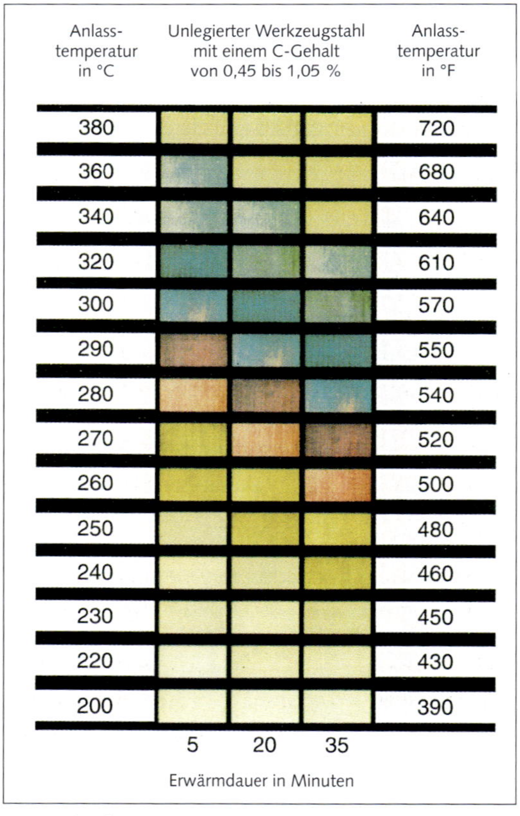

4.56 Anlassfarben

Vergüten

Unter Vergüten versteht man die Kombination von Härten und nachfolgendem Anlassen meist auf höhere Temperaturen (etwa ab 550 °C) mit dem Ziel, die Festigkeits- und Zähigkeitswerte optimal dem gewünschten Bedarf anzupassen. In eigenen Anlass- bzw. Vergütungsschaubildern kann man für den jeweiligen Stahl die Änderung der Eigenschaften in Abhängigkeit von der Anlasstemperatur ersehen (Bild 4.57).

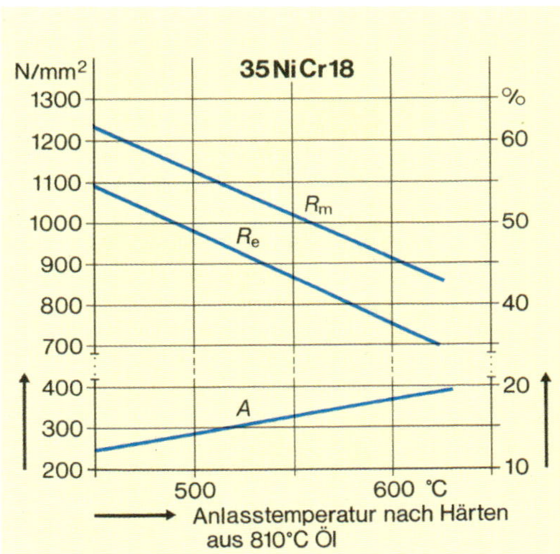

4.57 Anlassschaubild

Isothermisches Umwandeln in der Bainitstufe (Zwischenstufenvergüten)

Diese auch als **Bainitisieren** bezeichnete Wärmebehandlung lässt sich nur bei bestimmten legierten Stählen mit einem speziellen Umwandlungsverhalten durchführen. Der austenitisierte Stahl wird in einem Metall- oder Salzbad abgeschreckt, dessen Temperatur im Bereich der Zwischenstufe liegt (je nach Stahlsorte zwischen 300 und 600 °C). Auftretende thermische Spannungen werden im gut verformbaren Austenit leicht abgebaut. Nach der isothermen Umwandlung erfolgt die Abkühlung in Luft oder Wasser (kein Anlassen nötig). Zur Anwendung kommt das Verfahren bei rissempfindlichen Stählen oder kompliziert geformten Bauteilen, welche nicht zu groß sein dürfen, da die Abkühlung auf die Zwischenstufentemperatur sehr rasch erfolgen muss.

Gebrochenes Härten

Zuerst erfolgt die Abschreckung in einem schroff wirkenden Mittel (meist Wasser) auf 300–400 °C um die Perlitbildung zu unterdrücken (siehe auch Bild 4.55). Gleich danach (noch vor dem Temperaturausgleich zwischen Rand und Kern) wird in Öl abgekühlt. Durch diese Vorgangsweise wird die Gefahr von Härterissen vermindert und auch der Verzug wird geringer. Allerdings erfordert das Treffen des richtigen Zeitpunktes der Herausnahme des Werkstückes aus dem Wasser einige Erfahrung (Kurve 2 im Bild 4.58).

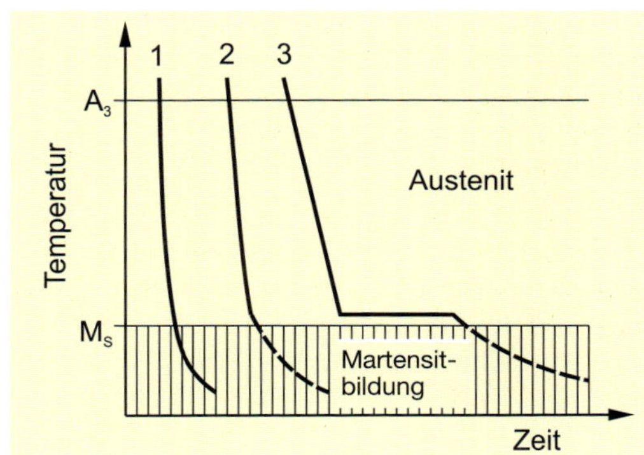

4.58 Abschreckarten
1 … normales Abschreckhärten
2 … gebrochenes Härten
3 … Warmbadhärten

Warmbadhärten

Das erwärmte Werkstück wird in einem Salz- oder Metallbad abgeschreckt (Badtemperatur knapp oberhalb des Martensitpunktes) und bis zum Temperaturausgleich im Bad belassen. Die thermischen Spannungen werden dabei im gut verformbaren Austenit abgebaut. Anschließend wird langsam bis auf Raumtemperatur abgekühlt (meist in Luft), wobei die Martensitbildung über den Querschnitt annähernd gleichzeitig eintritt. Auch bei diesem Verfahren werden Härtespannungen und Verzug niedrig gehalten (Kurve 3 im Bild 4.58).

Patentieren

Durch das Austenitisieren von Drähten (manchmal auch Bändern) und anschließendes rasches Abkühlen (z. B. im Bleibad) auf eine Temperatur oberhalb des Martensitpunktes (400–550 °C), erhält man ein feinstreifiges Perlitgefüge. In Verbindung mit nachfolgendem Kaltziehen oder Ziehwalzen (gleichzeitiges Ziehen und Walzen) erreicht man sehr hohe Festigkeiten, die bei kleinen Dimensionen (<1 mm) bis an die 4000 N/mm^2 betragen können. Hinsichtlich der Durchführung unterscheidet man Durchlauf- oder Tauchpatentieren.

Randschichthärten

An viele Werkstücke (Kurbelwellen, Zahnräder, Bolzen usw.) wird die Anforderung nach harter, verschleißfester Oberfläche bei zähem Kern gestellt. Das Prinzip des Randschichthärtens beruht darauf, die Randschichten der Werkstücke sehr rasch auf Härtetemperatur zu bringen und anschließend die Abschreckung so schnell durchzuführen, dass die Wärme nicht in das Innere abwandern kann. Der C-Gehalt des Werkstoffes muss dabei ohne zusätzliche Aufkohlung für eine Härtung ausreichen. Ein eigenes Anlassen kann in vielen Fällen entfallen, da die Rückerwärmung aus dem Kern nach dem Abschrecken einen Spannungsabbau bewirkt. Die einzelnen Verfahren der Randschichthärtung unterscheiden sich nach der Art der Wärmeeinbringung.

- **Flammhärten:** Bei den zu härtenden Werkstücken wird durch rasches Erhitzen mit Gasbrennern (angepasst der Werkstückoberfläche) infolge des Wärmestaues nur die Randzone auf Härtetemperatur gebracht, während der Kern dabei möglichst kühl bleibt. Unmittelbar nach der Erhitzung erfolgt ein Abschrecken mittels Wasserbrausen, wodurch es in der Randschicht zur Martensitbildung kommt (Bild 4.59). Dieses Verfahren kommt beispielsweise bei Zähnen von Zahnkränzen oder Zahnstangen, Führungsbahnen an Werkzeugmaschinen, Kurbelwellen usw. zur Anwendung.
- **Induktionshärten:** Die Wärme wird nicht von außen zugeführt, sondern im Werkstück selbst durch induzierte, hochfrequente Ströme erzeugt (Transformatorprinzip). Eine von Strom durchflossene Kupferrohrspule (oder Heizschleife) ist dabei die Primärwicklung, die Randzone des Werkstückes die Sekundärwicklung und das restliche Werkstück der Eisenkern. Mit diesem Verfahren lassen sich sehr hohe Aufheizgeschwindigkeiten erzielen (Härtetemperatur wird in wenigen Sekunden erreicht). Mit zunehmender Frequenz wird die Tiefe der erwärmten Randschicht geringer (Skin-Effekt), wodurch Einhärtetiefen von wenigen Zehntelmillimetern möglich werden. Die Spulen müssen ebenso wie die zur Abschreckung verwendeten Wasserbrausen der Werkstückform angepasst sein (Bild 4.60).

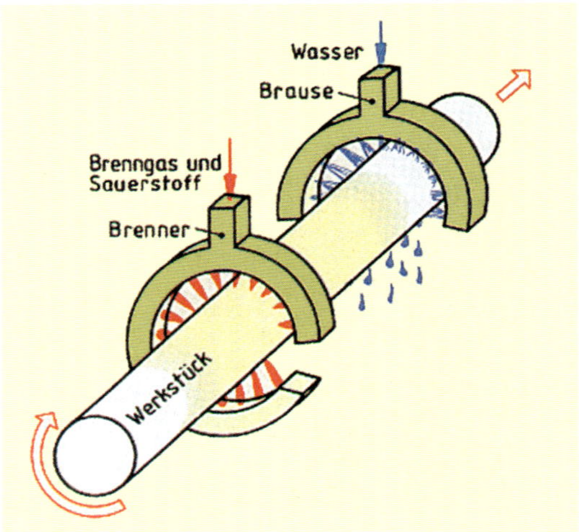

4.59 Flammhärten

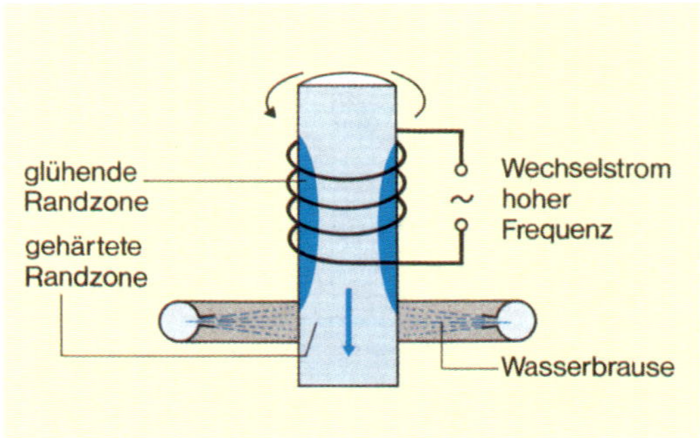

4.60 Induktionshärten

- **Tauchhärten:** Das zu härtende Werkstück wird kurz in ein auf mindestens 100 °C über der Härtetemperatur gehaltenes Bad (Salz- oder Metallschmelze) getaucht und anschließend sofort abgeschreckt. Durch diese Vorgangsweise verhindert man das Abwandern der Wärme in das Innere des Werkstückes und die Härtung erfolgt nur in der Randschicht.

- Neben den oben angeführten Wärmequellen kann man auch **Elektronen-** und **Laserstrahlen** oder **Reibungswärme** zum Randschichthärten einsetzen. Die Abschreckung kann hier – entsprechende Werkstückgröße und ausreichende Wärmeleitzahl vorausgesetzt – auch allein durch die Wärmeleitung n das Werkstückinnere erfolgen (Selbstabschreckung).
- **OCe-Verfahren:** Dieses kann für Zahnräder oder Werkstücke mit zahnähnlichen Vorsprüngen angewendet werden (Bild 4.61).

4.61 Zahnräder können nach dem OCe-Verfahren gehärtet werden

OCe bedeutet „ohne Cementation", d. h. es wird kein Kohlenstoff eingebracht. Zum Einsatz kommt sehr reiner Stahl mit 0,8 % C, 0,1 bis 0,2 % V und einem dem jeweiligen Werkstück angepassten Mn-Gehalt (0,2 ... 1,5 %), der die kritische Abkühlungsgeschwindigkeit und damit die Einhärtetiefe regelt. Im Gegensatz zu den bisher besprochenen Arten der Randschichthärtung, wird hier das ganze Werkstück durchgewärmt und anschließend in einem etwa 200 °C heißen Salzbad abgeschreckt. Danach erfolgt eine Abkühlung an ruhender Luft. Neben der Härtung der Randschicht wird bei diesem Verfahren auch eine Kernvergütung erzielt.

Einsatzhärten

Man verwendet C-arme Stähle (0,10–0,25 %), so genannte **Einsatzstähle.** Bild 4.62 zeigt eine Welle aus so einem Stahl mit einer Einhärtetiefe von etwa 3 mm. Damit die Oberfläche der aus diesen Stählen gefertigten Werkstücke gehärtet werden kann, muss eine Aufkohlung durch ein Einsetzen in C-abgebende Einsatzmittel bei etwa 900 °C erfolgen. Der Kohlenstoff (durch die Hitze in atomarer Form abgespalten) dringt in die Metalloberfläche ein. Die Einsatzmittel können pulverförmig, flüssig oder gasförmig sein.

4.62 Welle aus Einsatzstahl mit einer Einhärtetiefe von etwa 3 mm (verkleinerte Abbildung)

- **Pulveraufkohlung:** Die Werkstücke werden in Holzkohle, Knochenkohle oder Koks dicht eingepackt. Zur besseren Gasbildung werden dem Kohlungspulver noch Zusätze (z. B. Bariumkarbonat) beigegeben. Das Einsetzen erfolgt in geeigneten, luftdicht verschlossenen Blechkisten aus zunderbeständigem Stahl. Diese Art der Aufkohlung eignet sich vor allem für größere Stücke und größere Einsatztiefen (2 bis 3 mm). Nachteilig sind der große Arbeitsaufwand und die lange Glühzeit (bei größeren Einsatztiefen viele Stunden). Hinzu kommt noch (durch den schlechten Wärmedurchgang bedingt) eine längere Anwärmzeit. Auch ist bei diesem Verfahren keine Härtung aus der Einsatztemperatur möglich.

  Ist die Härte an einigen Stellen der Oberfläche nicht erwünscht, so kann man diese Stellen durch Verkupfern oder durch Abdeckpasten vor der Aufkohlung schützen. Eine andere Möglichkeit ist das Fertigen des Werkstückes mit Übermaß an den Stellen, die weich bleiben sollen. Die aufgekohlte Schicht wird dann vor dem Härten mittels spanender Bearbeitung entfernt.
- **Salzbadaufkohlung:** Die Teile werden vorgewärmt in wasserfreie Salzschmelzen eingehängt. Als Salze verwendet man Gemische, welche hauptsächlich Cyansalze (z. B. NaCN) mit Zusätzen von Chloriden enthalten. Bei den hohen Einsatztemperaturen zerfällt das Cyansalz und der Kohlenstoff diffundiert in den Werkstoff ein. Dieses Verfahren erlaubt im Vergleich zur Pulveraufkohlung wesentlich kürzere Anwärmzeiten und bietet

die Möglichkeit einer Direkthärtung. Allerdings sind die Tiegelgrößen und damit auch die Werkstückgrößen beschränkt. Weiters ist mit höheren Anlage- und Wartungskosten zu rechnen. Vor allem aber erfordert die Giftigkeit der Salze entsprechende Vorsichts- und Schutzmaßnahmen.

- **Gasaufkohlung:** Als Aufkohlungsmittel dienen verschiedene Kohlenwasserstoffverbindungen, hauptsächlich Stadtgas, Erdgas und Propangemische. Vielfach wird auch ein neutrales Trägergas hergestellt, dem die zur Aufkohlung benötigten Kohlenwasserstoffe in der gewünschten Dosierung zugegeben werden. Das Verfahren ist sauber, ungiftig und sehr gut für eine Serienfertigung geeignet. Die Anlagekosten für die Herstellung und Regelung des Gases sind allerdings hoch (Bild 4.63).

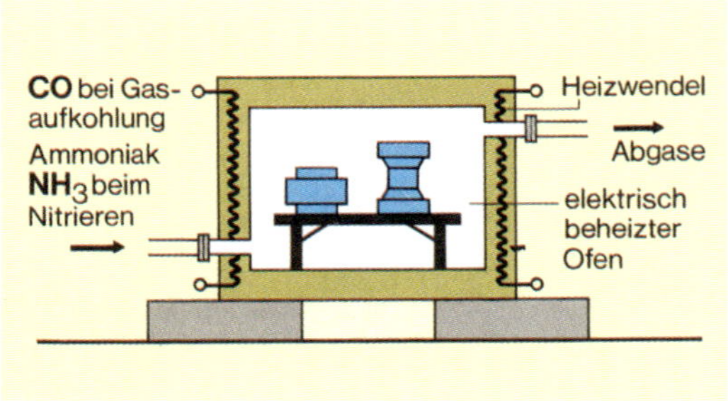

4.63 Anlage zur Gasaufkohlung oder Nitrierung

Die eigentliche Härtung der Einsatzstähle kann auf verschiedene Weise erfolgen (Bild 4.64). Bei der Bad- oder Gasaufkohlung werden die Werkstücke oft unmittelbar aus der Einsatztemperatur gehärtet. Diese **Direkthärtung** hat den Vorteil eines geringen Energie- und Arbeitsaufwandes, aber den Nachteil der Grobkornbildung. Bei unlegierten Stählen kommt dieses Verfahren daher nur für einfache, wenig beanspruchte Teile in Frage. Durch Legierungszusätze kann man die Grobkornbildung stark herabsetzen. Man erhält dann überhitzungsunempfindliche Stähle oder Feinkornbaustähle, welche beide für die Direkthärtung geeignet sind.

Bei der **Einfachhärtung** wird nach dem Aufkohlen langsam auf Raumtemperatur abgekühlt. Man kann die Abkühlung auch auf 500–550 °C vornehmen und bei dieser Temperatur halten.

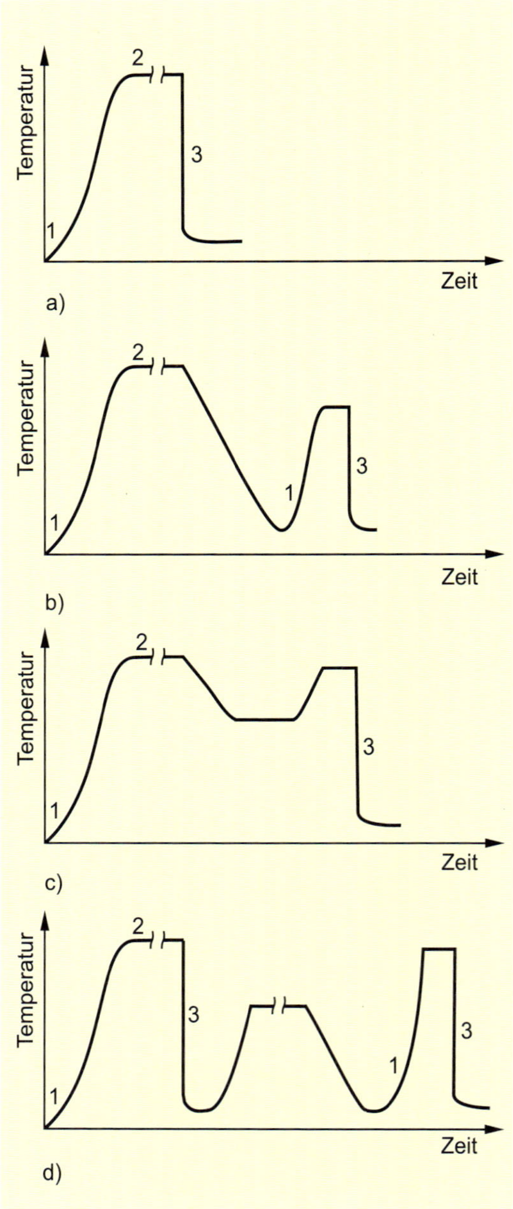

4.64 Zeit-Temperatur-Folgen bei der Einsatzhärtung

a) Direkthärtung
b) Einfachhärtung
c) Einfachhärtung mit isothermischer Umwandlung des Austenits
d) Doppelhärtung mit Zwischenglühen (1. Härtung aus der Einsatztemperatur)

Allen Härtungsverfahren wird noch ein Anlassen nachgeschaltet (nicht dargestellt)

1 Vorwärmen
2 Einsetzen
3 Abschrecken

Die dabei stattfindende isotherme Umwandlung des Austenits ergibt ein feinlamellares, perlitisches Gefüge. In beiden Fällen wird anschließend auf eine dem C-Gehalt der Randschicht entsprechende Härtetemperatur erwärmt und danach abgeschreckt.

Für Werkstücke, die eine hohe Oberflächenhärte und gleichzeitig höchste Zähigkeit im Kern besitzen sollen, kann die **Doppelhärtung** angewendet werden. Die Härtetemperaturen der beiden Härtungen sind verschieden hoch, da sie die unterschiedlichen C-Gehalte von Kern und Rand berücksichtigen. Die erste Härtung kann auch eine Direkthärtung sein. Bei der Erwärmung für die zweite, den Rand betreffende Härtung (wegen des höheren C-Gehaltes auf niedrigerem Temperaturniveau liegend) wird der Kern miterwärmt und damit vergütet. Vielfach wird zwischen den beiden Härtungen noch ein entspannendes Glühen durchgeführt. Die Nachteile der Doppelhärtung sind der große Aufwand und der starke Verzug der Werkstücke.

Nitrieren

Bei diesem Verfahren kommt man ohne Martensitbildung aus. Die Werkstückoberfläche wird mit Stickstoff angereichert und erfährt durch Nitridbildung einen starken Härteanstieg. Man unterscheidet zwischen Gas-, Salzbad- und Plasmanitrieren, wobei der Stickstoff je nach Verfahren zwischen etwa 500 und 580 °C eingebracht wird (Bild 4.65). Die Temperaturen können deshalb so niedrig sein, da bereits die α-Mischkristalle eine genügende Lösungsfähigkeit für Stickstoff besitzen.

Da reine Eisennitride grobnadelig und sehr spröde sind, werden spezielle Elemente (z. B. Al oder Cr) zulegiert. Diese bilden mit dem Stickstoff sehr feine, harte und thermisch beständige Sondernitride. Die Oberflächen sind härter als beim Einsatzhärten und haben Härtewerte zwischen 900 und über 1000 HV (Härtebezeichnungen ➜ siehe Abschnitt 10.1.7). Die Härte bleibt bis zu Temperaturen von etwa 500 °C erhalten.

Ein weiterer Vorteil ist dadurch gegeben, dass es zu keiner Gitterumwandlung kommt. Man hat somit praktisch keine Maßänderung und keinen Verzug und kann die Werkstücke vor dem Härten fertigbearbeiten. Auch die Korrosionsbeständigkeit wird durch das Nitrieren verbessert. Desgleichen die Dauerfestigkeit, da in der Randzone durch die Nitridbildung Druckspannungen entstehen, welche die betrieblichen Zugspannungen teilweise kompensieren. Nachteilig gegenüber dem Einsatzhärten ist die geringe Dicke (einige Zehntelmillimeter) der Nitrierschicht, die bei örtlich hoher Druckbelastung brechen kann (Bild 4.66). Bei der Gasnitrierung sind überdies sehr lange Nitrierzeiten (z. B. etwa 40 Stunden für 0,5 mm) erforderlich. Zwar könnte man die Nitrierzeit durch Anhebung der Temperatur verkürzen, doch bilden sich dann gröberere Nitride, wodurch die Härte deutlich absinkt.

4.65 Beim Plasmanitrieren werden durch Glimmentladung Stickstoffatome in die Randschicht des Werkstückes eingelagert

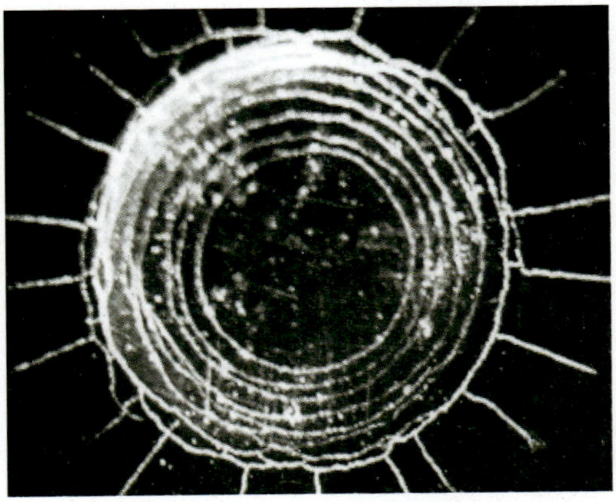

4.66 Einbruch einer Nitrierschicht infolge zu hoher örtlicher Belastung (vergrößert)

Karbonitrieren

Karbonitrieren ist eine kombinierte Behandlung von Aufkohlung und Nitrierung mit anschließender Abschreckung zur Erlangung harter Oberflächenschichten von sehr geringer Dicke (ca. 0,1 mm). Dies kann vor allem bei kleinen Werkstücken manchmal vorteilhaft sein. Die Stickstoffaufnahme des Stahles verlagert die α-γ-Umwandlung zu tieferen Temperaturen, so dass es bereits bei 600 bis 750 °C zur Austenitbildung kommt. Außerdem wird durch den Stickstoff die Kohlenstoffaufnahme begünstigt. Das Abschrecken erfolgt unmittelbar aus dem Einsatz.

4.8 Benennung der Eisenwerkstoffe

Es gibt für Stähle zwei genormte Bezeichnungssysteme, wovon das eine aus Buchstaben und Zahlen, das andere nur aus Zahlen besteht (Nummernsystem).

Die Kurzbezeichnung mit Buchstaben und Zahlen bringt mehr Information, das reine Nummernsystem ist dagegen besser für die Datenverarbeitung geeignet. In den beiden Teilen der Europäischen Norm EN 10 027 sind diese Bezeichnungssysteme zusammengefasst. In den Broschüren findet man noch manchmal ältere Bezeichnungen (nach DIN 17 006 bzw. 17 007). Beispiele für die Benennung der Eisenwerkstoffe sind in diesem Abschnitt, sowie in den Abschnitten 4.10 und 4.11 zu finden.

4.8.1 Benennung mittels Buchstaben und Zahlen (EN 10 027-1)

Die zur Bildung von **Kurznamen** vorgesehenen **Kennbuchstaben** und **Kennzahlen** werden ohne Leerstellen aneinander gereiht. Zur eindeutigen Kennzeichnung erfolgt vielfach noch eine Ergänzung dieser Hauptsymbole durch Zusatzsymbole für besondere Merkmale des Stahles. Die Kurznamen lassen sich in zwei Hauptgruppen einteilen.

- **Hauptgruppe 1** beinhaltet Stähle, die nach ihrer **Verwendung** und ihren **mechanischen** oder **physikalischen Eigenschaften** benannt sind.
- **Hauptgruppe 2** (in vier Untergruppen unterteilt) enthält Stähle, die nach ihrer **chemischen Zusammensetzung** gekennzeichnet sind.

Bei Gussstücken ist den Stählen beider Hauptgruppen der Kennbuchstabe G voranzustellen.

4.8.1.1 Kurznamen der Hauptgruppe 1

Der Kurzname muss je nach Stahlgruppe die jeweiligen Hauptsymbole enthalten. Als Beispiele seien die Buchstaben S, P, L und E angeführt, die in dieser Reihenfolge die Stähle für den allgemeinen Stahlbau, den Druckbehälterbau, den Rohrleitungsbau und den Maschinenbau betreffen, jeweils gefolgt von einer Zahl, die dem Mindeststreckgrenzenwert in N/mm² für die kleinste Erzeugungsdicke entspricht. Es gibt darüber hinaus Zusatzsymbole, die aus einer Reihe weiterer Kennbuchstaben (eventuell in Verbindung mit Kennzahlen) bestehen.

Beispiel: Unlegierter Stahl für den Stahlbau S235JO (Werkstoffnummer 1.0114); im Kurznamen bedeutet S Stahl für den Stahlbau, 235 die Mindeststreckgrenze in N/mm² für Nenndicken ≤ 16 mm und JO die Mindestkerbschlagarbeit 27 Joule bei 0 °C. Dieser Stahl entspricht nach der alten ÖNORM M 3116 dem St 360 C und nach DIN 17 100 dem St 37-3 U.

4.8.1.2 Kurznamen der Hauptgruppe 2

Diese Hauptgruppe ist in vier Untergruppen gegliedert.

- **Unlegierte Stähle (ausgenommen Automatenstähle) mit einem mittleren Mangangehalt unter 1 %**

  Der Kurzname besteht aus
  a) dem Kennbuchstaben C,
  b) einer Zahl, die dem Hundertfachen des mittleren C-Gehaltes entspricht,
  c) einem Zusatzsymbol.

Beispiel: Vergütungsstahl C45E (Werkstoffnummer 1.1191); Zusatzsymbol E bedeutet einen vorgeschriebenen maximalen Schwefelgehalt. Dieser Stahl entspricht nach DIN 17 200 dem Ck 45.

- **Unlegierte Stähle mit einem mittleren Mangangehalt > 1%, unlegierte Automatenstähle sowie legierte Stähle (außer Schnellarbeitsstähle) mit Gehalten der einzelnen Legierungselemente unter 5 Gewichtsprozent**

Der Kurzname besteht aus

a) einer Zahl, die dem Hundertfachen des mittleren C-Gehaltes entspricht,

b) den chemischen Symbolen jener Legierungselemente, die den Stahl kennzeichnen, geordnet nach abnehmenden Gehalten der Elemente. Wenn die Gehalte zweier oder mehrerer Elemente gleich sind, sind die betreffenden chemischen Symbole in alphabetischer Reihenfolge anzugeben.

c) Zahlen, die in der Reihenfolge der kennzeichnenden Legierungselemente einen Hinweis auf ihren Gehalt geben. Die einzelnen Zahlen stellen den mit dem in Tabelle 4.2 angegebenen Faktor multiplizierten und dann auf die nächste ganze Zahl gerundeten mittleren Gehalt des betreffenden Legierungselementes dar. Die für die einzelnen Elemente geltenden Zahlen sind durch Bindestriche voneinander zu trennen.

Element	Faktor
Cr, Co, Mn, Ni, Si, W	4
Al, Be, Cu, Mo, Nb, Pv, Ta, Ti, V, Zr	10
Ce, N, P, S	100
B	1000

Tabelle 4.2 Faktoren für die Ermittlung der Kennzahlen für die Legierungsgehalte entsprechend Abschnitt 4.8.1.2

Beispiel: Warmfester Druckbehälterstahl 10CrMo9-10 (Werkstoffnummer 1.7380), mit etwa 0,1 % C, 2–2,5 % Cr und 0,9–1,1 % Mo.

- **Legierte Stähle (außer Schnellarbeitsstähle), wenn mindestens für ein Legierungselement der Gehalt ≥ 5 Gewichtsprozent beträgt**

Der Kurzname besteht aus

a) dem Kennbuchstaben X

b) einer Zahl, die dem Hundertfachen des mittleren C-Gehaltes entspricht,

c) den chemischen Symbolen jener Legierungselemente, die den Stahl kennzeichnen, geordnet nach abnehmenden Gehalten der Elemente. Wenn die Gehalte zweier oder mehrerer Elemente gleich sind, sind die betreffenden chemischen Symbole in alphabetischer Reihenfolge anzugeben.

d) Zahlen, die in der Reihenfolge der kennzeichnenden Legierungselemente deren Gehalt angeben, und zwar stellen die einzelnen Zahlen den auf die nächste ganze Zahl gerundeten mittleren Gehalt des betreffenden Legierungselementes dar. Die für die einzelnen Elemente geltenden Zahlen sind durch Bindestriche voneinander zu trennen.

Beispiel: Korrosionsbeständiger austenitischer Stahl X6CrNiMoTi17-12-2 (Werkstoffnummer 1.4571) mit max. 0,06 % C, 0,5 % Si, 1,4 % Mn, 17 % Cr, 2,2 % Mo, 11 % Ni und zur Stabilisierung Ti (min. 5x % C).

- **Schnellarbeitsstähle**

Der Kurzname besteht aus

a) den Kennbuchstaben HS

b) Zahlen, die in nachstehender Reihenfolge die Gehalte folgender Elemente angeben:
   - Wolfram (W)
   - Molybdän (Mo)
   - Vanadin (V)
   - Kobalt (Co).

   Jede Zahl stellt den auf die nächste ganze Zahl gerundeten mittleren Gehalt des betreffenden Legierungselementes dar. Die für die einzelnen Elemente geltenden Zahlen sind durch Bindestriche voneinander zu trennen.

Beispiel: Schnellarbeitsstahl HS2-9-1-8 (Werkstoffnummer 1.3247) mit ca. 1 % C, 2% W, 9 % Mo, 1 % V und 8 % Co.

4.8.2 Benennung mittels Zahlen (EN 10 027-2)

Der Aufbau der Werkstoffnummer ist im folgenden wiedergegeben.

X. XX XX(XX)

- Zählnummer
  Die in Klammern wiedergegebenen Stellen sind für möglichen zukünftigen Bedarf vorgesehen.
- Stahlgruppennummer
- Werkstoffhauptgruppennummer
  Stahl hat die Nummer 1. Die Zahlen 2 bis 9 können anderen Werkstoffgruppen zugeordnet werden.

Beispiele für Stahlgruppennummern:

00	Grundstähle (siehe Abschnitt 4.10)
01	Allgemeine Baustähle mit R_m < 500 N/mm² (Qualitätsstähle)
04	Qualitätsstähle (unlegiert) mit im Mittel > 0,12 % < 0,25 % C oder R_m ≥ 400 < 500 N/mm² (R_m → siehe Abschnitt 10.1.1)
11	Edelstähle (unlegiert) für Bau-, Maschinenbau- und Behälterstähle mit < 0,50 % C
16	Werkzeugstahl (unlegiert)
40	Nichtrostende Stähle mit < 2,5 % Ni, ohne Mo, Nb und Ti
45	Nichtrostende Stähle mit Sonderzusätzen
49	Hochwarmfeste Werkstoffe

4.9 Legierungselemente im Stahl

Die Anwendungsbereiche der unlegierten Stähle können durch Zugabe von Legierungselementen stark erweitert werden. Als legiert gelten Stähle, bei denen mindestens ein Element (ausgenommen Kohlenstoff) seinen für unlegierten Stahl genormten Grenzwert überschreitet (siehe auch Abschnitt 4.7). Je nach ihren Eigenschaften, ihrem gegenseitigen Verhalten und in Abhängigkeit der jeweiligen Wärmebehandlung kommen die Legierungselemente in sehr unterschiedlicher Form im Stahl vor. Nur in Ausnahmefällen ist eine Komponente als **reines Element** im Stahl anzutreffen. Als Beispiel kann hier Blei angeführt werden, welches eine gewisse Bedeutung in Automatenstählen besitzt.

Praktisch alle Legierungselemente lösen sich innerhalb bestimmter Grenzen im Ferrit, bilden also **Mischkristalle**. Darüber hinaus bilden sich **intermetallische Verbindungen**. Von technischer Bedeutung davon sind vor allem die **Karbide** und **Nitride** sowie die **Karbonitride**. Letztere bestehen aus Metall, Kohlenstoff und Stickstoff. Alle diese Verbindungen sind sehr hart und spröde sowie z. T. auch warmfest, d. h. sie zerfallen erst bei höheren Temperaturen. Als Karbidbildner sind z. B. Ta, Ti, Nb, V, W usw., als wichtigste Nitridbildner vor allem Al und Cr zu nennen. Viele Elemente (z. B. Cr, Ti, Nb) bilden mit unterschiedlicher Neigung sowohl Karbide als auch Nitride.

Die durch Zugabe von Legierungselementen entstehenden Mischkristalle verändern neben vielen Eigenschaften wie Einhärtetiefe, Korrosionsbeständigkeit usw. auch die **Umwandlungspunkte** des Stahles. So erkennt man beim Eisen-Kohlenstoff-Schaubild, dass durch die Anwesenheit von Kohlenstoff die γ-α-Umwandlung von 911 °C zu tieferen Temperaturen hin verschoben (Linie G-O-S) wird. Dies verursacht eine Erweiterung des Austenitgebietes. Verschiedene Elemente wie Ni, Mn, Co usw. wirken in ähnlicher Weise, wobei sich bei entsprechenden Legierungsanteilen die Erweiterung bis auf Raumtemperatur und tiefer erstrecken kann (Bild 4.67). Man erhält die **aus-**

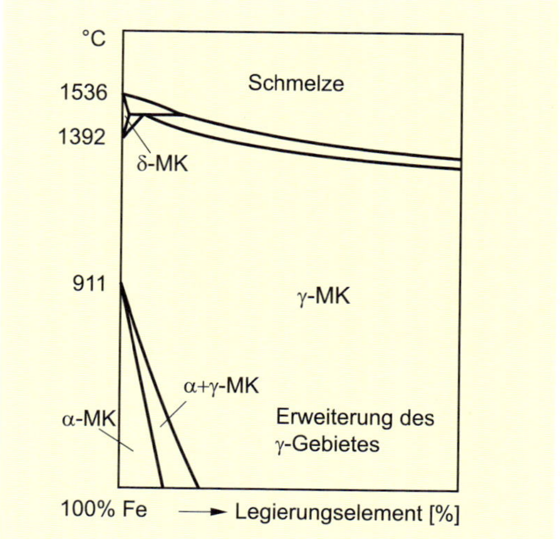

4.67 Zustandsschaubild eines austenitischen Stahls (schematisch)

tenitischen Stähle. Im Gegensatz dazu gibt es Elemente, die das Austenitgebiet verkleinern (z. B. Cr, Al, Si, Mo usw.), was bei ausreichendem Legierungszusatz zu **ferritischen Stählen** führt (Bild 4.68).

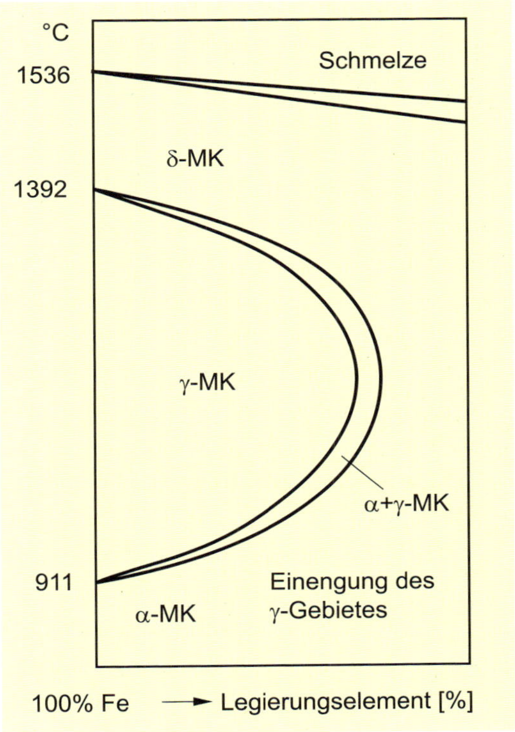

4.68 Zustandsschaubild eines ferritischen Stahls (schematisch)

Gemeinsames Merkmal beider Stahlarten ist, dass sie von der Erstarrung bis zur Raumtemperatur keine Gefügeumwandlung durchmachen. Sie sind also **umwandlungsfrei**, was bedeutet, dass beispielsweise kein Umwandlungshärten oder Normalglühen möglich ist. Austenitische Stähle sind unmagnetisch, haben gute Kaltverformbarkeit (durch ihr kfz-Gitter), hohe Zähigkeit auch bei tiefen Temperaturen, starke Kaltverfestigung und gute Korrosionsbeständigkeit. Ferritische Stähle sind magnetisch, schlechter kaltverformbar, bei tiefen Temperaturen spröde und ebenfalls korrosionsbeständig.

Die speziellen Auswirkungen der verschiedenen Legierungselemente auf die Eigenschaften der Stähle werden hier nicht einzeln angeführt, sondern soweit erforderlich, im Zusammenhang mit den Stahlsorten näher besprochen (siehe Abschnitt 4.10). Dies vor allem deshalb, da in den Stählen in der Regel mehrere Elemente nebeneinander vorkommen, deren Gesamtwirkung sich meist nicht aus ihren Einzelwirkungen herleiten lässt. Beispielsweise haben Chrom und Nickel gegensätzliche Wirkungen auf die Gefügeausbildung. Finden sich jedoch beide Elemente im Stahl, so verstärkt Chrom die Wirkung des Nickels und man kann z. B. den austenitischen CrNi 18-8-Stahl erhalten.

4.10 Die wichtigsten Stahlsorten

Eine Einteilung der Stähle kann nach verschiedenen Gesichtspunkten erfolgen. Die europäische Norm EN 10 020, die auch den Status einer österreichischen Norm besitzt, trifft eine Einteilung nach der **chemischen Zusammensetzung** in **unlegierte** und **legierte Stähle** (siehe auch Abschnitt 4.7) und eine Einteilung nach **Hauptgüteklassen** in Qualitäts- und Edelstähle.

- Die Güteklasse Grundstähle (unlegierte Stahlsorten, die nicht für eine Wärmebehandlung bestimmt sind und von denen keine besonderen Güteeigenschaften gefordert werden) gehört nicht mehr zum Inhalt dieser Norm, ist aber im Werkstoffnummernsystem nach EN 10 027-2 noch enthalten.
- An die **Qualitätsstähle** werden bereits höhere Anforderungen hinsichtlich der Sprödbruchunempfindlichkeit, der Verformbarkeit usw. gestellt. Sie müssen allerdings nicht gleichmäßig auf eine Wärmebehandlung ansprechen.
- **Edelstähle** haben gegenüber Qualitätsstählen einen höheren Reinheitsgrad. Durch genaue Einstellung der chemischen Zusammensetzung sowie der Herstellungs- und Prüfbedingungen werden die gewünschten Verarbeitungs- und Gebrauchseigenschaften erreicht.

In dieser Norm erfolgt dann noch eine Unterteilung der unlegierten und legierten Stähle in verschiedene Gruppen.

Am häufigsten findet man eine Einteilung der Stähle in die beiden Hauptgruppen **Baustähle** und **Werkzeugstähle**. Die weitere Aufgliederung in einzelne Sorten (besonders die Baustähle betreffend) erfolgt am besten nach einem speziellen **Verwendungszweck**. Dieses Einteilungskriterium, welches auch für den Konstrukteur am günstigsten ist, bildet die Grundlage der folgenden Ausführungen.

4.10.1 Baustähle

Die Anforderungen, welche an die Baustähle gestellt werden, können äußerst vielfältig sein. Hohe Streckgrenze, großes plastisches Umformvermögen im warmen und kalten Zustand, große Kerbschlagzähigkeit, gute Schweißbarkeit, Korrosionsbeständigkeit, Warmfestigkeit usw.

Allgemeine Baustähle

Diese bilden den Hauptteil aller Stähle. Sie sind unlegiert und von Ausnahmen abgesehen, nicht für eine Wärmebehandlung bestimmt. Ihre Verwendung erfolgt üblicherweise im Lieferzustand (walzhart, schmiedehart oder normalgeglüht) für Konstruktionen im Hoch-, Tief- und Maschinenbau. In der Euronorm EN 10 025 (früher in ÖNORM M 3116) sind diese Stähle zusammengefasst.

Beispiele: S275JR, S355JO, E360 (nach M 3116 vergleichbar mit den Bezeichnungen St 430 B, St 510 C, St 690). In der Euronorm bedeuten:

S	Stähle für den allgemeinen Stahlbau
E	Maschinenbaustähle
275, 355, 360	Mindeststreckgrenzen (R_{eH}) in N/mm² für Nenndicken ≤ 16 mm
JR	Kerbschlagarbeit 27J bei 20 °C
JO	Kerbschlagarbeit 27J bei 0 °C

Streckgrenze und Kerbschlagarbeit werden in den Abschnitten 10.1.1 und 10.1.4 besprochen.

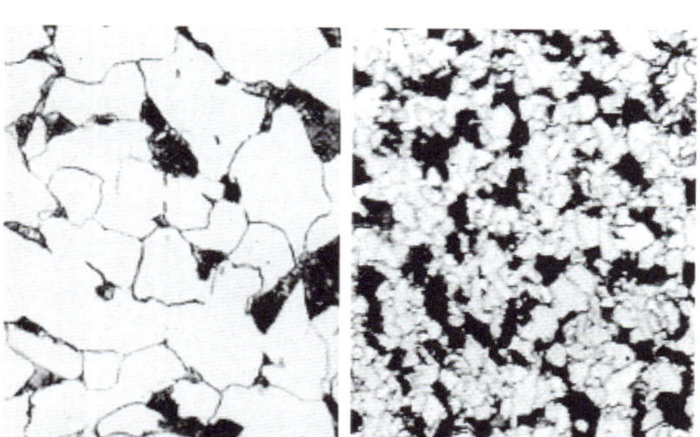

4.69 Vergleich der Gefügebilder eines Feinkornbaustahles (rechts) mit einem konventionellen Stahl bei gleichem C-Gehalt (0,20 %) und gleicher Vergrößerung (etwa 500fach).

Feinkornbaustähle

Die Festigkeit der Stähle kann einfach und wirkungsvoll durch Erhöhung des Kohlenstoffgehaltes (also des Zementit- bzw. Perlitgehaltes) gesteigert werden. Allerdings werden dann wesentliche andere Eigenschaften wie Schweißeignung oder Zähigkeit deutlich schlechter. Ein Weg, trotz geringer C-Gehalte (und damit guter Schweißbarkeit) zu höheren Festigkeiten bei ausreichender Zähigkeit zu gelangen, führt über die Feinkörnigkeit. Durch die starke Zunahme der Korngrenzengesamtfläche tritt eine deutliche Festigkeitssteigerung auf. Andererseits liegen bei vielen kleinen Körnern meist genügend Gleitebenen in einem günstigen Winkel zur Kraftrichtung, wodurch eine gute plastische Verformung möglich wird.

Das feine Korn wird durch Zulegierung sehr geringer Mengen (0,01 bis 0,1 %) bestimmter Elemente (Al, V, Ti, Nb usw.) erreicht. Man bezeichnet diese Stähle wegen ihrer kleinen Legierungsanteile auch als **mikrolegierte Feinkornbaustähle**. Die erwähnten Legierungselemente verändern zwar den grundsätzlichen Charakter des Stahles nicht, ergeben aber fein verteilte Ausscheidungen von Karbiden und Nitriden. Diese Ausscheidungen sind schwerlöslich (meist erst über 1000 °C) und behindern das Kornwachstum im Austenitgebiet. Die Folge ist das im Lieferzustand feine Korn, welches auch nach dem Schweißen wieder gebildet wird (Bilder 4.69 und 4.70)

4.70 Ein Kugelgasbehälter aus Feinkornbaustahl im Bau

Vielfach werden diese Stähle auch thermomechanisch gewalzt. Bei diesem Warmumformverfahren werden Temperatur und Umformung in ihrem zeitlichen Ablauf so gesteuert, dass ein Gefügezustand mit besonders günstigen Werkstoffeigenschaften erreicht wird. Die Endumformung wird in einem Temperaturbereich durchgeführt, in dem der Austenit praktisch kaum mehr rekristallisiert. Durch die starke Kornverfeinerung und die große Zahl der Störstellen (Versetzungen) im Ferrit entsteht in Verbindung mit den Ausscheidungen der speziellen Legierungselemente ein Gefüge mit hoher Festigkeit und Zähigkeit.

Beispiele: Schweißgeeigneter normalgeglühter Druckbehälterstahl P355NL1 (Werkstoffnummer 1.0566) nach EN 10028-3, schweißgeeigneter thermomechanisch gewalzter Druckbehälterstahl P420M (Werkstoffnummer 1.8824) nach EN 10028-5 und schweißgeeigneter Feinkornbaustahl S460N (Werkstoffnummer 1.8901) nach EN 10113-2. Es bedeutet N normalgeglüht, L1 Mindestkerbschlagarbeit 27J bei –50 °C und M thermomechanisch gewalzt.

Vergütungsstähle

Zur Anwendung kommen unlegierte und legierte Qualitäts- oder Edelstähle mit C-Gehalten bis etwa 0,65 %. Legierte Stähle setzt man dann ein, wenn höhere Anforderungen an Durchvergütbarkeit, Zugfestigkeit und Zähigkeit gestellt werden. Vergütungsstähle werden meist hoch angelassen (≥ 500 °C) und besitzen in Abhängigkeit ihrer Legierungszusammensetzung sowie ihrer Wärmebehandlung höhere Festigkeiten bei guter Zähigkeit. Man erzielt mit ihnen im Vergleich zu nicht vergüteten Stählen viel kleinere Werkstückabmessungen, was für manche Bereiche (z. B. Motoren- oder Getriebebau) von wesentlicher Bedeutung ist. Bevorzugt eignen sie sich für Bauteile, die Schlag- und Stoßbeanspruchungen ausgesetzt sind, wie z. B. Wellen, Achsen, Bolzen, Zahnräder, Federn usw.

Bedingt durch die zahlreichen Anwendungsgebiete wurde eine Vielzahl von Vergütungsstählen mit ihren jeweiligen Wärmebehandlungsvorschriften entwickelt (siehe EN 10 083). Vergütungsstähle mit den Elementen Mn, Cr und Cr-Ni zeigen nach dem Anlassen und darauffolgender langsamer Abkühlung eine geringere Kerbschlagzähigkeit. Diese als **Anlassversprödung** bekannte Erscheinung (hervorgerufen durch feinste Ausscheidungen) ist bei rascher Abkühlung deutlich geringer. Allerdings ist die Methode der raschen Abkühlung vor allem bei dickwandigen Werkstücken wegen der Entstehung von gefährlichen Spannungen nicht anwendbar. Eine Abhilfe bringt hier das Zulegieren von Molybdän in Gehalten von 0,2 bis 0,5 %. Bei Stählen mit Molybdänzusatz tritt die Anlasssprödigkeit auch bei langsamer Abkühlung praktisch nicht mehr auf (Bild 4.71).

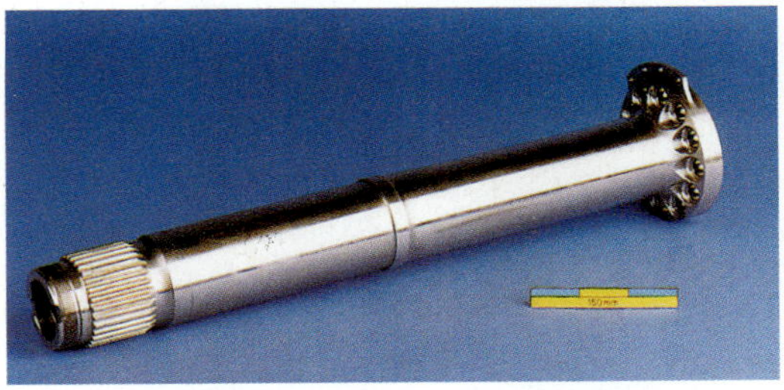

4.71 Hauptrotormast eines Hubschraubers aus dem hochfesten Vergütungsstahl 40NiCrMo6 (Werkstoffnummer 1.6565) mit 0,4 % C, 0,8 % Cr, 0,4 % Mo und 1,4 % Ni

Beispiel: C45E (Werkstoffnummer 1.1191), dem früheren Ck45 entsprechend. E bedeutet max. 0,035 % S. 30CrNiMo8 (Werkstoffnummer 1.6580) mit einer Streckgrenze bis über 1000 N/mm².

Einsatzstähle

Für die Einsatzhärtung werden unlegierte und niedrig legierte Stähle mit einem C-Gehalt von unter 0,25 % verwendet. Wird eine höhere Kornfestigkeit gewünscht (Durchvergütung), werden verschiedene Elemente (Cr, Mn, Ni und Mo) in kleiner Menge zulegiert. Zur Anwendung kommen Einsatzstähle bei Werkstücken, die eine harte Oberfläche und einen zähen Kern besitzen sollen, z. B. Nocken, Bolzen, Zapfen, Hebel, Zahnräder, Getriebeteile, Wellen usw.

Nitrierstähle

Nitrierstähle sind ebenfalls Vergütungsstähle, welche Nitridbildner wie Cr, Al oder Mo enthalten und vor dem Nitrieren vergütet werden. Die größte Härte (über 1000 HV) erreicht man mit Al-haltigen Stählen, doch sind diese Nitrierschichten weniger zäh als bei Al-freien Stählen. Nitrierstähle werden für Heißdampfarmaturen, Schleif- und Fräsmaschinenspindeln, Maschinenteile der Textilindustrie, Kolbenbolzen usw. verwendet (Bild 4.72).

4.72 Extrudergehäuse für die Kunststoffverarbeitung aus dem Nitrierstahl 34CrAlNi7 (Werkstoffnummer 1.8550) mit 1,7 % Cr und 0,95 % Al.

Automatenstähle

Angestrebt werden gute Zerspanbarkeit und gute Spanbrüchigkeit. Diese Eigenschaften erreicht man durch geringe Beigaben (bis einige 0,1 % Einzelgehalt) von Schwefel und Blei. Es kommen Einsatz- und Vergütungsstähle sowie Stähle ohne Wärmebehandlung zur Anwendung.

Alterungsbeständige Stähle

Bei längerem Lagern tritt bei vielen Stählen eine meist unerwünschte Härtesteigerung auf, die mit einer Verschlechterung der Zähigkeit verbunden ist. Man bezeichnet diesen Vorgang als **Alterung** (siehe auch Abschnitt 4.6 → Stickstoff). Ursache der Alterung sind übersättigte Mischkristalle, aus denen sich vor allem Nitride und Karbide ausscheiden. Die Prüfung der Alterungsbeständigkeit besteht in einem Kaltumformen (um 5 oder 10 %), einem darauffolgenden Warmauslagern (0,5 Stunden bei 250 °C) und anschließender Bestimmung der Kerbschlagarbeit. Diese darf bei alterungsbeständigen Stählen nur geringfügig schlechter werden.

Martensitaushärtende Stähle

Die Ausscheidung von intermetallischen Verbindungen bedeutet allerdings nicht immer einen unerwünschten Vorgang. Bei den hochlegierten martensitaushärtenden Stählen (maraging steels), die wenig C, bis etwa 20 % Ni, außerdem Co, Mo und allenfalls Cr sowie die zur Aushärtung erforderlichen Elemente Ti und Al enthalten, entsteht nach dem Lösungsglühen aus dem γ-Gebiet (bei 820 °C) durch Abkühlung Nickelmartensit. Dieser besteht aus mit Ni (statt mit C) übersättigten krz-Mischkristallen von relativ guter Verformbarkeit (Zugfestigkeit etwa 1000 N/mm²). Anschließend wird bei Temperaturen zwischen 400 und 500 °C etwa 3 Stunden ausgelagert. Dabei kommt es zur Aushärtung durch die Ausscheidung intermetallischer Verbindungen. Es werden Zugfestigkeiten von über 2500 N/mm² bei ausreichender Zähigkeit erreicht. Auch die Schweißbarkeit ist wegen des niedrigen C-Gehaltes sehr gut. Anwendungsgebiete sind Bauteile für Flug- und Raumfahrt, Werkzeug- und Formenbau sowie die Waffentechnik (Bild 4.73).

4.73 Antriebselemente für Transportsysteme in Flugzeugen aus dem martensitaushärtenden Stahl X3NiCoMo18-8-5 (Werkstoffnummer 1.6354) mit 0,03 % C, 18,5 % Ni, 5,3 % Mo, 9 % Co sowie etwas Ti und Al.

Federstähle

Verlangt wird ein möglichst großer Bereich der elastischen Verformung (hohe Elastizitätsgrenze) sowie anschließend in manchen Fällen noch ein genügend großer plastischer Formänderungsbereich (z. B. für das Wickeln der Federn). Zusätzlich von Bedeutung sind Wechselfestigkeit und Zeitfestigkeit (siehe Abschnitte 10.1.5 und 10.1.6). Erreichen kann man diese Eigenschaften durch ausreichenden C-Gehalt und Legierungszusätze vor allem von Si, Cr und V sowie durch eine entsprechende Wärmebehandlung. Wesentlich ist auch eine glatte Oberfläche, da Kerben die Dauerfestigkeit beeinträchtigen. Darüber hinaus werden je nach Verwendungszweck noch andere Eigenschaften, wie z. B. Korrosionsbeständigkeit oder Warmfestigkeit verlangt.

Verschleißfeste Stähle

Der Verschleißvorgang besteht in einer Abtragung feiner Werkstoffteilchen von der Oberfläche des Werkstückes. Verschleiß kann auf sehr verschiedene Weise auftreten, so z. B. bei gleitender oder rollender Reibung, zwischen trockenen und nassen Flächen, bei schmirgelnder und scheuernder Reibung, bei schlagender Beanspruchung, durch Erosion oder Kavitation. Meist treten mehrere Abnützungsarten gleichzeitig auf, vielfach wechselnd und bei verschiedenen Temperaturen. Es gibt deshalb für die Verschleißfestigkeit keine einheitliche Kenngröße. Ebensowenig gibt es einen speziellen verschleißfesten Stahl.

Stähle können durchgehend verschleißfest sein oder durch Oberflächenhärteverfahren bzw. Auftragsschweißen, Plattieren usw. dem Verwendungszweck angepasst werden. Darüber hinaus gibt es noch verschleißfeste Werkstoffe, die nicht zu den Stählen zählen, wie z. B. Hartmetalle oder Hartguss (siehe Abschnitte 4.11 und 7). Trotz der Verschiedenheit der Verschleißvorgänge treten doch zwei Hauptarten in den Vordergrund. Für diese sollen die entsprechenden Stähle angeführt werden.

Finden Verschleißvorgänge unter schleifender, schmirgelnder oder reibender Beanspruchung ohne höheren Druck statt, können **vergütete Stähle** verwendet werden. Diese Stähle besitzen hohe C- und Cr-Gehalte mit Zusätzen von W und V (zur Karbidbildung).

Erfolgt der Verschleiß durch Schlag oder höheren Druck, werden vielfach **Manganhartstähle** mit etwa 1 % C und 12–13 % Mn eingesetzt (Bild 4.75). Diese Stähle erhalten durch eine Wärmebehandlung (Abschrecken aus etwa 1000 °C) ein austenitisches Gefüge, welches nicht hart, sondern nur sehr zäh ist. Erst bei entsprechender Beanspruchung (z. B. Schlag) kommt es zu einer sehr starken Kaltverfestigung an der betreffenden Stelle, während der übrige Teil zäh und damit bruchsicher bleibt. Die kaltverfestigte Schicht ist zwar auch dem Verschleiß unterworfen, doch bildet sie sich fortwährend neu. Wegen des austenitischen Gefüges ist auch die Schweißbarkeit (trotz des hohen C-Gehaltes) gut.

4.74 Vollautomatische Federsetz- und Prüfmaschine

4.75 Brechkegel aus Manganhartstahl G-X120Mn12 (Werkstoffnummer 1.3401) mit 1,25 % C, 13,0 % Mn und 1,4 % Cr.

Stähle mit erhöhtem Rostwiderstand

Geringe Zusätze von Cu (< 0,5 %) und Cr (< 1 %) verhindern zwar nicht die Rostbildung, ergeben aber dichtere, festhaftende Rostschichten. Dadurch wird das weitere Rosten verhindert und das tiefer liegende Material geschützt. Verwendung finden diese **wetterfesten Baustähle**, welche in der Euronorm EN 10 155 zusammengefasst sind, bei allen Bauteilen, die Witterungseinflüssen ausgesetzt sind und bei denen Rostschichten nicht stören.

Beispiel: Wetterfester Baustahl S355J2G1W (Werkstoffnummer 1.8963) mit 0,16 % C, 0,4–0,8 % Cr und 0,25–0,55 % Cu. Es bedeutet J2 die Mindestkerbschlagarbeit 27J bei –20 °C, G1 unberuhigt vergossen, W wetterfest (erhöhter Cr- und Cu-Gehalt).

Rost- und säurebeständige Stähle

Chemisch beständige Stähle werden in allen Zweigen der chemischen Industrie, des Maschinen- und Apparatebaues, der Lebens- und Genussmittelindustrie, der Textilindustrie sowie in der Erdölindustrie, in der Kerntechnik, im Bereich der Medizin, in der Architektur und nicht zuletzt im Haushalt verwendet.

Wichtigstes Legierungselement für die Korrosionsbeständigkeit ist Chrom (siehe auch Abschnitt 9). Für ausreichenden Schutz ist ein Cr-Gehalt von mindestens 12 % nötig. Je nach den Legierungszusätzen und der Wärmebehandlung ergeben sich verschiedene Gefüge. Man unterscheidet deshalb mehrere Stahlgruppen.

- **Ferritische Chromstähle** haben bei C-Gehalten von unter 0,1 % und Cr-Anteilen von 12 bis 18 % ein Gefüge aus Ferrit mit ganz geringen Perlitanteilen. Ihre Verwendung erfolgt im geglühten Zustand, da wegen der fehlenden Gefügeumwandlung kein Vergüten möglich ist.

Beispiel: X8Cr17 (Werkstoffnummer 1.4016).

- **Halbferritische Chromstähle** besitzen bei gleichen Cr-Gehalten einen geringfügig höheren C-Anteil (um 0,1 %), wodurch im Stahl zu annähernd gleichen Teilen sowohl Ferrit als auch Umwandlungsgefüge auftritt. Ihre Verwendung erfolgt je nach geforderter Festigkeit im geglühten oder vergüteten Zustand, wobei die Korrosionsbeständigkeit in beiden Fällen etwa gleich ist.

Beispiele: X10Cr13 (Werkstoffnummer 1.4006), der Automatenstahl X12CrMoS17 (Werkstoffnummer 1.4104).

- Steigt der C-Gehalt weiter an, spricht man von **martensitischen Chromstählen.** Bei C-Gehalten zwischen 0,15 und 0,3 % liegt im Wesentlichen nur Umwandlungsgefüge vor. Im geglühten Zustand verlieren diese Stähle wegen der Bildung von Chromkarbiden ihre Rostbeständigkeit. Dies deshalb, weil Chrom nur in Mischkristallform seine korrosionshemmende Wirkung ausüben kann. Die Stähle müssen also im vergüteten Zustand eingesetzt werden.

Beispiel: X20Cr13 mit der Werkstoffnummer 1.4021.

Stähle mit C-Gehalten von über 0,3 % werden gehärtet und niedrig angelassen (< 400 °C), um der Grundmasse einen genügend hohen Cr-Gehalt zu sichern. Höhere Anlasstemperaturen würden eine verstärkte Chromkarbidbildung bewirken. Steigt der C-Gehalt, muss auch der Cr-Anteil erhöht werden.

Beispiele: X40Cr13 (Werkstoffnummer 1.4034), X90CrMoV18 (Werkstoffnummer 1.4112) oder X105CrCoMo 18-2 (Werkstoffnummer 1.4528) mit 1,05 % C, 17,5 % Cr, 1 % Mo, 1,5 % Co und etwas V. Der letztere Werkstoff wird für Werkzeuge hoher Härte, wie z.B. Messerklingen, Waagenschneiden, Wälzlagerteile, Ventilnadeln usw. verwendet.

4.76 Kolbenringe (Vormaterial) aus dem martensitischen Chromstahl X90CrMoV18 (Werkstoffnummer 1.4112) mit 0,90 % C, 0,45 % Si, 0,40 % Mn, 17,5 % Cr, 1,1 % Mo und 0,1 % V.

4.77 Etagenpresse zur Herstellung von Schichtpressstoffplatten; die Pressbleche bestehen aus dem Werkstoff X5CrNiCuNb17-4 (Werkstoffnummer 1.4542) mit 0,04 % C, 15,4 % Cr, 4,4 % Ni, 0,3 % Nb und 3,3 % Cu. Die hohe Härte von 45-50 HRC wird durch Lösungsglühen und anschließendes Aushärten (Warmauslagern) bei ca. 480 °C erreicht.

- Hohe Cr-Gehalte (> 20 %) und Nickelzusatz ergeben **ferritisch-austenitische Stähle** mit guter chemischer Beständigkeit.

Beispiel: X8CrNiMo27-5 (Werkstoffnummer 1.4460).

4.78 Teile eines Zentrifugal-Seperators aus dem ferritisch-austenitischen Stahl X2CrNiMoN22-5 (Werkstoffnummer 1.4462) mit max. 0,03 % C, 22,5 % Cr, 3 % Mo, 5,3 % Ni und 0,12 % N.

- Eine Erweiterung der Korrosionsbeständigkeit erzielt man mit **austenitischen Stählen auf der Basis Cr-Ni.** Der Grundtyp der austenitischen CrNi-Stähle enthält 18 % Cr und 8 % Ni und hat die Kurzbezeichnung X12CrNi18-8 (Werkstoffnummer 1.4300).

4.79 Heizvorwärmer von einem Fernheizwerk beim Zusammenbau. Die Rohre des Bundels bestehen aus dem austentischen Chromnickelstahl X6CrNiMoT17-12-2 (Werkstoffnummer 1.4571) mit 17 % Cr, 11 % Ni, 2,2 % Mo und zur Stabilisierung etwas TI.

Durch Erhöhung des Ni-Gehaltes und Zulegieren von Mo und Cu kann man die Korrosionsbeständigkeit noch weiter verbessern.

Bei Wärmeeinwirkung (z. B. durch Schweißen) kann es an den Korngrenzen zur Bildung von Chromkarbiden kommen, wodurch diese Stellen ihre Korrosionsbeständigkeit verlieren. Da die Korngrenzen zwischen den Kristallen liegen, bezeichnet man die dort auftretenden Korrosionserscheinungen als **interkristalline Korrosion.** Um diese zu verhindern, genügt in vielen Fällen eine Begrenzung des C-Gehaltes auf 0,06 %. Beste Beständigkeit ergeben C-Gehalte < 0,03 % oder Zusätze von Elementen mit großer Affinität zu Kohlenstoff (z. B. Nb, Ti, Ta). Es bilden sich dann an Stelle von Chromkarbiden Karbide dieser Elemente und Chrom bleibt der Grundmasse erhalten. Man spricht in diesem Fall von **stabilisierten Stählen.**

Für die Wärmetechnik bzw. Wärmebehandlung ist von Bedeutung, dass der Wärmeausdehnungskoeffizient austenitischer Stähle rund um die Hälfte größer, die Wärmeleitfähigkeit etwa um 2/3 kleiner ist als beim unlegierten Stahl.

Um sich die Größenausdehnung des Wärmeausdehnungskoeffizienten eines unlegierten C-Stahles leichter zu merken, gibt es folgenden Anhalt: Ein Meterstab aus unlegiertem Stahl dehnt sich bei einer Erwärmung um 100 °C um etwa 1 mm aus.

Hitzebeständige Stähle

Dazu zählen Stähle mit erhöhter Zunderbeständigkeit und ausreichender Festigkeit bei Temperaturen von über 500 °C. Unter **Verzunderung** versteht man eine von der Oberfläche ausgehende, chemische Veränderung eines Werkstoffes bei Einwirkung von höheren Temperaturen und Gasatmosphäre (Heißgaskorrosion). Hitzebeständige Stähle werden in Glühereien und Härtereien, Ofen- und Dampfkesselbau, Glas- und keramischer Industrie verwendet.

Reines Eisen und niedrig legierte Stähle haben nur bis etwa 500 °C eine ausreichende Zunderbeständigkeit.

Will man höhere Temperaturbereiche erschließen, müssen dem Stahl Elemente zulegiert werden, die leichter als das Eisen oxidieren und gut haftende, diffusionshemmende Oxidschichten bilden. Die Zunderschichten sollen zäh sein und außerdem die etwa gleiche Wärmeausdehung wie das Grundmaterial besitzen. Der Stahl darf ferner keine Gefügeumwandlungen aufweisen (sprunghafte Volumensänderungen), muss also rein austenitisch oder ferritisch sein. Hauptlegierungselement ist Chrom. Seine Wirksamkeit beginnt bei 3 %, wobei Werte über 25 % unwirtschaftlich werden, da sie keine nennenswerte Verbesserung bringen. Si und Al unterstützen Cr, beeinträchtigen jedoch die Verformbarkeit. Man beschränkt deshalb ihre Anteile in Summe auf 3 %.

Beispiel: Der Stahl X10CrAl24 (Werkstoffnummer 1.4762) mit den Anteilen 0,1 % C, 24 % Cr, 1,5 % Si und 1,5 % Al kann an Luft bis zu 1200 °C eingesetzt werden.

Warmfeste und hochwarmfeste Stähle

Diese Stähle besitzen bei höherer Temperatur neben ausreichender Zunderbeständigkeit auch eine große Festigkeit. Sie werden vorwiegend in den Bereichen Dampfkesselbau, Wärmekraftmaschinen, Flugzeugbau, Raketen- und Kerntechnik verwendet.

Je nach Beanspruchung und Einsatzgebiet reicht das Werkstoffspektrum von den niedrig legierten Stählen über die hochlegierten Stähle bis zu den fast eisenfreien Legierungen. Als Legierungselemente werden Cr, Mo, W, V, Ni, Co, Nb, Ti, Ta und Al verwendet. Die Wirkungen dieser Elemente beruhen zum Teil auf einer Beeinflussung der Grundmasse und zum Teil auf Karbidbildung.

4.80 Rotor einer Dampfturbine aus dem warmfesten Stahl 28CrMoNiV4-9 mit der Werkstoffnummer 1.6985.

Werden Stähle bei höheren Temperaturen eingesetzt, sind bei der Festigkeitsberechnung neue Kenngrößen zu berücksichtigen. Bis etwa 500 °C genügen als Berechnungsgrundlage die Warmstreckgrenzwerte auch für Langzeitbeanspruchungen. Bei höheren Temperaturen wird jedoch der Zeiteinfluss zu groß. Man muss dann um sichere Dimensionierungen vornehmen zu können, das Zeitstandverhalten des Stahles kennen. Dieses wird durch sehr zeitaufwendige Versuche in eigenen Prüflaboratorien ermittelt. Zwei Kenngrößen sind dabei zu unterscheiden:

- Die **Zeitdehngrenze** als jene Spannung, die bei bestimmter Temperatur und nach bestimmter Zeit (z. B. 10 000 h) eine festgelegte bleibende Dehnung (z. B. 1 %) der Probe ergibt, und
- die **Zeitstandfestigkeit,** welche jene Spannung verkörpert, die bei bestimmter Temperatur und nach bestimmter Zeit zum Bruch der Probe führt.

Beispiele für warmfeste Stähle sind der vergütbare Chromstahl X20CrMoV12-1, der bis etwa 580 °C geeignet ist und der austenitische Stahl X8CrNiNb16-13 mit einem Einsatzbereich bis etwa 800 °C. Ein Beispiel für eine Legierung mit sehr guten Warmfestigkeitseigenschaften bis zu Betriebstemperaturen von über 900 °C ist die fast eisenfreie Ni-Cr-Co-Legierung NiCo20Cr15MoAlTi mit den Anteilen < 0,2 % C, 15 % Cr, 20 % Co, 1,2 % Ti, 4,5 % Al, 5 % Mo, < 1 % Fe und der Rest (> 50 %) Ni.

4.81 Die Schaufeln von Gas- und Dampfturbinen werden aus warm- bzw. hochwarmfesten Stählen oder aus speziellen Legierungen gefertigt.

Kaltzähe Stähle

Anwendungsgebiete für diese Stähle sind die chemische Industrie, der Behälterbau und vor allem die Kältetechnik. Als kaltzäh bezeichnet man Stähle, die auch bei Temperaturen zwischen etwa –10 °C und –273 °C noch ein zähes Bruchverhalten zeigen. Mit sinkender Temperatur steigen zwar die Festigkeitswerte (Streckgrenze, Bruchfestigkeit usw.), die Zähigkeitswerte (Bruchdehnung, Kerbschlagzähigkeit usw.) nehmen jedoch ab. Um ein Versagen durch Sprödbruch zu vermeiden, ist für die Werkstoffwahl die **Kerbschlagarbeit bei Betriebstemperatur** als wichtigste Kenngröße anzusehen.

Sind die Anforderungen gering, genügen unlegierte Feinkornbaustähle. Liegen die Temperaturen tiefer, werden mit Nickel legierte ferritische Stähle eingesetzt. Erst bei sehr tiefen Temperaturen verwendet man austenitische CrNi-Stähle. Letztere bleiben bis zu Temperaturen in der Nähe des absoluten Nullpunktes zäh. Auch ist bei ihnen der für ferritische Stähle typische Steilabfall der Kerbschlagarbeit nicht vorhanden.

Beispiele für nickellegierte kaltzähe Stähle: 12Ni14 (Werkstoffnummer 1.5637) mit 0,15 % C sowie ca. 3,5 % Ni und X7Ni9 (Werkstoffnummer 1.5663) mit 0,10 % C und 8,5–10 % Ni. Beides sind Druckbehälterstähle nach EN 10028-4.

Stähle mit besonderen physikalischen Eigenschaften

- **Dauermagnetwerkstoffe** dürfen nur wenig von ihrem Magnetismus verlieren, wenn man sie aus dem Magnetfeld herausbringt. Wichtigste Legierungselemente sind Ni, Al und Co. Herstellung durch Gießen, Sintern oder Pressen unter Zusatz von Kunststoff.
- **Weichmagnetische Werkstoffe** sollen sich leicht ummagnetisieren lassen. Bei Trafo- und Dynamoblechen werden z. B. die gewünschten Eigenschaften durch Reduzierung des C-Gehaltes auf < 0,1 % (Fe_3C erschwert die Ummagnetisierung) und durch Zugabe von Si (einige %) erreicht. Das Material wird in durch gezieltes Walzen hergestellten Blechen in geglühter Form mit einer speziellen Rekristallisationstextur geliefert. Da bei dieser Textur die Körner parallel zur Richtung der leichtesten Magnetisierbarkeit liegen, darf der Werkstoff nicht durch Hämmern, Biegen oder Richten kaltverformt werden, um seine magnetischen Eigenschaften nicht zu verschlechtern. Die Magnetisierbarkeit ist richtungsabhängig. Eisen ist am leichtesten in Richtung der Würfelkante und am schwersten in Richtung der Raumdiagonale zu magnetisieren (siehe auch Abschnitt 2.6.3).
- **Nichtmagnetisierbare Stähle** sind austenitisch und enthalten hauptsächlich die Elemente Ni, Cr und Mn.

- **Invarstahl** (36 % Ni) besitzt bei Raumtemperatur einen sehr geringen Wärmeausdehnungskoeffizienten (etwa 1/10 von dem des C-Stahles). Die Ursache dieser Besonderheit liegt im ferromagnetischen Verhalten begründet. Unterhalb der Curietemperatur haben die vorliegenden magnetischen Elementarbereiche ein aufgeweitetes Kristallgitter (positive Magnetostriktion). Bei Temperaturerhöhung entsteht eine Abnahme der Magnetisierung. Dies bewirkt eine Kontraktion, welche die thermische Ausdehnung nahezu kompensiert.

4.10.2 Werkzeugstähle

Aus diesen Stählen werden Werkzeuge hergestellt, die zur spanenden oder spanlosen Umformung metallischer und nichtmetallischer Werkstoffe benötigt werden. Man unterscheidet mehrere Gruppen von Werkzeugstählen.

Kaltarbeitsstähle

Auch bei Bearbeitung von Werkstücken im kalten Zustand entsteht an den Arbeitsflächen der Werkzeuge durch Reibung Wärme. Kaltarbeitsstähle werden eingesetzt, wenn die Oberflächentemperatur von 200 °C in der Regel nicht überschritten wird. Man unterscheidet **unlegierte** und **legierte Kaltarbeitsstähle.** Härtbarkeit und Verschleißwiderstand der zweiten Gruppe sind deutlich besser. Legierungselemente wie Mn, Cr, Mo und Ni vergrößern die Einhärtetiefe.

Warmarbeitsstähle

Diese Stähle müssen bei Betriebstemperaturen von über 200 °C hinreichende Werte für Festigkeit, Verschleißwiderstand und Zähigkeit besitzen. Die wichtigsten Legierungselemente zur Erreichung dieser Eigenschaften sind Cr, W, Mo, V, Mn und Ni (Bild 4.82).

Schnellarbeitsstähle

Schnellarbeitsstähle erlauben beim Zerspanen höhere Schnittgeschwindigkeiten als unlegierte oder niedriglegierte Werkzeugstähle, da sie höhere Temperaturen an der Werkzeugschneide zulassen. Aufgrund ihrer chemischen Zusammensetzung und Wärmebehandlung reicht ihre Anlassbeständigkeit und Warmhärte bis etwa 600 °C.

Wesentliches Kennzeichen dieser Stähle ist ihr hoher Anteil an Sonderkarbiden, die vorwiegend durch die Elemente W, Cr, Mo und V gebildet werden (C-Gehalt zwischen 0,8 und 1,4 %). Die Härtetemperaturen liegen wegen der schwerlöslichen Karbide zwischen 1200 und 1300 °C, wobei sowohl die Temperatur als auch die Haltedauer genau eingehalten werden müssen (Gefahr der Grobkornbildung). Überhaupt ist die Wärmebehandlung wesentlich heikler als bei den anderen Werkzeugstählen. Wegen der schlechten Wärmeleitfähigkeit muss die Erwärmung auf Härtetemperatur sehr langsam (stufenweise) erfolgen, da sonst Rissgefahr besteht. Nach dem Härten besteht ein typisches Gefüge eines Schnellarbeitsstahles aus etwa 70 % Martensit, 10 % Karbiden und 20 % Restaustenit. Beim folgenden, meist mehrmaligen Anlassen auf Temperaturen von etwa 550 °C kommt es dann zu einem für diesen Stahl charakteristischen Härteanstieg (beim Anlassen eines unlegierten C-Stahles sinkt ja bekanntlich die

4.82 Blockaufnehmer für eine 90 MN-Aluminiumstrangpresse aus dem Warmarbeitsstahl X38CrMoV5-1 (Werkstoffnummer 1.2343) mit 0,38 % C, 1,1 % Si, 0,4 % Mn, 5 % Cr, 1,3 % Mo und 0,4 % V. Dieses Werkstück wurde aus einem diffusionsgeglühten ESU-Block gefertigt (siehe Abschnitt 4.3) und hat nach der Wärmebehandlung (Durchvergüten) über den gesamten Querschnitt nahezu isotrope Eigenschaften.

Härte). Dieses Ansteigen der Härte ist der Summeneffekt mehrerer Vorgänge. Zwar ergibt das Anlassen des Martensits einen gewissen Härteabfall, doch wird dieser mehr als ausgeglichen durch Härtegewinne bei der Umwandlung des Restaustenits und durch die Ausscheidung von neuen Sonderkarbiden aus dem Martensit und dem Restaustenit (Bild 4.83). Beim ersten Anlassen entsteht aus dem Restaustenit Martensit. Um dessen Sprödigkeit zu beseitigen, folgen im Allgemeinen ein bis zwei weitere Anlassbehandlungen. Diese sind auch deshalb erforderlich, da alle mit der Diffusion verbundenen Anlassvorgänge relativ träge ablaufen.

Anlassschaubild

Härtetemperatur: 1210 °C
Probenquerschnitt: ca. 20 mm

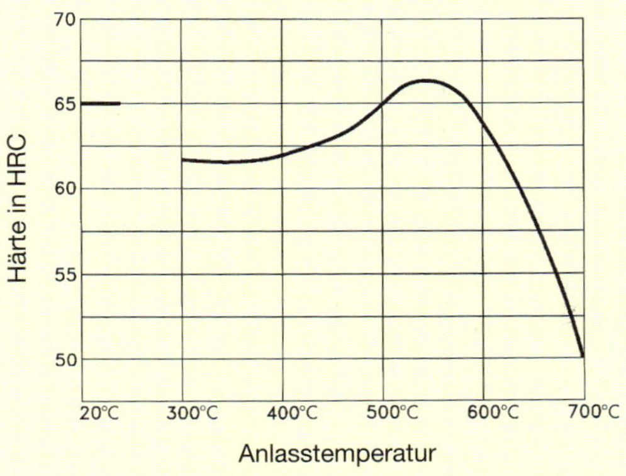

Oberflächenbehandlung

Nitrieren:
Für Bad-, Plasma- und Gasnitrierung geeignet

4.83 Härteanstieg beim Anlassen des Schnellarbeitsstahles HS 6-5-2

Besonders günstige Gefügeausbildungen ergeben sich bei pulvermetallurgisch hergestellten Schnellarbeitsstählen (siehe auch Abschnitt 7). Die Karbidverteilung solch eines Stahles (im Vergleich mit einem konventionell hergestellten) ist im Bild 4.84 zu sehen. Ein Anwendungsbeispiel zeigt Bild 4.85.

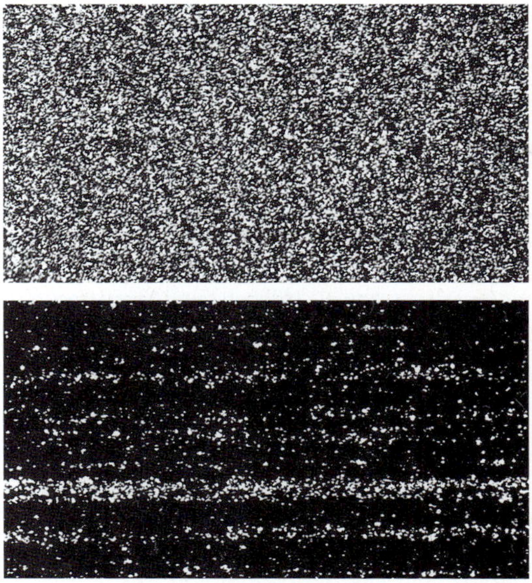

4.84 Vergleich der Karbidverteilung und Karbidgröße zwischen einem pulvermetallurgisch und konventionell hergestellten Schnellarbeitsstahl (Vergrößerung 100:1).

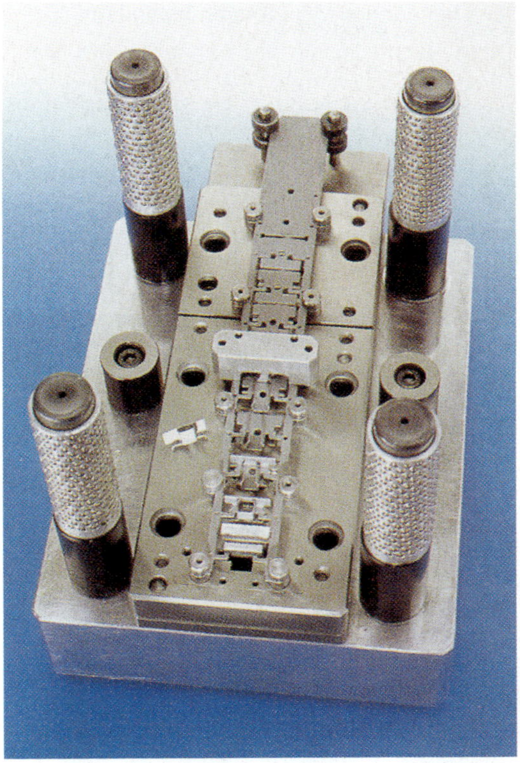

4.85 Matrize zum Feinschmieden und Umformen aus dem pulvermetallurgisch hergestellten Schnellarbeitsstahl HS 10-2-5-8 mit der Zusammensetzung 1,6 % C, 4,8 % Cr, 2 % Mo, 5 % V, 10,5 % W und 8 % Co.

4.11 Eisengusswerkstoffe

Der Begriff umfasst alle Eisenwerkstoffe, deren Formgebung durch Gießen erfolgt.

Stahlguss

Man versteht darunter in Formen zu Konstruktionsteilen vergossenen Stahl, welcher anschließend keine plastische Formgebung erfährt. Zur Vermeidung von Gasblasen wird stets beruhigt vergossen. Es entsteht grobes Gefüge mit nur geringer Zähigkeit (Widmannstätten-Gefüge), welches durch Normalglühen beseitigt wird. Die Gießtemperatur liegt gegenüber den anderen Gusseisenwerkstoffen höher (etwa 1600 °C, abhängig vom C-Gehalt). Eine große Erstarrungsschwindung (Übergang vom flüssigen in den festen Zustand) führt zu starker Lunkerneigung und großen Wärmespannungen. Das Formfüllvermögen ist schlechter, da bei Berührung der Schmelze mit der kalten Formwand längliche γ-Mischkristalle entstehen, welche den Durchfluss bei dünnen Wandungen behindern.

Diese Nachteile, die das Vergießen des Stahls zweifellos schwieriger machen, werden aber durch die vorteilhaften Eigenschaften dieses Werkstoffes mehr als ausgeglichen. Deshalb werden Werkstücke aus Stahlguss (legiert oder unlegiert) hergestellt, wenn Stahlqualität gefordert wird und eine Fertigung durch andere Verfahren (z. B. Umformen) technisch oder wirtschaftlich nicht zweckmäßig ist. Beispiele: Gehäuse und Laufräder von Pumpen oder Turbinen, Zahnräder, Keilriemenscheiben, Räder für verschiedene Maschinen, Pressenständer usw. (Bild 4.86).

4.86 Dampfturbinengehäuse aus Stahlguss

Gusseisen mit Lamellengrafit (GJL)

Dieser häufigste Gusseisenwerkstoff – wegen seiner grauen Bruchfläche auch Grauguss genannt – besitzt zwischen etwa 2,5 und 3,5 % Kohlenstoff, von dem der größte Teil im Gefüge als Grafit in Lamellenform ausgeschieden ist (Bild 4.87).

4.87 Gusseisen mit Lamellengrafit in perlitischer Grundmasse (V = 300 : 1)

Seine Erschmelzung erfolgt im Kupolofen oder Elektroofen durch Einsatz von Stahlschrott, Roheisen, Gussbruch sowie Koks oder anderen Kohlenstoffträgern. Hinzu kommen verschiedene Legierungselemente, von denen Silizium wegen der Begünstigung der stabilen Erstarrung (siehe Abschnitt 3.2.5.2) am wichtigsten ist. Im Gegensatz zu Stahl lässt sich Grauguss ausgezeichnet vergießen (niedrige Gießtemperatur, nur geringe Schwindung).

Die Eigenschaften des Graugusses werden weitgehend durch seinen Gefügeaufbau bestimmt. Dieser ist wiederum von der chemischen Zusammensetzung und der Wanddicke abhängig. Die Wanddicke ist deshalb von Bedeutung, da sie bei gleichen Gießverhältnissen die Abkühlungsgeschwindigkeit beeinflusst. Der Wanddickeneinfluss auf die Gefügeausbildung lässt sich experimentell durch eine Gießkeilprobe bestimmen. Bei dieser wird die zu untersuchende Gusseisenschmelze in eine keilförmige Form gegossen, wodurch eine Probe entsteht, bei der sich die Wanddicke (und damit das Gefüge) stetig ändert. An der Spitze des Keils kühlt das Material sehr rasch ab und neigt deshalb dort zur Weißerstarrung.

Die beiden Diagramme nach **Maurer** bzw. nach **Greiner-Klingenstein** zeigen die Zusammenhänge von chemischer Zusammensetzung (C und Si), Wanddicke und Gefüge, wobei hier auch der metastabile Bereich (Hartguss) umfasst wird (Bilder 4.88 und 4.89). Im Maurer-Diagramm sind

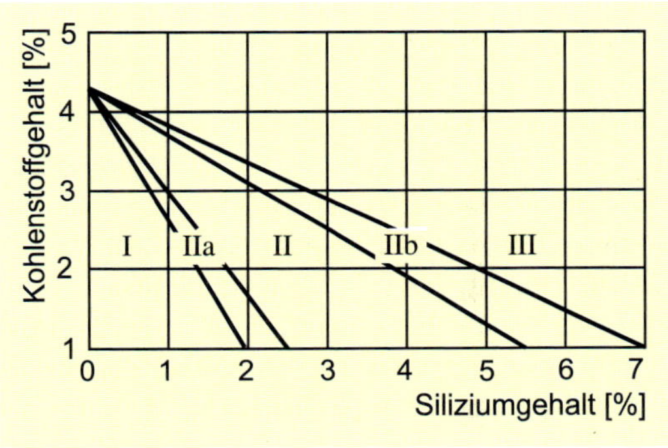

4.88 Maurer-Diagramm

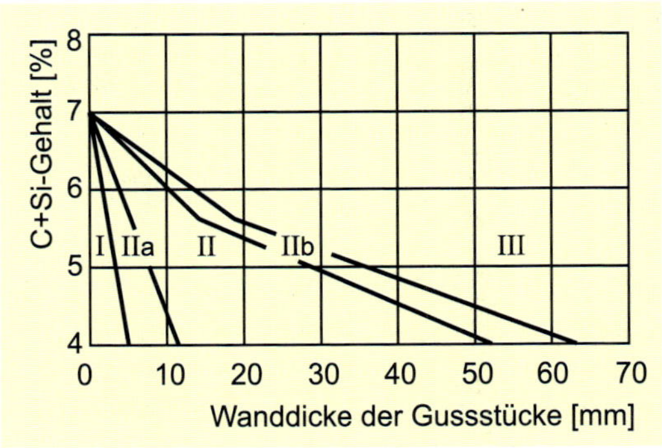

4.89 Diagramm nach Greiner-Klingenstein

die verschiedenen Gefügeausbildungen in Abhängigkeit des C- und Si-Gehaltes bei einer Wanddicke von 30 mm zu sehen. Die drei Hauptfelder I, II und III zeigen der Reihe nach die Bereiche **weißes Gusseisen (Hartguss), Grauguss mit perlitischem Grundgefüge** und **Grauguss mit ferritischem Grundgefüge**. Die Felder IIa und IIb sind Übergangszonen. Unter der Berücksichtigung, dass Kohlenstoff und Silizium in sehr ähnlicher Weise die Grafitausscheidung begünstigen, wird im Greiner-Klingenstein-Diagramm einfach der Summenwert beider eingetragen, wodurch man als zweite Variable den Wanddickeneinfluss darstellen kann. Die Bezeichnungen der einzelnen Felder entsprechen denen des Maurer-Diagramms. In der Praxis ist bei GJL das Grundgefüge fast ausnahmslos perlitisch, wobei der Grafit die mechanischen Eigenschaften bestimmt. Höhere Grafitmengen bewirken geringere Festigkeiten.

Die Grafitlamellen wirken ähnlich wie Hohlräume in der metallischen Grundmasse. An den Rändern entsteht eine hohe Kerbwirkung (Spannungsspitzen), wodurch die Bruchdehnung dieses Werkstoffes vernachlässigbar klein wird (siehe Abschnitt 10.1.1). Durch die innere Kerbwirkung der Grafitlamellen ist der Einfluss äußerer Kerben auf die mechanischen Eigenschaften nur gering.

Der Elastizitätsmodul ist bei Zugbeanspruchungen spannungsabhängig. Die Ursache liegt in den Spannungsspitzen an den Rändern der Grafiteinlagerungen. Dort kommt es zur Überschreitung der Elastizitätsgrenze (siehe Abschnitt 10.1.1) und zur teilweisen plastischen Verformung. Es besteht daher kein linearer Zusammenhang zwischen Spannung und Dehnung. Diese plastischen Verformungen wirken auch stark schwingungsdämpfend, wobei Menge und Form der Grafiteinlagerungen die Größe der Dämpfung bestimmen (Bild 4.90). Wegen dieser Grafiteinlagerungen besitzt Gusseisen auch gute Gleiteigenschaften (Grafit wirkt schmierend).

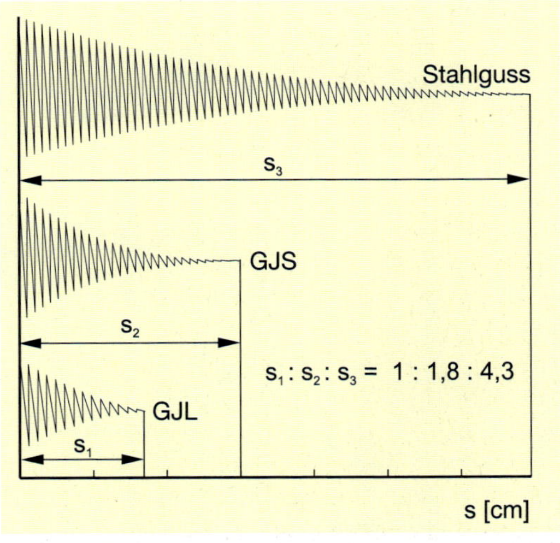

4.90 Schwingungsdämpfungskurven bei verschiedenen Gusseisenwerkstoffen

Ist Zementit im Gefüge, kann dieser bei längerer Hochtemperaturbelastung (etwa ab 600 °C) zerfallen („Wachsen" des Gusseisens). Die Zerfallsneigung des Zementits kann durch Si-Reduktion und Zusätze von Cr, Ni und Mn vermindert werden.

Die Kurzbezeichnungen und die mechanischen Festigkeitswerte (Zug-, Biegefestigkeit und Härte) des Gusseisens sind den einschlägigen Normen zu entnehmen. Dabei ist zu berücksichtigen, dass die Druckfestigkeit von GJL etwa dreimal so groß ist wie die Zugfestigkeit.

Anwendung: Maschinenständer, Lagerböcke, Gehäuse, Zylinderblöcke, Zahnräder, Ofenteile, Bremstrommeln und Bremsscheiben.

Gusseisen mit Kugelgrafit (GJS)

Beim Gusseisen mit Kugelgrafit (Sphäroguss) wird durch Zugabe geringer Mengen von Magnesium (etwa 0,05 %) eine kugelige Ausbildung des Grafits erreicht (Bilder 4.91 und 4.92). Die Mg-Zugabe erfolgt in der Gießpfanne je nach Verfahren entweder mittels einer Vorlegierung oder als Reinmagnesium. Wegen der kugelförmigen Grafitausscheidung treten praktisch keine Kerbwirkungen auf und auch der Kraftverlauf im tragenden Grundgefüge ist bei Zugbeanspruchung wegen der geringeren Umlenkung der Kraftlinien günstiger (Bild 4.93). Dadurch werden Festigkeit und Dehnung deutlich besser. Die schwingungsdämpfende Wirkung ist allerdings geringer. Im Gegensatz zum GJL werden die Eigenschaften des GJS über den Perlitgehalt eingestellt. Der Bereich erstreckt sich von den niedrigfesten, zähen Sorten (z. B. GJS-350) mit vorwiegend ferritischer Grundmasse bis zu den hochfesten, spröden Sorten (z. B. GJS–900) mit perlitischer Grundmasse. Der Anteil des Perlits kann durch eine Wärmebehandlung oder durch Zugabe von Legierungselementen (z. B. Cu) beeinflusst werden. Steigender Cu-Gehalt bewirkt einen höheren Perlitanteil (Cu stabilisiert den Perlit). Die mechanischen Eigenschaften können auch durch Härten und Vergüten weiter verändert werden. GJS zeigt dann schon stahlähnliches Verhalten, dabei aber gute Gießbarkeit.

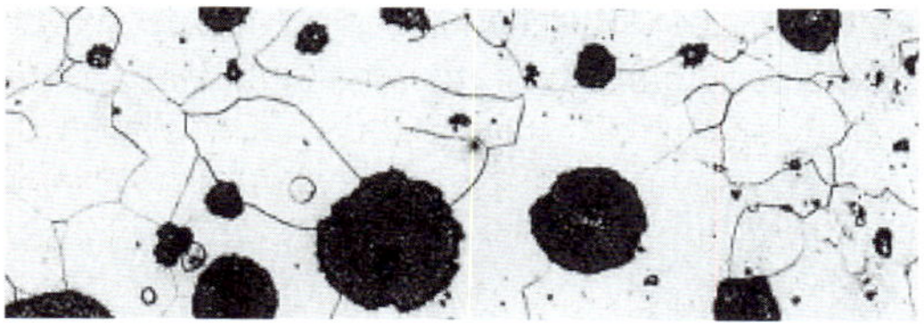

4.91 Gusseisen mit Kugelgrafit in ferritischer Grundmasse (V = 200 : 1)

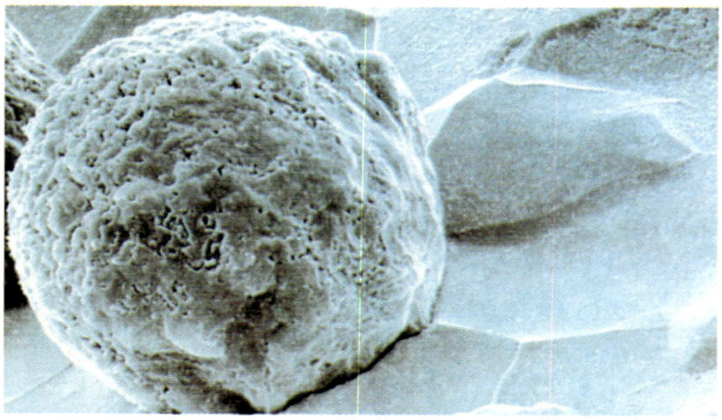

4.92 Rasterelektronenmikroskopische Aufnahme der kugelförmigen Grafitteilchen in tiefgeätztem Sphäroguss

Sphäroguss wird besonders für schwingungsbeanspruchte Teile wie z. B. Kupplungsgehäuse, Kurbelwellen, Turbinenschaufeln und weiters für Teile mit höherer Festigkeit verwendet.

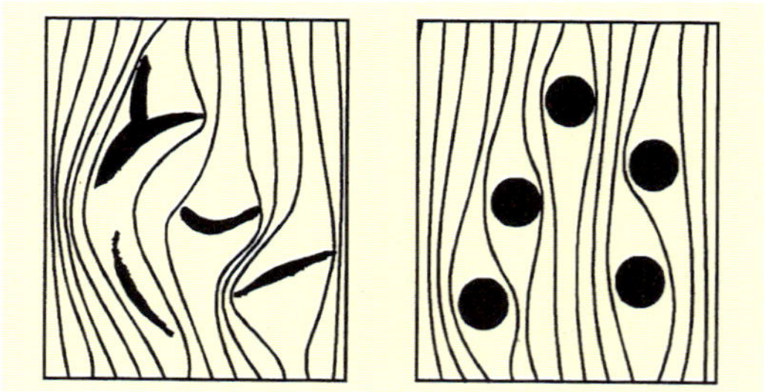

4.93 Kraftlinienverlauf in Grau- bzw. Sphäroguss

Gusseisen mit Vermiculargrafit (GJV)

Bei diesem Gusseisen (Bild 4.94) erscheint der Grafit im metallografischen Schliff in wurm- oder raupenförmiger Gestalt (das englische Wort vermicular bedeutet wurmförmig). Zur Erreichung dieser Grafitausbildung gibt es mehrere Verfahren, bei denen verschiedene Legierungszusätze (in der Hauptsache Magnesium) verwendet werden.

Für GJV, dessen Eigenschaften zwischen denen von GJL und GJS liegen, gibt es einige spezielle Einsatzgebiete vor allem dort, wo die Forderung nach ausreichender Festigkeit bei guter Wärmeleitfähigkeit (wegen der dadurch geringeren thermischen Spannungen) besteht. Beispiele: Zylinderköpfe, Abgaskrümmer, Bremsscheiben, Schwungscheiben von Kupplungen und Getriebegehäuse.

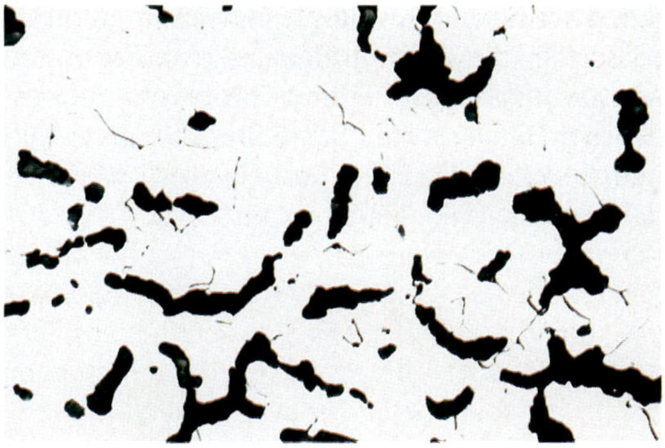

4.94 Gusseisen mit Vermiculargrafit in ferritischer Grundmasse (V = 150:1)

Hartguss (GJN)

Hartguss (weißes Gusseisen) ist ein Eisengusswerkstoff mit metastabiler Erstarrung im untereutektischen Bereich (C-Gehalt von etwa 2 bis 4 %). Die Bruchfläche ist weiß, da der Kohlenstoff im Zementit gebunden ist (siehe Abschnitt 3.2.5.2 Bild 3.18g). Der Werkstoff besitzt eine sehr hohe Härte und Verschleißfestigkeit, ist aber sehr schlagempfindlich. Beim **Vollhartguss** weist der gesamte Querschnitt eine metastabile (weiße) Erstarrung auf, während der **Schalenhartguss** eine weiße Randschicht und einen grauen Kern (wegen der dort befindlichen Grafitausscheidungen) besitzt. Zwischen Rand und Kern gibt es eine Übergangszone. Die Ausbildung des Gefüges hängt von der chemischen Zusammensetzung (z. B. Mo, Si, Cr) und von den Abkühlungsverhältnissen ab. Die beim Schalenhartguss notwendige sehr rasche Abkühlungsgeschwindigkeit an der Oberfläche kann man erreichen, indem man die Sandformen an den gewünschten Stellen mit Stahlplatten (Kokillen) auslegt. Die große Schwindung (rund 2 %) beim Vollhartguss bzw. die unterschiedliche Schwindung beim Schalenhartguss machen das Vergießen etwas schwieriger als beim Grauguss. Weiters ist bei der Konstruktion von Hartgussteilen die sehr schlechte Bearbeitbarkeit zu berücksichtigen.

4.95 Rillenpanzerplatten für eine Kugelmühle beim Einbau. Der Werkstoff ist chromlegierter Hartguss (gehärtet und angelassen) mit 2,6 % C, 1,1 % Mn, 26,5 % Cr und je 0,4 % V und Ti.

Anwendungsbeispiele: Panzerung in Zerkleinerungsmaschinen, Backen von Steinbrechern, Stempel und Matrizen von Tiefziehwerkzeugen, Walzen usw. (Bild 4.95).

Temperguss (GJM)

Der Temperrohguss zeigt eine grafitfreie Erstarrung, ist also weißes Gusseisen. Erst durch eine Wärmebehandlung, dem so genannten **Tempern**, entsteht über eine Gefügeumwandlung der eigentliche Temperguss. Man unterscheidet je nach der Art des Glühverfahrens zwischen

- weißem Temperguss und
- schwarzem Temperguss.

Zur Herstellung von **weißem Temperguss (GJMW)** wird der Rohguss mehrere Tage (je nach der Wanddicke) bei etwas über 1000 °C in leicht oxidierender Atmosphäre (Gemisch aus CO, CO_2, Luft und H_2O) geglüht. Dabei zerfällt der Zementit und der Kohlenstoff entweicht als CO bzw. CO_2. Nach der Abkühlung liegt rein ferritisches Gefüge vor. Sind die Wanddicken größer (etwa ab 12 mm), enthält der Kern Temperkohle. Man hat also bei dicken Werkstücken ein über den Querschnitt unterschiedlich ausgebildetes Gefüge. In diesem Fall sind auch die Festigkeitseigenschaften wanddickenabhängig.

Schwarzer Temperguss (GJMB) entsteht durch eine mehrere Tage dauernde Glühbehandlung (etwas kürzer als beim GJMW) in neutraler Atmosphäre. In der ersten Glühphase (etwa 30 Stunden) liegt die Temperatur je nach Wanddicke knapp unter 1000 °C. Der Zementit zerfällt während dieser Zeit in Austenit und Kohlenstoff (Grafit). Letzterer entweicht allerdings nicht wie beim GJMW, sondern lagert sich als flockenförmige Temperkohle im Gefüge ab (Bild 4.96). Wird beim anschließenden Abkühlungsvorgang die Glühtemperatur zwischen 800 und 700 °C nur sehr langsam (einige Grad pro Stunde) abgesenkt, wandelt sich der Austenit in Ferrit und Temperkohle um. Erfolgt die Abkühlung rasch, erhält man statt des ferritischen ein perlitisches Grundgefüge. Auch andere Wärmebehandlungen sind möglich (z. B. Weichglühen, Vergüten).

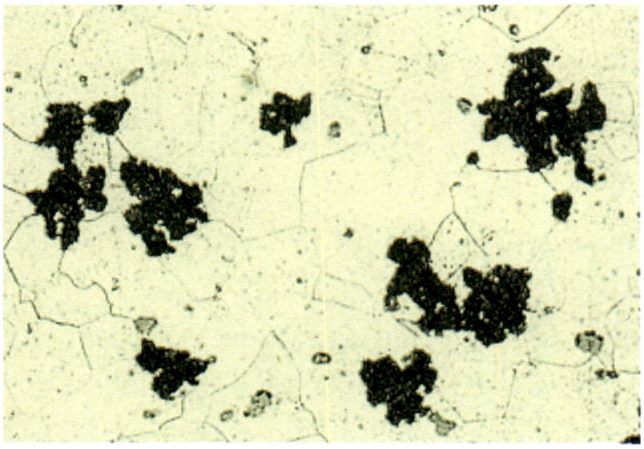

4.96 Temperkohle in schwarzem Temperguss (V = 200:1)

GJMB ist in der Herstellung billiger, besitzt eine etwas bessere Zerspanbarkeit und wird bei größeren Wanddicken wegen des gleichmäßigen Gefüges verwendet. Die gegenüber GJL erhöhte Festigkeit und Zähigkeit von GJMB beruht auf der flockigen Ausscheidungsform des Grafits, welche eine geringere Kerbwirkung ergibt.

GJMW ist schweißbar und etwas rostbeständiger als GJMB. Beide Gussarten sind besonders geeignet für dünnwandige, verwickelt geformte Gussteile, die auch stoßfest sein müssen. Anwendungsbeispiele: Fittings (Rohrverbindungsstücke), Schlossteile, Schraubenzwingen, Kettenglieder, Zahnräder, Kurbelwellen, Kleinmaschinenteile (Bild 4.97).

4.97 Rohrverbindungsstücke (Fittings) können aus Temperguss hergestellt werden

Sonderguss

Zum Begriff „Sonderguss" zählt man verschiedene Gusseisensorten, welche durch Legierungselemente einem speziellen Verwendungszweck angepasst werden. Als wichtigste Legierungselemente sind Cr, Ni, Si und Al zu nennen. Die gewünschten Eigenschaften (Korrosionsbeständigkeit, Hitze- und Zunderbeständigkeit, Verschleißfestigkeit, Gleitfähigkeit, unmagnetisches Verhalten, Kaltzähigkeit usw.) werden durch die Art des Grundgefüges (austenitisch oder ferritisch), durch die allfällige Anwesenheit von Karbiden und durch die Art der Grafitausscheidungen (GJL oder GJS) erzielt.

Fragen und Aufgaben zu Abschnitt 4

4.1 Durch welchen chemischen Vorgang entsteht aus den Eisenerzen Roheisen?

4.2 Wodurch unterscheidet sich das COREX-Verfahren vom normalen Hochofenprozess?

4.3 Warum kann bei den Sauerstoffblasverfahren wesentlich mehr Schrott zugegeben werden als beim Thomasverfahren?

4.4 Wodurch entsteht ein Lunker?

4.5 Was sind Seigerungen?

4.6 Wodurch unterscheidet sich das Zwischenstufengefüge vom Perlitgefüge?

4.7 Wie erhält man ein ZTU-Schaubild?

4.8 Durch welchen Glühvorgang kann das Widmannstätten-Gefüge beseitigt werden?

4.9 Ist die Durchhärtung bei legiertem oder bei unlegiertem Stahl besser (Begründung)?

4.10 Warum hat die Umwandlungsgeschwindigkeit des Austenits in Perlit bei einer bestimmten Temperatur ein Maximum?

4.11 Was bedeuten die Stahlbezeichnungen a) S235JR, b) E295, c) P460N, d) C60, e) 34Cr4, f) HS18-0-1 und g) HS6-5-2?

4.12 In welchen Fällen gibt es auch noch bei Raumtemperatur ein austenitisches Gefüge?

4.13 Martensit ist ein äußerst hartes Gefüge. Gibt es eine Martensitart, welche relativ gut verformbar ist?

4.14 Üblicherweise behindert ein höherer C-Gehalt die Schweißbarkeit eines Stahles. Welchen Stahl kann man trotz eines C-Gehaltes von etwa 1 % gut schweißen?

4.15 Welches Legierungselement hat für den Korrosionsschutz die größte Bedeutung?

4.16 Welcher Mindestanteil desselben ist für ausreichende Beständigkeit nötig?

4.17 Für die Wärmetechnik und Wärmebehandlung sind u. a. Wärmeausdehnung und Wärmeleitung wichtige Größen. Welche Werte haben diese bei den austenitischen Stählen im Vergleich zum normalen C-Stahl?

4.18 Gibt es einen Werkstoff, dessen Härte beim Anlassen steigt?

4.19 Bei einer Gusseisenschmelze ist die Summe der C- und Si-Gehalte 5 %. Welches Gefüge ist beim Abguss zu erwarten, wenn die Wanddicke des Gussstückes 18 mm beträgt?

4.20 Welches Gefüge besitzt Temperrohguss?

Nichteisenmetalle 5

Nichteisenmetalle sind normgemäß alle reinen Metalle mit Ausnahme des Eisens, weiters Legierungen ohne Eisenanteil sowie Legierungen, in denen der Eisenanteil von mindestens einem anderen Metall übertroffen wird.

Eine **Einteilung der Nichteisenmetalle** ist nach verschiedenen Gesichtspunkten möglich: Beispielsweise nach der chemischen Beständigkeit in edle und unedle Metalle, nach der Dichte in Leicht- und Schwermetalle (die Grenze liegt hier bei $\rho = 5$ g/cm³), nach dem Schmelzpunkt in niedrig schmelzende ($t_S < 700$ °C), hochschmelzende ($700 < t_S < 2000$ °C) und höchstschmelzende Metalle ($t_S > 2000$ °C), nach dem Aussehen in Buntmetalle, Weißmetalle usw. sowie nach dem Verwendungszweck (z. B. Lagermetalle). In diesem Abschnitt erfolgt eine Aufteilung in Leicht- und Schwermetalle.

5.1 Leichtmetalle

5.1.1 Aluminium

5.1.1.1 Gewinnung

Der Rohstoff für die Aluminiumerzeugung ist üblicherweise **Bauxit** (nach Les Baux in Südfrankreich benannt), ein Gemenge von verschiedenen Aluminiumhydroxiden mit Eisenoxid, Quarz und einigen weiteren Verbindungen. Aus dem Bauxit wird durch Behandlung mit Natronlauge und über weitere Verfahrensschritte Aluminiumoxid (Al_2O_3) gewonnen. Aus Aluminiumoxid bestehen auch bekannte Edelsteine wie der blaue Saphir oder der rote Rubin, deren Farben durch Spuren anderer Metalloxide entstehen.

Die große chemische Stabilität der Verbindung Al_2O_3 war lange Zeit eines der Haupthindernisse für die technische Gewinnung dieses Metalles. Eine Reduktion mittels Kohlenstoff (wie bei der Eisengewinnung) ist wegen der großen Affinität des Aluminiums zum Sauerstoff nicht möglich. Erst als in der zweiten Hälfte des 19. Jahrhunderts die Stromerzeugung wirtschaftlich wurde, konnte der Reduktionsprozess über die **Schmelzflusselektrolyse** mit Hilfe elektrischer Energie durchgeführt werden (Bild 5.1).

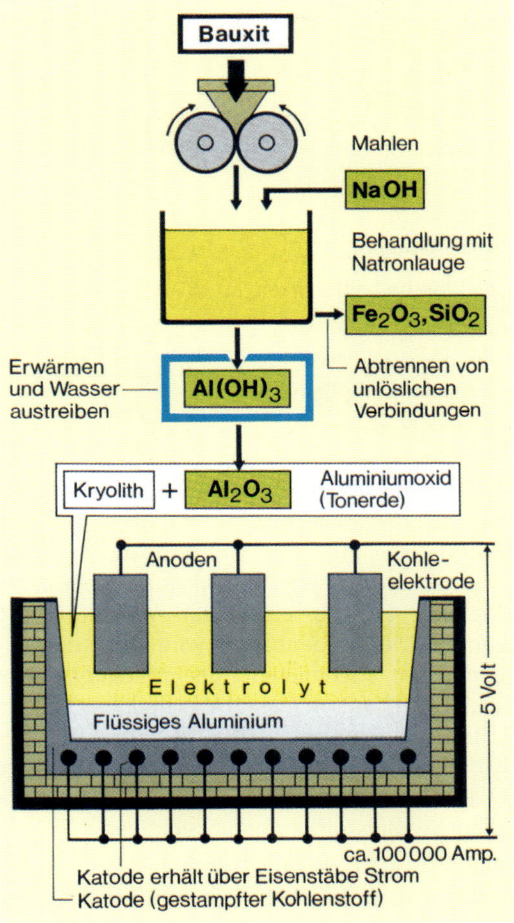

5.1 Schmelzflusselektrolyse von Aluminium

Bei der Schmelzflusselektrolyse wird Al_2O_3 in einer mit Kohlemasse ausgekleideten Wanne, welche die Katode darstellt, geschmolzen. Reines Al_2O_3 schmilzt bei über 2000 °C. Durch Zugabe von Kryolith, einer Verbindung von Na, Al und F, kann man den Schmelzpunkt um über 1000 °C absenken. Bei Anlegung einer Gleichspannung wandern die Metallionen zur Katode (sammeln sich also in der Wanne), die Sauerstoffionen verbinden sich mit dem Kohlenstoff der in die Schmelze eintauchenden Elektroden, die den positiven Pol bilden. Das flüssige Aluminium, welches sich am Boden der Wanne absetzt, wird periodisch abgesaugt. Es besitzt eine Reinheit von über 99 %.

5.1.1.2 Eigenschaften

Dichte	2,70 g/cm³
Schmelzpunkt	660 °C
Kristallgitter	kfz
Elastizitätsmodul	$69{,}6 \cdot 10^3$ N/mm²
Wärmeausdehnungskoeffizient	$23{,}9 \cdot 10^{-6}$ m/(m K)
Wärmeleitzahl	222 W/(m K)
elektrische Leitfähigkeit	37,6 m/(Ω mm²)
Zugfestigkeit (je nach Behandlungszustand)	40 … 180 N/mm²
Bruchdehnung (je nach Behandlungszustand)	4 … 50 %

Das silbrig glänzende Aluminium besitzt ein hohes Reflexionsvermögen für die Licht- und Wärmestrahlung. Die Umformbarkeit ist im warmen und kalten Zustand gut, wobei es im letzteren Fall zu einer starken Kalthärtung kommt. Die Zerspanbarkeit wird durch die Neigung zum „Schmieren" beeinträchtigt (siehe auch Abschnitt 4.7.2 → Weichglühen). Beim Löten und Schweißen sind die große Wärmeleitfähigkeit und Wärmeausdehnung, die starke Oxidationsneigung und Gasaufnahme (vor allem Wasserstoff) zu berücksichtigen.

Aluminium ist ungiftig (deshalb Verwendung für Lebensmittelfolien), gut korrosionsbeständig (jedoch nicht gegen Laugen) durch Bildung einer dünnen (< 0,1 µm) Deckschicht aus Al_2O_3. Diese kann im Bedarfsfall durch anodische Oxidation noch verstärkt werden (siehe Abschnitt 9.5.3.2 → Eloxieren).

5.2 Aluminiumfolien dienen als Dampfsperren im Bauwesen

5.1.1.3 Verwendung

Unlegiertes Aluminium kann man wegen seiner geringen Festigkeit und Härte für höher beanspruchte Teile nicht einsetzen. Anwendungsgebiete liegen z. B. in der Verpackungsindustrie, wo Folien von wenigen µm Dicke durch Walzen hergestellt werden. Um möglichst fehlerfreie Erzeugnisse zu erhalten, muss das Aluminium weitgehend frei von nichtmetallischen Einschlüssen sein. Am besten erfüllt diese Anforderungen **Reinstaluminium** (Reinheitsgrad bis zu 99,99 %). Dieses Aluminium verwendet man auch dort, wo eine sehr gute Polierbarkeit zur Erzielung einer hohen Oberflächengüte gefordert wird, also beispielsweise für Reflektoren von Scheinwerfern oder überhaupt für Teile, bei denen ein dekoratives Aussehen wichtig ist. Darüber hinaus besitzt Reinstaluminium von allen Al-Sorten die höchste chemische Beständigkeit, wodurch es sich vorzüglich als Beschichtungsmaterial für weniger beständige Al-Legierungen eignet. Aluminium verliert allerdings seine Beständigkeit, wenn Substanzen (vor allem Alkalien) seine schützende Oxidschicht angreifen. Im Bauwesen müssen daher Aluminiumteile geschützt werden (z. B. durch Folien aus Kunststoff), solange die Gefahr eines Kontaktes mit frischem Mörtel oder Baukalk besteht. Weitere Anwendungsbereiche für unlegiertes Aluminium sind die Nahrungsmittelindustrie, der Haushalt, die chemische Industrie und die Elektrotechnik. Für den letzteren Bereich ist besonders von Bedeutung, dass Aluminium von allen Metallen das günstigste Verhältnis von elektrischer Leitfähigkeit zu Dichte besitzt.

5.1.1.4 Aluminiumlegierungen

Die Legierungselemente haben die Aufgabe, vor allem die niedrige Streckgrenze und Festig-

5.3 Aluminiumfassade

keit des Reinaluminiums zu erhöhen. Dabei sollen die anderen günstigen Eigenschaften (z. B. hohe Dehnung, Korrosionsbeständigkeit) nach Möglichkeit nicht zu stark vermindert werden.

Hauptelemente sind Mangan, Magnesium, Silizium, Kupfer und Zink. Daneben enthalten die Legierungen noch Verunreinigungen und Elemente in kleinen Anteilen zur feinkörnigen Erstarrung, Erhöhung der Dauerfestigkeit usw.

Nach der Verarbeitung unterscheidet man **Guss-** und **Knetlegierungen.** Weiters gibt es aushärtbare und **nicht aushärtbare Legierungen**.

Die Bezeichnung der Aluminiumlegierungen erfolgt nach den Normen EN 573, EN 1706 und EN 1780 entweder nur mit Ziffern oder mit Ziffern und chemischen Symbolen mit ihren Prozentgehalten.

Beispiel für eine Knetlegierung: EN AW-5019 oder EN AW-5019 (AlMg5).

EN (Euronorm), A (Aluminium), W (**w**rought alloy = Knetlegierung). Die Legierung enthält 5 % Magnesium, der Rest ist Aluminium.

Beispiel für eine Gusslegierung: EN AC-45 000 oder EN AC-45 000 (AlSi6Cu4).

C steht für **c**ast alloy (Gusslegierung). Die Legierung enthält 6 % Silizium und 4 % Kupfer, der Rest ist Aluminium.

Bei den nachfolgend dargestellten Legierungen wird vereinfacht nur die Kurzform (chemische Symbole und Prozentgehalte) angeführt.

Aluminium-Knetlegierungen

- **Aluminium-Mangan-Legierungen**

  Die nicht aushärtbare Legierung AlMn mit etwa 1% Mn steht dem Reinaluminium am nächsten, hat aber höhere Werte für Streckgrenze und Zugfestigkeit. In Abhängigkeit vom Behandlungszustand (weichgeglüht oder kaltverfestigt) liegt die Zugfestigkeit zwischen 90 und 190 N/mm^2. Anwendung: Dachdeckungen, Verkleidungen im Bauwesen und Fahrzeugbau, Nahrungsmittelindustrie.

- **Aluminium-Magnesium-Legierungen**

  Die Mg-Gehalte liegen hier zwischen 1 % (AlMg1) und 5 % (AlMg5). Vielfach kommt auch noch etwas Mangan dazu (z. B. AlMg4,5Mn). Diese gut verformbaren Legierungen haben eine erhöhte Korrosionsbeständigkeit (sogar gegen Seewasser), sind ebenfalls nicht aushärtbar und erreichen mit steigendem Mg-Gehalt je nach Behandlungszustand Zugfestigkeiten zwischen 270 und 340 N/mm^2.

  Die Einsatzgebiete entsprechen etwa denen der AlMn-Legierungen, wobei hier noch der große Bereich des Schiffbaues hinzukommt.

  Die Festigkeit der nicht aushärtbaren Legierungen kann nur durch Kaltumformung gesteigert werden, wobei die Dehnung dann sehr gering wird. Ein Schweißen bewirkt einen Festigkeitsabfall in der von der Wärme beeinflussten Zone.

- **Aluminium-Magnesium-Silizium-Legierungen**

  Legierungen mit dieser Zusammensetzung (z. B. AlMgSi1) sind polier- und anodisierbar sowie gut schweißbar. Sie sind aushärtbar und haben in diesem Zustand Festigkeiten um 300 N/mm^2. Beim Aushärten (der Vorgang ist im Abschnitt 3.2.4 beschrieben) wird die Streckgrenze erhöht, die Dehnung sinkt jedoch nicht so stark ab wie bei der Kaltverfestigung.

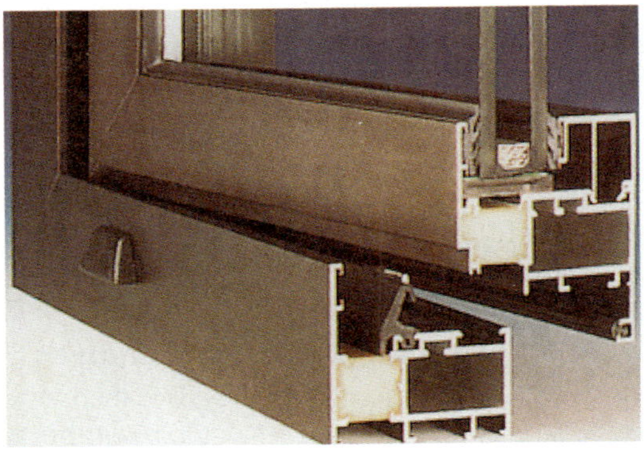

5.4 Fensterrahmen aus einer Aluminium-Mangan-Legierung

5.5 Geschmiedete Fahrzeugfelge aus einer AlMgSi-Legierung

Für AlMgSi-Legierungen gibt es sehr viele Anwendungsgebiete in der Architektur, im Fahrzeug-, Behälter- und Schiffbau, in der Nahrungsmittel- und Sportindustrie sowie in der Elektrotechnik als Leiterwerkstoff (E-AlMgSi-Legierungen).

In neueren Entwicklungen gelang es durch geringe Zusätze (< 1%) von weiteren Elementen (Mn, Cr, Zr, Cu usw.) Festigkeiten von etwa 400 N/mm² und darüber zu erreichen, ohne die Korrosionsbeständigkeit und Duktilität zu verschlechtern. Mit diesen Eigenschaften ist der Werkstoff z. B. auch für hochbeanspruchte Fahrwerkskomponenten im Automobilbau geeignet.

- **Aluminium-Kupfer-Magnesium-Legierungen**

Bei einer Legierung dieses Typs (ihre Zusammensetzung bestand neben Al aus 4 % Cu, 0,5 % Mg und 0,5 % Mn) wurde erstmals der Aushärtungseffekt festgestellt. Der Deutsche A. Wilm bemerkte im Jahre 1906, dass die Zugfestigkeit des Materials durch Lagern bei Raumtemperatur auf über 400 N/mm² anstieg. Er nannte diese Legierung, durch die unter anderem die Voraussetzung für den großtechnischen Flugzeugbau geschaffen wurde, **Duralumin.**

AlCuMg-Legierungen besitzen Festigkeiten bis ca. 450 N/mm², haben aber eine geringere Korrosionsbeständigkeit. Die Zerspanbarkeit kann durch Pb-Zugabe verbessert werden. Einsatzbereiche sind der Maschinenbau, Automatenteile, Schrauben und Niete.

- **Aluminium-Zink-Magnesium-Legierungen**

Diese Legierungen (z. B. AlZn4,5Mg1) haben bei etwas geringerer Festigkeit (< 400 N/mm²) eine gute Korrosionsbeständigkeit. Eine Schweißung ist im ausgehärteten Zustand möglich, da durch anschließende Selbstaushärtung wieder eine brauchbare Festigkeit in der Schweißzone erreicht wird.

- **Aluminium-Zink-Magnesium-Kupfer-Legierungen**

Durch die Legierungselemente Zn, Mg und Cu erreicht man die höchsten Festigkeiten aller Al-Legierungen. Beispielsweise besitzt die Legierung AlZnMgCu1,5 neben dem Hauptanteil Al 1 bis 2 % Cu, etwa 2 bis 3 % Mg, 5 bis 6 % Zn und weitere Elemente in sehr geringen Mengen. Nach der Aushärtung liegen die Werte für die Zugfestigkeit bei 520 N/mm². Die Warm- und Kaltformgebung ist etwas schlechter, ebenso die Korrosionsbeständigkeit. Anwendung: Hoch-, Fahrzeug-, Flugzeug- und Maschinenbau.

Aluminium-Gusslegierungen

- **Aluminium-Silizium-Legierungen**

Das Al-Si-Zustandsschaubild hat bei 11,7 % Silizium die eutektische Zusammensetzung. Der Schmelzpunkt an dieser Stelle beträgt 577 °C, gegenüber 660 °C bei reinem Aluminium. Das Gefüge besteht hier zu rund 90 % aus Al-Si-Mischkristallen, die nur wenig Silizium enthalten.

Legierungen dieser Art (z. B. AlSi12) haben mittlere Festigkeiten, gute Korrosionsbeständigkeit (wenn sie kein Kupfer enthalten), sind gut schweißbar und relativ schlecht spanend zu bearbeiten (Bild 5.6). Sie sind ausgezeichnet vergießbar (Sand-, Kokillen- und Druckguss) und eignen sich auch für schwierig geformte, dünnwandige Teile wie Rolltreppenstufen, Zylinderköpfe und -blöcke, Gehäuse, Rippenkörper, Flügelräder usw. Durch Zusatz von bis zu 0,5 % Magnesium erhält man eine aushärtbare Legierung (z. B. AlSi10Mg) mit Zugfestigkeiten von über 200 N/mm² für höher beanspruchte Teile.

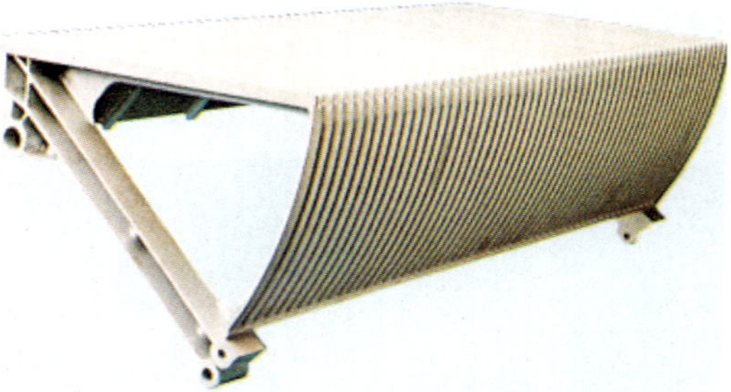

5.6 Stufensegment einer Rolltreppe aus Aluminiumdruckguss G-AlSi12

- **Aluminium-Magnesium-Legierungen**

Diese Legierungen (z. B. AlMg3) haben eine schlechtere Gieß- und Schweißbarkeit, beste Korrosionsbeständigkeit und gute Zerspanbarkeit. Sie haben mittlere Festigkeiten und sind gut polier- und anodisierbar.

Anwendung: Für dekorative, korrosionsbeständige Teile (Beschläge, optische Geräte, Büromaschinen, Haushaltsgeräte usw.).

- **Aluminium-Silizium-Kupfer-Legierungen**
  Das Gießverhalten und die Zerspanbarkeit sind hier sehr gut, die Korrosionsbeständigkeit ist schlecht. Die Legierungen (z. B. AlSi6Cu4) sind aushärtbar und werden für Teile im Maschinen- und Motorenbau, sowie für Gehäuse, Riemenscheiben usw. verwendet.

- **Aluminiumlegierungen mit höherer Festigkeit oder Warmfestigkeit**
  Einfache Teile hoher Festigkeit und Zähigkeit für den Dieselmotoren-, Fahrzeug- und Pumpenbau können z. B. aus den Legierungen AlCu4Ti oder AlCu4TiMg gefertigt werden. Die Festigkeitswerte liegen im ausgehärteten Zustand zwischen 330 und 350 N/mm². Die Zerspanbarkeit dieser Legierungen ist sehr gut, ihre Gieß- und Schweißbarkeit sowie ihre Korrosionsbeständigkeit jedoch relativ schlecht.

  Für Verbrennungskraftmaschinen werden **Kolbenlegierungen** benötigt, die bei ausreichender Korrosionsbeständigkeit verschleiß- und warmfest sein müssen. Eine häufig verwendete Legierung ist z. B. AlSi12CuNi. Um den Wärmeausdehnungskoeffizienten abzusenken, wird der Si-Anteil bei manchen Kolbenlegierungen bis auf 25 % erhöht. Dadurch wird zusätzlich auch der Verschleiß geringer, die Bearbeitbarkeit aber schwieriger.

5.7 Kompressor aus Aluminiumdruckguss AlSi11Cu2

5.1.2 Magnesium

5.1.2.1 Eigenschaften

Dichte	1,74 g/cm³
Schmelzpunkt	649,5 °C
Kristallgitter	hexagonal
Elastizitätsmodul	$44,5 \cdot 10^3$ N/mm²
Wärmeausdehnungskoeffizient	$26 \cdot 10^{-6}$ m/(m K)
Wärmeleitzahl	154 W/(m K)
elektrische Leitfähigkeit	22,2 m/(Ω mm²)
Zugfestigkeit (je nach Behandlungszustand)	80 … 180 N/mm²
Bruchdehnung (je nach Behandlungszustand)	1 … 12 %

Die Oberfläche des silberweißen Metalles wird an der Luft durch Oxidation matt. Wegen des hexagonalen Raumgitters ist Magnesium schlecht kaltverformbar und sehr kerbempfindlich. Ohne Probleme lässt es sich aber im warmen Zustand (200 bis 300 °C) verformen. Seine Zerspanbarkeit ist sehr gut. Es ist jedoch sehr schlecht zu schweißen und praktisch nicht zu löten. Beim Gießen muss der Luftsauerstoff abgehalten werden. Das große elektronegative Potential (siehe Abschnitt 9.2) bedingt eine hohe Korrosionsempfindlichkeit, insbesondere die Gefahr der Kontaktkorrosion. Wegen der

5.8 Magnesium verbrennt mit blendend weißer Flamme

hohen chemischen Affinität zum Sauerstoff ist Magnesium in flüssiger oder fein verteilter Form (kleine Späne, Staub) leicht entzündbar und verbrennt mit blendend weißer, sehr heißer Flamme, wobei Temperaturen von fast 2500 °C entstehen können (Bild 5.8). Zum Löschen verwendet man am besten Späne aus Grauguss oder Sand, aber keinesfalls Wasser, da dieses bei der hohen Temperatur unter Freiwerden von Wasserstoff zersetzt wird.

5.1.2.2 Verwendung

Unlegiertes Magnesium ist für technische Konstruktionen zu weich. Verwendet wird es als Blitzlicht, für Feuerwerkskörper, als Anode beim katodischen Korrosionsschutz, als Reduktionsmittel und bei der Herstellung von Gusseisen mit Kugel- oder Vermiculargrafit.

5.1.2.3 Magnesiumlegierungen

Die wichtigsten Legierungselemente sind Aluminium, Zink und Mangan. Diese wirken der schlechten Zähigkeit und Kerbempfindlichkeit entgegen und verbessern die Korrosionsbeständigkeit. Man unterscheidet zwischen Knetlegierungen (z. B. MgAl6Zn, MgMn2) und Gusslegierungen (z. B. MgAl9Zn1).

Der Hauptvorteil der Mg-Legierungen ist ihr sehr geringes Gewicht, wodurch sie schon in der Vergangenheit trotz einiger Nachteile (höhere Kosten, mäßige Korrosionsbeständigkeit) im Leichtbau vor allem in der Fahrzeugtechnik eingesetzt wurden. In der Zwischenzeit wurden korrosionsbeständigere Legierungen entwickelt, die auch sehr gute Dehnungseigenschaften aufweisen. Es darf daher erwartet werden, dass diese Legierungen besonders in Hinblick auf die Forderung nach möglichst geringem Treibstoffverbrauch und hoher Sicherheit (z. B. Platzbedarf für die Unterbringung von Seitenairbags, gute Crash-Eigenschaften des Materials) für den Kraftfahrzeugbau in der Zukunft steigende Bedeutung erlangen werden.

5.1.3 Titan

5.1.3.1 Herstellung

Die häufigsten Titanerze sind das Titanoxid Rutil (TiO_2) und Ilmenit ($TiO^2 \cdot FeO$). Wegen seiner hohen Affinität zum Sauerstoff kann Titan nicht direkt durch Reduktion aus TiO_2 gewonnen werden. Erst nach der Umwandlung in Titantetrachlorid ($TiCl_4$) erfolgt eine Reduktion mittels Magnesium. Der dabei entstehende „Titanschwamm" wird durch Vakuumdestillation gereinigt und anschließend in einem Vakuum-Lichtbogenofen, dessen Elektrode aus gepresstem Titanschwamm besteht, zu massivem Titan umgeschmolzen.

5.1.3.2 Eigenschaften

Dichte	4,5 g/cm³
Schmelzpunkt	1670 °C
Kristallgitter	hexagonal
Elastizitätsmodul	$102 \cdot 10^3$ N/mm²
Wärmeausdehnungskoeffizient	$8{,}35 \cdot 10^{-6}$ m/(m K)
Wärmeleitzahl	63 W/(m K)
elektrische Leitfähigkeit	1,25 m/(Ω mm²)
Zugfestigkeit (je nach Behandlungszustand)	200 … 300 N/mm²
Bruchdehnung (je nach Behandlungszustand)	50 … 70 %

Das Raumgitter des Titans ist bis 882,5 °C hexagonal (α-Titan), darüber kubisch-raumzentriert (β-Titan).

Trotz seines durch die Herstellung bedingten hohen Preises wird das silberglänzende Metall in reiner Form und als Legierung in vielen technischen Spezialgebieten verwendet. Der Grund dafür liegt in der äußerst günstigen Kombination seiner Eigenschaften. Titan besitzt eine geringe Dichte, hat eine hohe Festigkeit und eine ausgezeichnete Korrosionsbeständigkeit. Die Festigkeit wird schon durch geringe Gehalte an Beimengungen stark erhöht. Hinzu kommt noch eine eventuelle Kaltverfestigung, die erst bei über 500 °C durch Rekristallisation wieder zurückgeht. Die hohe Gasaufnahmefähigkeit erfordert bei der plastischen Formgebung (Schmieden, Walzen) und beim Schweißen entsprechende Vorkehrungen (Vakuum oder Schutz durch Edelgas). Titan ist zwar grundsätzlich ein sehr unedles Metall, bildet aber durch seine hohe Affinität zum Sauerstoff in oxidierender Umgebung auf seiner Oberfläche dichte, festhaftende Oxidschichten, welche die Ursache seiner sehr guten Korrosionsbeständigkeit sind. Die Beständigkeit ist gegenüber einer Reihe von Medien gegeben, besonders gegen oxidierende und chloridhaltige Säuren. Selbst bei heißem Königswasser entsteht nur ein geringer Angriff.

5.1.3.3 Verwendung

In reinem Zustand wird Titan hauptsächlich im chemischen Apparatebau und in der Galvanotechnik verwendet. Seine hohe Gasaufnahmefähigkeit bedingt ferner seinen Einsatz in der Vakuumtechnik als „Gettermetall" zur Erzeugung eines Höchstvakuums. Bei dieser Technik nimmt ein Titaneinsatz mit großer Oberfläche Gasreste in einem schon vorevakuierten Behälter oder Gefäß auf.

5.1.3.4 Titanlegierungen

Als Legierungselemente sind vor allem Al, Cr, Mo, Sn und V zu nennen. Die Temperatur der α-β-Umwandlung, welche für reines Titan bei 882,5 °C liegt, wird durch Legierungselemente verschoben.

Man kann somit drei Legierungsgruppen unterscheiden:

- **α-Legierungen** mit hexagonalem Raumgitter (z.B. TiAl5Sn2,5),
- **β-Legierungen** mit krz-Raumgitter (z. B. TiV13Cr11Al13), welche eine höhere Festigkeit, aber auch eine größere Dichte besitzen und
- **α+β-Legierungen** mit einem heterogenen Gefüge beider Gitterarten (z. B. TiAl6V4).

Die Legierungen der letzten Gruppe sind aushärtbar und besitzen in diesem Zustand Festigkeiten von über 1000 N/mm^2.

Die Oberflächen von Titanlegierungen lassen sich durch ein spezielles Verfahren hart und verschleißfest machen. Das **Sauerstoff-Diffusionsverfahren,** auch **ODH** genannt (nach **O**xygen **D**iffusion **H**ardening), bewirkt eine kontrollierte Diffusion atomaren Sauerstoffs in das Kristallgitter des Titans. Der Sauerstoff reagiert dabei nicht chemisch mit den Metallatomen, sondern ist auf Zwischengitterplätzen eingelagert und verzerrt dadurch das Gitter. Die Oberflächenhärte kann sich bis auf 1200 HV erhöhen, gegenüber 350 HV der unbehandelten Legierung (Bild 5.9).

5.9 Kugelkopf für ein Hüftgelenkt aus einer oberflächengehärteten (ODH) Titanlegierung Ti6Al-7Nb mit der Zusammensetzung: 0,08 % C, 0,009 % H, 0,05 % N, 0,2 % O, 0,5 % Ta, 0,25 % Fe, 6 % Al, 7 % Nb, Rest Ti

Titanlegierungen verwendet man in der chemischen Industrie, für Armaturen, Messgeräte, Säurepumpen, Teile von Triebwerken und Gasturbinen, in der Medizin (z. B. für künstliche Gelenke etc.), als Bestandteil der Sinterwerkstoffe (Titankarbid) und in der Luft- und Raumfahrt.

5.1.4 Beryllium

5.1.4.1 Eigenschaften

Dichte	1,85 g/cm^3
Schmelzpunkt	1283 °C
Kristallgitter	hexagonal
Elastizitätsmodul	$300 \cdot 10^3$ N/mm^2
Wärmeausdehnungskoeffizient	$12,3 \cdot 10^{-6}$ m/(m K)
Wärmeleitzahl	159 W/(m K)
elektrische Leitfähigkeit	16,9 m/(Ω mm^2)
Zugfestigkeit (je nach Behandlungszustand)	600 N/mm^2

Beryllium ist silberweiß und hat eine große Härte und Sprödigkeit. Es ist sehr kerbempfindlich und besitzt eine hohe Warmfestigkeit. Werkstücke aus Beryllium haben auf Grund der geringen Dichte in Verbindung mit dem hohen Elastizitätsmodul eine sehr hohe Eigenschwingungszahl. Bei der Verarbeitung von Beryllium sind strenge Sicherheitsvorkehrungen nötig, da das Metall vor allem in feiner Form sehr giftig ist (Lungen- und Hautschädigungen).

5.1.4.2 Verwendung

Reines Beryllium wird z. B. als strahlendurchlässiges Fenster in Röntgenröhren und als Desoxidationsmittel bei Kupferschmelzen verwendet. Be-Zusätze in verschiedenen Legierungen steigern deren Festigkeit durch Aushärtungsvorgänge beträchtlich. Anwendungsbeispiele für Be-Legierungen sind thermisch stark beanspruchte Teile in der Luft- und Raumfahrt, nicht funkende Werkzeuge (für Pulverfabriken, Bergwerke usw.), Bestecke in der Chirurgie und Präzisions-Unruhefedern für Uhren.

5.2 Schwermetalle

5.2.1 Kupfer

5.2.1.1 Gewinnung

Wegen der starken Affinität des Kupfers zu Schwefel sind die häufigsten Kupfererze Kupferkies $CuFeS_2$ und Kupferglanz Cu_2S. Daneben gibt es noch Verbindungen mit anderen Elementen oder auch manchmal die gediegene Form.

5.10 Rotor eines Hubschraubers (einzelne Komponenten davon zeigt Bild 5.11)

In den meisten Fällen erfolgt eine Erzanreicherung mittels **Flotation** (Schaumschwimmaufbereitung). Diese beruht auf der unterschiedlichen Benetzbarkeit der Erzbestandteile. Fein gemahlene Erze werden nach Zugabe eines Öles in Wasserbehältern unter Luftzufuhr geschlämmt. Das metallhaltige Erz steigt als Schaum zur Oberfläche und kann dort abgezogen werden. Die Gangarten, welche stärker benetzbar sind, sinken als Schlamm zu Boden. Die sulfidischen Erze werden anschließend in eigenen Öfen geröstet, wodurch sich der Cu-Anteil bis auf etwa 35 % erhöht. Das beim Röstvorgang frei werdende SO_2 wird für die Gewinnung von Schwefelsäure verwendet.

Das Röstgut wird in Schacht- oder Flammöfen zu Kupferstein verschmolzen und danach in Konvertern mit Luft zu Rohkupfer (Cu-Gehalt etwa 98 %) verblasen. Dabei verbrennt der restliche Schwefel und andere Elemente (z. B. Eisen) verschlacken. In eigenen Flammöfen folgt dann die Feuerraffination, bei der die restlichen Verunreinigungen größtenteils oxidieren und der Sauerstoffgehalt des Kupfers anschließend durch geeignete Verfahren wieder auf möglichst niedrige Werte reduziert wird (< 0,04 %). Das so erhaltene Hüttenkupfer hat einen Kupfergehalt von etwa 99,5 % und ist für Anwendungsbereiche geeignet, bei denen es nicht so sehr auf hohe elektrische Leitfähigkeit ankommt. Die elektrische Leitfähigkeit wird nämlich schon durch sehr geringe Beimengungen stark herabgesetzt. Dies gilt

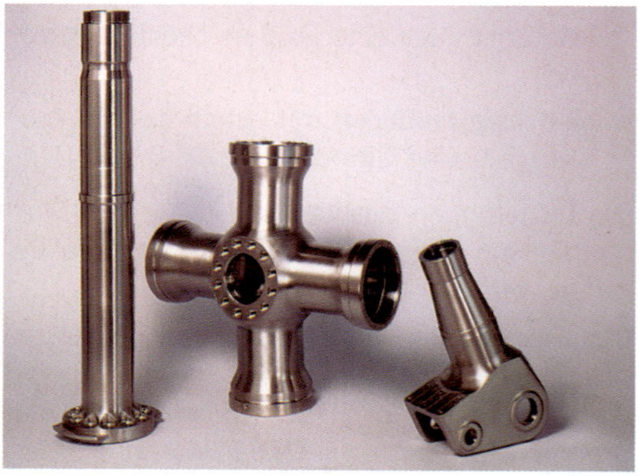

5.11 Komponenten vom Zentrum des Rotors (siehe Bild 5.10); Rotorstern und Gabelzapfen (Bildmitte und rechts) bestehen aus einer Titanlegierung mit 6 % Al und 4 % V; der Rotormast (links im Bild) hat 87 kg und besteht aus dem hochfesten Vergütungsstahl 40NiCrMo6 (Werkstoffnummer 1.6565) mit 0,4 % C, 0,8 % Cr, 0,4 % Mo und 1,4 % Ni.

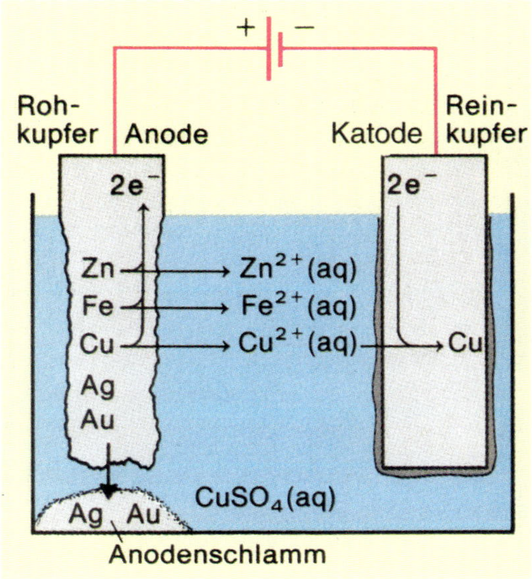

5.12 Elektrolytische Kupferraffination

vor allem für jene Elemente, die im Kupfer löslich sind. Will man Kupfer mit guter Leitfähigkeit, geht man den Weg über die Elektrolyse. In einer Lösung aus Kupfersulfat und verdünnter Schwefelsäure befinden sich die Anode (bestehend aus Rohkupfer) und die Katode (bestehend aus reinem Elektrolytkupfer). Beim Anlegen einer Spannung von etwa 0,3 V gehen Kupfer und alle unedleren Bestandteile der Anode in Lösung, die edleren Metalle sinken als Anodenschlamm auf den Boden (Bilder 5.12 und 5.13). Aus dem Anodenschlamm werden dann die Edelmetalle ebenfalls elektrolytisch gewonnen (Bild 5.14). An der Katode scheidet sich Elektrolytkupfer ab, welches einen Reinheitsgrad von über 99,9 % hat und eine sehr hohe elektrische Leitfähigkeit besitzt.

5.13 Katoden werden aus der Elektrolyse-Zelle gezogen

5.14 Der bei der Kupferraffination anfallende Anodenschlamm wird mit starken Säuren gelöst. Aus der Lösung wird hier z. B. Gold abgeschieden.

5.2.1.2 Eigenschaften

Dichte	8,93 g/cm³
Schmelzpunkt	1083 °C
Kristallgitter	kfz
Elastizitätsmodul	$125 \cdot 10^3$ N/mm²
Wärmeausdehnungskoeffizient	17 m/(m K)
Wärmeleitzahl	386 W/(m K)
elektrische Leitfähigkeit	58 m/(Ω mm²)
Zugfestigkeit (je nach Behandlungszustand)	200 … 360 N/mm²
Bruchdehnung (je nach Behandlungszustand)	bis zu 45 %

Die rote Farbe des Metalles verändert sich im Laufe der Zeit an der Luft unter Einwirkung von O_2, CO_2 und H_2O. Es entsteht eine Schicht aus blaugrünem basischem Kupferkarbonat (Edelrost oder Patina). In Industriegegenden entsteht durch die Anwesenheit von SO_2 basisches Kupfersulfat. Bei Kontakt mit Essigsäure bildet sich der giftige Grünspan (Kupferacetat). Kupfer ist korrosionsbeständig gegen Wasser und Dampf, wird aber von Schwefel und oxidierenden Säuren angegriffen. Neben einer hohen Dehnbarkeit besitzt Kupfer auch eine große Zähigkeit (selbst bei tiefen Temperaturen). Es ist gut warm- und kaltverformbar, lässt sich aber wegen seiner Weich-

5.15 Patina auf einem Kupferdach

heit schlecht zerspanen („Schmierneigung“). Auch die Gießbarkeit ist wegen der Gasaufnahme und dem mangelhaften Formfüllungsvermögen schlecht. Die Löt- und Schweißbarkeit ist gut, nur muss die Gefahr der **Wasserstoffkrankheit** beachtet werden. Kommt nämlich erhitztes Kupfer mit wasserstoffhaltigen Gasen in Kontakt, so kann atomarer Wasserstoff wegen seines kleinen Atomdurchmessers leicht in das Raumgitter eindiffundieren. Enthält das Kupfer nun Sauerstoff, also praktisch Kupferoxid Cu_2O, bildet sich nach der Reaktion

$$2\,H + Cu_2O \rightarrow 2\,Cu + H_2O$$

Wasserdampf, der wegen seiner großen Moleküle nicht mehr herausdiffundieren kann und sich an verschiedenen Stellen (vor allem an den Korngrenzen) ansammelt. Es können dabei örtlich Drücke von über 1000 bar entstehen, wodurch das Gefüge aufreißt. Man arbeitet daher bei Kupfer mit leicht oxidierender Flamme (durch Sauerstoffüberschuss), um die Atmosphäre frei von Wasserstoff zu halten. Sicherer kann man die Wasserstoffkrankheit vermeiden, wenn man Kupfersorten verwendet, die keinen Sauerstoff enthalten. Die Herstellung von sauerstofffreiem Kupfer erfolgt durch Desoxidation mit Phosphor, Silizium, Magnesium usw.

5.2.1.3 Verwendung

Reines Kupfer wird vorwiegend in der Elektrotechnik verwendet. Weitere Einsatzgebiete sind der Apparatebau, das Bauwesen und das Kunsthandwerk.

5.16 Kupferkessel in einer Brauerei

5.2.1.4 Kupferlegierungen

Kupferlegierungen enthalten als Hauptbestandteil Kupfer und meist mehrere Legierungselemente. Diese verbessern verschiedene ungünstige Eigenschaften des reinen Kupfers, wie schlechte Gießbarkeit, niedrige Streckgrenze und erweitern teilweise die Korrosionsbeständigkeit.

Je nach der Art der Verarbeitung unterscheidet man **Guss-** und **Knetlegierungen**. Knetlegierungen sind spanlos kalt- oder warmverformbar. Die Legierungen können ferner **aushärtbar** oder **nicht aushärtbar** sein.

Wie bei den Aluminiumlegierungen erfolgt auch hier die Bezeichnung entweder nur mit der Werkstoffnummer oder mit der Werkstoffnummer und der chemischen Zusammensetzung.

Die Werkstoffnummer (nach EN 1412) besteht aus sechs Zeichen in bestimmter Reihenfolge:

1. Buchstabe C für Kupferwerkstoff,
2. Buchstabe zur Charakterisierung des Werkstoffes (z. B. M … Vorlegierungen, C … Gusserzeugnisse, W… Knetwerkstoffe usw.),
3. dreistellige Zahl (Zeichen 3 bis 5),
4. Buchstabe zur Kennzeichnung der Werkstoffgruppe (z. B. G … Cu-Al-Legierungen, K … Cu-Sn-Legierungen usw.).

Neben der Angabe der Legierungselemente mit ihren Prozentgehalten kann noch eine Zustandsbezeichnung (nach EN 1173) erfolgen. Diese besteht aus einem Buchstaben oder einem Buchstaben in Verbindung mit einer meist dreistelligen Zahl. Beispielsweise bedeutet hier A 007 eine Bruchdehnung von 7 %.

In der folgenden Übersicht werden die Kupferlegierungen mit ihrer chemischen Zusammensetzung bezeichnet.

- **Kupfer-Zink-Legierungen (Messinge)**

  Messinge sind Legierungen mit mindestens 50 % Kupfer und Zink als Hauptlegierungselement.

  Bei Raumtemperatur kann Kupfer bis zu etwa 37% Zink lösen. In diesem Bereich liegen die **homogenen Legierungen** CuZn10 (Ms90) bis CuZn37 (Ms63). Sie bestehen aus gut kaltverformbaren α-Mischkristallen (kubisch-flächenzentriertes Raumgitter). Anwendungsgebiete sind Hülsen, Instrumente, Rohre für Wärmetauscher, Kugelschreiberminen, Reißverschlüsse, Glühlampensockel usw.

  Heterogene Legierungen bestehen aus α- und β-Mischkristallen und sind gut warm-, aber nur begrenzt kaltverformbar. Die β-Kristalle sind kubisch raumzentriert, sehr hart und spröde, bei höheren Temperaturen aber gut verformbar. Reines β-Messing ist als Werkstoff ungeeignet (nahezu keine Dehnung). Legierungen mit über 50 % Zn sind ebenfalls technisch unbrauchbar, da sie die sehr spröde γ-Phase (Cu_5Zn_8) enthalten. CuZn40 (Ms60), CuZn39Pb3 (Ms58) und CuZn44Pb2 (Ms56)

5.17 Bauteile eines Hydraulikventils aus CuZn40

  sind Beispiele für heterogene Legierungen. Die Formgebung erfolgt hier entweder im warmen Zustand (Schmieden, Strangpressen) oder spanabhebend. Die Bleizugaben dienen der besseren Zerspanbarkeit. Eingesetzt werden diese Legierungen für Beschlag- und Schlossteile, im Kondensatorbau (z. B. Rohrböden) und in der Uhrenindustrie.

  Weitere Zusätze an Legierungselementen neben Zn (z. B. Al, Mn, Si, Ni) zur Erzielung besonderer Eigenschaften (Korrosionsbeständigkeit, Festigkeit usw.) ergeben die Sondermessingsorten. Je nach ihrer Zusammensetzung werden diese Legierungen für Gleitelemente, Wärmeübertrager, verschiedene Konstruktionsteile, Federn usw. verwendet.

- **Kupfer-Zinn-Legierungen (Zinnbronzen)**

  Die klassische Bronze war eine Cu-Sn-Legierung, welche der Mensch schon im Altertum (etwa 2500 v. Chr.) kannte. Diese Legierung war von so großer Bedeutung, dass eine ganze Epoche ihren Namen trägt.

  Allgemein bezeichnet man heute als Bronzen Legierungen mit mindestens 60 % Kupfer und einem oder mehreren Hauptlegierungszusätzen, wobei jedoch Zink nicht überwiegen darf.

  Sn-Bronzen durchlaufen ein weites Erstarrungsintervall (großer Abstand von Liquidus- zur Soliduslinie) und sind sehr diffusionsträge. Dadurch besteht eine starke Neigung zu Kristallseigerungen. Es bilden sich zinnärmere (weiche) und zinnreichere (harte) Kristalle. Außerdem tritt bei Gusswerkstoffen schon ab 9 % Zinn das Eutektoid α + δ auf, welches theoretisch (im Gleichgewichtszustand) erst ab 13 % Zinn zu erwarten wäre. Die δ-Phase ist eine spröde intermetallische Verbindung, welche durch eine Glühbehandlung wieder aufgelöst werden kann. Das Gefüge besteht dann auch bei Zinngehalten von über 9 % aus kubisch-flächenzentrierten α-Mischkristallen.

  Um das schädliche Zinnoxid zu entfernen, wird bei der Erschmelzung meist mit Phosphor des-oxidiert, wobei ein geringer P-Gehalt zurückbleibt (deshalb die früher übliche Bezeichnung Phosphorbronze). Diese Bezeichnung sollte nur auf Bronzen mit genau definierten P-Gehalten (z. B. zur Erhöhung des Verschleißwiderstandes) angewendet werden. Die Knetlegierungen CuSn2 bis CuSn8 werden für Rohre, Federn (Strom leitend), Gleitorgane eingesetzt. Gussbronzen (höherer Zinnanteil) werden hauptsächlich für Gleitelemente und Armaturen verwendet.

- **Kupfer-Zinn-Zink-Legierungen (Rotguss)**
  Zinn wird hier teilweise durch Zink ersetzt (daneben noch Blei und Nickel). Rotguss ist besser vergießbar, besitzt aber eine etwas geringere mechanische Festigkeit. Seine Verwendung erfolgt hauptsächlich in der Sanitärbranche (Hähne, Ventile) und für Gleitlager (gute Notlaufeigenschaften).

- **Kupfer-Aluminium-Legierungen (Aluminiumbronzen)**
  Diese Legierungen bestehen bis zu 9 % Aluminium aus Mischkristallen (kubisch-flächenzentriert) und sind gut verformbar. Mehrphasige (heterogene) Aluminiumbronzen enthalten bis etwa 14 % Aluminium und vielfach weitere Legierungselemente. Je nach Legierungszusammensetzung ergibt sich ein großes Eigenschaftsspektrum (ausgezeichnete Festigkeits- und Korrosionseigenschaften, Zunderbeständigkeit, Erosionsbeständigkeit usw.)

- **Kupfer-Nickel-Legierungen**
  Bei jedem beliebigen Legierungsverhältnis der beiden Elemente entstehen Austauschmischkristalle (lückenlose Mischkristallreihe). Kupfer steigert die Verformbarkeit (Dehnung), Nickel die Festigkeit und Korrosionsbeständigkeit. Die Legierungen besitzen je nach ihrer Zusammensetzung höchste Korrosionsbeständigkeit (mit korrosionsbeständigen Stählen vergleichbar), ausgezeichnete Verformbarkeit und Warmfestigkeit oder auch spezielle elektrische Eigenschaften. Beispielsweise hat die Legierung CuNi44 (44 % Ni, 1 % Mn), welche auch als **Konstantan** bezeichnet wird, einen durch Temperaturänderungen wenig beeinflussbaren elektrischen Widerstand. Die Farbe einer Cu-Ni-Legierung wird schon bei relativ geringen Ni-Anteilen hell und ab 25 % Ni ist das Aussehen silberähnlich (Verwendung als Münzlegierung).

- **Kupfer-Nickel-Zink-Legierungen (Neusilber)**
  Neusilber (Alpaka) enthält kein Silber, sondern besitzt nur ein silberähnliches, dekoratives Aussehen. Zink erhöht die Gießbarkeit, Festigkeit und Härte. Es vermindert die Korrosionsbeständigkeit und macht die Legierung billiger. Verwendung findet diese Legierung bei Schmuckstücken, kunstgewerblichen Gegenständen und Instrumententeilen.

- **Kupfer-Beryllium-Legierungen (Berylliumbronzen)**
  Die Löslichkeit des Berylliums im Kupfer sinkt mit fallender Temperatur. Dies ergibt die Möglichkeit einer Aushärtung (z. B. CuBe2 mit einer Festigkeit von etwa 1500 N/mm²). Anwendungsgebiete sind nichtfunkende Werkzeuge, nichtmagnetische Federn, hochbeanspruchte Schrauben, Zahn- und Schneckenräder.

- **Kupfer-Blei-Legierungen (Bleibronzen)**
  Bleibronzen und Zinn-Blei-Bronzen besitzen gute Gleiteigenschaften und hohe Wärmeleitfähigkeit. Sie werden für hochbeanspruchte Gleitlager verwendet.

- **Hochleitfähige Kupferlegierungen (Leitbronzen)**
  Diese Legierungen enthalten geringe Zusätze von Elementen, welche die Leitfähigkeit wenig senken, die Festigkeit aber deutlich verbessern. Als Elemente werden Silber, Kadmium, Magnesium, Beryllium, Chrom, Silizium u. a. zugegeben. Anwendung finden diese Legierungen bei stromführenden Teilen, die eine gewisse Festigkeit aufweisen müssen.

5.2.2 Nickel

5.2.2.1 Eigenschaften

Farbe	silberweiß
Dichte	8,9 g/cm³
Schmelzpunkt	1452 °C
Kristallgitter	kfz
Elastizitätsmodul	$220 \cdot 10^3$ N/mm²
Wärmeausdehnungskoeffizient	$13{,}1.10^{-6}$ m/(m K)
Wärmeleitzahl	92 W/(m K)
elektrische Leitfähigkeit	14,6 m/(Ω mm²)
Zugfestigkeit (je nach Behandlungszustand)	300 … 800 N/mm²
Bruchdehnung (je nach Behandlungszustand)	2 … 60 %

Das Metall ist bis 356 °C ferromagnetisch und besitzt eine hohe Magnetostriktion (siehe Abschnitt 2.6.3). Es hat eine gute Warm- und Kaltverformbarkeit und ist auch bei großer Kälte (bis –200 °C) noch zäh. Die Zerspanbarkeit bereitet wegen der Zähigkeit Schwierigkeiten. Nickel ist ferner gut löt- und schweißbar, besitzt eine große Hitzebeständigkeit (bis etwa 800 °C) und ist außer gegen starke Säuren und Schwefel sehr korrosionsbeständig.

5.2.2.2 Verwendung

Reines Nickel wird im chemischen Apparatebau und in der Nahrungsmittelindustrie verwendet. Bei größeren Apparaten setzt man es aus Kostengründen als Plattierungswerkstoff ein. Galvanisch verchromte Stahlgegenstände erhalten, da die dekorativen Chromüberzüge nicht rissund porenfrei sind, zuerst eine Nickel-Schicht, welche dicht ist und das Eisen schützt. Durch die starke Magnetostriktion wird Nickel auch für Unterwasser-Echolote und Ultraschallgeneratoren eingesetzt. Nickel ist darüber hinaus ein wichtiges Element in zahlreichen Legierungen.

5.2.2.3 Nickellegierungen

Je nach ihrer Zusammensetzung gibt es Nickellegierungen für verschiedene Anwendungsgebiete. Beispiele für **niedrig legierte Nickelwerkstoffe** sind NiMn2 oder NiBe2. Durch die Elemente Mangan und Beryllium wird die Festigkeit des Nickels gesteigert, ohne die Korrosionsbeständigkeit zu verschlechtern. Die Legierung NiBe2 wird u. a. zur Fertigung von Federn und Membranen verwendet. Die wichtigsten Zusätze für **korrosionsbeständige Nickellegierungen** sind Kupfer, Chrom und Molybdän. Es gibt sogar Erzlagerstätten, in denen Nickel und Kupfer gemeinsam in einem bestimmten Verhältnis vorkommen. Man kann dann eine „natürliche" Legierung herstellen (aus etwa 2/3 Ni und 1/3 Cu), welche Monel genannt wird. **Warmfeste Nickellegierungen** werden z. B. für spezielle Teile von Wärmekraftmaschinen oder für Heizleiter verwendet. Diese Legierungen müssen neben ihrer Warmfestigkeit auch zunderbeständig sein (Beispiel: NiCr20). Soll die Warmfestigkeit noch gesteigert werden, kommen zur Aushärtung Zusätze von Titan und Al hinzu (NiCr20AlTi). Weitere Verbesserungen bringen die Elemente Kobalt, Molybdän und Wolfram. **Magnetwerkstoffe** ergeben sich durch Legierungen des Nickels mit Eisen, wobei je nach den gewünschten Eigenschaften Ni oder Fe den überwiegenden Anteil ausmacht.

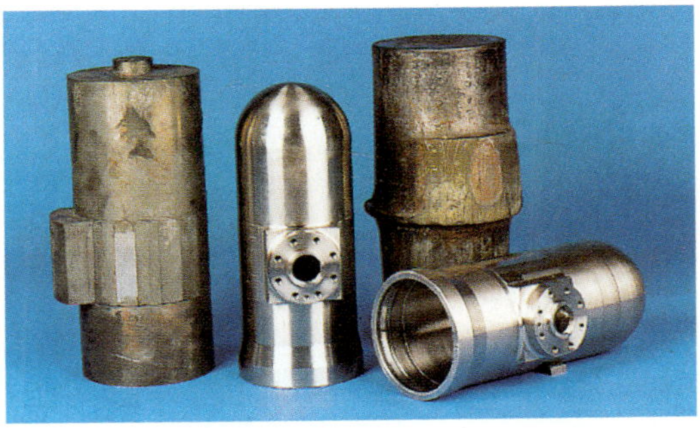

5.18 Starterpumpengehäuse für das Triebwerk der Rakete Ariane 5, welches zur Zündung der Sauerstoff- und Wasserstofftreibstofftanks dient und im Einsatz Temperaturen bis ca. 650 °C ausgesetzt ist. Werkstoff: hochwarmfeste Nickellegierung NiCr22Mo9Nb (Werkstoffnummer 2.4856) mit ≤ 0,05 % C, 21 % Cr, 8,5 % Mo, 59 % Ni, ≤ 1 % Co, ≤ 0,4 % Ti, ≤ 0,4 % Al, 3,4 % Nb

5.2.3 Molybdän

Molybdän ist neben Wolfram und Tantal einer der drei technisch wichtigsten Vertreter der höchstschmelzenden Metalle (Schmelzpunkt von über 2000 °C).

Der Name Molybdän ist griechischen Ursprungs und bedeutet „das Schwere" oder auch „Blei". Das Metall wurde früher oft mit Blei verwechselt, da es im Mineral Wulfenit zusammen mit Blei vorkommt.

5.2.3.1 Gewinnung

Die wichtigsten Mineralien sind Molybdänglanz (MoS_2) und Gelbbleierz oder Wulfenit ($PbMoO_4$). Molybdän wird aus Molybdäntrioxid (MoO_3) gewonnen. Zur Herstellung desselben werden die sulfidischen Erze geröstet. MoO_3 verdampft bei etwa 700 °C und wird anschließend sublimiert. Das entstandene feine MoO_3-Pulver wird dann mit Wasserstoff zu Mo reduziert. Die Herstellung des Molybdäns erfolgt wegen seines hohen Schmelzpunktes auf pulvermetallurgischem Weg. Aus dem Molybdänpulver werden durch Pressen Rohlinge in gewünschter Form gefertigt. Es folgt ein Sinterprozess in Wasserstoff bei Temperaturen zwischen 2000–2200 °C.

Die gesinterten Formstücke weisen noch Porositäten bis zu 10 % auf. Durch plastische Umformung (Schmieden, Walzen etc.) bei Temperaturen zwischen 1200 und 1500 °C entsteht ein vollständig dichter Werkstoff, wobei die Herstellung von Schmiedestücken, Blechen, Folien und dünnen Drähten möglich ist (Bild 5.19).

5.19 Schmieden eines Molybdänrundstabes

5.2.3.2 Eigenschaften

Farbe	silberweiß
Dichte	10,2 g/cm^3
Schmelzpunkt	2620 °C
Kristallgitter	krz
Elastizitätsmodul	$320 \cdot 10^3$ N/mm^2
Wärmeausdehnungs-koeffizient	$5{,}3 \cdot 10^{-6}$ m/(m K)
Wärmeleitzahl	142 W/(m K)
elektrische Leitfähigkeit	19,3 m/(Ω mm^2)
Zugfestigkeit (je nach Behandlungszustand)	600 ... 2500 N/mm^2
Bruchdehnung (je nach Behandlungszustand)	1,5 ... 17 %

Das Metall ist sehr beständig gegen nicht oxidierende Säuren und Alkalien. Auch von Metall- und Glasschmelzen wird es nur wenig angegriffen (keine Verfärbung des Glases). Will man Molybdän plastisch verformen, geschieht dies zweckmäßigerweise innerhalb eines bestimmten Temperaturbereiches. Dieser liegt zwischen der so genannten **Übergangstemperatur** und der **Rekristallisationstemperatur**.

Bei Überschreitung der Übergangstemperatur wird das vorher spröde Metall duktil. Diese Temperatur ist nicht konstant, sondern hängt von der chemischen Zusammensetzung (Verunreinigungen) und dem Verformungsgrad ab. Bei sehr reinen, dünnen und stark verformten Blechen oder Drähten liegt die Übergangstemperatur sehr tief (in der Nähe der Raumtemperatur).

Der Arbeitsbereich der plastischen Umformung wird nach oben hin durch die Rekristallisationstemperatur begrenzt. Bei dieser erfolgt eine Kornneubildung, die mit einer Verminderung der Festigkeit und Härte verbunden ist und die Bruchneigung erhöht. Der Rekristallisationsbeginn liegt je nach dem Verformungsgrad zwischen 800 und 1200 °C. Die spanabhebende Bearbeitbarkeit ist gut. Es werden hierfür vorwiegend Hartmetalle verwendet. Beim Schweißen soll der Zutritt von Sauerstoff oder Stickstoff durch geeignete Maßnahmen verhindert werden. Molybdän hat, wie alle hochschmelzenden Metalle, einen geringen Wärmeausdehnungskoeffizienten. Das hat seinen Grund darin, dass die gesamte Ausdehnung eines Metalles vom absoluten Nullpunkt bis zur Schmelztemperatur immer in der gleichen Größenordnung liegt. Liegt der Schmelzpunkt hoch, wird diese Gesamtdehnung auf einen größeren Temperaturbereich aufgeteilt, wodurch sich pro Grad ein entsprechend kleiner Wert ergibt. Wegen seines hohen Schmelzpunktes ist auch die Warmfestigkeit des Molybdäns ausgezeichnet, was seinen Einsatz bis zu etwa 1900 °C ermöglicht. Es muss jedoch beachtet werden, dass es an Luft schon bei verhältnismäßig geringen Temperaturen (ab 600 °C) zur stärkeren Bildung von Molybdäntrioxid kommt, welches bei etwa 700 °C zu verdampfen beginnt (Sublimation).

5.2.3.3 Verwendung

Molybdän wird sowohl in reiner Form als auch mit Legierungszusätzen verwendet. Beispiele für Legierungselemente sind Wolfram, Rhenium, Titan, Zirkonium und Hafnium. Durch diese Elemente werden einerseits die Warmfestigkeit und verschiedene technologische Eigenschaften (Duktilität, Schweißbarkeit usw.), andererseits die Korrosionsbeständigkeit verbessert.

Zu den ältesten Anwendungsgebieten zählt die Glühlampenindustrie. Aus Molybdän fertigt man Kleinteile wie Stifte, Drähte, Haken und Ösen zur Halterung der Glühfäden aus Wolfram sowie Kerndrähte für das Wickeln von Wolframwendeln. Wegen der nahezu gleichen Wärmeausdehnung wie Quarzglas, eignet sich Molybdän besonders für vakuumdichte Stromzuführungen. Weitere Gebiete sind der Elektronenröhrenbau (Anoden, Elektroden, Getterträger, Katodenschalter usw.), die Halbleitertechnik (z. B. Träger für Siliziumeinkristallscheiben), chemische Industrie, Glasindustrie, die Metallverarbeitung (Druckgusswerkzeuge, Matrizen zum Strangpressen usw.), der Ofenbau (Teile für Hochtemperaturöfen, die mit Vakuum oder Schutzgas arbeiten) und noch weitere Spezialgebiete (Bilder 5.20, 5.21 und 5.22).

5.20 Molybdäntöpfe für Elektronenröhrenbau

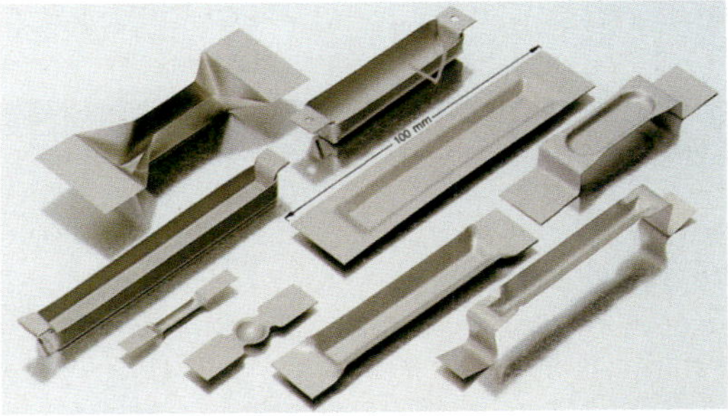

5.21 Aufdampfschiffchen aus Molybdän

5.22 Molybdän-Strahlenschutzgarnitur für den Hochtemperaturofenbau

5.2.4 Wolfram

Wolfram war ursprünglich der Name eines wolframhältigen Erzes. Dieses Mineral, meist ein Begleiter von Zinneisen, behinderte die Reduktion des Zinns und setzte dessen Ausbeute durch erhöhte Verschlackung herab. Die Bergleute nannten den ihnen unbekannten Begleiter der Zinnerze, der wie ein Wolf das Zinn „auffraß“, Wolfram. Heute heißt dieses Mineral Wolframit und das aus ihm gewonnene Metall Wolfram.

5.2.4.1 Gewinnung

Wie beim Molybdän wird auch hier aus den Erzen (Bild 5.23) über mehrere Zwischenstufen Wolframpulver gewonnen, dieses pulvermetallurgisch weiterverarbeitet und anschließend die Sinterstücke bei Temperaturen zwischen 1500 und 1600 °C durch Schmieden, Hämmern und Walzen umgeformt.

5.23 Wolframerz

5.2.4.2 Eigenschaften

Farbe	grau
Dichte	19,3 g/cm^3
Schmelzpunkt	3410 °C
Kristallgitter	krz –
Elastizitätsmodul	410 · 10^3 N/mm^2
Wärmeausdehnungs-koeffizient	4,36 · 10^{-6} m/(m K)
Wärmeleitzahl	129 W/(m K)
elektrische Leitfähigkeit	18,2 m/(Ω mm^2)
Zugfestigkeit (je nach Behandlungszustand)	1000 … 5000 N/mm^2
Bruchdehnung (bei Raumtemperatur)	sehr gering

Wolfram besitzt nicht nur den höchsten Schmelzpunkt (und damit eine sehr hohe Warmfestigkeit), sondern auch den niedrigsten Dampfdruck aller Metalle. Es ist daher bis zu sehr hohen Temperaturen ein ausgezeichneter Werkstoff für die Hochvakuumtechnik. Bei Raumtemperatur ist Wolfram spröde. Für eine plastische Formgebung muss daher vorgewärmt werden. Dabei ist wie bei Molybdän die Übergangstemperatur zu beachten. Diese liegt bei Wolfram je nach den Bedingungen (Reinheitsgrad, Verformung etc.) zwischen 100 und 400 °C. Auch beim Biegen, Stanzen, Schneiden und bei spanabhebender Bearbeitung ist eine Vorwärmung zu empfehlen. Wolfram ist nur bedingt schweißbar, da sich in der Schweißzone infolge der Rekristallisation ein grobkörniges Gefüge bildet. Ab 500 °C kommt es an Luft zur Bildung von Wolframtrioxid, weshalb die Erwärmung nur unter Schutzgas oder im Vakuum erfolgen muss. Wolfram besitzt eine große Beständigkeit gegenüber sehr vielen Säuren, Alkalien und Metallschmelzen. Wegen seiner großen Dichte ist es zur Abschirmung radioaktiver Strahlung sehr wirksam. Eine Besonderheit ist ferner das hohe Elektronenemissionsvermögen.

5.24 Poröse Wolfram-Katoden für Mikrowellen-Hochleistungssenderöhren

5.2.4.3 Verwendung

Man verwendet Wolfram rein oder mit Legierungszusätzen. Beispielsweise erhöhen Thoriumoxidzusätze in feinster Form Warmfestigkeit und Rekristallisationstemperatur und setzen außerdem die Elektronenaustrittsarbeit stark herab. Zugabe des ebenfalls hochschmelzenden Metalles Rhenium ergibt einen Werkstoff für Hochtemperaturthermoelemente, mit denen man (unter Schutzgas oder im Hochvakuum) Temperaturen bis über 2000 °C messen kann. Der klassische Anwendungsbereich des Wolframs ist sein Einsatz für die Wendeln der Glühlampen. Weitere Anwendungsgebiete betreffen Elektronenröhren,

5.25 Metallisierung mittels Wolfram-Aufdampfwendeln

5.26 Stehanoden für Röntgenröhren aus einer Wolfram-Kupfer-Legierung verbunden mit einem massiven Kupferkörper

Gleichrichter, Teile für den Hochtemperaturofenbau, Schweißelektroden, Schalter und Kontakte (auch als Sinterkörper mit Füllstoffen).

Bei Kontakten, die der Abbrandwirkung eines elektrischen Lichtbogens ausgesetzt sind, werden beispielsweise Kupfer oder Silber als Füllstoffe verwendet. Diese erhöhen die elektrische und thermische Leitfähigkeit und bewirken zusätzlich durch teilweises Verdampfen eine Kühlung des Grundwerkstoffes.

5.2.5 Tantal

Das Element wurde 1802 vom schwedischen Chemiker A. K. Ekeberg entdeckt. Er wählte den Namen Tantal deshalb, weil sich dieses äußerst korrosionsbeständige Metall mit den meisten Säuren, in die es gebracht wird, nicht „sättigen" kann. Dies erinnerte ihn an die Qualen des sagenhaften Tantalus. Die griechische Mythologie spielt übrigens auch bei der Namensgebung von Niob eine Rolle, eines Metalles mit einem ebenfalls sehr hohen Schmelzpunkt (2470 °C). Da dieses Metall stets mit Tantal zusammen vorkommt und ihm in seinen Eigenschaften sehr ähnlich ist, wurde es von seinem Mitentdecker, dem deutschen Chemiker H. Rose nach Niobe, der Tochter des Tantalus benannt. Niob ist, wie schon erwähnt, ein Legierungselement der Feinkornbaustähle und austenitischen CrNi-Stähle (Abschnitt 4.10.1).

5.2.5.1 Gewinnung

Über mehrere Verfahrensschritte wird aus den tantalhaltigen Erzen Tantalpulver gewonnen. Tantalhalbzeug wird im Hochvakuum entweder durch Sintern oder durch Schmelzen erzeugt. In beiden Fällen müssen vorher entsprechende Presslinge hergestellt werden. Anschließend erfolgt eine plastische Umformung.

5.2.5.2 Eigenschaften

Die plastische Verformbarkeit ist sehr gut (trotz des krz-Gitters), sogar bis zu sehr tiefen Temperaturen (–200 °C). Auch spanend lässt sich Tantal gut bearbeiten. Das Schweißen muss wegen der großen Empfindlichkeit gegenüber Sauerstoff und anderen Gasen mittels Schutzgas (WIG) erfolgen. Noch besser eignet sich das Elektronenstrahlschweißen.

Farbe	blaugrau
Dichte	16,6 g/cm^3
Schmelzpunkt	3000 °C
Kristallgitter	krz
Elastizitätsmodul	$186 \cdot 10^3$ N/mm^2
Wärmeausdehnungskoeffizient	$6{,}5 \cdot 10^{-6}$ m/(m K)
Wärmeleitzahl	54,4 W/(m K)
elektrische Leitfähigkeit	8,1 m/(Ω mm^2)
Zugfestigkeit (je nach Behandlungszustand)	280 … 1400 N/mm^2
Bruchdehnung (je nach Behandlungszustand)	2 … 50 %

Die herausragende Eigenschaft von Tantal ist seine **ausgezeichnete Korrosionsbeständigkeit.** Es ist deshalb oft mit Edelmetallen verglichen worden. Nach der elektrochemischen Spannungsreihe (siehe Abschnitt 9) ist Tantal jedoch kein edles Metall. Seine außergewöhnliche Beständigkeit verdankt es einer sehr dichten und stabilen Oxidschicht, die sich an der Oberfläche bildet und die übrigens durch anodische Oxidation noch deutlich verstärkt werden kann. Bei Raumtemperatur wird Tantal nur von wenigen anorganischen Substanzen angegriffen. Es sind dies hochkonzentrierte alkalische Lösungen, rauchende Schwefelsäure und Lösungen, welche freies SO_3 enthalten, ferner Fluor, Fluorwasserstoff, Flusssäure und Lösungen, die eine entsprechende Menge Fluorionen enthalten.

5.2.5.3 Verwendung

Wegen seines ungewöhnlichen Korrosionsverhaltens findet Tantal eine wichtige Anwendung im chemischen Apparatebau. Beispiele aus diesem Bereich sind Wärmeübertrager, Heizschlangen, Gefäßauskleidungen, Thermoschutzrohre, Spinndüsen für die Kunstfaserherstellung und desgleichen mehr. Wegen seines neutralen Verhaltens gegenüber dem menschlichen Gewebe auch bei längerem Kontakt wird Tantal in der Medizin bevorzugt für Dauerimplantate verwendet. Weitere Anwendungsbereiche sind die Elektronik und die Elektrotechnik (Anoden, Teile von Kondensatoren), der Hochtemperaturofenbau (Heizleiter, Wärmestrahlenschutzschirme) und die Aufdampftechnik. Die Schiffchen und Tiegel aus Tantal dienen hier als Verdampfungsquellen wegen ihrer großen Beständigkeit gegenüber geschmolzenen Metallen und sonstigen chemischen Verbindungen (Bilder 5.27, 5.28 und 5.29).

5.27 Reaktionsgefäß mit Tantal ausgekleidet

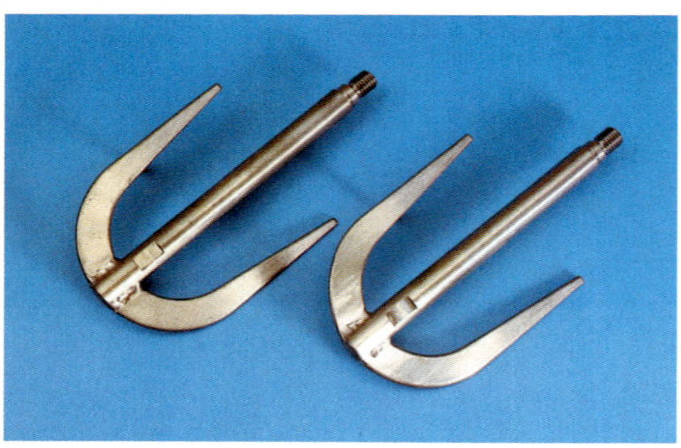

5.28 Tantalrührer (Länge 170 mm)

5.29 Induktiv beheizte Verdampferquellen aus Tantal

5.2.6 Zink

5.2.6.1 Eigenschaften

Farbe	bläulich weiß
Dichte	7,14 g/cm³
Schmelzpunkt	419 °C
Kristallgitter	hexagonal
Elastizitätsmodul	$92{,}7 \cdot 10^3$ N/mm²
Wärmeausdehnungskoeffizient	$29{,}8 \cdot 10^{-6}$ m/(m K)
Wärmeleitzahl	113 W/(m K)
elektrische Leitfähigkeit	16,9 m/(Ω mm²)
Zugfestigkeit (je nach Behandlungszustand)	20 … 250 N/mm²
Bruchdehnung (je nach Behandlungszustand)	0,3 … 45 %

Im gegossenen Zustand ist Zink grob kristallin und weist dann sehr niedrige Werte für Zugfestigkeit (20 … 30 N/mm²) und Bruchdehnung (0,3 … 0,5 %) auf. Im kalten Zustand ist das Metall wegen seines hexagonalen Raumgitters sehr spröde, doch schon bei leichter Erwärmung ist es wegen seiner tiefen Rekristallisationstemperatur (50 bis 180 °C, je nach Reinheitsgrad) sehr gut plastisch verformbar. Bei der Warmumformung (Walzen, Pressen) verbessern sich seine mechanischen Eigenschaften sehr stark. Zink ist gut schweiß-, löt- und gießbar. Es ist an Luft beständig durch Bildung einer Schutzschicht aus Zinkkarbonat.

5.2.6.2 Verwendung

Zink wird als Korrosionsschutz von Stahl eingesetzt, wobei der Überzug elektrolytisch oder durch Tauchen im Schmelzfluss aufgebracht wird (Bilder 5.30 und 9.20). Batterienfertigung, Herstellung von Farben (Zinkweiß) und Imprägnierungslösungen ($ZnSO_4$) sowie der katodische Korrosionsschutz sind weitere Anwendungsgebiete.

Zinklegierungen enthalten als wichtigste Elemente Aluminium und Kupfer. Sie werden hauptsächlich für die Druckgusserzeugung verwendet.

5.30 Verzinkte Stahltreppe

5.2.7 Zinn

5.2.7.1 Eigenschaften

Farbe	silberweiß
Dichte	7,3 g/cm³
Schmelzpunkt	232 °C
Kristallgitter	tetragonal
Elastizitätsmodul	$53 \cdot 10^3$ N/mm²
Wärmeausdehnungs-koeffizient	$27 \cdot 10^{-6}$ m/(m K)
Wärmeleitzahl	63 W/(m K)
elektrisch Leitfähigkeit	12,9 m/(Ω mm²)
Zugfestigkeit (je nach Behandlungszustand)	15 … 30 N/mm²
Bruchdehnung (je nach Behandlungszustand)	30 … 55 %

Das helle (tetragonale) Zinn wandelt sich unter 18 °C langsam (bei tiefen Temperaturen rascher) in eine graue kubische Modifikation um, die sehr spröde und pulverisierbar ist. In früherer Zeit, als diese Zusammenhänge noch nicht bekannt waren, nannte man diese Erscheinung (die wie eine Krankheit aussah) **Zinnpest**. Durch Legierungszusätze (z. B. Antimon oder Wismut) kann diese Umwandlung verhindert werden.

Zinn ist gut gießbar und lässt sich sehr leicht zu dünnen Folien, **Stanniol** genannt, auswalzen, da wegen des tiefen Rekristallisatonspunktes (unterhalb der Raumtemperatur) keine Kaltverfestigung auftritt. Heute werden praktisch nur mehr Aluminiumfolien verwendet. Beim Biegen von reinem Zinn kann man ein knisterndes Geräusch wahrnehmen, welches als „Zinnschrei" bezeichnet wird. Es wird durch die Reibung der Kristalle während der Verformung hervorgerufen. Zinn ist beständig gegen atmosphärische Einflüsse, gegen Wasser, schwache Säuren, schwache Alkalien und ist ungiftig.

5.2.7.2 Verwendung

Wegen seiner Beständigkeit gegenüber Nahrungsmitteln und der leichten Verarbeitbarkeit wurden früher aus Zinn viele Haushaltsgeräte gefertigt. Heute werden aus dem Metall vor allem Gegenstände des Kunstgewerbes hergestellt. Weitere Anwendungsgebiete sind die Lebensmittelindustrie und der Korrosionsschutz. Zinnlegierungen (Lagermetalle, Lote, Druckguss) enthalten als wichtigste Elemente Kupfer, Antimon und Blei.

5.31 Kanne aus Weißblech (verzinntes Stahlblech)

5.2.8 Blei

5.2.8.1 Eigenschaften

Farbe	bläulich weiß
Dichte	11,34 g/cm³
Schmelzpunkt	327 °C
Kristallgitter	kfz
Elastizitätsmodul	$15{,}9 \cdot 10^3$ N/mm²
Wärmeausdehnungskoeffizient	$29{,}4 \cdot 10^{-6}$ m/(m K)
Wärmeleitzahl	35 W/(m K)
elektrische Leitfähigkeit	4,82 m/(Ω mm²)
Zugfestigkeit (je nach Behandlungszustand)	10 … 20 N/mm²
Bruchdehnung (je nach Behandlungszustand)	… 50 %

Blei ist sehr weich, leicht plastisch verformbar, gut löt- und gießbar. An Luft entsteht ein Überzug aus Bleikarbonat, der das darunter liegende Metall schützt. Durch die Bildung dieser Schutzschicht wird die ursprünglich bläulichweiße Farbe grau. Blei hat eine gute Korrosionsbeständigkeit gegen die meisten Säuren (ausgenommen Salpetersäure). Zu beachten ist die Giftigkeit in Form von Dämpfen oder Stäuben.

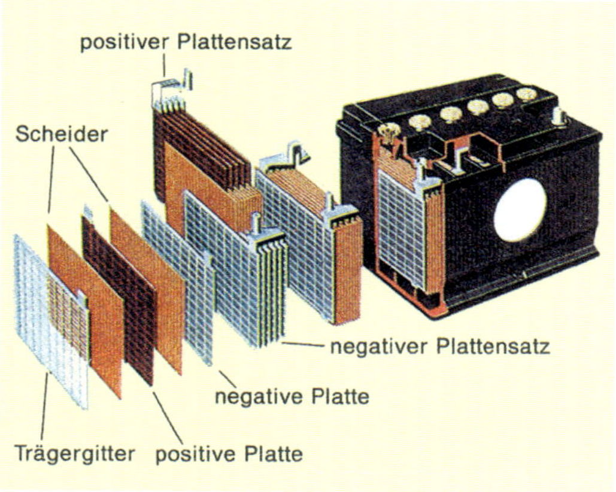

5.32 Bleiakkumulator

5.2.8.2 Verwendung

Blei wird zu einem großen Teil für die Batterieerzeugung verwendet, weiters in der chemischen Industrie wegen seiner Säurebeständigkeit, für Rohre, Kabel, Überzüge, Geschosse und zur Farbenherstellung. Die starke Schwächung der Röntgen- und Gamma-Strahlen durch Blei bedingt seine Anwendung im Strahlenschutz. Für verschiedene Bereiche werden auch Bleilegierungen eingesetzt, welche als wichtigste Elemente Antimon, Zinn, Kupfer und Kadmium enthalten. Beispiele: Hartblei, Weichlot und Lagermetall.

5.33 Dachgaube mit Bleiverkleidung

Fragen und Aufgaben zu Abschnitt 5

5.1 Aluminiumoxid schmilzt bei über 2000 °C. Wodurch ist es möglich, seine Reduktion in flüssigem Zustand (Schmelzflusselektrolyse) durchzuführen?

5.2 Die Reaktion für die Aluminiumgewinnung $2Al_2O_3 \rightarrow 4Al + 3O_2$ benötigt 3350 kJ. Welche Energiemenge in kWh ist für die Erzeugung von 1 kg Aluminium erforderlich (ohne Verluste)?

5.3 Welche Eigenschaften des Aluminiums sollen durch Legierungselemente verbessert werden? Welche sollten sich dabei nicht zu stark verschlechtern?

5.4 Wie unterscheidet sich der übliche Aushärtevorgang einer Aluminiumlegierung von der Selbstaushärtung, die nur bei bestimmten Legierungen auftritt?

5.5 Was ist bei Magnesiumbränden zu beachten?

5.6 Welche Eigenschaftsverbesserungen machen Magnesiumlegierungen für den Fahrzeugbau geeignet?

5.7 Welche Haupteigenschaften des Titans sind die Ursache seiner vielfältigen Anwendungen?

5.8 Wie können Festigkeit und Härte des Titans gesteigert werden?

5.9 Was muss beim Schweißen und Löten von Kupfer besonders beachtet werden?

5.10 Was ist der Unterschied der beiden Korrosionserscheinungen Patina und Grünspan?

5.11 Was ist der Unterschied zwischen Messing- und Bronzelegierungen?

5.12 Wie hoch ist der Silberanteil in der Legierung „Neusilber"?

5.13 Wie ist die Legierung „Monel" zusammengesetzt?

5.14 Wie werden die hochschmelzenden Metalle Molybdän, Wolfram und Tantal hergestellt?

5.15 Wie hoch liegen ungefähr die Wärmeausdehnungskoeffizienten der Metalle aus Aufgabe 5.14 im Vergleich zu Stahl (Begründung)?

5.16 Welches dieser drei Metalle hat seinen Namen von seiner ausgezeichneten Korrosionsbeständigkeit?

5.17 Was ist die „Zinnpest"?

Legierungen mit speziellen Eigenschaften 6

In diesem Abschnitt werden einige Legierungsgruppen mit bemerkenswerten Eigenschaften gezeigt.

- Die erste Gruppe betrifft Legierungen, die im Gegensatz zu allen anderen metallischen Werkstoffen einen **amorphen** Atomaufbau haben.
- Die zweite Gruppe besitzt ein **ungewöhnliches plastisches Verformungsvermögen**.
- Eine dritte Legierungsgruppe zeichnet sich durch ein so genanntes **Formgedächtnis** aus.

6.1 Amorphe Metalle

> Amorphe Metalle, auch als **metallische Gläser** bezeichnet, sind Legierungen, bei denen die regellose Verteilung der Atome in der Schmelze gleichsam „eingefroren" wird (siehe auch Abschnitt 2.2).

Der amorphe Zustand von Metallen kann prinzipiell aus allen drei Aggregatzuständen entstehen. Selbst aus kristallinen Festkörpern können sich durch extrem rasche Diffusionsvorgänge metallische Gläser bilden. Der erstmalige Nachweis amorpher Metalle erfolgte schon um 1950 an dünnen Schichten, die durch Aufdampfen auf ein kaltes Substrat hergestellt wurden.

6.1 Herstellung amorpher Metalle

Extrem rasche Abkühlungsgeschwindigkeiten von Metallschmelzen (bis zu etwa 10^6 K/s) können mit dem **„Melt-Spinning"**-Verfahren erreicht werden (Bild 6.1). Bei diesem „Schmelzspinn"-Verfahren wird die Legierung in einem Schmelztiegel durch Induktionsheizung aufgeschmolzen. Die entstandene Schmelze wird mittels Gasüberdruck durch eine spaltartige Öffnung am Tiegelboden gepresst und auf eine schnell rotierende Trommel gespritzt. Auf der Trommel, die aus einem gut Wärme leitenden Metall (z. B. Kupfer) besteht, erstarrt die Schmelze in der erforderlich kurzen Zeit, sodass keine Kristallisation erfolgen kann. Das erstarrende amorphe Band entsteht mit einer Geschwindigkeit von 25 bis 40 m/s und hat eine Dicke im Bereich zwischen 15 und 80 µm. Die Bandbreiten, welche zur Zeit herstellbar sind, liegen zwischen 1 und etwa 200 mm. Bild 6.2 zeigt eine kommerzielle Anlage zur Herstellung amorpher Metalle.

6.2 Anlage zur Herstellung amorpher Metalle. Unter dem wassergekühlten Gießrad (rechts im Bild) befindet sich der Ofen. Die Anlage hat eine Höhe von ca. 2,5 m.

Wie kristalline Metalle und Legierungen verhalten sich auch amorphe Legierungen metallisch. Sie sind undurchsichtig, haben eine metallisch glänzende Oberfläche und leiten sehr gut die Wärme und den elektrischen Strom. Im Gegensatz zu normalen kristallinen Legierungen tritt allerdings beim Zugversuch vor dem Bruch praktisch keine plastische Verformung auf. Auch sind weichmagnetische amorphe Legierungen (zum Unterschied von kristallinen Weichmagneten) sehr hart (ca. 900 HV) und besitzen Zugfestigkeiten von 1500 bis 2000 N/mm² (Härtebezeichnung HV → siehe Abschnitt 10.1.7.2).

Amorphe Legierungen finden bereits verschiedene Anwendungen. Beispielsweise haben sie ein besonders günstiges weichmagnetisches Verhalten. **Weichmagnetische** amorphe Legierungen setzen sich aus einem oder mehreren ferromagnetischen Elementen (Fe, Ni, Co) sowie aus den Metalloiden Si und Bor (B) zusammen. Die Fe-, Ni- oder Co-Atome sind Träger der weichmagnetischen Eigenschaften, die Si- und B-Atome kristallisationshemmende Zusätze, so genannte „Glasbildner". Bei den amorphen Legierungen auf Co-Basis ist es möglich, die Magnetostriktion (siehe Abschnitt 2.6.3) um eine Größenordnung niedriger als bei den besten kristallinen weichmagnetischen Legierungen zu halten. Weitere Vorteile amorpher Legierungen sind ihre geringen Ummagnetisierungsverluste und ihre hohe Permeabilität. Diese und weitere Eigenschaften erschließen amorphen Legierungen zahlreiche spezielle Anwendungsgebiete in der Elektrotechnik und Elektronik.

In speziellen Fällen unterzieht man amorphe Legierungen einer Wärmebehandlung, wodurch man so genannte **nanokristalline Legierungen** erhält. Diese bestehen aus amorphen und kristallinen Anteilen, wobei die letzteren Korngrößen von etwa 10 bis 15 nm besitzen. Die magnetischen Eigenschaften entsprechen denen amorpher Legierungen, sie haben aber in manchen Fällen einige Vorteile. So erreichen z. B. nanokristalline Legierungen mit relativ preiswerten Legierungskomponenten nahezu die Eigenschaften amorpher Legierungen auf Co-Basis und sind zudem noch temperaturbeständiger. Bild 6.3 zeigt einige Anwendungsbeispiele amorpher bzw. nanokristalliner Legierungen.

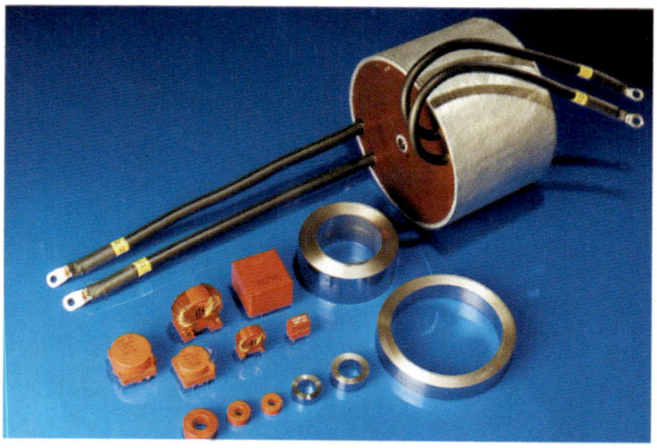

6.3 Anwendungsbeispiele amorpher bzw. nanokristalliner Legierungen. Das große Element ist ein Leistungsübertrager mit nanokristallinem Ringkern. Die hellen ringförmigen Teile sind Ringkerne aus amorphen und nanokristallinen Folien. Unten links sind drei Ringkerne für Transduktordrosseln aus einer amorphen Legierung auf Co-Basis. Die restlichen Teile (von links nach rechts) sind zwei Ansteuerübertrager, zwei stromkompensierte Drosseln, ein Stromsensor mit amorpher Sonde und ein ISDN (Integrated Systems Digital Network)-Signalübertrager mit amorphem Ringkern.

6.2 Superplastische Legierungen

Die Superplastizität metallischer Werkstoffe ist dadurch gekennzeichnet, dass Werkstücke bei Temperaturen von über 60 % der Schmelztemperatur (in Kelvin) bei einer Zugbeanspruchung einschnürfreie **Dehnungen von einigen hundert Prozent** ertragen (Bild 6.4). Die Dehnungsgeschwindigkeiten sind im Vergleich zur konventionellen Umformtechnik sehr niedrig und liegen im Bereich zwischen 10^{-4} und $10^{-2} \cdot s^{-1}$ (Begriff „Dehnung" → siehe Abschnitt 10.1.1).

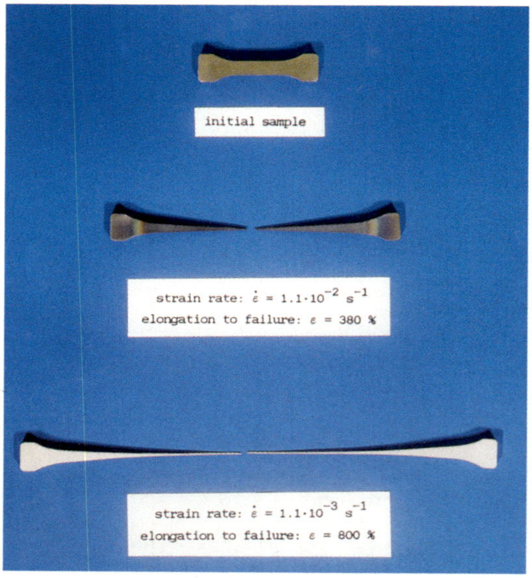

6.4 Auswirkungen unterschiedlicher Dehnungsgeschwindigkeiten (1,1 · 10^{-2} und 1,1 · $10^{-3} \cdot s^{-1}$) auf zwei superplastisch gedehnte Zugproben mit der Legierungszusammensetzung: 2,45 % C, 5,25 % Cr, 9,75 % V, 1,30 % Mo, Rest Fe (Gesamtlängen der Proben vor dem Versuch: 45 mm)

Die Hauptvorgänge bei der superplastischen Umformung sind nicht die im Abschnitt 2.6.4 beschriebenen Mechanismen des Gleitens von Versetzungen, sondern das **Korngrenzengleiten** ganzer Körner mit einer allfälligen Rotation derselben. Dazu ist ein sehr feinkörniges Grundgefüge erforderlich (Korngrößen unter 10 µm) und weiters eine Erwärmung auf die vorhin erwähnte Umformtemperatur. Höhere Temperaturen begünstigen aber das Kornwachstum (Grobkornbildung), wodurch die Feinkörnigkeit gefährdet wird. Aus diesem Grund besitzen superplastische Legierungen zusätzlich eine fein verteilte zweite Phase (bestehend aus intermetallischen Verbindungen), welche noch kleinere Dimensionen als das Grundgefüge aufweist. Die Partikeln der zweiten Phase behindern die mit einem Kornwachstum immer verbundene Wanderung der Korngrenzen und wirken dadurch gleichsam als „Stabilisatoren". Erst durch eine stärkere Erwärmung geht dieser stabilisierende Effekt verloren.

Es gibt bereits eine große Zahl von Legierungen, die für die superplastische Umformung geeignet sind. Angefangen von konventionell nicht schmiedbaren Eisenbasislegierungen mit bis zu 45 Volumenprozent Karbidanteil (bei C-Anteilen bis über 3,5 %) und den Elementen Chrom, Vanadium und Molybdän (Bild 6.5), erstreckt sich der Werkstoffbereich über Ti-Al-Legierungen mit bis zu 25 Volumenprozent intermetallischer Phasen, Al-Ni-Legierungen bis hin zu speziellen Hochleistungskeramiken.

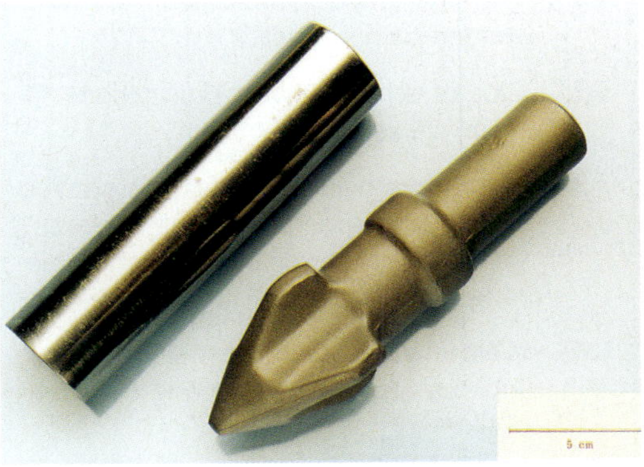

6.5 Schneckenspitze (Werkstoff wie in Bild 6.4), die im Gesenk superplastisch geformt wurde.

Das superplastische Umformverfahren eignet sich gut zur Fertigung von Bauteilen mit komplizierter Geometrie (allerdings ohne Hinterschneidungen), wobei Toleranzen um 0,15 mm möglich sind. Vorteilhaft ist der Entfall der Kosten für eine mechanische Bearbeitung, was sich vor allem bei den schwer zerspanbaren Werkstoffen auswirkt.

6.3 Legierungen mit Formgedächtnis

Das Phänomen der sich „erinnernden" Metalle wurde schon 1932 an einer Gold-Kadmium-Legierung beobachtet, aber erst 1951 als Ergebnis einer bestimmten Phasenumwandlung erkannt. Seit dieser Zeit wurde der **Formgedächtnis-** oder **Shape-Memory-Effekt** an verschiedenen Legierungen gefunden. Dazu gehören bestimmte Kupferlegierungen (mit den Elementen Zn, Al, Ni), weiters Legierungen auf Eisenbasis (Fe-Ni-Co-Ti oder Fe-Mn-Si) und als zur Zeit technisch wichtigste Gruppe die Ni-Ti-Legierungen. Diese Legierungsgruppe hat deshalb die größte Bedeutung, da sie neben einem sehr ausgeprägten Formgedächtnis-Effekt auch andere wesentliche Eigenschaften, wie hohe Festigkeit und Duktilität, niedrige Dichte sowie eine ausgezeichnete Korrosionsbeständigkeit besitzt.

Voraussetzung für den Formgedächtniseffekt sind zwei verschiedene Phasen, die bei jeweils unterschiedlichen Temperaturen beständig sind (Bild 6.6). Die Hochtemperaturphase (Austenit) wandelt sich bei Abkühlung in eine Martensitphase in Form einer Zwillingsstruktur um. Diese Umwandlung erfolgt diffusionslos über Scherbewegungen, wobei keine irreversiblen plasti-

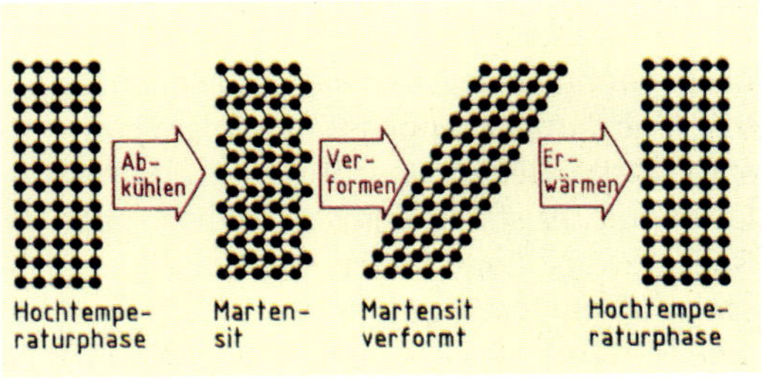

6.6 Prinzip des Formgedächtniseffektes

schen Verformungen durch Versetzungsbewegungen entstehen. Es kommt dabei auch zu keiner Formveränderung. Der Martensit lässt sich durch Verschiebung der Zwillingsgrenzen leicht verformen (bis zu ca. 8 %). Dabei ist die Verformungskraft unabhängig vom Verformungsweg nahezu konstant. Im Spannungs-Dehnungs-Diagramm (siehe Abschnitt 10.1.1) hat daher die Kurve nach einem kurzen Anstieg (elastische Verformung) einen praktisch waagrechten Bereich, welcher als „Martensitplateau" bezeich-

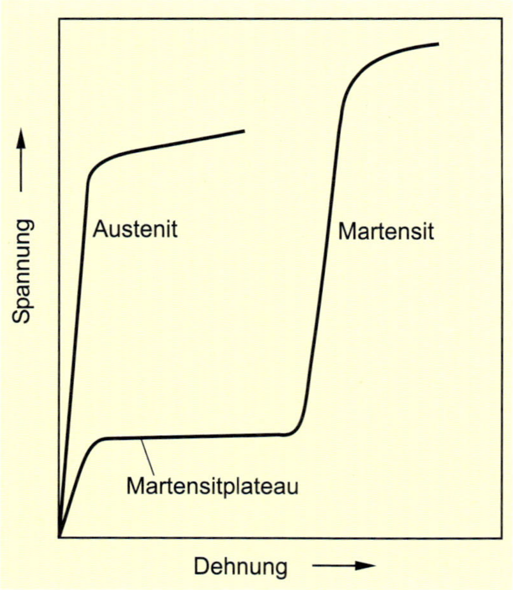

6.7 Spannungs-Dehnungs-Diagramme einer Ni-Ti-Formgedächtnislegierung im austenitischen und martensitischen Zustand

net wird. Verformt man darüber hinaus, wird das Verhalten des Werkstoffes wieder elastisch und anschließend plastisch (Bild 6.7). Eine Verformung, die nicht über das Martensitplateau hinausgeht, bleibt bei tiefer Temperatur (unter der Umwandlungstemperatur) bestehen. Erst bei Erwärmung stellt sich die Kristallorientierung der Hochtemperaturphase und damit die ursprüngliche Gestalt wieder ein. Die Umwandlung von Austenit zum Martensit und die Rückumwandlung findet bei jeweils unterschiedlichen Temperaturen statt, d. h. man hat eine Hysterese. Das hier beschriebene Verhalten bezeichnet man als **Einwegeffekt** (Bild 6.8).

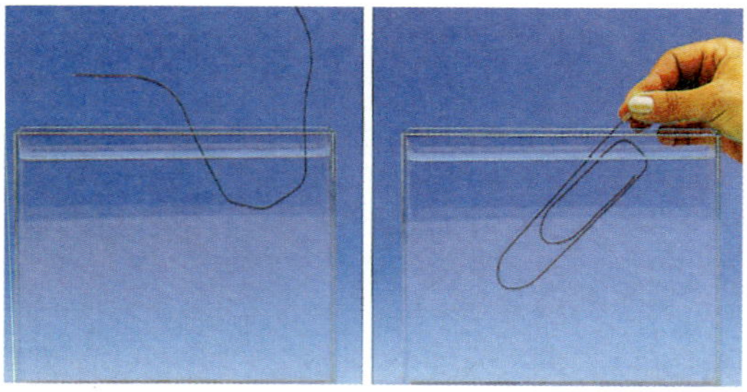

6.8 Versuch mit einem Memory-Metall

Man kann die Vorgänge beliebig oft wiederholen, wobei für jeden Zyklus eine verformende Kraft erforderlich ist. Lässt man diese Kraft als konstante Last oder Feder ständig einwirken, kann ein **Zweiwegverhalten** erreicht werden. Die Kraft muss stark genug sein, das Material im martensitischen Zustand zu verformen, darf jedoch keine nennenswerte Verformung während der austenitischen Hochtemperaturphase hervorrufen.

Wird eine Probe im martensitischen Zustand in den echten plastischen Bereich (also über das Martensitplateau hinaus) verformt, kann auch ein **Zweiwegeffekt** auftreten. Die Legierung „erinnert" sich an zwei Formen und nimmt diese je nach der Höhe der Temperatur abwechselnd ein. Es ist keine Rückstellkraft erforderlich.

Die wichtigsten Anwendungsmöglichkeiten für Legierungen mit Formgedächtnis liegen auf den Gebieten der Steuerungstechnik, des Fügens und der Wärmerückgewinnung.

Fragen und Aufgaben zu Abschnitt 6

6.1 Was sind „metallische Gläser" und wie werden sie hergestellt?

6.2 Gibt es schon Anwendungsgebiete für diese Werkstoffe?

6.3 Wie unterscheidet sich das Umformverhalten einer superplastischen Legierung von dem einer konventionellen Legierung?

6.4 Welche Voraussetzungen sind für eine superplastische Umformung notwendig?

6.5 Was versteht man unter „Formgedächtnis" und welches sind seine Voraussetzungen?

7 Sinterwerkstoffe

Sinterwerkstoffe werden durch die Verfahren der **Pulvermetallurgie** gefertigt. Dabei werden aus Pulvern von Metallen und Metallverbindungen oder Gemischen von beiden durch **Pressen** Formkörper erzeugt, welche anschließend durch eine **Wärmebehandlung (Sintern)** unterhalb der Schmelztemperatur der Hauptlegierungskomponente verfestigt werden. Neben den Hauptnachteilen wie der teuren Pulverherstellung und den hohen Werkzeugkosten, hat die Pulvermetallurgie einige wesentliche Vorteile, welche sich in den folgenden **Anwendungsgebieten** zeigen:

7.1 Sinterlinge aus Molybdän (ca. 60 mm Durchmesser)

- Herstellung von reinen Metallen, deren Erschmelzung wegen ihres hohen Schmelzpunktes auf Schwierigkeiten stößt (z. B. Wolfram, Molybdän, Tantal usw.)
- Erzeugung von Hartmetallen auf der Basis von Wolfram-, Titan- und Tantalkarbid mit einem Bindemittel (Kobalt, Nickel oder Molybdän) und Herstellung von oxid- bzw. metallkeramischen Werkstoffen (siehe Abschnitt 8.2)

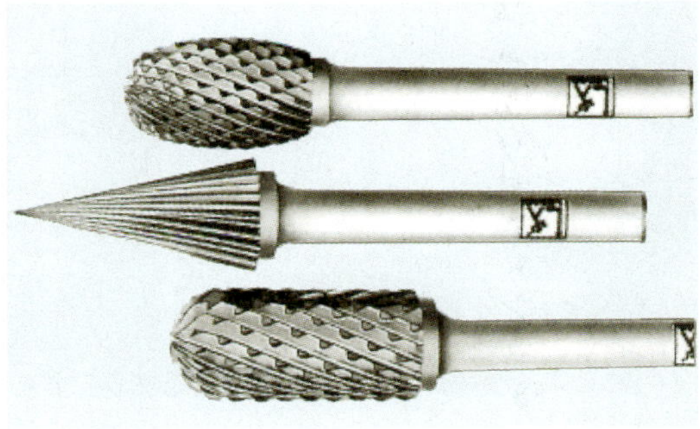

7.2 Fräser aus Hartmetall

- Vereinigung von Stoffen, die sich nicht legieren lassen (z. B. Diamantschleifscheiben mit Bronze- oder Stahlbindung, Kontaktwerkstoffe wie Wolfram-Kupfer oder Wolfram-Silber)

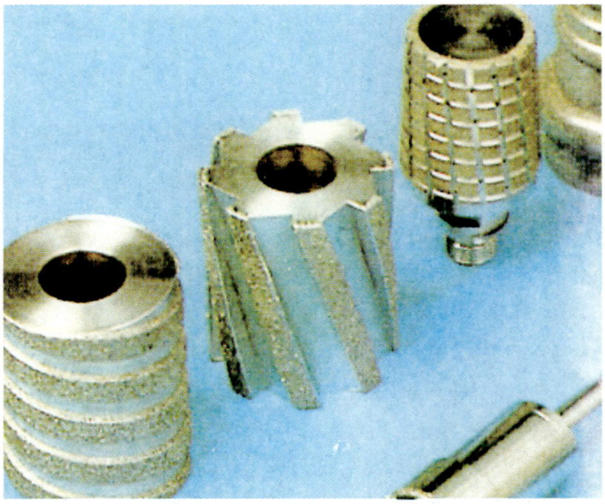

7.3 Mit Diamant und Bornitrid belegte Werkzeuge

- Herstellung von Werkstoffen mit gleichmäßiger Porosität (z. B. Filter, mit Öl getränkte Lagerbuchsen)
- Erzeugung von Werkstoffen mit einer sehr homogenen Gefügeausbildung (z. B. Schnellarbeitsstähle für höchste Anforderungen)

7.4 Gleitlagerbuchsen aus Sinterwerkstoff

- Fertigung von Teilen in großer Stückzahl aus wirtschaftlichen Gründen, da keine Zerspanung notwendig (z. B. in der Automobilindustrie)

Der Fertigungsablauf zur Herstellung von Sinterteilen kann in die vier Abschnitte:

- Pulverherstellung,
- Pressen,
- Sintern und
- Nachbehandlung

unterteilt werden.

7.5 Sinterteile in verschiedenen Funktionen

7.1 Pulverherstellung

Die Herstellung der Pulver kann auf verschiedene Weise erfolgen:

- Zerkleinerung kompakter Ausgangsstoffe in geeigneten Mühlen
- Zerstäuben oder Verdüsen von geschmolzenen Metallen oder Legierungen durch Dampf, Wasser oder Luft
- Reduktion feinkörniger Metalloxide (z. B. Molybdän- oder Wolframoxide mittels Wasserstoff)
- Abscheidung von Metallen mittels Elektrolyse
- Metallpulvergewinnung durch thermische Zersetzung von Karbonylen. Karbonyle sind chemische Verbindungen eines Metalles mit CO-Gruppen (siehe auch Reineisenherstellung in Abschnitt 4).

Je nach Metall und Verfahren haben die Teilchen unterschiedliche Gestalt und Größe, was sich auf das Press- und Sinterverhalten auswirkt (Bilder 7.6 und 7.7). Neben der chemischen Zusammensetzung und Reinheit sind einige weitere Eigenschaften von Bedeutung. Der **Füllfaktor** (Verhältnis von Füll- zu Pressvolumen) ist für die erforderliche Höhe der Pressmatrize maßgebend. Aus Gründen der Wirtschaftlichkeit sind daher kleine Füllfaktoren anzustreben. Da das Füllen der Matrizen in möglichst kurzen Zeiten erfolgen soll, ist weiters ein gutes Fließverhalten der Pulver wünschenswert.

7.6 Wolframpulver durch Mahlen gewonnen

7.7 Entstehen von dentritischem Pulver („Tannenbaumkristalle") durch Elektrolyse

7.2 Pressen

Das Metallpulver wird im Presswerkzeug, der **Matrize** mit einigen Kilobar gepresst (Bild 7.8). Es entsteht ein kantenbeständiger Pressling (vor allem durch Kaltschweißeffekte) mit einer Dichteverteilung, die von der geometrischen Form und der Art der Pressung abhängig ist.

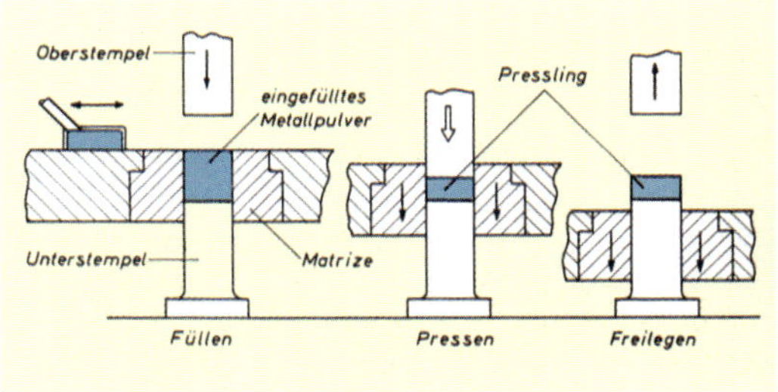

7.8 Schematischer Aufbau eines Presswerkzeuges für Formteile

Bedingt durch die Reibung der Pulverteilchen untereinander und an der Wand der Matrize ergibt sich eine **unterschiedliche Druckverteilung** (anders als bei Flüssigkeiten). Die Dichte des Presslings nimmt mit zunehmendem Abstand vom Pressstempel ab. Dies ist unangenehm, weil dadurch beim nachfolgenden Sintervorgang ein **ungleichmäßiger Schwund** auftritt. Um die Pressbedingungen zu verbessern (geringere Drücke, gleichmäßigere Dichteverteilung, leichteres Ausstoßen des Presslings aus der Matrize), werden dem Pulver Schmiermittel zugegeben, welche beim Sintern verbrennen.

Bei hohen Pressdrücken entsteht eine starke **Kaltverfestigung,** die einer ausreichenden Verdichtung im Wege steht. Unterwirft man nun die Presslinge einer Wärmebehandlung bei verhältnismäßig niedrigen Temperaturen, man nennt dies Vorsinterung, dann wird die Verfestigung aufgehoben und man kann in einem weiteren Pressvorgang die Dichte steigern. Dieses **Doppelpressverfahren** wird bei der Herstellung hochfester Sinterstahlteile angewendet.

Dichte Presslinge (besonders aus spröden Hartpulvern) bekommt man durch das **Heißpressen,** bei dem Pressen und Sintern zugleich erfolgen. Das Pulver wird in Grafitmatrizen gefüllt und mit Grafitstempeln bei relativ niedrigen Drücken verpresst, wobei das Werkzeug bei direktem Stromdurchgang oder induktiv sehr hoch erhitzt wird. Das Verfahren ist kostspielig, da jedes Mal eine neue Matrize verwendet werden muss.

Beim **hydrostatischen Pressen** (Bild 7.9) wird das Pulver in einen meist schlauchförmigen Gummibehälter gefüllt und in der Flüssigkeit einer großen hydraulischen Presse allseitig verdichtet (nur für einfache Formen geeignet).

7.9 Schlauchpressformen

7.3 Sintern

Die Presslinge sind porös und von geringer Festigkeit. Beim Sintern entstehen daraus porenarme, feste Körper (Bilder 7.10, 7.11 und 7.12). Die Sintertemperatur liegt bei Presslingen aus reinem Metall **unterhalb des Schmelzpunktes.** Bei Werkstoffen, die aus Pulvergemischen bestehen, kann ein Bestandteil aufschmelzen **(Sintern mit flüssiger Phase).** Beim Sintern tritt eine

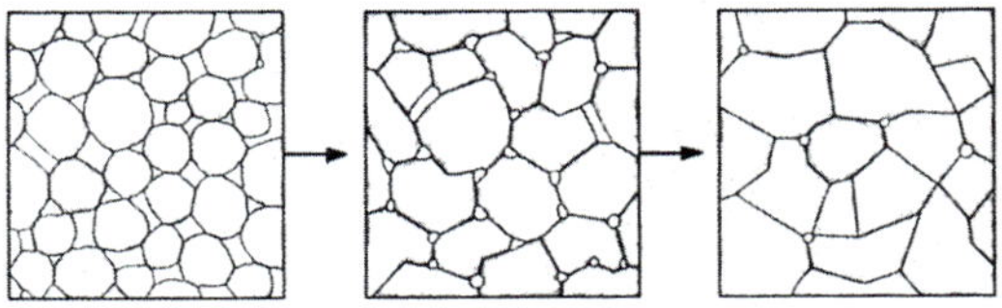

7.10 Sintervorgang
a) Anfangsstadium
b) Schrumpfungsstadium
c) Endstadium

7.11 Gefüge von Hartmetall

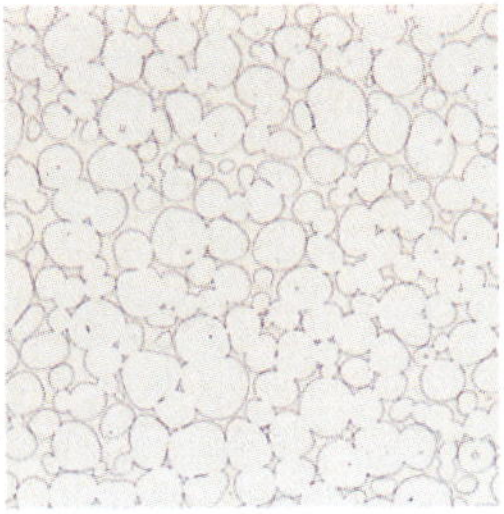

7.12 Gefüge von Schwermetall

Volumsabnahme auf, da die Porosität stark zurückgeht. Der Materialtransport erfolgt durch Diffusionsvorgänge.

Die Sintertemperatur liegt in einem engen Bereich. Ist sie zu niedrig, ist die Diffusion nicht ausreichend und es zeigt sich nur eine geringe Wirkung. Ist sie zu hoch, werden die Eigenschaften des Sinterkörpers durch Kornwachstum schlechter. Um die Werkstoffe vor Oxidation zu schützen, erfolgt das Sintern unter Schutzgas.

7.4 Nachbehandlung

Beim Sintern treten unvermeidliche Maßänderungen und eine leichte Verschlechterung der Oberflächengüte auf. Daher erfolgt bei hohen Anforderungen an die Maßhaltigkeit noch ein Nachpressen oder **Kalibrieren.** Sind die dabei angewendeten Drücke höher, erreicht man zusätzlich noch eine Verdichtung der Werkstücke. Werden größere Formänderungen bei hoher Temperatur vorgenommen, spricht man von **Pulver-** oder **Sinterschmieden.** Damit kann eine vollständige Dichtheit erreicht werden.

Fragen und Aufgaben zu Abschnitt 7

7.1 Zu welchem Fertigungsverfahren gehört die Pulvermetallurgie?

Welche Verfahren gehören noch dazu?

7.2 Welche vier Arbeitsgänge sind für die Fertigung eines Sinterproduktes notwendig?

7.3 Für die Auslegung der Pressen ist die Kenntnis der Pressdrücke und der Werkstückgrößen erforderlich. Welche Presskraft wird z. B. benötigt, um das Metallpulver in einer zylindrischen Matrize in Achsrichtung zu pressen, wenn der Pressdruck 5 Kilobar und der Kreisdurchmesser des Zylinders 3 cm betragen?

7.4 Was bedeutet Heißpressen?

7.5 Wird der Werkstoff beim Sintern geschmolzen?

8 Nichtmetallische Werkstoffe

8.1 Glas

Ganz allgemein kann man den Glaszustand mit einer stark unterkühlten Flüssigkeit von großer Zähigkeit vergleichen. Das zeigt sich auch in einer teilweisen plastischen Verformung von Gläsern, die längere Zeit unter einer stetigen Belastung stehen.

> Im engeren Sinn versteht man unter einem Glas einen nichtmetallischen, anorganischen, amorphen Festkörper, der eine hohe **Transparenz** (Lichtdurchlässigkeit) aufweist.

Das gewöhnliche Gebrauchsglas wird aus einem Gemenge von **Quarzsand** (SiO_2), **Soda** (Na_2CO_3) und **Kalkstein** ($CaCO_3$) in elektrisch beheizten Wannen bei Temperaturen zwischen 1300 bis 1500 °C erschmolzen (Bild 8.1). Es finden dabei verschiedene chemische Reaktionen statt und es entweicht Kohlendioxid. Wegen der Gefahr innerer Spannungen wird es in der Regel langsam abgekühlt. Da das Glas wegen seiner amorphen Struktur keinen exakten Schmelz- bzw. Erstarrungspunkt besitzt, kann seine Viskosität bzw. sein Fließverhalten über die Temperatur in weiten Grenzen eingestellt werden. Bei etwa 1000 °C ist die Glasschmelze zähflüssig und lässt sich gut durch Blasen, Pressen, Ziehen und Walzen verarbeiten (Bild 8.2).

8.2 In der Glashütte

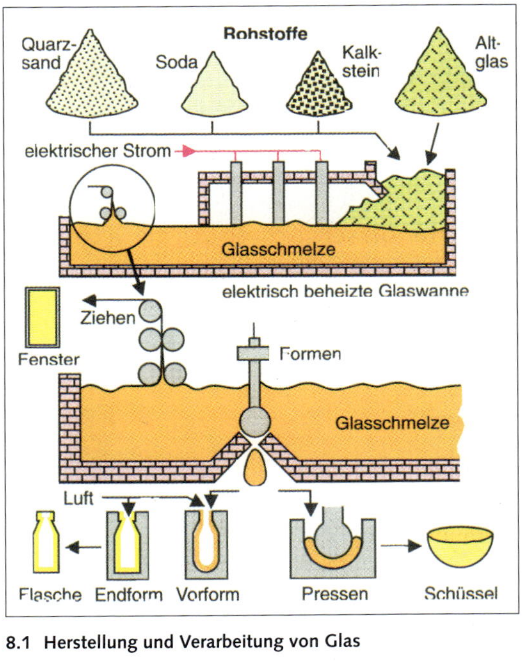

8.1 Herstellung und Verarbeitung von Glas

Je nach ihrer Zusammensetzung unterscheidet man verschiedene **Glassorten**:

- **Kalk-Natron-Glas** (bestehend aus SiO_2, Na_2CO_3, $CaCO_3$) ist das schon erwähnte Gebrauchglas, welches für Trinkgläser, Flaschen, Fensterscheiben usw. verwendet wird (Bilder 8.3 und 8.4 c). Es hat eine relativ niedrige Zugfestigkeit von etwa 50 N/mm_2. Die Werte für die Druckfestigkeit liegen um den Faktor 10 bis 15 höher. Die Dichte liegt bei 2,5 g/cm^3, der Wärmeausdehnungskoeffizient zwischen 8 und 10 · 10^{-6} m/mK. Es ist empfindlich gegen Stoß und schroffe Tempe-

8.3 Fensterglas

raturänderungen, beständig gegen Säuren (mit Ausnahme der Flusssäure), weniger beständig gegen (heiße) Laugen.

- **Borsilicatglas** (bestehend aus SiO_2, Na_2CO_3, $CaCO_3$, B_2O_3, Al_2O_3) hat verschiedene Handelsnamen (Jenaer Glas, Pyrexglas usw.), ist gegen Temperaturschwankungen wenig empfindlich und hat eine sehr gute chemische Beständigkeit. Es wird vor allem für „feuerfestes" Geschirr, Glühlampen, Laborgeräte und Medizinampullen eingesetzt.
- **Bleikristallglas** (bestehend aus SiO_2, Na_2CO_3, PbO, BaO) ist sehr schwer (Dichte bis 6 g/cm^3) und hat eine hohe Lichtbrechung. Es dient vorwiegend zur Herstellung von Luxusartikeln (Trinkgläser, Schalen, Vasen usw.).
- **Quarzglas** (bestehend nur aus SiO_2 in amorpher Form) ist ein teures Spezialglas, welches auch im glühenden Zustand bei einer Abschreckung durch kaltes Wasser nicht zerspringt (Bild 8.4b). Es hat einen sehr niedrigen Wärmeausdehnungskoeffizienten, eine sehr gute chemische Beständigkeit (außer gegen Fluss- und Phosphorsäure), eine hohe Durchlässigkeit für UV-Strahlen (im Gegensatz zum normalen Gebrauchsglas) und eine sehr große Temperaturbeständigkeit. Sein Anwendungsbereich erstreckt sich auf Laborgeräte für höhere Anforderungen, Speziallampen (z. B. Quarzlampen), hitzefeste Schaufenster für Öfen usw.

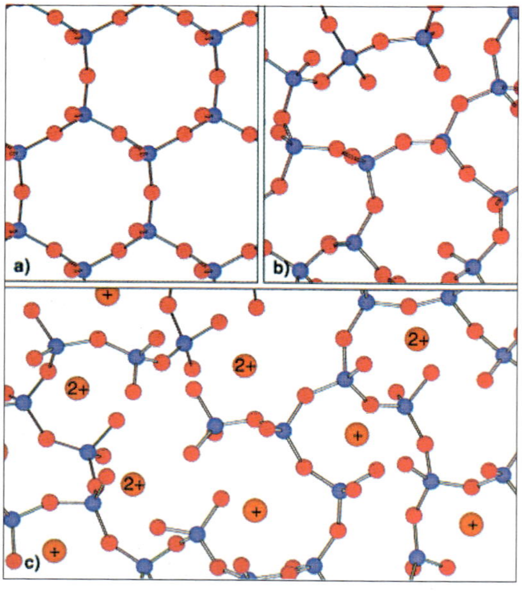

8.4 Anordnung der SiO_4-Tetraeder a) in einem Kristallgitter, b) in Quarzglas, c) in einem Kalk-Natron Glas.

Spezialgläser

Neben diesen Grundsorten gibt es noch eine Reihe von Spezialgläsern. Man kann beispielsweise heiße Glasplatten rasch abschrecken. Dadurch entstehen in der Oberfläche Druckeigenspannungen, welche die Biegefestigkeit um ein Mehrfaches jener von normalen Gläsern erhöhen. Dieses vorgespannte **Einscheibensicherheitsglas** zerfällt beim Bruch in kleine ungefährliche Stücke. Ebenfalls ein Sicherheitsglas ist das **Verbundglas**, welches aus zwei Glasscheiben besteht, die durch eine Folie aus Kunststoff miteinander verklebt sind. Bei Zerstörung der Scheibe bleiben die Bruchstücke auf der Folie haften (Bild 8.5).

8.5 Verbundglas

Optische Gläser zeichnen sich durch besondere Reinheit und Fehlerfreiheit aus. Durch geeig-

8.6 Fototrope Gläser

nete Zusätze werden die gewünschten optischen Eigenschaften wie **Brechungsindex** und **Dispersion** (Streuung) eingestellt. Gläser mit geringer Dispersion werden als **Krongläser,** jene mit hoher Dispersion als **Flintgläser** bezeichnet. Es gibt auch **fototrope** Gläser (z. B. Brillen), die sich bei Lichteinwirkung dunkel färben. Dabei finden durch im Glas eingelagerte Silberhalogenide fotochemische Reaktionen statt, die reversibel (umkehrbar) sind (Bild 8.6).

Glasfaser

Will man die Festigkeit von Glas steigern, geschieht dies am besten dadurch, dass man aus der Glasschmelze sehr dünne Fäden zieht. Man erhält dadurch **Glasfasern**. Bei kleiner werdendem Querschnitt nimmt nämlich die Zahl und Größe der Oberflächenfehler (die für die geringe Zugfestigkeit verantwortlich sind) überproportional ab. Glasfasern mit sehr kleinen Durchmessern (einige µm) haben Festigkeiten, die ein Vielfaches jener Werte betragen, welche an Proben mit größeren Dimensionen gemessen werden. Diese Fasern dienen z. B. zur Festigkeitssteigerung für die glasfaserverstärkten Kunststoffe (siehe Abschnitt 8.4).

Lichtleitende Glasfasern bestehen aus einem stark lichtbrechenden inneren Kern und einem Mantel aus einer Glassorte mit schwächerem Brechungsindex (Bild 8.7). In diesen Fasern wird Licht durch ständig wiederholte Totalreflexion über große Entfernungen geleitet. Zu Bündeln zusammengefasste Lichtleitfasern spielen in der Nachrichtentechnik oder in der medizinischen Endoskopie (bei der Untersuchung innerer Organe) eine große Rolle (Bild 8.8).

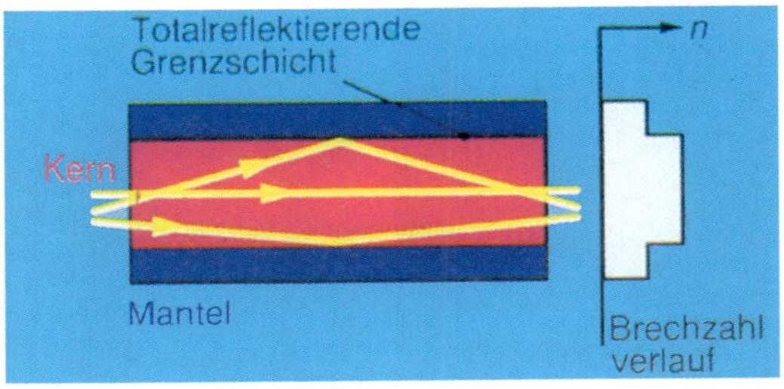

8.7 Lichtleitende Glasfaser (Prinzip)

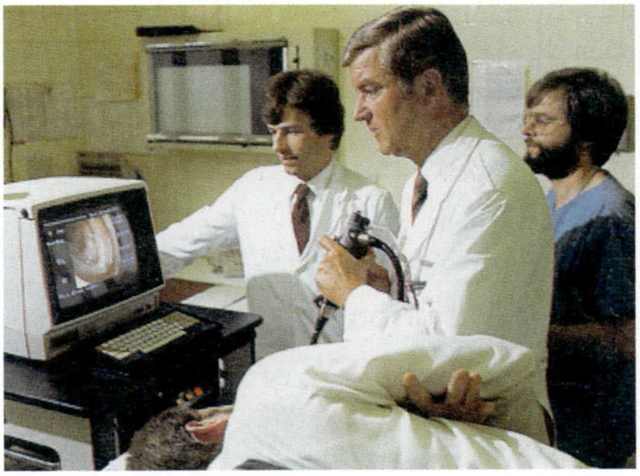

8.8 Lichtleitende Glasfasern in Verwendung bei einer Endoskop-Kamera

Durch geeignete Zugaben keimbildender Mittel (z. B. TiO_2) kann bei Glas auch kristalline Erstarrung auftreten. Die so entstehende **Glaskeramik** besitzt eine höhere Festigkeit und Härte als amorphes Glas und ist bei hohem kristallinem Anteil nicht mehr durchsichtig (Bild 8.9). Werkstücke aus diesem Material dehnen sich in einem weiten Temperaturbereich praktisch nicht aus und sind gegenüber schroffem Temperaturwechsel unempfindlich. Das Anwendungsgebiet für Glaskeramik reicht von Kochgefäßen und Herdplatten bis zur Astronomie (Spiegelteleskope).

8.9 Glaskeramik

Färbung von Glas

Zur **Färbung** von Glas werden der Schmelze verschiedene Metalloxide zugesetzt. Grünes Glas erhält man durch Eisen(II)-oxid. Cobalt(II)-oxid verursacht die tiefblaue Farbe des Cobaltglases. Eisen(III)-oxid oder Mangan(II)-oxid erzeugen eine braune, Kupfer(I)-oxid eine rote Färbung.

Eine Trübung des Glases (Milchglas) erreicht man durch Einlagerung von feinverteiltem Zinnoxid in die Schmelze. Da sich die Zinnoxid-Kriställchen im Glas nicht lösen, bewirken sie eine starke Lichtstreuung.

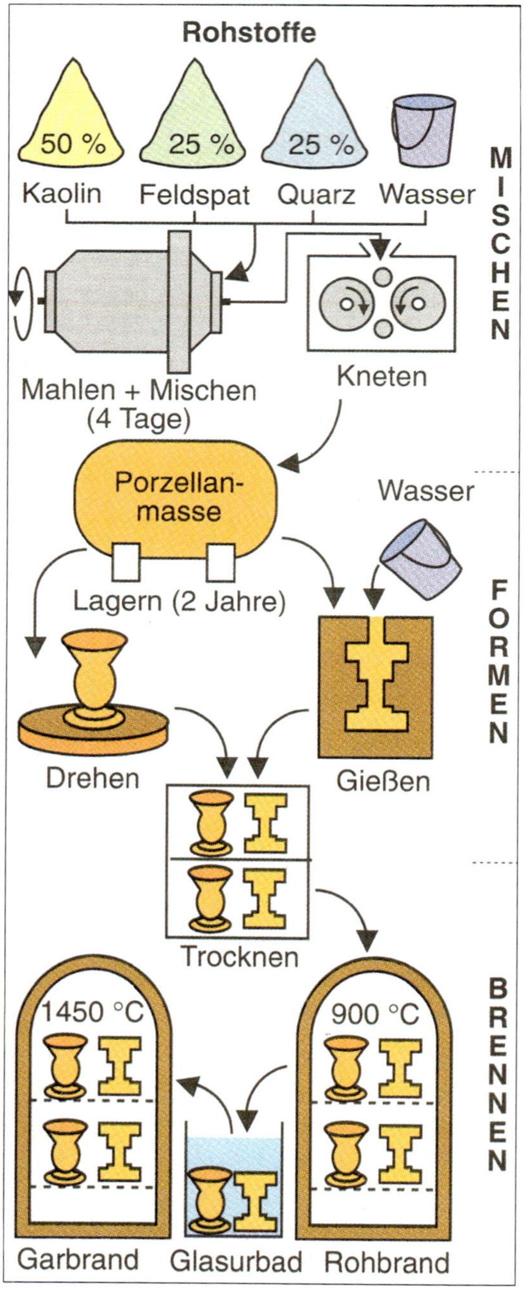

8.10 Herstellung von Porzellan

8.2 Keramik

Keramische Werkstoffe haben sehr verschiedene Zusammensetzungen. Deshalb reicht ihr Einsatzbereich von einfachen Baustoffen (z. B. Ziegel) bis zu Hochleistungswerkstoffen, aus denen man beispielsweise Teile von Motoren und Turbinen fertigen kann.

Bei der Herstellung keramischer Werkstoffe werden zuerst die entsprechenden Bestandteile in Pulverform aufbereitet und gemischt (häufig mit Zugabe von Wasser), danach folgt die Formgebung und anschließend der Brennvorgang. Zu den gemeinsamen Eigenschaften dieser Stoffe zählen große Härte und Festigkeit, gute chemische Beständigkeit, geringes Gewicht aber auch große Sprödigkeit.

Tonkeramische Werkstoffe

Natürlicher Ton enthält neben Sand als wichtigste Bestandteile die Tonminerale Kaolinit und Montmorillonit. Beide Minerale sind Silicate mit schichtenförmiger Struktur.

- **Porzellan** besteht aus Kaolin, Feldspat und Quarz je nach dem Verwendungszweck in unterschiedlicher Zusammensetzung. Die Rohstoffe werden nach Zusatz von Wasser gemischt und durchgeknetet. Nach längerer Lagerung werden aus der plastischen Masse die gewünschten Formen gefertigt. Nach einem Trocknungsprozess folgt bei etwa 900 °C der Rohbrand. Anschließend wird eine Glasur aufgebracht und das Werkstück mit dem abschließenden Garbrand bei 1400 °C fertig gestellt. Das Material ist weiß, dicht, durchscheinend und wird für Geschirr und Isolatoren verwendet (Bilder 8.10 und 8.11).

8.11 Porzellan

8.12 Steinzeug

- **Steinzeug** (Bild 8.12) hat eine ähnliche Zusammensetzung und auch ähnliche Eigenschaften wie Porzellan, ist aber nicht durchscheinend und wird bei Temperaturen zwischen 1200 und 1300 °C gebrannt. Sein Einsatzbereich umfasst Töpferwaren, Abwasserrohre, Fliesen, Laborgeräte und Isolatoren.
- **Steingut** ist im Gegensatz zu Steinzeug porös und wird zuerst bei etwa 1200 °C roh gebrannt. Nach dem Glasieren erfolgt bei rund 1000 °C der Glasurbrand. Zum Unterschied von den üblichen rötlichen Töpferwaren wird für Steingut ein hellerer Ton (mit nur geringen Eisenoxidanteilen) verwendet. Steinzeug dient hauptsächlich als Material für Wandfliesen und Sanitärwaren.

Oxidkeramische Werkstoffe

Ausgangsstoffe dieser Materialien sind Metalloxide, die einem Sinterprozess unterworfen werden. Der wichtigste oxidkeramische Werkstoff ist **Aluminiumoxid (Al_2O_3).** Al_2O_3 besitzt eine große Härte von über 1700 HV (siehe Abschnitt 10.1.7.2), eine sehr gute chemische Beständigkeit und kann bei Arbeitstemperaturen bis nahezu 2000 °C eingesetzt werden. Die Anwendungsgebiete dieses Werkstoffes sind sehr vielfältig. Bei der spanabhebenden Bearbeitung sind mit Al_2O_3-Schneidplatten wegen der ausgezeichneten Warmfestigkeit wesentlich höhere Schnittgeschwindigkeiten als mit Hartmetallen erreichbar. Allerdings müssen wegen der Sprödigkeit des Materials besondere Anforderungen an Stoßfreiheit und Laufruhe gestellt werden. Bei Gleitringdichtungen, vor allem bei aggressiven Medien oder höheren Drehzahlen, ist Al_2O_3 wegen seiner Korrosionsbeständigkeit und Verschleißfestigkeit den meisten anderen Werkstoffen überlegen. Weitere Einsatzgebiete für Al_2O_3 sind Trägermaterialien für die Elektronik und Elektrotechnik, Teile von künstlichen Gelenken (Bild 8.13) sowie verschiedene hoch hitzebeanspruchte Bauteile von Motoren oder Gasturbinen (Bild 8.14).

8.13 Gelenkskugel eines künstlichen Hüftgelenks aus Aluminiumoxid

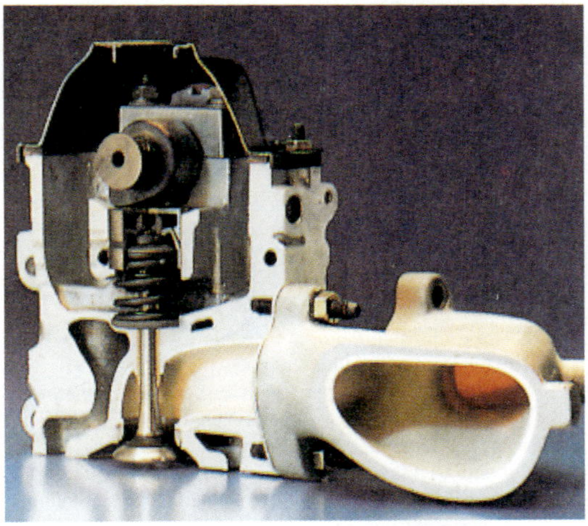

8.14 Auskleidung des heißen Abgaskanals eines Motors mit Aluminium-Titankeramik

Für einige Spezialgebiete wird **Zirkonoxid (ZrO_2)** meist zusammen mit anderen Beimengungen verwendet. So wird es z. B. wegen seiner guten Korrosions- und Verschleißbeständigkeit als Werkstoff für Spritzdüsen in der Landwirtschaft (Bild 8.15), für Bauteile (z. B. Lagerachsen) in

8.15 Spritzdüsen aus ZrO_2 zur Ausbringung von Pflanzenschutzmitteln und Wachstumsregulatoren (Länge des größeren Teiles: 27 mm)

Hochleistungskleingetrieben (Bilder 8.16 und 8.17) und weiters (neben Al_2O_3) für chirurgische Instrumente (Skalpelle, Pinzetten usw.) eingesetzt. Besondere Eigenschaften, wie die sehr niedrige Wärmeausdehnung von $2 \cdot 10^{-6}$ m/(mK) und die sehr geringe Wärmeleitfähigkeit von etwa 2 W/(mK) machen ZrO_2 im Zusammenhang mit seinem hohen Schmelzpunkt (2680 °C) auch als Raketenwerkstoff geeignet (Raketenspitze, Überzug an Düsen).

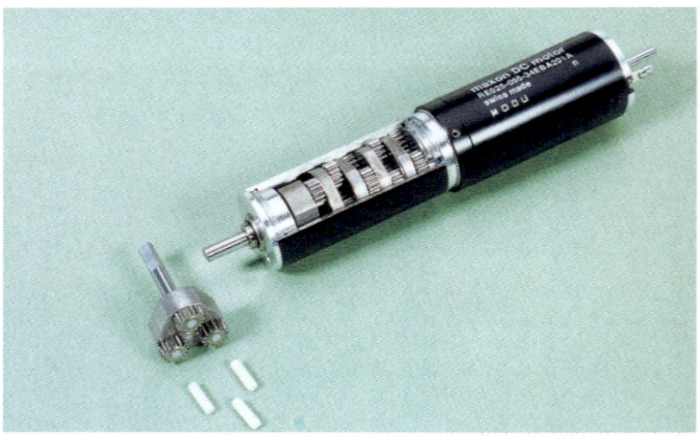

8.16 Gleichstrom-Kleinmotor mit Hochleistungsgetriebe (Baudurchmesser etwas über 20 mm).
Bei höchsten Drehmomenten in Verbindung mit geringen Baugrößen werden vorwiegend Planetengetriebe eingesetzt, bei denen für die Planetenräder aus Platzgründen nur eine Gleitlagerung in Frage kommt. Die Gleitlagerpaarung Stahl-ZrO_2 (Radbohrung-Achse) hat gegenüber anderen Materialien eine weitaus höhere Lebensdauer.

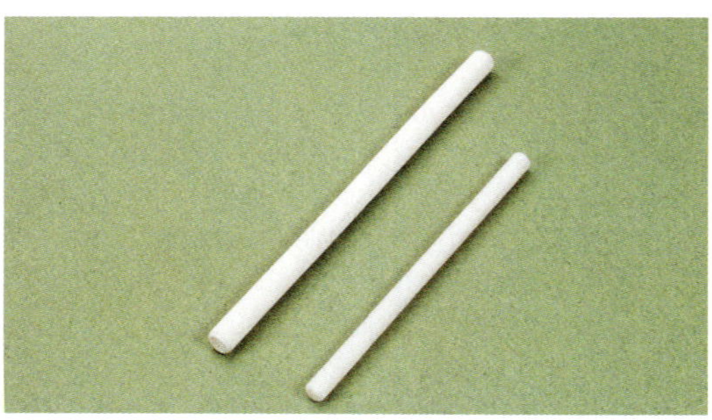

8.17 Beim Sintern der ZrO_2-Achsen entsteht eine Schwindung von etwa 20 %. Dies muss bei der Auslegung der Presswerkzeuge berücksichtigt werden.

Keramik aus Siliziumnitrid

Schon vor einigen Jahren wurden keramische Werkstoffe aus Siliziumnitrid (Si_3N_4) im Motorenbau eingesetzt (Dichtleisten, Teile von Kfz-Gasturbinen). Zu den Vorteilen von Siliziumnitrid zählen die geringe Dichte (3,2 g/cm^3), die niedrige Wärmeausdehnung von $3{,}3 \cdot 10^{-6}$ m/(mk), die hohe Temperaturbeständigkeit (bis über 1000 °C), die sehr gute Korrosionsbeständigkeit, eine große Steifigkeit und ein günstiges Reibungsverhalten verbunden mit einer extremen Abriebfestigkeit.

Diese besondere Eigenschaften haben diesem Werkstoff mittlerweile zahlreiche Anwendungsgebiete erschlossen. Man fertigt aus Si_3N_4 Ventile für Diesel- und Ottomotoren (Bild 8.18), Rollen- und Kugellager, wobei entweder die

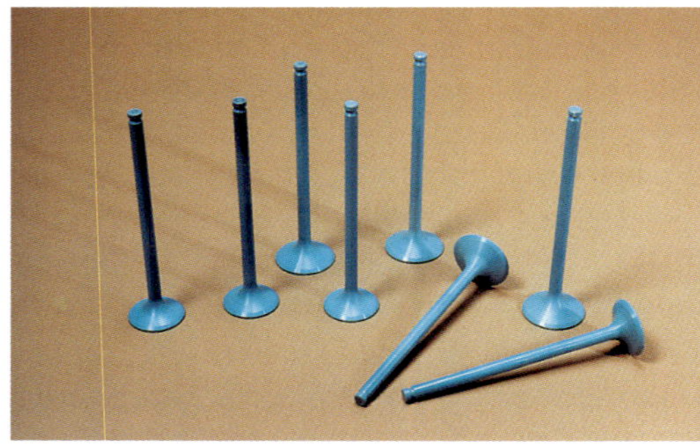

8.18 Siliziumnitrid für Ventile

Laufringe aus Metall sind oder das Lager vollkeramisch ausgeführt wird (Bild 8.19). Weitere Beispiele für technische Bauteile sind Halterungen, Ringe, Bolzen, Buchsen usw. (Bild 8.20).

8.19 Siliziumnitrid für Wälzlager

8.20 Weitere Anwendungsbeispiele für Siliziumnitrid

Metallkeramische Werkstoffe

Diese pulvermetallurgisch hergestellten Werkstoffe bestehen aus einem keramischen und einem metallischen Anteil, weshalb sie auch **Cermets** (**cer**amic + **met**als) genannt werden. Beispiele für diese Werkstoffe sind Molybdän mit Al_2O_3, Chrom mit Cr_2O_3 und Molybdän mit ZrO_2. Vor allem die letztere Paarung hat wegen ihrer guten mechanischen Bearbeitbarkeit entscheidende Vorteile. Anwendungsbeispiele für metallkeramische Werkstoffe sind Werkzeuge (Zerspanungstechnik), Schutzrohre für Thermoelemente bei schwierigen Messbedingungen (z. B. im LD-Tiegel oder Salzbad), Stranggusskokillen, Strangpressmatrizen und andere Verschleißteile.

8.3 Halbleiter

8.3.1 Einteilung

> Halbleiter sind Festkörper, deren elektrische Leitfähigkeit zwischen der von Metallen und Nichtmetallen liegt.

Durch eine **Dotierung** (gezielte Zugabe von bestimmten Stoffen) kann die Leitfähigkeit um mehrere Zehnerpotenzen verändert werden. Dieser Umstand ist für die Halbleitertechnik von grundlegender Bedeutung. Halbleiter-Bauelemente werden aus einkristallinen, polykristallinen und amorphen Materialien hergestellt, wovon die erstgenannten die Hauptgruppe darstellen.

8.21 Räumliche Struktur elektronischer Elemente unter dem Rasterelektronenmikroskop

Beispiele für Elemente und Verbindungen mit Halbleiterwirkung sind Silizium (Si), Germanium (Ge), Selen (Se), Galliumarsenid (GaAs), Indiumphosphid (InP), Bleisulfid (PbS) und viele andere. Von allen Halbleitern nimmt **Silizium** durch seine hervorragende Eignung für die Fertigung hochintegrierter elektronischer Bauelemente eine dominierende Stellung ein (Bild 8.21).

8.3.2 Elektrische Leitfähigkeit

Eigenleitung

Vergleicht man die Leitfähigkeit eines Metalles mit der eines Halbleiters, so stellt man grundlegende Unterschiede fest. Bei einem reinen Metall bewirken die leicht beweglichen Valenzelektronen, welche die Elektronenwolke bilden, die sehr gute elektrische Leitfähigkeit. Diese nimmt mit steigender Temperatur ab, da die verstärkten Wärmeschwingungen der Metallionen den Elektronenfluss immer mehr behindern.

Die Leitfähigkeit eines Halbleiters wird ebenfalls durch die Art der Bindung bestimmt. Silizium kristallisiert gleich wie der Diamant in einer kubischen Gitterart, bei der gegenüber dem kfz-Gitter zusätzlich vier Atome in der Elementarzelle enthalten sind (Bild 8.22). Bei dieser Gitterart ist jedes Atom von vier Nachbaratomen umgeben. Durch diese Anordnung und durch die

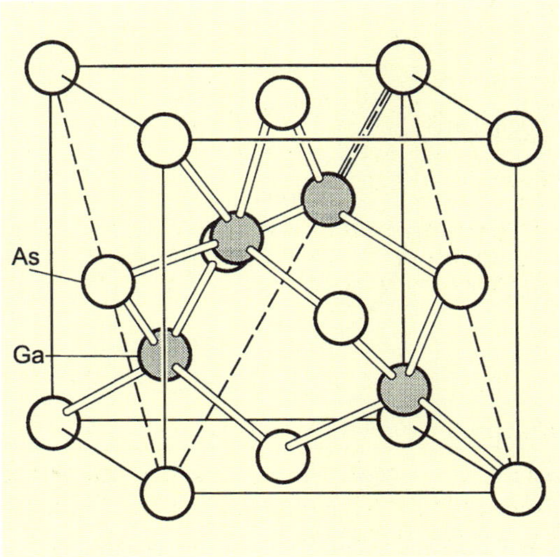

8.22 Elementarzelle des Diamantgitters am Beispiel von Galliumarsenid

Wertigkeit des Siliziums (vierwertig) sind es je zwei Elektronen, die zwischen zwei Nachbaratomen ständig ausgetauscht werden und dadurch die Bindung bewirken (Elektronenpaar- oder kovalente Bindung).

Bei tiefen Temperaturen stehen infolge der sehr stabilen Bindung keine beweglichen Elektronen zur Verfügung. Der Halbleiter ist dann ein Isolator.

Steigt die Temperatur, werden einige Elektronenpaar-Bindungen infolge der Wärmeschwingungen der Atome aufgebrochen. Jedes dieser nun freien Elektronen hinterlässt eine unvollständige Bindung, ein so genanntes Loch im System des Kristalles.

Derartige Löcher können wie die Elektronen als selbstständige bewegliche Teilchen aufgefasst werden, die allerdings eine positive Ladung tragen. Sie werden deshalb auch **Defektelektronen** genannt.

Durch diese Erzeugung (Generation) von Elektron-Loch-Paaren, welche als **thermische Paarbildung** bezeichnet wird, entsteht die **Eigenleitung** des Halbleiters (Bild 8.23). Sie wird mit steigender Temperatur größer (im Gegensatz zu den Metallen). Zwar tritt auch bei den Halbleitern eine Behinderung der Ladungsträger durch Wärmeschwingungen der Atome auf, doch wird dieser Effekt durch die Zunahme der Paarbildung übertroffen.

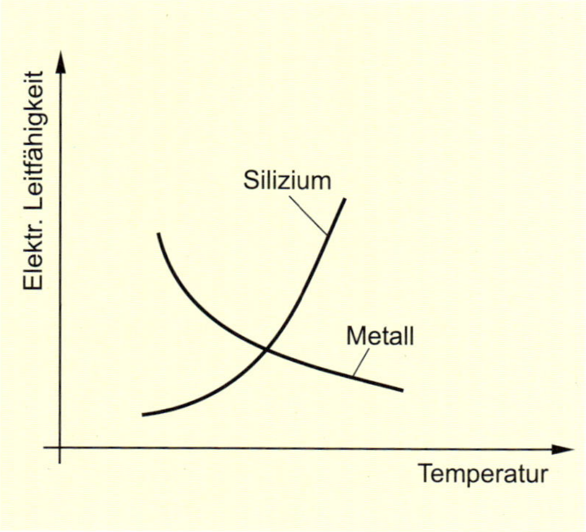

8.23 Die elektrische Leitfähigkeit eines Metalles sinkt mit steigender Temperatur. Bei einem Halbleiter ist es umgekehrt.

Störstellenleitung

Im reinen Silizium gibt es gleich viel freie Elektronen wie Löcher. Durch Zugabe von Fremdstoffen (Dotierung) ändert sich das Leitungsverhalten.

Bei einer Dotierung mit fünfwertigen Elementen (z. B. P, As, Sb) wird das fünfte Valenzelektron nicht zur Elektronenpaarbindung benötigt und kann schon durch kleine Energiebeträge abgespalten werden (Bild 8.24). Dadurch werden die Fremdatome positiv ionisiert. Da sie Elektronen abgeben, heißen sie **Donatoren** (lat. donator = Spender). Diese Art der Leitung wird von negativen Teilchen getragen, weshalb man sie als **n-Leitung** bezeichnet.

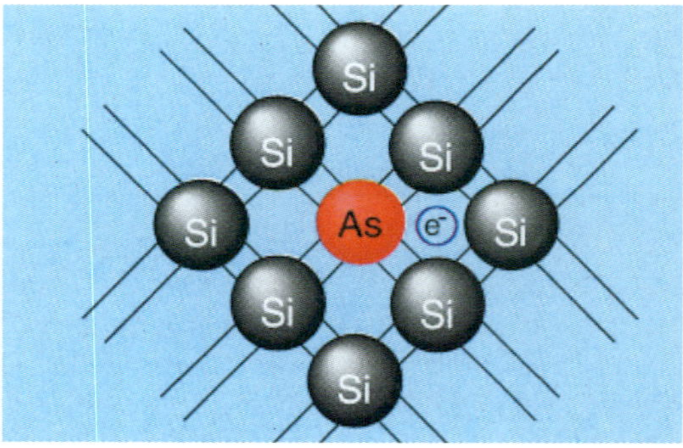

8.24 Siliziumkristall wird mit Arsen dotiert

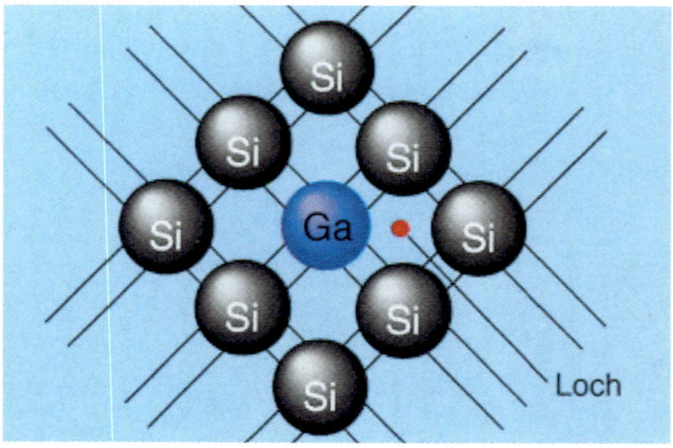

8.25 Siliziumkristall wird mit Gallium dotiert

Wird eine Dotierung mit dreiwertigen Elementen (z. B. B, Al, Ga, In) vorgenommen, fehlt ein Elektron für die Bindung mit einem Si-Atom (Bild 8.25). Da die Fremdatome schon bei geringer Energiezufuhr Elektronen aufnehmen, nennt man sie **Akzeptoren** (Empfänger). Sie werden zu negativen Ionen. Es bleiben **Defektelektronen,** auch **Löcher** genannt, als positive Ladungsträger zurück, und es kommt zur **Löcherleitung** oder **p-Leitung**.

Auch bei dotierten Halbleitern bilden sich bei Energieaufnahme Elektron-Loch-Paare. Zusammen mit den schon vorhandenen Ladungsträgern ergeben sich dadurch **Majoritäts-** und **Minoritäts-Ladungsträger**.

Im Gegensatz zu reinen Halbleitern verläuft die Kurve der elektrischen Leitfähigkeit in Abhängigkeit von der Temperatur bei dotierten Halbleitern nicht stetig (Bild 8.26). Bei Temperaturen in der Nähe des absoluten Nullpunktes sind nur ganz wenige Ladungsträger vorhanden. Mit steigender Temperatur wird die Leitfähigkeit infolge vermehrter Ionisierung der Störstellen immer größer, bis endlich alle Störstellen aktiviert sind (Erschöpfungszustand). Die ursprünglich steil ansteigende Kurve verflacht und erreicht ein Maximum. Der anschließende geringe Abfall der Leitfähigkeit hat seine Ursache in der zunehmenden Behinderung der Ladungsträger infolge der Wärmeschwingung der Atome. Bei weiterer Temperaturerhöhung wird dieser Effekt durch die immer stärker werdende thermische Paarbildung überkompensiert. Die Leitfähigkeit steigt erneut stark an, der Widerstand des Halbleiters bricht zusammen.

Zum besseren Verständnis wird die Wirkungsweise einer Dotierung nun an zwei Bauelementen dargestellt.

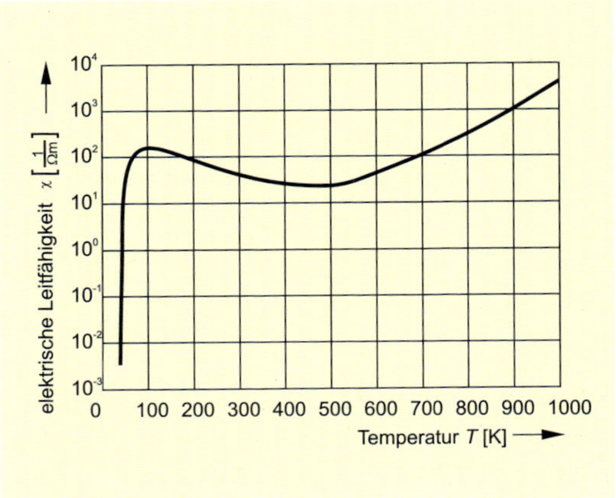

8.26 Elektrische Leitfähigkeit von As-dotiertem Si als Funktion der Temperatur. Dotierungsdichte: 2,1 · 10^{21} As-Atome pro m^3.

8.3.3 Bauelemente

Gleichrichter

Betrachtet man zunächst den einfachen Fall, dass ein Halbleiterkristall auf der einen Seite p-leitend und auf der anderen Seite n-leitend ist, so stellt die Grenze zwischen beiden Bereichen einen **pn-Übergang** dar (Bild 8.27). Im Grenzgebiet beginnen sich die verschiedenen Ladungsträger gegenseitig zu neutralisieren. Man spricht von einer **Rekombination**. Es entsteht eine so genannte **Sperrschicht,** die arm an Ladungsträgern ist. Erreicht die Sperrschicht eine gewisse Breite, so hört die Rekombination auf, da die Ladungen der Atomrümpfe eine rücktreibende Kraft auf die Elektronen bzw. Löcher ausübt.

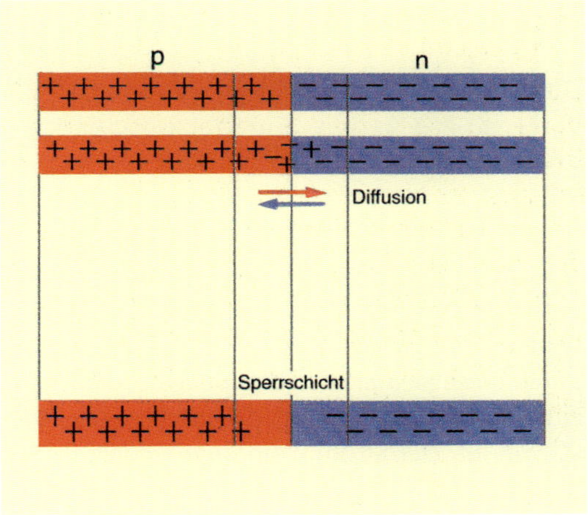

8.27 Im Grenzgebiet eines pn-Überganges entsteht durch Rekombination eine Sperrschicht

Legt man nun an einen pn-Übergang eine äußere elektrische Spannung an, so sind zwei Fälle zu unterscheiden:

Liegt an der p-Zone der negative Pol, so werden zusätzlich Ladungsträger aus der Verarmungszone abgezogen, wobei die Elektronen zur n-Seite, die Löcher zur p-Seite fließen (Bild 8.28). Die hochohmige Sperrschicht verbreitert sich und es fließt nur ein sehr geringer **Sperrstrom** (durch die thermische Paarbildung verursacht), der von der anliegenden Spannung fast unabhängig ist, mit steigender Temperatur aber zunimmt.

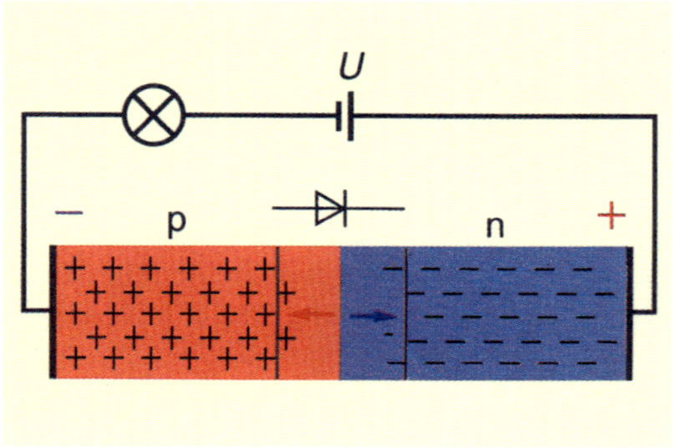

8.28 Eine Diode sperrt, es fließt nur ein geringer Sperrstrom

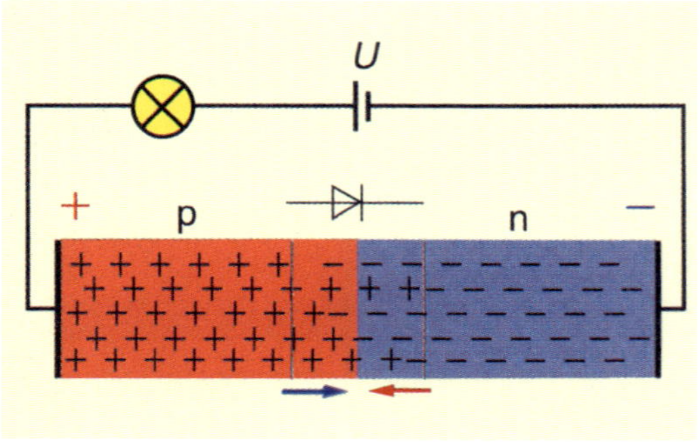

8.29 Eine Diode lässt den Strom durch

Bei Umpolung werden die Ladungsträger von beiden Seiten in die Grenzschicht gedrückt, wodurch diese kleiner wird und bei Überschreitung einer Schwellspannung praktisch ganz verschwindet. Der Strom kann ungehindert fließen (Bild 8.29).

> Ein pn-Übergang wirkt also in der einen Richtung als Leiter, in der anderen als Nichtleiter, wodurch sich eine Gleichrichterwirkung ergibt.

Man bezeichnet so ein Bauelement deshalb als **Gleichrichter** oder **Diode**.

Transistor

Will man den Sperrwiderstand eines pn-Überganges verändern (steuern), so ordnet man in ganz kleiner Entfernung einen zweiten pn-Übergang an. Es entsteht ein Bauelement mit einer Dreischichtstruktur (npn oder pnp), welches als **Transistor** bezeichnet wird (Bilder 8.30 und 8.31). Das Wort ist eine Verkürzung des englischen Begriffes **Tran**sfer Re**sistor** (veränderlicher Widerstand).

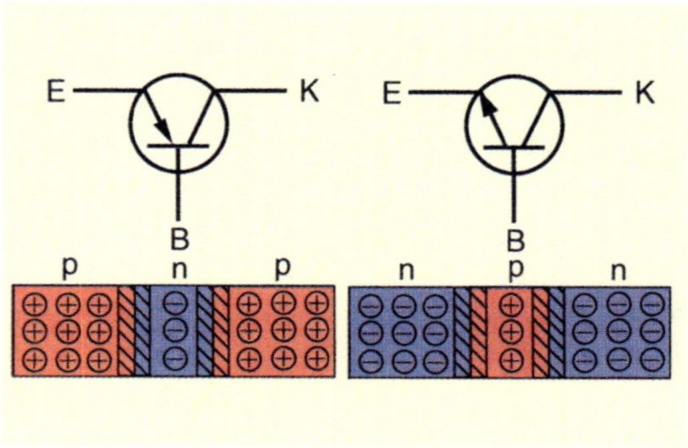

8.30 Transistoren mit ihren Schaltzeichen

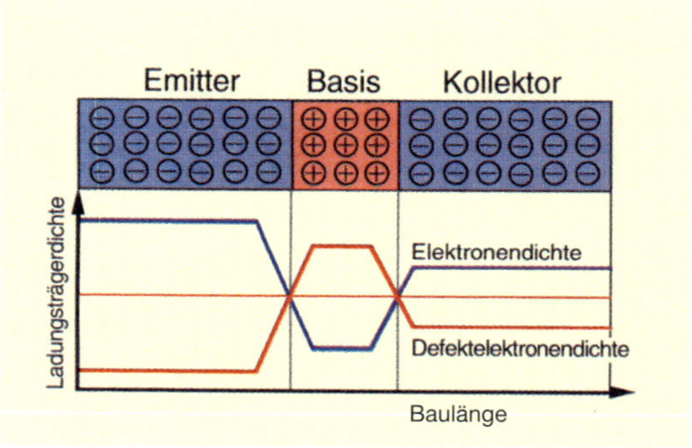

8.31 Leitungs- und Defektelektronendichte in einem npn-Transistor

Die drei Bereiche heißen

- **Emitter** (vom lat. Wort emittere = aussenden),
- **Basis** (bei den ersten Transistoren wurden von dieser Schicht die beiden anderen aufgebaut) und
- **Kollektor** (vom lat. Wort colligere = sammeln).

Im normalen Betriebszustand liegt bei einem npn-Transistor am Emitter eine negative, am Kollektor eine positive Spannung. Das Potential der Basis wird nun so eingestellt, dass der Kollektor-Basis-Übergang gesperrt, der Emitter-Basis-Übergang leitend wird. Emitter- und Kollektoranschluss sind übrigens nicht austauschbar, da die Dotierung des Emitters höher ist.

Will man nun den Strom zwischen Emitter und Kollektor steuern, muss der Verarmungsbereich zwischen Emitter und Basis klein gehalten werden. Dann können Elektronen in die p-Zone eindringen, diese durchlaufen und die n-Zone erreichen. Auch die Basisbreite eines Transistors muss möglichst klein sein (nur einige µm), da andernfalls die Elektronen rekombinieren.

Durch Veränderung der Steuerspannung kann man den pn-Verarmungsbereich vergrößern oder verkleinern, je nachdem ob der äußere Strom herunter- oder hinaufgesteuert werden soll. Die Strom- und Spannungswerte des Steuerstroms betragen dabei nur Bruchteile der Werte des Hauptstroms. Ist die Steuerspannung null, sperrt der Transistor (Bild 8.32).

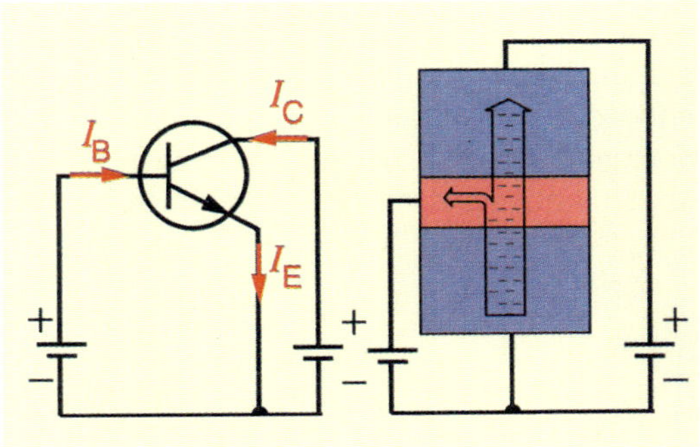

8.32 npn-Transistor in Emitterschaltung. Der Emitterstrom I_E ist die Summe aus Basisstrom I_B und Kollektorstrom I_C.

8.3.4 Darstellung und Reinigung des Rohmaterials

Am Beispiel des Siliziums, des wichtigsten Halbleiters, wird im Folgenden der Weg von der Gewinnung bis zur Fertigung von Bauelementen dargestellt. Benötigt werden Einkristalle höchster Reinheit und hoher Qualität. Nur dann gelingt es, innerhalb ein und desselben Bauteiles eng benachbarte Bereiche mit unterschiedlichem Leitungstyp und möglichst genau abgestimmter Leitfähigkeit zu erzeugen.

Gewinnung

Silizium ist nach dem Sauerstoff das häufigste Element in der Erdkruste. Es kommt allerdings nicht in reiner Form, sondern nur in Verbindungen wie Silikaten oder Quarz vor (Bild 8.33).

Silizium wird aus Quarz (SiO_2) durch Reduktion mit Kohlenstoff in elektrischen Öfen gewonnen (Bild 8.34). Die Temperaturen liegen dabei über dem Schmelzpunkt des Siliziums.

$$SiO_2 + 2\,C \rightarrow Si + 2\,CO$$

Das so gewonnene Rohsilizium enthält noch etwa 2 bis 4 % Verunreinigungen und muss deshalb gereinigt werden.

8.33 Ausgangsmaterial für die Siliziumgewinnung ist Quarz

Chemische Reinigung

Das Rohsilizium wird in eine Chlor-Wasserstoff-Verbindung, dem Trichlorsilan ($SiHCl_3$) übergeführt.

$$Si + 3\,HCl \rightarrow SiHCl_3 + H_2$$

Dabei gehen auch die Verunreinigungen – hauptsächlich Bor und Phosphor – Verbindungen ein, die durch fraktionierte Destillation abgetrennt werden können.

Im Trichlorsilan-Prozess (Bild 8.34) wird aus dem so gereinigten $SiHCl_3$ das Silizium zurückgewonnen. Ein Gasgemisch aus Trichlorsilan und Wasserstoff wird in eine Quarzglocke eingeleitet, in der sich dünne Si-Stäbe befinden.

Diese Stäbe werden elektrisch auf ungefähr 1100 °C aufgeheizt. Bei dieser Temperatur zersetzt sich das Trichlorsilan und reagiert mit Wasserstoff zu Silizium und Chlorwasserstoff. Das Silizium setzt sich dabei in polykristalliner Form auf den Stäben ab, die dadurch auf einige Zentimeter anwachsen.

$$SiHCl_3 + H_2 \rightarrow Si + 3\ HCl$$

Das Silizium besitzt jetzt einen Reinheitsgrad von besser als 10^{-6}. Dieser reicht jedoch für die Herstellung von elektronischen Bauelementen noch nicht aus. Erst durch die Weiterbehandlung mit Hilfe des Zonenschmelzens wird die Reinheit entscheidend verbessert.

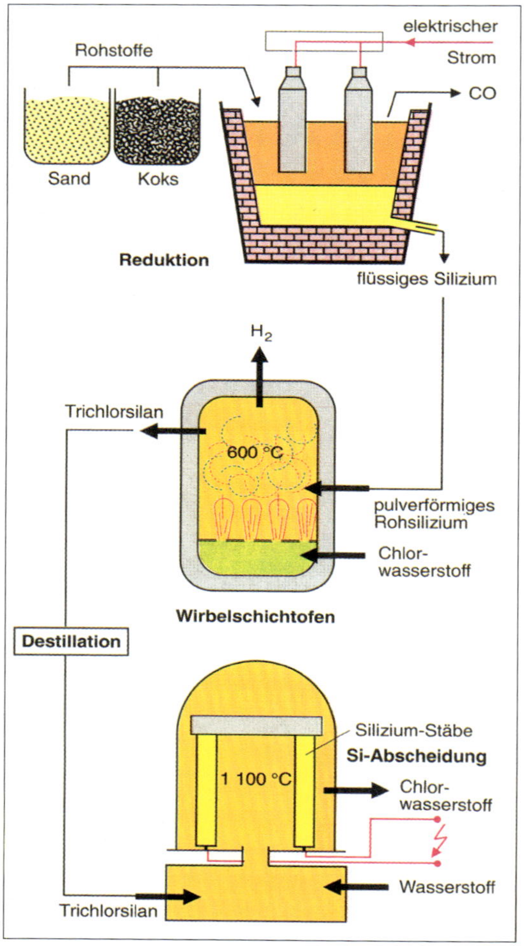

8.34 Herstellung von Silizium

Zonenschmelzen

Durch dieses Verfahren ist es möglich, Reinheitsgrade von 10^{-9} (ein Fremdatom auf eine Milliarde Si-Atome) und besser zu erreichen. Die Wirksamkeit beruht auf den unterschiedlichen Löslichkeiten eines Fremdstoffes in der flüssigen und festen Phase des Halbleiters. Analoge Zusammenhänge (auf Metalle bezogen) wurden bereits im Abschnitt 3 (Legierungsbildung) bei der Besprechung der verschiedenen Zweistoffsysteme ausführlich dargestellt.

Beim Zonenschmelzen wird an einem Siliziumstab ein kleiner Bereich mittels einer Hochfrequenz-Heizspule aufgeschmolzen. Diese schmale flüssige Zone wird nun sehr langsam (einige cm pro Stunde) durch den Stab geführt. Je nach der Art der Verunreinigung (höher oder niedriger als Silizium schmelzend) sammeln sich diese entweder in dem einen oder in dem anderen Stabende an. Die beiden Stabenden werden abgetrennt und der Prozess mehrfach wiederholt.

8.3.5 Einkristallherstellung

Die Driftbewegung der Elektronen und Löcher wird an Kristallgrenzen gestört. Dies lässt sich vermeiden, wenn der Bauteil aus einem einzigen Kristall besteht.

Soll aus einer Phase (Schmelze, Lösung oder Gas) ein Einkristall wachsen, so muss man für eine Unterkühlung bzw. Übersättigung des Systems sorgen. Dabei tritt aber meist auch Keimbildung auf und es entsteht ein polykristalliner Festkörper.

Es gibt allerdings für jedes System einen mehr oder weniger schmalen (metastabilen) Temperaturbereich, wo noch keine Keime gebildet werden, das Kristallwachstum aber schon einsetzt.

Man bringt nun einen kleinen Einkristall, einen so genannten Keim, in das System und stellt diesen metastabilen Zustand für die Dauer der Kristallzüchtung ein. Dabei ist besonders darauf zu achten, dass der Keim möglichst fehlerfrei ist, da nur dann der entstehende Einkristall eine hohe Qualität aufweist.

8.3.5.1 Wachstum aus der Schmelze

Tiegelziehen

Das Halbleitermaterial wird in einem Tiegel aus Grafit oder Quarz geschmolzen. Dann taucht man einen an einem Haltestab befestigten Keim leicht in die Schmelze ein und zieht ihn unter ständigem Drehen ganz langsam nach oben. Wegen der Wärmeabfuhr durch den Haltestab wird die Schmelze am Ort des eingetauchten Keims leicht unterkühlt, sodass der Keim zu wachsen beginnt (Bild 8.35).

8.35 Blick in die Schmelze bei der Erzeugung eines Siliziumeinkristalles nach dem Tiegelziehverfahren.

Tiegelfreies Zonenziehen

Ein gereinigter polykristalliner Siliziumstab wird vertikal so gehalten, dass sein unteres Ende den Impfling fast berührt. Beim Schmelzen dieses Endes wölbt sich die Flüssigkeitsoberfläche etwas nach unten und benetzt den Keim, der zu wachsen beginnt, sobald die Heizspule nach oben bewegt wird. Das Verfahren, bei dem es keine Verschmutzung durch einen Tiegel gibt, wird zur Züchtung hochreiner Siliziumeinkristalle eingesetzt.

8.3.5.2 Wachstum aus Lösungen oder Gasen

Die Gewinnung von Einkristallen aus Lösungen oder Gasen erfolgt hauptsächlich zur Herstellung von Dünnfilm-Bauelementen auf dem Weg der **Epitaxie**. Unter Epitaxie (der griech. Begriff bedeutet so viel wie „obere Anordnung") versteht man das Aufwachsen einer dünnen einkristallinen Schicht auf einem einkristallinen Schichtträger, dem Substrat. Die aufgewachsene Schicht kann dabei aus dem gleichen Material wie das Substrat sein oder aus einem anderen. Im ersten Fall spricht man von **Homöo-Epitaxie**, im zweiten von **Hetero-Epitaxie**.

8.36 Anlage zum Ziehen von Siliziumeinkristallen

Vielfach wird das entsprechende Element in Form einer chemischen Verbindung in die Gasphase übergeführt, wo es nach einem Reduk-

8.37 Siliziumeinkristall (300 mm Durchmesser)

tionsprozess in reiner Form anfällt und auf einem Substrat kristallisiert. Es kann auch die Zersetzung eines gasförmigen Stoffes (z. B. Silan) bei höheren Temperaturen zur Kristallzüchtung verwendet werden.

8.3.6 Bearbeitung der Kristalle

Der Kristall wird entsprechend der gewünschten Orientierung auf einen Träger aus Keramik aufgeklebt, da dieser eine genügend steife Halterung gewährleistet. Anschließend erfolgt die Zerlegung in etwa 0,5 mm dicke Scheiben, die **Wafer** (engl. wafer = Waffel oder Oblate) genannt werden. Als Schneidinstrumente kommen Kreissägen (mit Diamantsplittern besetzt) oder Drahtsägen (mit Schleifsuspension) zur Anwendung (Bild 8.38).

Mit Hilfe von mechanischen und chemischen Verfahren (Schleifen, Läppen, Polieren und Ätzen) wird eine möglichst ebene Oberfläche mit extrem niedriger Rauhigkeit erzielt, die Scheibendicke genau eingestellt und die mechanisch gestörte Kristallschicht beseitigt (Bild 8.39). Eine eindrucksvolle Betrachtung einer polierten Waferoberfläche in atomaren Größenordnungen erlaubt das Rastertunnelmikroskop (Bild 8.40).

8.38 Zerschneiden der Kristalle mit Innenlochkreissägen. Im Vordergrund sieht man gesägte Scheiben mit einem Durchmesser von 200 mm.

8.39 Polieren der Scheiben

8.40 Eine polierte Waferoberfläche zeigt im Rastertunnelmikroskop Abstufungen über drei Atomebenen

8.3.7 Dotierung von Halbleitern

In den meisten Fällen geht es nicht nur darum, eine bestimmte Konzentration von Fremdatomen in den Einkristall einzubringen, sondern ein bestimmtes Dotierungsprofil zu erzielen bzw. einen oder mehrere pn-Übergänge herzustellen.

Legierungsmethode

Das Verfahren wird beispielsweise zur Herstellung sehr starker Dotierungen angewendet. Diese sind an jenen Stellen des Halbleiters nötig, welche mit metallischen Kontakten versehen werden müssen. Zuerst erfolgt ein Aufdampfen von Aluminium auf die Kristalloberfläche, bis sich eine dünne Metallschicht gebildet hat. Eine Erwärmung des Systems auf etwa 500 °C bewirkt die Aufschmelzung einer Al-Si-Legierung an der Grenzschicht. Nach der Abkühlung enthält das rekristallisierende Silizium die der maximalen Löslichkeit entsprechende Aluminiummenge.

Diffusionsverfahren

Unter dem Begriff **Diffusion** versteht man die gerichtete Wanderbewegung von Fremdstoffen in einem festen, flüssigen oder gasförmigen Medium zwischen Bereichen unterschiedlicher Konzentration. Daneben gibt es noch die **Selbstdiffusion** in einphasigen, homogenen Körpern, wobei einzelne Atome ihre Plätze tauschen (bei Sintervorgängen von Bedeutung).

Will man beispielsweise eine Diode herstellen, lässt man Akzeptoren in einen Kristall diffundieren, in dem schon vorher (z. B. beim Wachstum) eine homogene Grunddotierung mit Donatoren vorgegeben wurde. Am Schnittpunkt der Konzentrationsprofile liegt der pn-Übergang.

Für die Herstellung eines Transistors sind im allgemeinen zwei Diffusionsprozesse notwendig. Nur wenn zwei Dotierungselemente mit sehr unterschiedlichen Geschwindigkeiten im Silizium diffundieren, kann man mit einem Prozess auskommen (Simultan-Diffusion).

Ionenimplantation

Die Methode der Ionenimplantation beruht auf dem Prinzip des in der Physik gebräuchlichen Massenspektrographen. Die gewünschten Dotierungsatome werden ionisiert und anschließend in einem elektrischen Feld beschleunigt. Danach werden ihre Bahnen in einem Magnetfeld gekrümmt, wobei die jeweilige Bahnkurve bei sonst gleichen Bedingungen vom Verhältnis Masse zu Ladung des Teilchens abhängig ist. Man kann auf einfache Weise eine hohe Reinheit des Dotierungsmaterials erzielen, indem man nach dem Magnetfeld eine Blende anordnet, die nur die gewünschten Ionen durchlässt. Der Ionenstrahl wird schließlich mit einem speziellen Lenksystem rasterförmig über die Halbleiteroberfläche geführt (Bild 8.41).

Die meisten der implantierten Ionen befinden sich vorerst auf Zwischengitterplätzen und sind somit elektrisch unwirksam. Eine thermische Nachbehandlung (bei etwa 700 bis 900 °C) lässt die Dotierungsatome in reguläre Gitterplätze diffundieren und heilt außerdem die durch Ionenbeschuss verursachten Strahlenschäden aus.

Mit der Ionenimplantation sind sehr kurze Bestrahlungszeiten möglich (einige Sekunden), wobei die seitliche Streuung der Dotierung sehr gering ist. Reinheit und Menge der Ionen lassen sich gut kontrollieren.

8.3.8 Planartechnik

Die Planartechnik erlaubt es durch die Verwendung geeigneter Masken (z. B. SiO_2), welche auf die Halbleiteroberfläche aufgebracht werden, die Wirksamkeit bestimmter Prozesse wie Ätzen, Diffundieren, Implantieren, Oxidieren, Aufdampfen selektiv auf ausgewählte, kleine Bereiche zu beschränken. Dadurch kann man die gewünschten hohen Integrationsgrade der elektronischen Bauelemente erreichen. Es werden nun die einzelnen Verfahrensschritte dargestellt, die schließlich die Diffusionsmaske ergeben (Fotolackprozess).

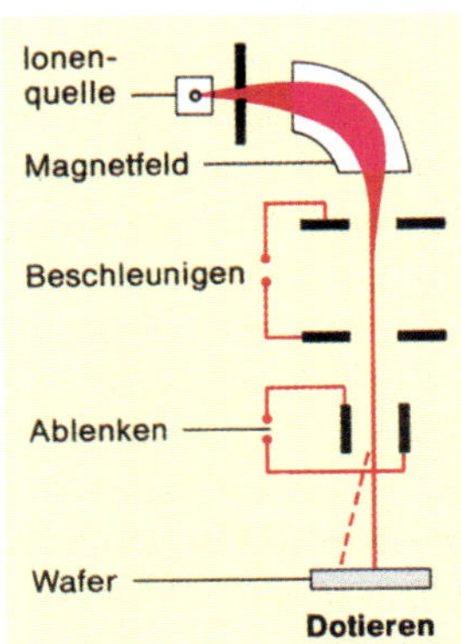

8.41 Ionenimplantation

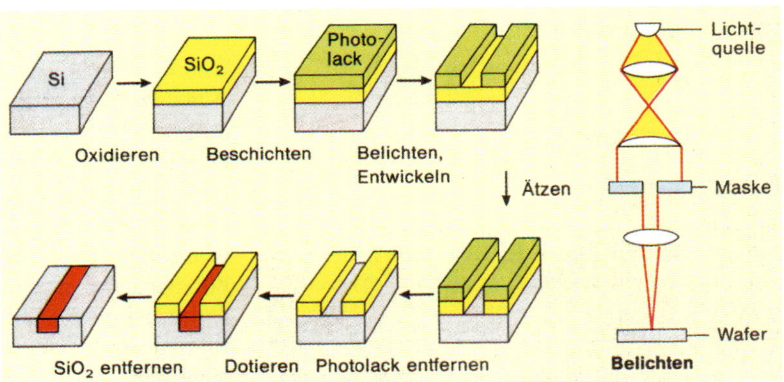

8.42 Verfahrensschritte zur Herstellung elektronischer Bauelemente

Verfahrensschritte

Zuerst erfolgt eine **Beschichtung des Wafers mit SO_2**. Die SiO_2-Schicht wird durch thermische Oxidation in einem Sauerstoff- oder Wasserdampfstrom bei etwa 1000 °C gebildet.

Der nächste Arbeitsschritt ist das **Aufbringen des Fotolacks**. Der lichtempfindliche Lack wird „aufgeschleudert". Auf die rasch rotierende Kristallscheibe wird an der Stelle der Drehachse etwas Fotolack aufgeträufelt. Die Zentrifugalkraft zieht den Lacktropfen zu einer homogenen Schicht von etwa 1 µm Dicke auseinander. Man unterscheidet zwischen Positiv- und Negativlack, je nachdem ob die belichteten oder unbelichteten Stellen beim Entwickeln abgelöst werden.

Nach der **Abdeckung mit einer Fotomaske** erfolgt die **Bestrahlung mit UV-Licht**. Fotomasken sind Schablonen, auf denen die Strukturen, die in die Halbleiterscheiben eingebracht werden sollen, je nach Lackart als lichtdurchlässige oder lichtundurchlässige Profile maßstabsgetreu abgebildet sind.

Es folgt das **Ablösen der belichteten Lackstellen** beim Entwickeln (Positivlack) und **Härtung der verbleibenden Lackschicht** bei etwa 100 °C.

Nun kann die **Abätzung der freigelegten SiO2-Stellen** mit Flusssäure und die **Entfernung der übrigen Lackschicht** durchgeführt werden. Die Siliziumscheibe ist jetzt an den zu dotierenden Stellen frei und an den übrigen durch eine SiO_2-Schicht geschützt. Es kann jetzt die gewünschte **Dotierung** erfolgen. Da bei der Fertigung elektronischer Bauelemente mehrere verschiedene Dotierungen neben- oder übereinander aufgebracht werden, wird auch die entsprechende Anzahl von Fotolackprozessen benötigt.

8.4 Kunststoffe

8.4.1 Allgemeines

> Kunststoffe sind **feste organische Werkstoffe**, die durch **chemische Umwandlungen künstlich erzeugt** werden.

Bei ihrer Herstellung werden entweder geeignete niedermolekulare Verbindungen durch chemische Synthese miteinander zu Makromolekülen verknüpft oder makromolekulare Naturstoffe umgewandelt. Am Bau dieser **Riesenmoleküle**, die Molekülmassen bis zu 100 000 besitzen, sind nur wenige Elemente beteiligt. Das Hauptelement ist der Kohlenstoff.

Das C-Atom ist vierwertig und hat neben wenigen anderen Elementen (wie z. B. Si) die Eigenschaft, mit arteigenen Atomen ketten- oder ringförmige Verbindungen zu bilden. Diese Eigenschaft ist die Ursache für den Aufbau der vielfältigen organischen Verbindungen. Die vier Bindungskräfte liegen räumlich um das Atom, so dass beispielsweise die einfache Verbindung Methan (CH_4) als Tetraeder gedacht wird, in dessen Mitte das Kohlenstoffatom sitzt und dessen Ecken mit Wasserstoffatomen besetzt sind (Bild 8.43).

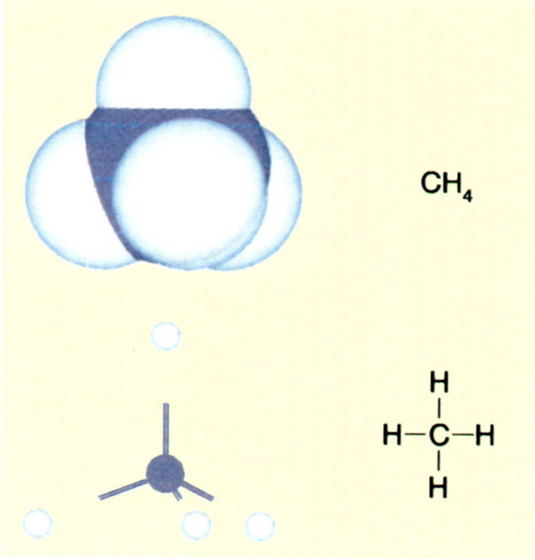

8.43 Molekülmodelle, Molekülformel und Strukturformel für Methan

Aus dem Methan können eine Reihe gleichartig aufgebauter Verbindungen entstehen, die jeweils ein C-Atom mehr enthalten. Man bezeichnet diese Moleküle, in denen die Kohlenstoffatome einfach gebunden sind, als **gesättigte Kohlenwasserstoffe** oder **Alkane**. Am Beispiel des Butans sieht man, dass sich bei ein und derselben Summenformel durchaus verschiedene Molekülformen ausbilden können. Diese so genannten **Isomere** haben auch unterschiedliche Schmelz- und Siedetemperaturen (Bild 8.44).

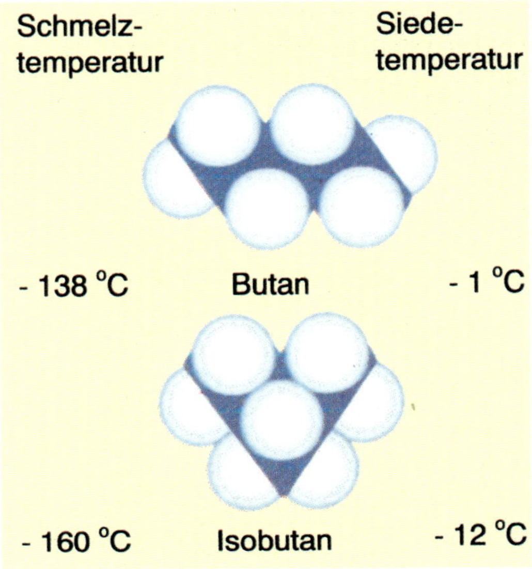

8.44 Molekülmodelle der beiden Isomere des Butans

Bei den **Alkenen,** die zu den ungesättigten Kohlenwasserstoffen gehören, besitzen die C-Atome Zweifachbindungen. Beispielsweise stellt man aus Ethen (Äthylen, Ethylen), bestehend aus zwei C- und vier H-Atomen, den Kunststoff Polyethen (Polyäthylen, Polyethylen) her (Bild 8.45).

Vergleicht man die Kunststoffe mit Metallen, so ergeben sich folgende **wichtigste Unterschiede**:

- Kunststoffe sind leichter als Metalle (Dichte der meisten Kunstsoffe: 1 g/cm^3).
- Die Formsteifigkeit ist wesentlich geringer (kleiner, temperaturabhängiger E-Modul).

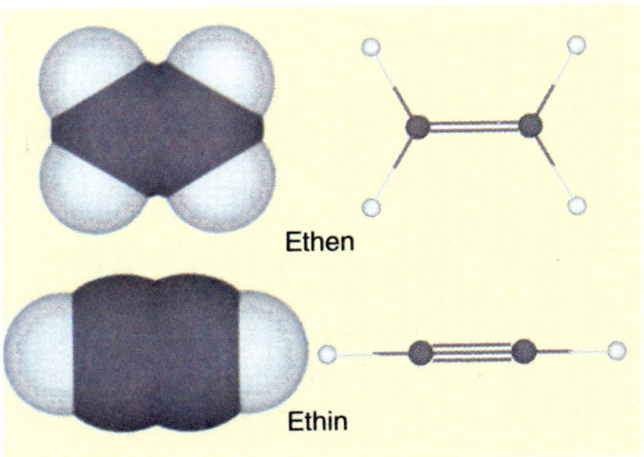

8.45 Molekülmodelle von Ethen (Ethylen) und Ethin (Acetylen)

- Der Wärmeausdehnungskoeffizient ist viel größer.
- Die Leitfähigkeit für die Wärme und den elektrischen Strom ist sehr gering (gute Isolatoren).
- Sie sind gut bis sehr gut beständig gegen die meisten Säuren und Laugen.
- Sie lassen sich durch Zusatz von Farbpigmenten einfärben, wodurch Farbanstriche, welche einer ständigen Erneuerung bedürfen, überflüssig werden.
- Einige Kunststoffe neigen zur Flüssigkeitsaufnahme (Quellneigung).
- Die Wärmebeständigkeit fast aller Kunststoffe ist gering, höhere Temperaturen führen zur chemischen Zersetzung.
- Zum Teil sind sie entflammbar bzw. brennbar.

8.4.2 Hauptgruppen

Ähnlich wie bei einem Metall Gitterart und Gefügebau maßgebend für seine Eigenschaften sind, beeinflussen Größe, Form und Bindung der Moleküle die Eigenschaften des Kunststoffes.

Die Größe der Moleküle wird durch die **Molekülmasse** bzw. durch den **Polymerisationsgrad** angegeben.

> Der Polymerisationsgrad gibt die Zahl der zu einem Makromolekül vereinigten Monomere an.

Monomere sind niedermolekulare Ausgangsstoffe, die zu **Polymeren** mit ganz anderen Eigenschaften verknüpft werden. Bei den Kunststoffen können für Molekülmasse und Polymerisationsgrad nur Mittelwerte angegeben werden.

Die Makromoleküle, welche lineare, verzweigte oder räumlich vernetzte Formen besitzen, werden durch **Hauptvalenzbindungen** (Elektronenpaar- oder kovalente Bindungen) zusammengehalten.

Liegen lineare oder verzweigte Makromoleküle nebeneinander, entsteht ein Zusammenhalt durch **Nebenvalenzbindungen**. Diese werden in der Hauptsache durch die gegenseitige Anziehung der verschiedenen in den Molekülketten enthaltenen Dipole (siehe Abschnitt 2.4) verursacht. Die Bindungskräfte der Nebenvalenzbindungen betragen nur etwa 1 bis 10% der Hauptvalenzbindungskräfte. Sind sie schwach, hat der Kunststoff mit steigender Temperatur ein immer stärkeres plastisches Verhalten. Auch ist die Gefahr des Eindringens von Fremdmolekülen (z. B. von Lösungsmitteln) groß, da diese leichter zwischen die einzelnen Makromoleküle eindiffundieren können (Erweichung, Aufquellung).

Kunststoffe, welche im Allgemeinen **amorphe** Strukturen haben, können an Stellen, wo die Makromoleküle in wohl geordnetem Zustand nebeneinander liegen, auch **teilkristallin** sein, wodurch ihre Festigkeit ansteigt.

Nach ihrem **physikalischen Verhalten** unterscheidet man drei Hauptgruppen:

- **Plastomere (Thermoplaste)**
  Diese Kunststoffe bestehen aus linearen oder verzweigten Makromolekülen (Bild 8.46). Die zwischen den langen Molekülen wirkenden schwachen Kräfte lockern sich bei Wärmezufuhr und der Kunststoff wird plastisch verformbar. Bei Abkühlung erfolgt wieder eine Verfestigung. Der Vorgang ist beliebig oft wiederholbar (ohne chemische Veränderung). Dadurch können auch Produktionsabfälle einem neuen Fertigungsablauf zugeführt werden. Zu hohe Temperaturen bewirken eine Zersetzung des Werkstoffes.

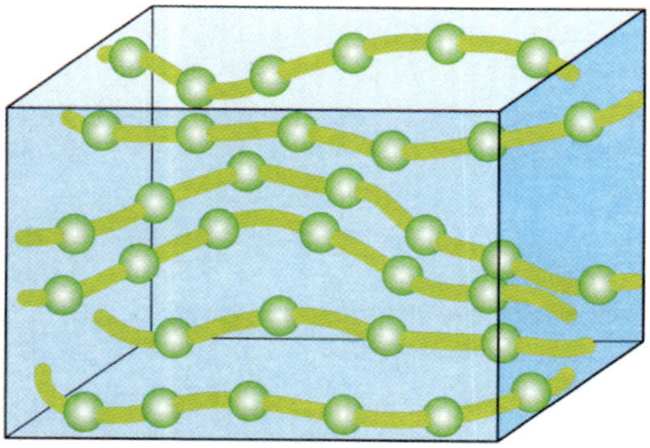

8.46 Struktur der Plastomere

- **Duromere (Duroplaste)**
  Hier bestehen die Kunststoffe aus räumlich eng vernetzten Makromolekülen (Bild 8.47). Die Ausbildung dieser Moleküle (Aushärtung) erfolgt bei der Formgebung der Werkstücke meist beim Formpressen. Bei Erwärmung tritt keine Verformbarkeit auf, zu hohe Temperaturen bewirken jedoch wie bei den Thermoplasten eine Zersetzung des Werkstoffes.

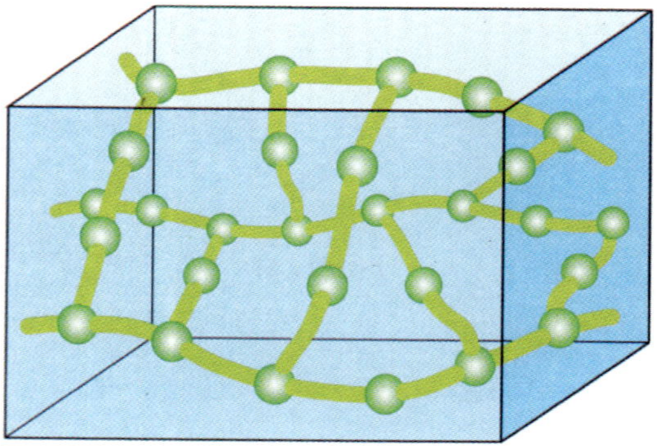

8.47 Struktur der Duromere

  Die Duroplaste werden meist mit Füllstoffen verarbeitet, wodurch weitgehende Flexibilitäten in der Eigenschaft und damit in der technischen Verwendbarkeit erzielt werden.

- **Elastomere**
  Wenn geeignete Fadenmoleküle durch so genannte **Brücken** stellenweise miteinander vernetzt werden, so entstehen Stoffe mit hohem Rückfederungsvermögen (Bild 8.48). Die Moleküle, welche stark ineinander verknäuelt sind, werden bei Zug- oder Druck-

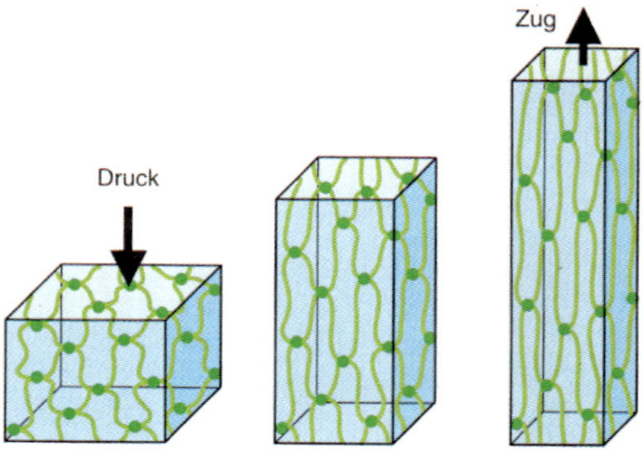

8.48 Struktur der Elastomere – Verhalten bei Druck und Zug

spannungen auseinander gezogen. Nach Fortfall der Spannungen wird wieder der ursprüngliche Zustand eingenommen. Bei tiefen Temperaturen bzw. bei stärkerer Vernetzung wird dieser Kunststoff hart elastisch.

Beim Naturkautschuk, der bereits aus Riesenmolekülen besteht, wird durch den beigemischten Schwefel eine solche Brückenbildung erreicht, wenn die Gummimischung unter Druck und Temperatur **vulkanisiert** wird. Der Stoff, welcher vorher weich und plastisch war, wird dann federnd elastisch.

8.4.3 Synthese-Verfahren

Polykondensation

Unter Polykondensation versteht man die Verknüpfung gleicher oder verschiedenartiger Moleküle unter Abspaltung eines niedermolekularen Stoffes (normalerweise Wasser).

Das Verfahren ergibt meist unschmelzbare, harte und spröde Kunststoffe, die Kunstharze, früher auch als härtbare Kunststoffe bezeichnet. Heute nennt man sie Duromere. Hierzu gehören unter anderem die Phenoplaste, Aminoplaste, Silicone sowie ein Teil der Polyester.

Durch Polykondensation wurde 1907 von Baekeland der erste Kunststoff hergestellt, das Phenolharz (Bakelit). Die beiden Ausgangsstoffe dafür waren Phenol und Formaldehyd.

Polymerisation

Bei der Polymerisation lagern sich die Moleküle eines ungesättigten Kohlenwasserstoffes nach dem Aufklappen der Doppelbindung zu linearen Kettenmolekülen aneinander. Es entsteht kein Spaltprodukt.

Der aktivierte Zustand (aufgeklappte Doppelbindung) wird durch entsprechende Reaktionsbedingungen (Temperatur, Druck, Katalysatoren) erreicht. Nach Zufuhr der Aktivierungsenergie läuft der Vorgang exotherm ab.

Durch Polymerisation werden die meisten der allgemein bekannten Kunststoffe wie z. B. Polyvinylchlorid (PVC) oder Polyethen (PE) erzeugt.

Polyaddition

Unter Polyaddition versteht man die Verknüpfung gleicher oder verschiedenartiger Moleküle ohne Abspaltung eines Stoffes.

Die hierfür geeigneten Stoffe haben meist komplizierte Moleküle. Beispiele für Polyadditionsprodukte sind Epoxidharze und Polyurethane.

Die Bildung von Polymeren durch die verschiedenen Synthese-Verfahren zeigt in der Formelsprache Bild 8.49.

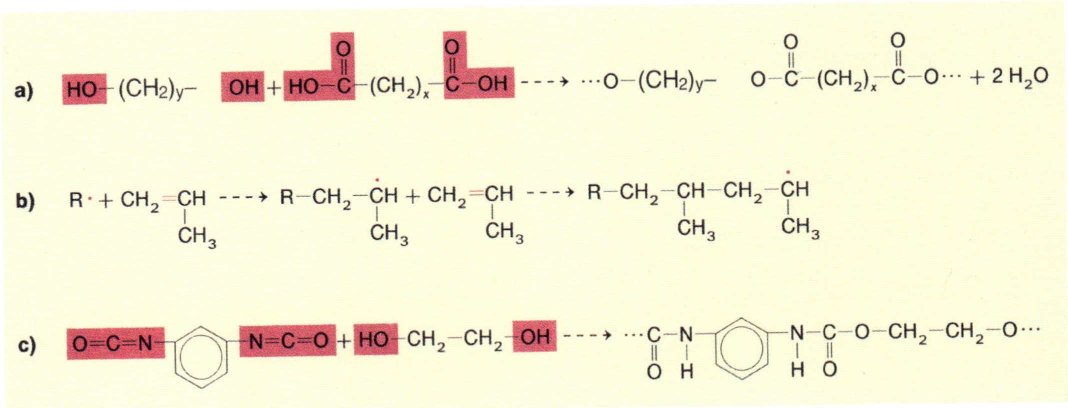

8.49 Bildung von Polymeren durch
a) Polykondensation
b) Polymerisation
c) Polyaddition

8.4.4 Beispiele für die Formgebung von Kunststoffen

Die Verfahren

- Extrudieren (Bild 8.50),
- Spritzgießen (Bild 8.51),
- Kalandrieren (Bild 8.53),
- Folienblasen (Bild 8.54),
- Blasformen (Bild 8.55) und
- Formpressen (Bild 8.52)

sind einige typische Möglichkeiten für die Formgebung von Kunststoffen.

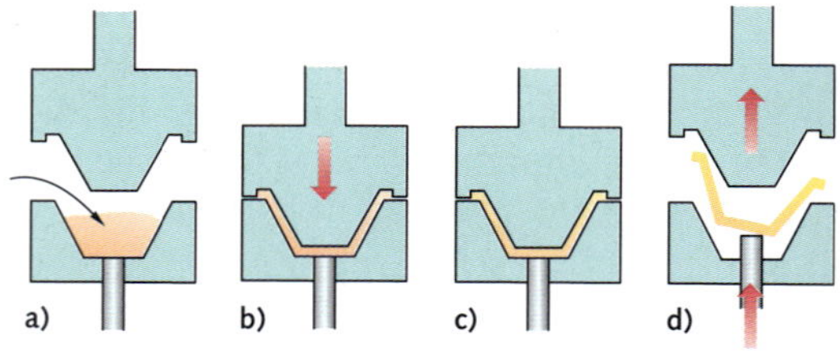

8.52 Formpressen: a) Füllen mit vorgewärmter Pressmasse, b) Pressen, c) Aushärten, d) Auswerfen

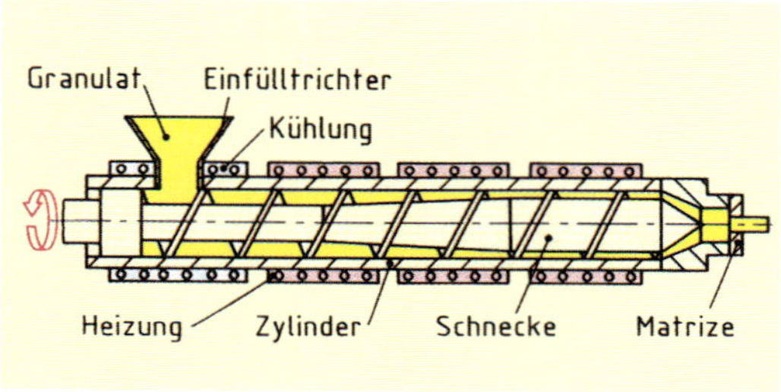

8.50 Das Extrudieren ist ein Strangpressverfahren zur Herstellung von Halbzeugen aus Plastomeren. Ein Extruder transportiert und verdichtet die erwärmte Formmasse und presst sie durch eine Matrize, wodurch Profile, Rohre oder Tafeln geformt werden.

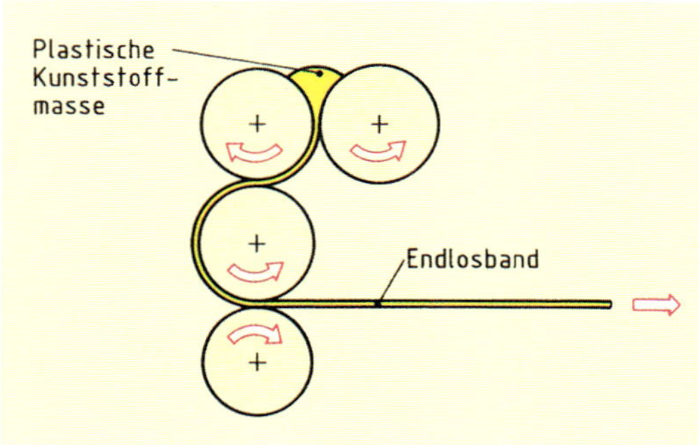

8.53 Platten und Folien kann man durch einen Walzvorgang (Kalandrieren) herstellen

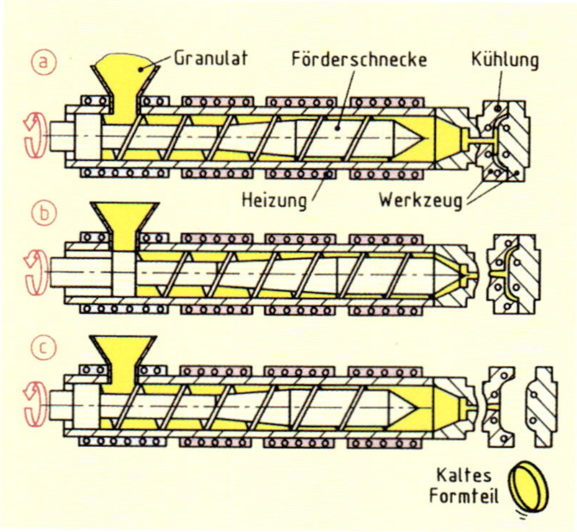

8.51 Beim Spritzgießen (für alle Kunststoffgruppen anwendbar) ist der Aufbau und die Arbeitsweise der Maschine ähnlich jener, die für das Extrudieren eingesetzt wird. Nur wird hier die plastische Formmasse in den Hohlraum eines Werkzeuges gepresst.

8.54 Beim Folienblasen werden aus einem Extruder gepresste Schläuche zu Folien aufgeblasen.

8.55 Durch Blasformen wird ein vom Extruder erzeugter Schlauch durch Druckluft an die Innenwände einer zweiteiligen Form gepresst und so zum Hohlkörper geformt.

8.4.5 Übersicht über die wichtigsten Kunststoffe

8.4.5.1 Plastomere (Thermoplaste)

Polyethen (PE)

Handelsnamen: Daplen, Hostalen, Lupolen, Vestolen u. a.

Polyethen (Polyethylen) ist durchscheinend bis weiß und hat eine wachsartige Oberfläche. Es ist beständig gegen Chemikalien, hat eine geringe Wasseraufnahme und besitzt sehr gute elektrische Isolationseigenschaften. PE wird durch Polymerisation aus Ethen (Ethylen) nach dem Hochdruckverfahren (etwa 200 bar, bis 300 °C) oder nach verschiedenen Niederdruckverfahren (1 bis 70 bar, bis 200 °C) mit geeigneten Katalysatoren hergestellt.

Hochdruck-Polyethen hat wegen seiner sperrigen Seitenketten eine unregelmäßige, amorphe Struktur mit relativ geringen kristallinen Anteilen. Da seine Dichte nur zwischen 0,918 und 0,94 g/cm^3 liegt, wird es als **L**ow-**d**ensity-**P**oly**e**then (LDPE) bezeichnet. LDPE ist sehr zäh, weich und wegen seines tiefen Erweichungspunktes für den Kontakt mit kochendem Wasser nicht geeignet.

Niederdruck-Polyethen besteht aus linearen, längeren Molekülketten, hat höhere kristalline Anteile und wird wegen seiner höheren Dichte, die etwa bei 0,95 g/cm^3 liegt, auch als **H**igh-**d**ensity-**P**oly**e**then (HDPE) bezeichnet (Bilder 8.56 und 8.57). HDPE besitzt eine größere Festigkeit und Wärmestabilität (bis 120 °C).

Verwendung: LPDE eignet sich für Verpackungsfolien, Tragtaschen und Getränkeflaschen.

8.56 Müllbehälter aus Niederdruck-Polyethen

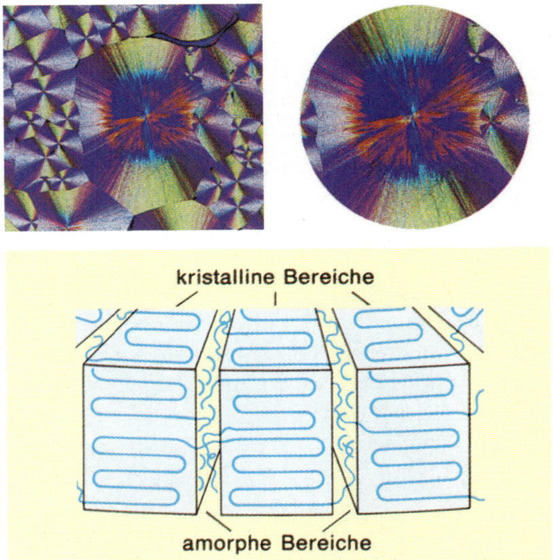

8.57 Struktur von Niederdruck-Polyethen. Die kristallähnlichen Bereiche erscheinen im polarisierten Licht als farbenprächtige Sphärolite.

Aus HPDE werden Mülltonnen, Schutzhelme, Sitzschalen, Bodenbeläge, Kanal- und Wasserleitungsrohre gefertigt.

Polypropen (PP)

Handelsnamen: Daplen PP, Hostalen PP, Luparen, Novolen, Vestolen P u. a.

Polypropen (Polypropylen) wird durch Polymerisation nach dem Niederdruckverfahren aus Propen (Propylen) hergestellt. Seine Eigenschaften werden stark von der Anordnung der Seitengruppen beeinflusst.

Bei der **isotaktischen** Struktur (mit den höchsten kristallinen Anteilen) zeigen alle Seitenketten in die gleiche Richtung, wodurch der Werkstoff sehr fest und steif wird, jedoch schon bei Temperaturen von knapp unter 0 °C zu verspröden beginnt.

Daneben gibt es noch **ataktische** und **syndiotaktische** Polymerisate mit unregelmäßig bzw. alternierend angeordneten Seitenketten (Bild 8.58).

PP ist dem PE ähnlich, es hat nur höhere kristalline Anteile, einen höheren Erweichungspunkt und eine höhere Festigkeit. Die Spannungsrissempfindlichkeit ist geringer und die Dichte ist sehr niedrig (etwa bei 0,9 g/cm³).

Verwendung: Küchenmaschinenteile, Sanitärarmaturen, Schuhabsätze, Fotozubehör, Koffer. Mit Mineralfasern verstärktes PP wird für wärmebeanspruchte Teile z. B. im Automobilbau und in der Elektrotechnik verwendet.

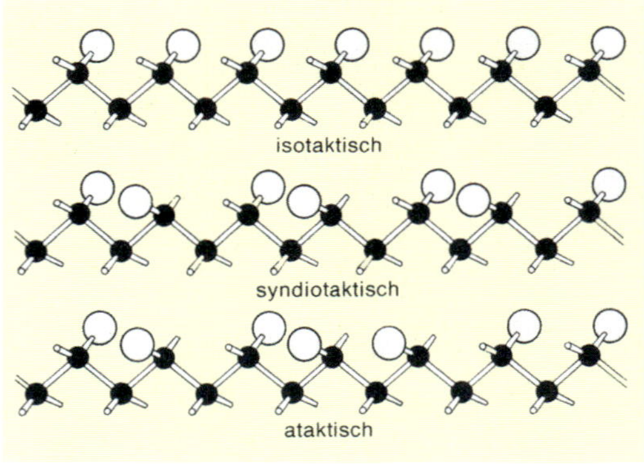

8.58 Taktizität bei Polymeren aus

8.59 Abflussrohr aus Polypropen

Polyvinylchlorid (PVC)

Handelsnamen: Hostalit, Vestolit, Vinoflex u. a.

Herstellung durch verschiedene Polymerisationsverfahren aus Vinylchlorid (Monochlorethen). PVC ist durchsichtig bis durchscheinend, hat eine Dichte von 1,2 bis 1,5 g/cm³, ist sehr beständig gegen chemische Einflüsse, aber nur bis etwa 60 °C einsatzfähig. Durch verschiedene Zusätze sind die gewünschten Eigenschaften in einem weiten Bereich einstellbar. Außerdem ist wie bei PE oder PP eine Erweiterung durch **Copolymerisation** bzw. **Mischpolymerisation** möglich. Bei dieser werden verschiedene Ausgangsstoffe zu einem Polymerisat vereinigt.

Abgesehen von den vielen Variationsmöglichkeiten gibt es die Grobeinteilung in **Hart-PVC** und **Weich-PVC**. Weich-PVC entsteht durch Weichmacher (meistens Ester), welche bis zu 50% und darüber zugesetzt werden. Dies kann bis zum gummiartigen Verhalten (Elastomere) führen. Die Zusätze bringen auch einige Nachteile mit sich. Da Weichmacher meist nur schwach an die Makromoleküle gebunden sind, kann es im Lauf der Zeit zu einer Versprödung des Kunststoffes kommen. Auch kann durch Wanderung des Weichmachers an die Oberfläche diese mehr oder weniger klebrig werden. Dies muss beispielsweise bei einem Kontakt mit Lebensmitteln berücksichtigt werden.

Verwendung: Hart-PVC für Folien, Platten, Behälter, Stäbe, Rohre, Schläuche. Weich-PVC für Fußbodenbeläge, Kunstleder, Regenschutz, Bedienungsknöpfe, Schuhe, Spielzeugfiguren, Isolierkabel, Beschichtungen (Bild 8.60).

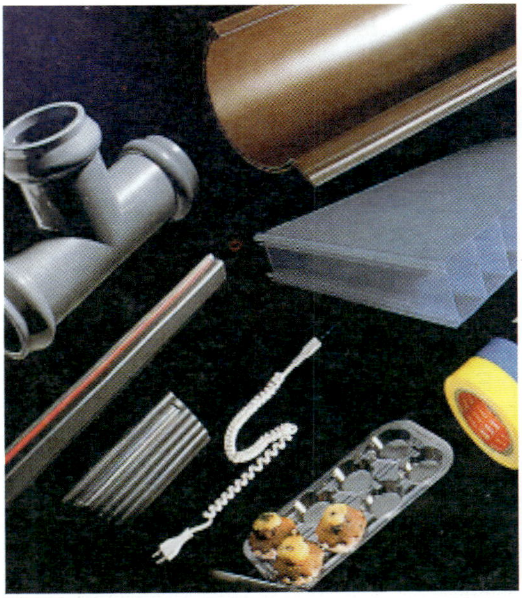

8.60 Produkte aus Polyvinylchlorid

Polystyren (PS)

Handelsnamen: Hostyren, Luran, Novodur, Polystyrol, Styropor u. a.

Die Herstellung des Polystyren (Polystyrol) erfolgt durch Polymerisation aus Styren (Ethenylbenzen, Styrol). PS hat eine Dichte von 1,05 g/cm³, ist glasklar mit glänzender Oberfläche und kann beliebig eingefärbt werden. Der harte, steife und spröde Kunststoff ist beständig gegen Feuchtigkeit, Mineralöle, Salzlösungen, Laugen und nichtoxidierende Säuren, wird jedoch von organischen Lösungsmitteln wie z. B. Benzin oder Benzol angegriffen. Die Wärmebeständigkeit ist gering (etwa bis 90 °C).

Verwendung: Teile für die Elektro- und Verpackungsindustrie, Einweggeschirr, Jogurtbecher, Labor- und Haushaltsgeräte, Spielzeug, Modellbau. Geschäumtes PS (Styropor) findet als Wärme- und Schalldämmstoff, als Verpackungsmaterial (Schutz) für empfindliche Güter sowie als Formwerkstoff für spezielle Gießverfahren seine Anwendung (Bilder 8.61 und 8.62).

Eine wesentliche Erweiterung der Eigenschaften erreicht man durch Mischpolymerisation mit anderen Stoffen. Beispiele dafür sind **SAN** (**S**tyrol-**A**crylnitril), **SB** (**S**tyrol-**B**utadien) und **ABS** (**A**crylnitril-**B**utadien-**S**tyrol).

SAN ist durchsichtig und besitzt eine ausgezeichnete Oberflächenqualität. Es ist ferner steifer, zäher und chemisch beständiger als PS, wobei durch Glasfaserverstärkung eine weitere Verbesserung der Eigenschaften möglich ist.

SB und ABS sind nicht mehr durchsichtig, gut einfärbbar und haben eine hohe Schlagzähigkeit (siehe Abschnitt 10.1.4) bis zu tiefen Temperaturen (–40 °C).

Verwendung: SAN wird für Telefonapparate, Gehäuse und Tastenköpfe für Büromaschinen, Kamera-, Projektoren- und Scheinwerfergehäuse, Kosmetik- und Medikamentenverpackungen eingesetzt. Teile aus SB und ABS gibt es vom Fahrzeugbau (Umkleidungen, Abdeckungen, Instrumentenbretter, Kühlergrills usw.) über die Elektroindustrie (Staubsauger, Küchenmaschinen, Lampen usw.) bis hin zu verschiedenen Gebrauchsartikeln (Schutzhelme, Koffer, Schuhabsätze, Kleiderbügel, Sitzmöbel usw.).

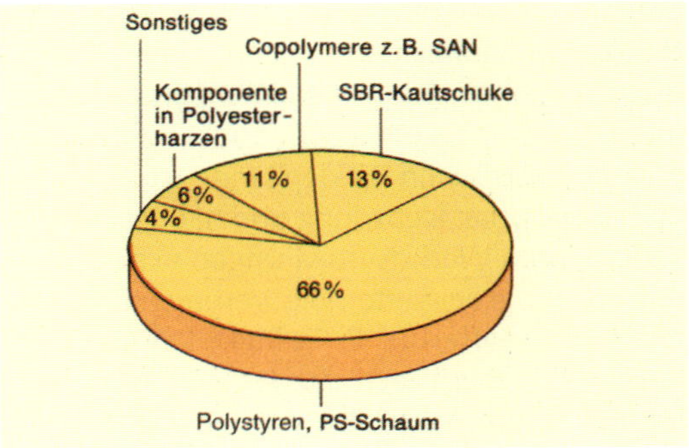

8.61 Anwendung von Polystyren

8.62 Produkte aus Polystyren

Polytetrafluorethen (PTFE)

Handelsnamen: Hostaflon, Teflon u. a.

PTFE ist der wichtigste Kunststoff aus der Gruppe der fluorhaltigen Polymere und entsteht durch Polymerisation aus Tetrafluorethen. Wegen der hohen Schmelztemperatur von 372 °C (sehr großer kristalliner Anteil) erfolgt die Herstellung von Halbzeug oder Formstücken nicht thermoplastisch, sondern über Pulver durch Pressen und Sintern. Bei Bedarf kann eine spanabhebende Bearbeitung angeschlossen werden.

Oberhalb von etwa 360 °C zersetzen sich die Fluorpolymere unter Bildung des hoch aggressiven und giftigen Fluorwasserstoffes. Maschinen und Werkzeuge zur Herstellung von PTFE bestehen deshalb aus teuren, korrosionsbeständigen Legierungen. Da auch bei der Synthese von Tetrafluorethen Flusssäure verwendet wird, ergeben sich für das Endprodukt hohe Kosten.

Der durchscheinend bis weiße Kunststoff hat eine Dichte von 2,15–2,2 g/cm^3, ist nicht brennbar und besitzt eine sehr hohe Beständigkeit gegen Säuren und Laugen. Seine Anwendung ist in einem weiten Temperaturbereich möglich (–200 bis etwa 300 °C). Er besitzt einen hohen elektrischen Widerstand, ist praktisch nicht benetzbar, klebwidrig und hat bei den verschiedensten Werkstoffpaarungen extrem niedrige Reibungsbeiwerte. Die Verbesserung einiger Eigenschaften (z. B. Festigkeit, Wärmeleitfähigkeit) kann durch Zusatz von Glasstaub, Bronze, Grafit, Asbestfasern usw. erfolgen.

8.63 Mit Polytetrafluorethen als Korrosionsschutz ausgekleidete Stahlrohre und Armaturen

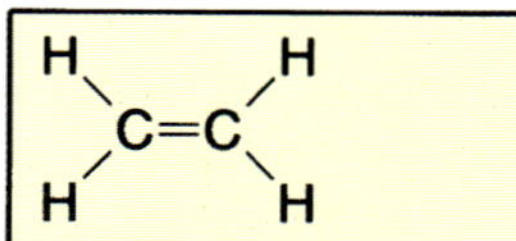	Ethen (Ethylen)
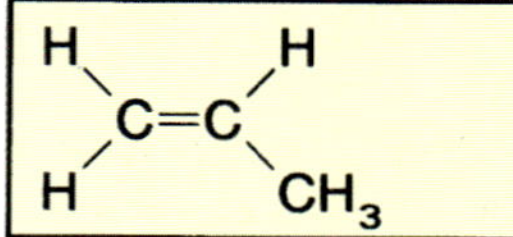	Propen (Propylen)
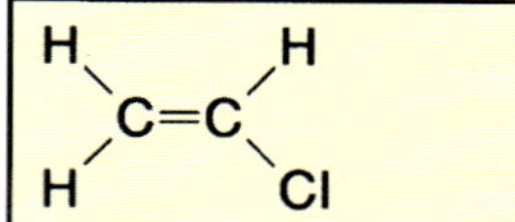	Chlorethen (Vinylchlorid)
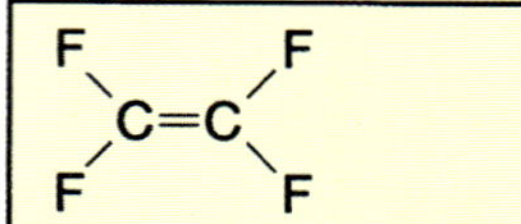	Tetrafluorethen
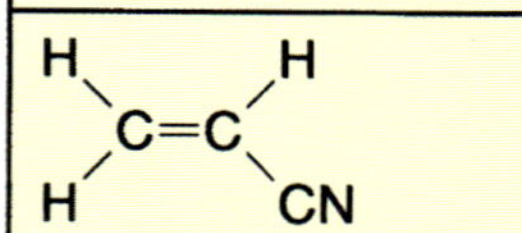	Cyanoethen (Acrylnitril)
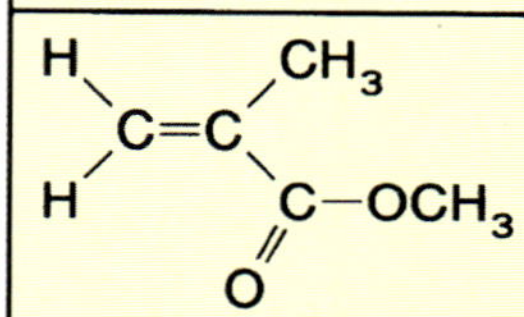	Methyl-2-methyl-propenoat (Methylmethacrylat)
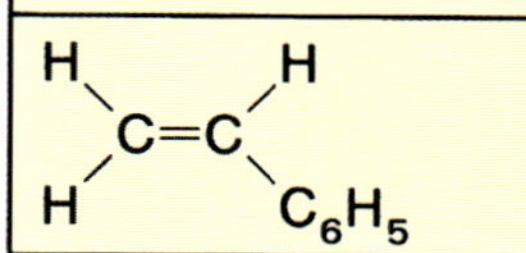	Ethenylbenzen (Styren)

8.64 Wichtige Monomere zur Herstellung von Polymerisaten

Verwendung: Schmierungsfreie Gleitlager, Dichtungen, Beschichtungen (z. B. Bratpfannen), Isolierungen. Einsatz in allen Bereichen, wo andere Kunststoffe versagen (Bild 8.63).

Polychlortrifluorethen (PCTFE) und **Polyvinylfluorid (PVF)** sind preisgünstigere Abarten (mit niedrigerer Temperaturbeständigkeit), die sich durch Spritzgießen verarbeiten lassen.

Polymethylmethacrylat (PMMA)

Handelsnamen: Plexiglas, Resarit, Resartglas u.a.

PMMA ist ein Polymerisationsprodukt in reiner Form oder mit einem Anteil von mindestens 80 % Methylmethacrylat und dem Rest aus Acrylsäureester oder einem anderen Monomer.

Der durchsichtige bis glasklare, für UV-Strahlung durchlässige Kunststoff ist gut einfärbbar und hat eine Dichte von 1,18 g/cm^3. Er ist biegsam, bei

Bruch nicht splitternd und besitzt eine glänzende Oberfläche, die allerdings nicht völlig kratzfest ist. Die Temperaturbeständigkeit ist gering. Je nach Sorte liegen die oberen Gebrauchstemperaturen zwischen 65 und 95 °C. Witterungs- und Alterungsbeständigkeit sind sehr gut, von konzentrierten Säuren und verschiedenen organischen Lösungsmitteln wird PMMA angegriffen.

Verwendung: Sicherheitsglas, Lichtkuppeln, Abdeckhauben, Linsen, Uhrgläser, Rückstrahler, durchsichtige Modelle, Zeichengeräte usw. (Bild 8.65).

8.65 Produkte aus Polymethylmethacrylat

Polyacrylnitril (PAN)

Handelsnamen: Dralon, Orlon, Acrilan u. a.

Herstellung durch Polymerisation von Acrylnitril.

Verwendung: hauptsächlich zur Erzeugung von Kunstfasern.

Polyamide (PA)

Handelsnamen: Nylon, Perlon, Durethan, Ultramid, Trogamid, Vestamid u.a.

PA wird durch Polykondensation von Diaminen und Dicarbonsäuren unter Bildung von Peptidbindungen gewonnen. Bei diesem Vorgang scheidet sich als Spaltprodukt Wasser ab. Als Beispiel sei die Polykondensation von Adipinsäure $COOH\text{-}(CH_2)_4\text{-}COOH$ mit Hexamethylendiamin $NH_2\text{-}(CH_2)_6\text{-}NH_2$ dargestellt (Bild 8.66). In der Natur entstehen durch die gleiche Reaktion aus den Aminosäuren die verschiedenen Proteine.

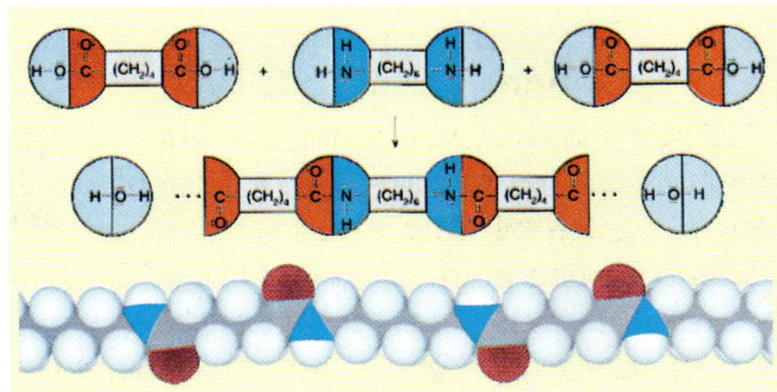

8.66 Bildung von Nylon

Polyamide haben kristalline Anteile bis zu etwa 60 % und zeigen deshalb relativ ausgeprägte Schmelzpunkte. Der Bereich der Gebrauchstemperaturen liegt zwischen –40 und 130 °C. Das natürliche Aussehen der Polyamide ist milchig durchscheinend. Sie können aber in den verschiedensten Farben eingefärbt werden. Die chemische Beständigkeit ist außer gegen starke Laugen und Säuren sehr gut. Die ausgezeichneten mechanischen Eigenschaften, wie große Zugfestigkeit (mit Füllstoffen noch erhöhbar) und Zähigkeit, gute Gleiteigenschaften, hohe Verschleißfestigkeit erschließen viele Anwendungsgebiete vor allem auch für technische Konstruktionsteile. Die verschiedenen Polyamidtypen werden durch Zahlen nach der Anzahl der CH_2-Gruppen im Monomer gekennzeichnet. Eine höhere Zahl bedeutet geringere Wasseraufnahme, bessere Maßbeständigkeit und Festigkeit (bei allerdings geringerer Zähigkeit).

Polyamide werden vielfach zu Fasern verarbeitet. Dies erfolgt nach dem Schmelzspinnverfahren, bei dem der Kunststoff in einem beheizten Behälter aufgeschmolzen und anschließend durch feine Düsen gepresst wird. Die Schmelze erstarrt zu feinen Fäden, die mit hoher Geschwindigkeit abgezogen und aufgerollt werden. Bei diesem Vorgang werden die Fasern um ein Mehrfaches ihrer ursprünglichen Länge gestreckt. Das Verstrecken bewirkt, dass sich die Makromoleküle teilweise parallel anordnen, wobei sich zwischen ihnen Wasserstoffbrückenbindungen ausbilden. Die Reißfestigkeit der Fasern wird dadurch beträchtlich gesteigert (bis auf 800 N/mm^2).

Verwendung: Für schlag- und stoßfeste, schwingungsdämpfende Teile, Gleitlager, Zahnräder, Laufrollen, Lüfterräder, Gehäuse, Armaturen, Öltanks, Reißverschlüsse, Angelschnüre, Borsten, Textilfasern (Bilder 8.67 und 8.68).

8.67 Schmelzspinnen von Polyamidfasern

8.68 Zahnräder aus Polyamid

Polyoxymethylen (POM)

Handelsnamen: Delrin, Hostaform, Ultraform u.a.

Polyoxymethylen (oder Polyformaldehyd) hat ähnliche Eigenschaften wie PA, jedoch geringere Feuchtigkeitsaufnahme und bessere Maßbeständigkeit. Durch Beimengungen (Glasfasern etc.) können die mechanisch-thermischen Eigenschaften wesentlich verbessert werden.

Verwendung: Wie PA, vor allem bei höheren Anforderungen an die Maßbeständigkeit (Armaturenteile, Pumpen, Zahnräder, Lager, Kfz-Teile, Farbspritzpistolen etc.)

Thermoplastische Polyurethane (PUR)

Handelsnamen: Caprolan, Elastollan u.a.

Die Herstellung erfolgt durch Polyaddition von Isocyanaten unter Bildung von langen Ketten. Man kann den Aufbau der Moleküle in weiten Grenzen variieren und so Plastomere, Elastomere und Duromere herstellen. Der Name des Kunststoffes kommt von den im Makromolekül auftretenden Urethan-Brücken (-NH-CO-O-).

Die Festigkeitseigenschaften der Produkte können bis zum gummielastischen Verhalten erweitert werden (Reißdehnungen bis zu 600 %).

Verwendung: Härtere Sorten (hohe Abriebfestigkeit und Zähigkeit) für Laufrollenbeläge, Lagerschalen, Getriebeteile. Weichere Sorten für Dichtungsringe, Faltenbälge, Staubkappen, Sporthosen, (Spandex), Sportschuhe.

Polykarbonate (PC)

Handelsnamen: Makrolon, Makrofol, Lexan u. a.

PC gehört zu den linearen Polyestern und wird durch Polykondensation aus Karbonyldichlorid (Phosgen) und Bisphenol A hergestellt. Der durchsichtige Kunststoff ist hart elastisch, bis 135 °C einsetzbar und auch bei tiefen Temperaturen (bis –140 °C) noch schlagzäh. Glasfaserverstärkte Sorten besitzen erhöhte Festigkeit, aber geringere Zähigkeit.

Verwendung: Bruchsichere Straßenleuchten und Fenster, Visiere von Astronautenhelmen, Gehäuse, schusssichere Schalterverglasungen, Folien, CDs (Bild 8.69).

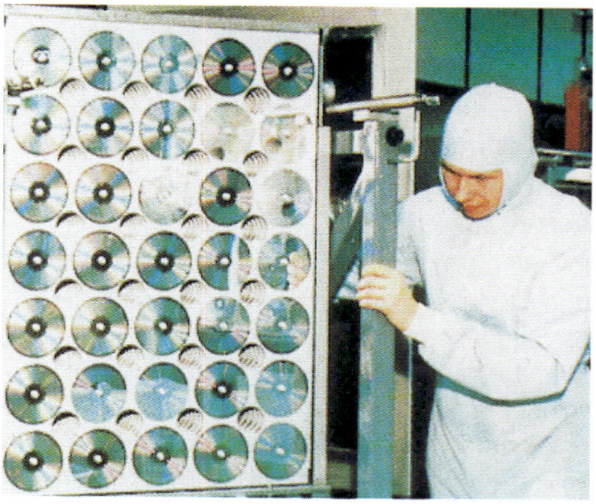

8.69 Compact-Disc-Produktion in staubfreien Fertigungsräumen. CDs bestehen aus metallisiertem Polykarbonat

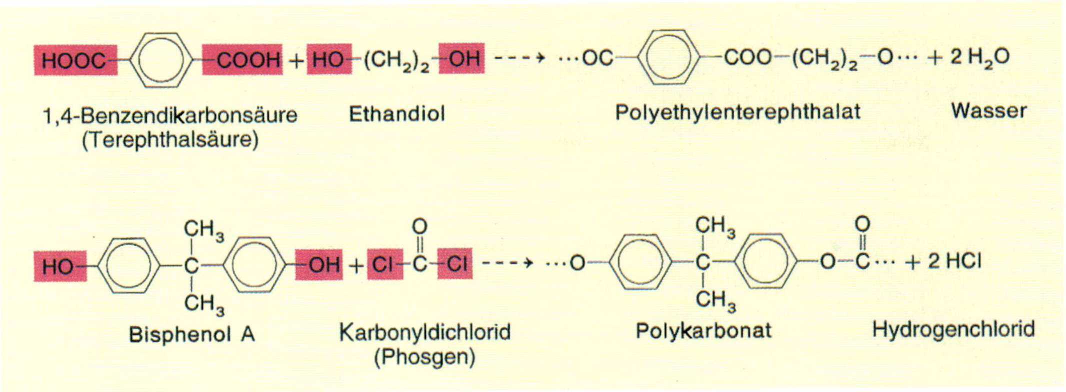

8.70 Bildung von Polyethylenterephthalat und Polycarbonat

Polyterephthalate (PTP)

Handelsnamen: Diolen, Pocan, Terylene, Trevira, Vestodur u. a.

PTP ist ebenfalls ein linearer Polyester und wird durch Polykondensation von Benzendicarbonsäure (Terephthalsäure) und Butandiol oder Ethandiol unter Abspaltung von Wasser gewonnen (Bild 8.70). Im ersteren Fall entsteht Polybutylenterephthalat (PBTP), im zweiten Fall Polyethylenterephthalat (PETP).

Die Eigenschaften dieses teilkristallinen, zähharten, abriebfesten und wärmeformbeständigen Kunststoffes können noch durch Zusatz von Glasfasern und Füllstoffen verbessert werden.

Verwendung: Teile für den Fahrzeugbau (Reflektorgehäuse, Lampenhalterungen, Steckverbinder, Gehäuse für elektronische Zündungen), wärmebeanspruchte elektrische Haushaltsgeräte, Ketten, Federn, Gleitlager, Textilfasern für knitterfeste und strapazierfähige Stoffe.

Als nächstes folgen einige hochtemperaturbeständige Thermoplaste, die mit ihren Dauergebrauchstemperaturen in Bereiche vorstoßen, welche bisher nur Metallen, Glas oder Keramik vorbehalten waren. Der Einsatz dieser Kunststoffe erfolgt in reiner Form oder verstärkt durch Glasfasern oder andere Füllstoffe.

Ihr Anwendungsbereich erstreckt sich von der Elektrotechnik (Steckverbindungen, Gehäuse, Kabelmäntel und Leiterplatten) über den Fahrzeug-, Flugzeug-, Maschinen- und Apparatebau bis zur Medizintechnik.

Polyethersulfon (PES)

Handelsnamen: Ultrason E, Victrex u. a.

PES ist amorph, durchsichtig mit guter mechanischer Festigkeit und hoher Temperaturbeständigeit (bis 180 °C). Günstig im Falle eines Brandes ist die geringe Wärmeentwicklung.

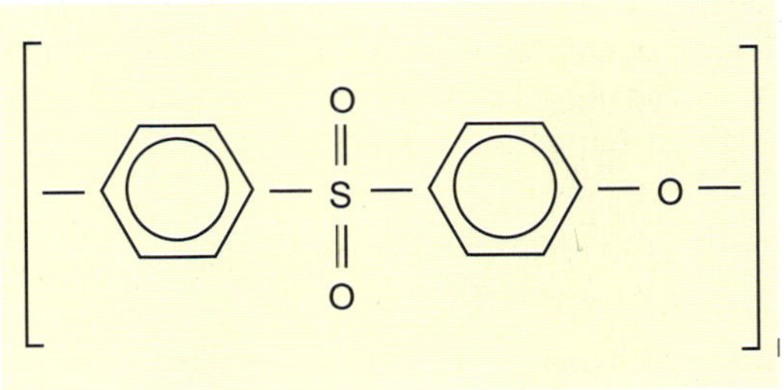

8.71 Polyethersulfon

Polyphenylensulfid (PPS)

Handelsnamen: Ryton, Tedur u. a.

PPS ist teilkristallin mit hoher mechanischer Festigkeit, Temperaturbeständigkeit (bis 21 °C) und sehr guter chemischer Beständigkeit.

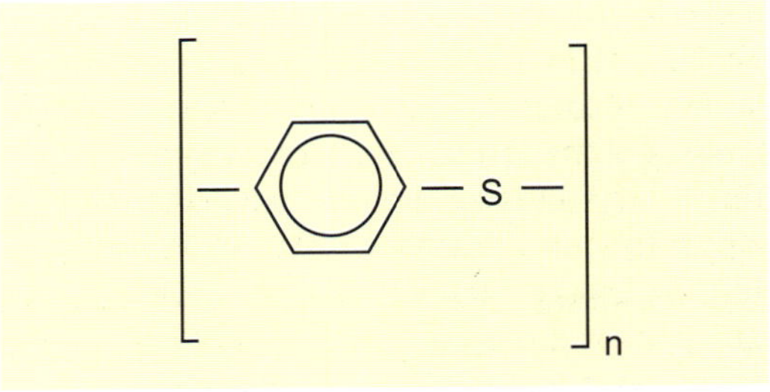

8.72 Polyphenylensulfid

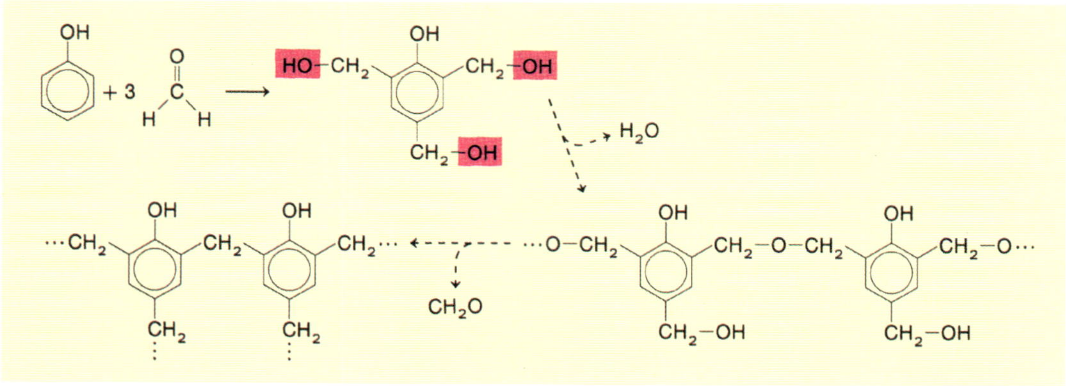

8.73 Reaktion von Phenol mit Formaldehyd (Methanal) zu Bakelit

Flüssigkristalline Polyester (LCP)

Handelsnamen: Ultrax, Granlar u. a.

Der hauptsächlich mit Füllstoffen verarbeitete thermoplastische Kunststoff hat ein ausgezeichnetes Fließverhalten (Spritzguss, Extrusion), große Festigkeits- und Steifigkeitswerte, einen kleinen thermischen Ausdehnungskoeffizienten (diese Eigenschaften sind allerdings stark richtungsabhängig), sehr gute chemische Beständigkeit und Temperaturbeständigkeit (bis 230 °C).

8.4.5.2 Duromere (Duroplaste)

Phenolharze (PF)

Handelsnamen: Bakelit, Durophen u. a.

Der Handelsname Bakelit für Phenolharze (Phenoplaste) leitet sich von ihrem Entdecker Baekeland ab. Phenol, Kresol oder ein Gemisch dieser Stoffe wird mit wässriger Formaldehydlösung und weiteren Zusätzen durch Polykondensation unter Wasserabspaltung verbunden. Als Beispiel (Bild 8.73) diene die Darstellung von Phenolformaldehyd (PF) aus Phenol und Formaldehyd (Methanal).

Verwendung: Als Klebemittel, Lacke sowie Gieß- und Pressharze. Durch Zusatz von Füllstoffen (Asbest, Quarz, Holzmehl usw.) werden die Eigenschaften des Kunststoffes stark beeinflusst. Pressmassen finden bei Formteilen im Apparate- und Maschinenbau, in der Elektrotechnik (Isolierteile) und für Griffe oder Beschläge von Haushaltsgeräten ihre Anwendung. Man verwendet die Phenolharze auch zur Herstellung geschichteter Werkstoffe, wie Hartpapier (z. B. Pertinax), Hartgewebe (z. B. Novotext) und Kunstharz-Pressholz (z. B. Pagholz).

Aminoharze (Aminoplaste)

Handelsnamen: Kaurit, Melan, Saduren, Resamin u. a.

Aufbau ähnlich den Phenolharzen, nur statt des Phenols oder Kresols tritt Harnstoff oder Melamin. Entsprechend sind die Bezeichnungen Harnstoff-Formaldehyd (UF) bzw. Melamin-Formaldehyd (MF). Aminoharze sind farblos und lassen sich beliebig färben. Ihr Vorteil gegenüber den Phenolharzen liegt in ihrer Lichtbeständigkeit. Auch nach längerer Zeit zeigen sie im Sonnenlicht und in der Wärme keine Verfärbung. Die Einsatzgebiete der Aminoharze decken sich weitgehend mit denen der Phenolharze.

Ungesättigte Polyester (UP)

Handelsnamen: Leguval, Palatal, Vestopal u. a.

Ester entstehen bei der Polykondensation von Alkoholen und Säuren. Bei der Vielzahl der organischen Alkohole und Säuren ergeben sich zahlreiche Kombinationen. Eine Mischpolymerisation mit Styrol ergibt die gewünschte Vernetzung. Die bei der Härtung auftretende Schwindung kann durch Füllstoffe (Quarzmehl, Glimmer usw.) stark vermindert werden.

Verwendung: Lacke, Folien, Gewebefasern, Elektroisolationen. Größte Bedeutung besitzen die glasfaserverstärkten Polyester, welche die Festigkeit von Stahl erreichen können. Mit den

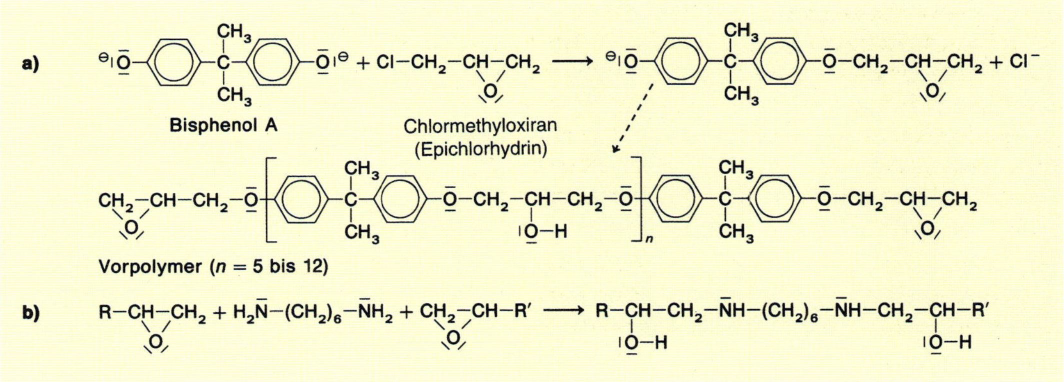

8.74 Epoxid als Zweikomponentenkleber. a) Synthese der ersten Komponente. b) Verklebung

Vorzügen des geringen Gewichtes und der großen Korrosionsbeständigkeit sind die Anwendungsmöglichkeiten im Boots- und Karosseriebau sowie zur Fertigung von Verkleidungen, Schutzhelmen und Behältern gegeben.

Epoxide (EP)

Handelsnamen: Araldit, Duroxin, Epoxin u. a.

Aus Bisphenol A und Epichlorhydrin (Chlormethyloxiran) entsteht mit weiteren Zusätzen ein thermoplastischer Kunststoff. Aus diesen linearen Makromolekülen wird durch Zugabe von Härtern (z. B. Aminen) in einer vernetzenden Polyaddition mit geringer Schwindung ein duroplastischer Kunststoff hergestellt.

Verwendung: In der Elektroindustrie als Gießharz, vielfach auch glasfaserverstärkt für mechanisch hoch beanspruchte Bauteile (Karosserie- und Flugzeugbau). Aufgrund der guten Maßhaltigkeit und Temperaturstandfestigkeit sowie der großen Härte und Abriebfestigkeit bei gefüllten Epoxidmassen ergeben sich Anwendungen für Mess- und Prüflehren, Gießereimodelle und Tiefziehwerkzeuge. Epoxide sind ferner die Basis für warm- und kalthärtende Klebstoffe (Bild 8.74).

Vernetzte Polyurethane (PUR)

Vernetzte Polyurethane werden als Gießharze, Lacke und Klebstoffe verwendet. Am bekanntesten ist PUR als Schaumstoff (z. B. Moltopren). Einsatzgebiete sind: Wärme-, Kälte-, Schallisolation, Polstermöbel, Matratzen, Badematten (Bild 8.75).

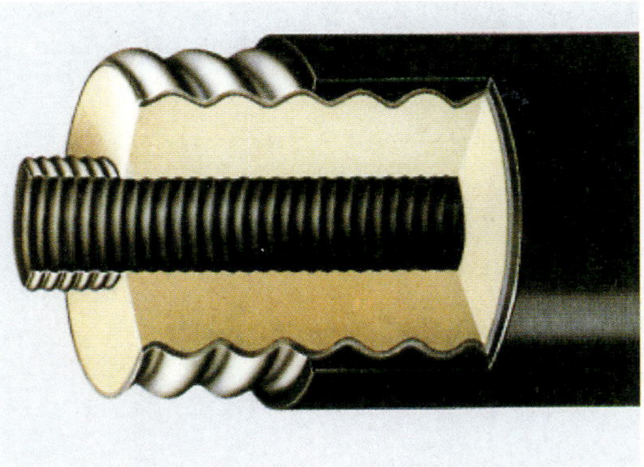

8.75 Wärmedämmung durch Polyurethanschaumstoff

8.4.5.3 Elastomere

Durch eine entsprechende chemische Zusammensetzung und spezielle Verfahren können viele der bisher erwähnten Kunststoffe gummielastisch eingestellt werden (siehe z. B. die thermoplastischen Polyurethane). Eine Sonderstellung nimmt der aus dem Naturkautschuk gewonnene Gummi ein.

Naturkautschuk, Gummi (NR)

Durch Anzapfen des Gummibaumes (Bild 8.76) gewinnt man den Milchsaft (Latex), welcher aus Wasser und Kautschuk besteht. Dieser Naturkautschuk ist aus langen kettenförmigen Isopren-Makromolekülen aufgebaut (Bild 8.77).

Bei der so genannten **Vulkanisation** (1839 von Charles Goodyear entwickelt) wird der Naturkautschuk unter Druck mit Schwefel und einigen

8.76 Kautschukbaum

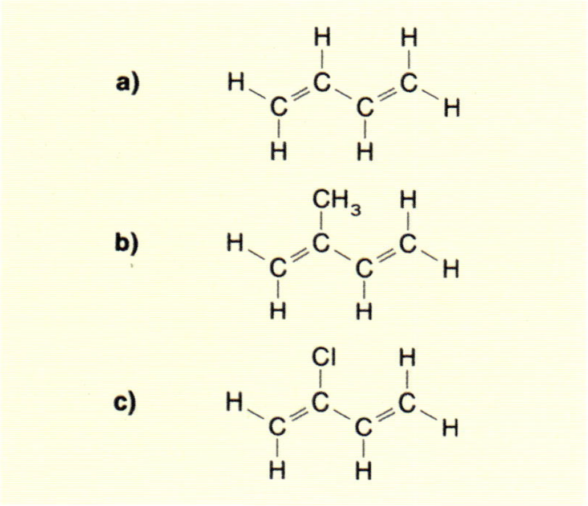

8.77 Bausteine von Elastomeren
a) 1,3-Butadien
b) Methyl-1,3-butadien (Isopren)
c) 2 Chlor-1,3-butadien (Chloropren)

weiteren Stoffen erhitzt, wobei sich zwischen den Isopren-Molekülen zahlreiche Schwefelbrücken bilden. Auf diese Weise entsteht aus dem plastischen Kautschuk der elastische **Gummi**. Die Zahl der Schwefelbrücken bestimmt dabei den Härtegrad (Bilder 8.78 und 8.79).

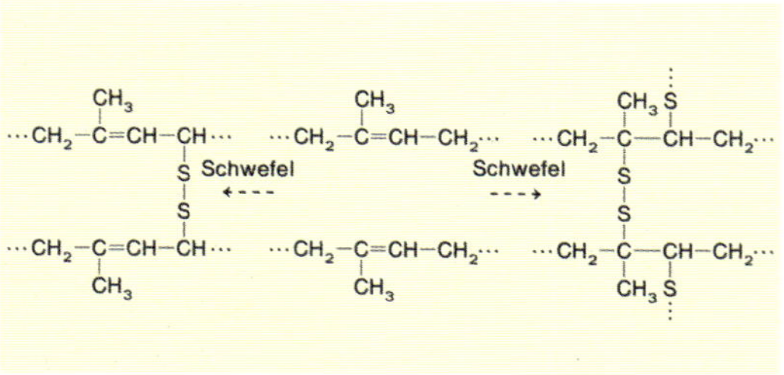

8.78 Vernetzung von Kautschuk bei der Vulkanisation

8.79 Vulkanisation

Synthesekautschuk

Durch Polymerisation von Butadien mit Hilfe von Natrium als Katalysator erhält man den synthetischen Kautschuk **Buna** (**Bu**tadien + **Na**trium). Vulkanisation mit Schwefel ergibt die gewünschte Vernetzung. Das Ergebnis ist allerdings dem Naturkautschuk nicht ebenbürtig. Wesentlich bessere Eigenschaften erzielt man durch Mischpolymerisate. Beispiele dafür sind:

- **Styrol-Butadien-Kautschuk (SBR)** mit hoher Abriebfestigkeit und Temperaturbeständigkeit (Handelsnamen: Buna S, Buna-Hüls u. a.).
- **Nitrilkautschuk (NBR),** bestehend aus Butadien und Acrylnitril (Handelsnamen: Buna N, Butacril u. a.), ist besonders gegen Öl und Treibstoffe beständig.
- **Chloropren-Polymerisate (CR)** mit Chlor-Seitenketten (Handelsnamen: Neopren, Nairit u. a.) sind schwer entflammbar, zäh, wetterfest und korrosionsbeständig.

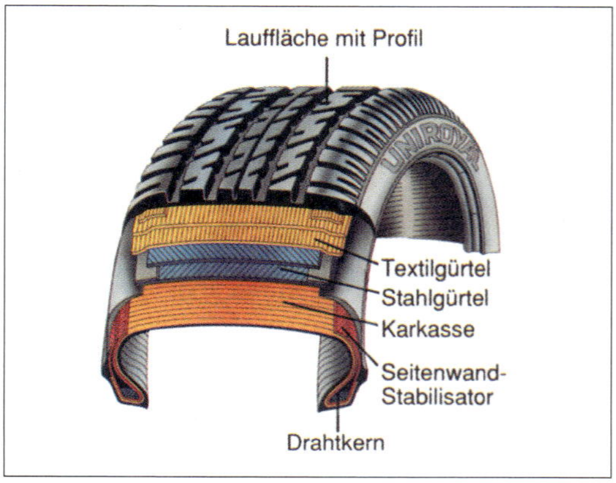

8.80 Aufbau eines Gummireifens (Lauffläche aus SBR)

- **Silikonkautschuk (SI)** (Handelsnamen: Silopren, Silastic, u. a.) mit einem Anwendungsbereich von –80 bis 180 °C, beständig gegen Alterung, schwer benetzbar (Dichtungen), physiologisch unbedenklich (Verwendung in der Medizin).

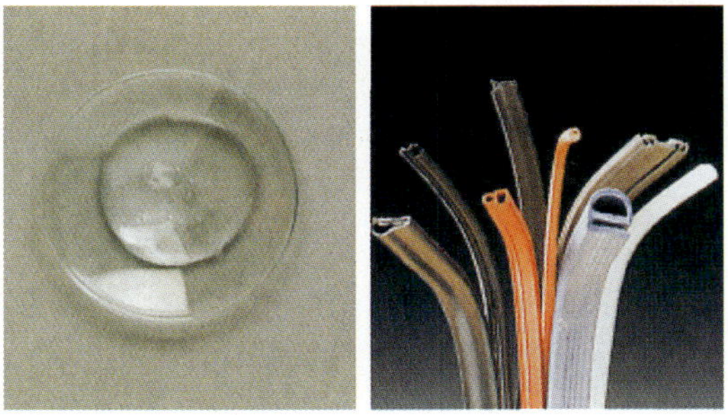

8.81 Formmasse und Halbzeug aus Silikonkautschuk

8.4.5.4 Kunststoffe aus Naturprodukten

Neben dem schon erwähnten Gummi, welcher aus Naturkautschuk hergestellt wird, gibt es noch eine Reihe anderer Kunststoffe aus Naturprodukten.

Kunsthorn (CS)

Handelsnamen: Akalit, Galalith u. a.

Die Gewinnung erfolgt aus dem Eiweißstoff der Milch, dem Kasein, durch Einwirkung von Formaldehyd. Kunsthorn ist gut färbbar und bearbeitbar, jedoch nicht wasserbeständig. Die technische Bedeutung ist deshalb gering.

Anwendung: Knöpfe, Spielmarken, Gebrauchsgegenstände.

Kunststoffe aus Zellulose

Bei einigen Kunststoffen ist **Zellulose** der Ausgangsstoff. Zellulose wird von den Pflanzen als Gerüstsubstanz durch Verbindung vieler β-Glucose-Moleküle gebildet. Es ist die Kohlenstoffverbindung, welche in der Natur mengenmäßig den Hauptanteil bildet (Bild 8.82). Aus dem Holz erhält man die Zellulose (den Zellstoff) durch Abtrennung der löslichen Bestandteile und einer entsprechenden Reinigung.

- **Vulkanfiber (VF)**

  Handelsnamen: Hornex u. a.

  Ungeleimte Papierbahnen werden durch Einwirkung von Chlorzinklösung oder Schwefelsäure „pergamentiert“ und auf beheizte Walzen bis zur gewünschten Dicke gewickelt. Danach folgt ein Wasch- und Pressvorgang.

  Anwendung: Dichtungen, Zahnräder, Rollen, Spulen, Papierkörbe, Karteikarten, Koffer.

- **Zellglas**

  Handelsnamen: Zellglas, Cellophan, Reyon u. a.

  Zellulose wird in einem Bad gelöst, welches beim Viskose-Verfahren aus Natronlauge und Kohlenstoffdisulfid (Schwefelkohlenstoff) CS_2 besteht. Die zähflüssige Lösung (Viskose) wird dann aus einer Schlitzdüse in ein Fällbad (Schwefelsäure) gepresst, die entsprechende Folie in Waschbädern von Chemikalien befreit und anschließend getrocknet.

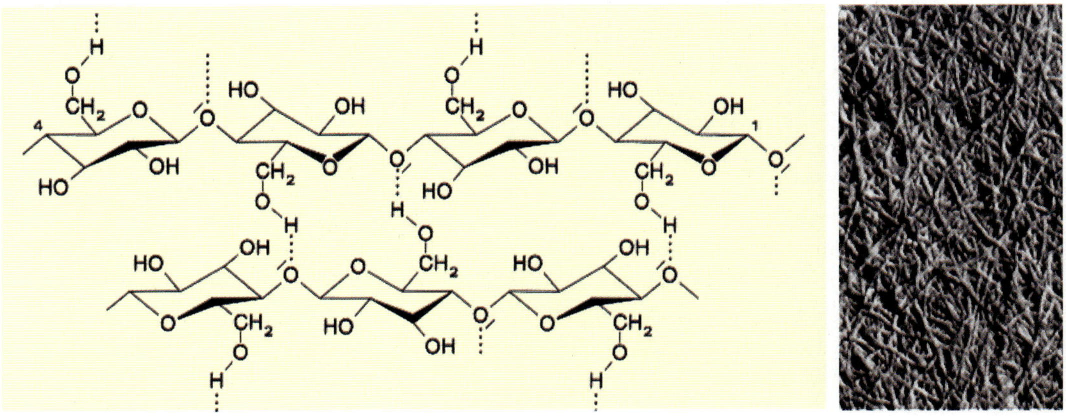

8.82 Zellulose: Molekülaufbau und Rasterelektronenmikroskop-Aufnahme der Mikrofibrillen

Auch bei der Herstellung von Fasern beginnt und endet der Prozess mit reiner Zellulose, nur treten an die Stelle der Schlitzdüse feine Spinndüsen (Bild 8.83). Man erhält Viskose-Kunstseide (Reyon).

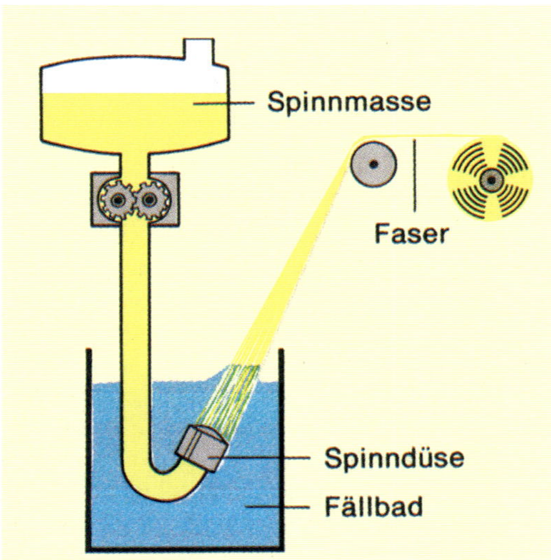

8.83 Schema des Viskoseverfahrens

- **Zellulosenitrat, Nitrozellulose (CN)**
  Handelsnamen: Zelluloid, Trolit u. a.
  Hoch elastisches Produkt aus Zellulose, Salpetersäure und Kampfer. Wegen seiner leichten Brennbarkeit weitgehend durch andere Kunststoffe ersetzt, nur auf Spezialanwendungen beschränkt, wie z. B. Tischtennisbälle, Spielmarken, Toilettenartikel.

- **Zellulose-Acetat (CA)**
  Handelsnamen: Cellidor A, Sicalit u. a.
  Wird Zellulose mit Essigsäure behandelt, erhält man einen glasklaren, gut färbbaren Kunststoff von großer Zähigkeit, welcher schwer brennbar ist.
  Verwendung: Spielzeug, Schuhabsätze, Brillengestelle, Werkzeuggriffe, Knöpfe.
  Zur Herstellung der Acetat-Kunstseide wird Zellulose-Acetat in Aceton gelöst, die Lösung durch Spinndüsen gepresst, worauf sich die Fäden an der Luft durch Verdampfung des Acetons verfestigen. Das Verfahren beginnt also mit Zellulose und endet mit Zelluloseacetat.

Fragen und Aufgaben zu Abschnitt 8

8.1 Aus welchen Hauptbestandteilen setzt sich Gebrauchsglas zusammen?

8.2 Welche Glassorte verträgt auch schroffe Temperatursprünge?

8.3 Durch welche Stoffe wird Glas gefärbt?

8.4 Was sind die wichtigsten tonkeramischen Werkstoffe?

8.5 Auch Metalloxide können gesintert werden. Welche Einsatzgebiete hat der wichtigste oxidkeramische Werkstoff und wie heißt er?

8.6 Was sind Cermets?

8.7 Die elektrische Leitfähigkeit eines Halbleiters in Abhängigkeit seiner Temperatur soll erklärt werden (Vergleich mit einem Metall).

8.8 Wie ist der Verlauf der Leitfähigkeit bei einem dotierten Halbleiter?

8.9 Eine Diode ist in Sperrrichtung geschaltet. Fließt nun überhaupt kein Strom?

8.10 Auf welchem Effekt beruht die Wirksamkeit des Zonenschmelzens, und welche Reinheitsgrade sind mit diesem Verfahren zu erreichen?

8.11 Wie groß ist ungefähr die Menge an Verunreinigungen in 1000 kg Silizium nach dem Zonenschmelzen?

8.12 Was bedeutet der Begriff „Simultandiffusion"?

8.13 Welches ist das wichtigste Element für die Kunststofferzeugung (Begründung)?

8.14 Was sind bei einem Kunststoff kristalline Bereiche?

8.15 Was bedeuten die Begriffe LDPE und HDPE?

8.16 Aus welchen Elementen besteht PTFE? Welches sind seine besonderen Eigenschaften?

8.17 Polyamide werden u. a. auch zu Fasern verarbeitet. Nach welchem Verfahren erfolgt das?

8.18 Welche duroplastische Kunststoffe werden unter Verwendung von Füllstoffen u.a. im Boots- und Karosseriebau eingesetzt?

8.19 Aus welchem Stoff besteht Viskose-Kunstseide und wie wird sie hergestellt?

Korrosion, Korrosionsschutz 9

Die meisten Metalle müssen erst durch Zufuhr beträchtlicher Energiemengen aus ihren Verbindungen in die reine Form übergeführt werden. Sie haben daher das Bestreben den ursprünglichen energieärmeren und damit stabileren Zustand wiederzuerlangen. Die jährlichen Schäden durch Korrosion sind sehr groß und etwa denen durch Verschleiß gleichzusetzen. Kenntnisse der Grundlagen der Korrosion, einschließlich der sich daraus ergebenden Möglichkeiten des Korrosionsschutzes, sind daher unbedingt erforderlich.

Unter dem Begriff **Korrosion** (lat. corrodere = zernagen) versteht man eine von der Oberfläche ausgehende, unbeabsichtigte Veränderung metallischer Werkstoffe durch **chemische** oder **elektrochemische Reaktionen**.

9.1 Chemische Korrosion

> Die chemische Korrosion ist die unmittelbare Reaktion von Metallen mit Stoffen aus der Umgebung.

Ein Beispiel dafür ist die **Oxidation**, bei der eine direkte Elektronenabgabe des Metalles an den Reaktionspartner erfolgt. Bei höheren Temperaturen sind die Oxidationsvorgänge besonders ausgeprägt. Man spricht dann von **Heißgaskorrosion** oder **Verzunderung**. Das entstehende Korrosionsprodukt wird **Zunder** genannt (Bild 9.1).

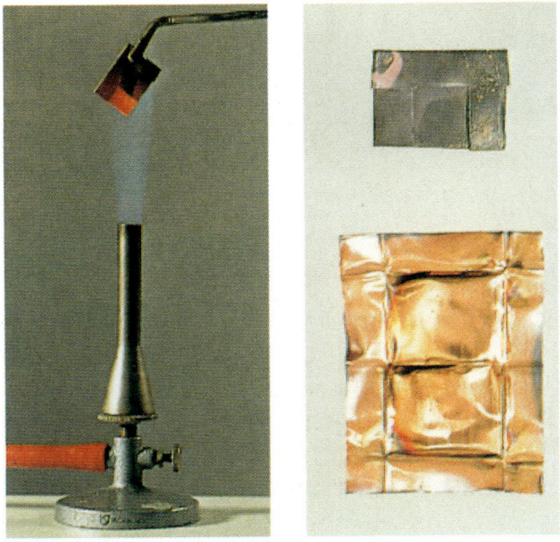

9.1 Chemische Korrosion an einer zusammengefalteten Kupferfolie. Nach kurzer Zeit (einige Minuten) bildet sich unter Flammeneinwirkung und Anwesenheit von Luftsauerstoff eine dunkelbraune Oxidschicht (Heißgaskorrosion). Die Innenseite der Folie ist wegen des fehlenden Sauerstoffs unverändert geblieben.

9.2 Elektrochemische Korrosion

> Die elektrochemische Korrosion beruht auf der Bildung eines **galvanischen Elementes**.

Dazu bedarf es zweier verschiedener in Kontakt stehender Metalle (es können auch unterschiedliche Gefügebestandteile sein) und einer elektrisch leitenden Flüssigkeit (Elektrolyt). Diese überwiegend auftretende Korrosion (Bild 9.2) ist durch zwei örtlich getrennte Teilreaktionen (Oxidation und Reduktion) gekennzeichnet. Der Ladungsaustausch erfolgt durch Elektronenleitung (im Metall) und Ionenleitung (im Elektrolyten).

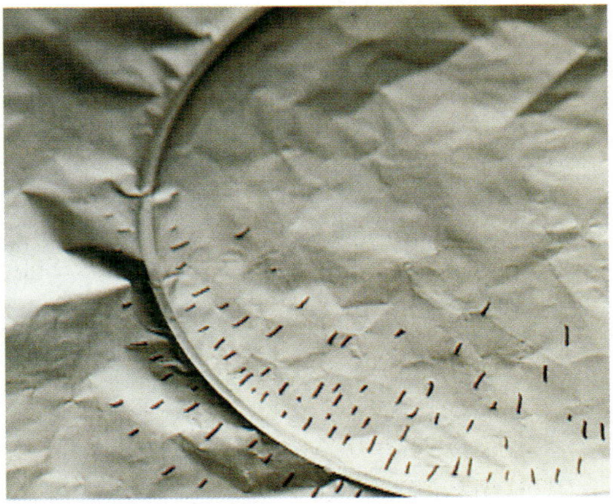

9.2 Elektrochemische Korrosion an einer angefeuchteten Aluminiumfolie, welche in Kontakt mit einer edleren Legierung (z. B. Münze) steht. Schon nach einigen Minuten bemerkt man an der Folie (wenn man sie gegen das Licht hält) eine große Zahl kleiner Löcher.

Redox-Reaktion

Taucht man einen Eisenstab in eine Kupfersulfatlösung, so findet an der Grenzschicht zwischen Eisen und Lösung ein Elektronenaustausch statt. Kupferionen nehmen vom Eisen

Elektronen auf und werden zu elementarem Kupfer reduziert, wodurch sich auf dem Stab in kurzer Zeit eine Kupferschicht bildet (Bild 9.3). Gleichzeitig entstehen aus dem metallischen Eisen durch Oxidation Eisenionen, die in Lösung gehen. Bei der Oxidation findet also eine Elektronenabgabe, bei der Reduktion eine Elektronenaufnahme statt.

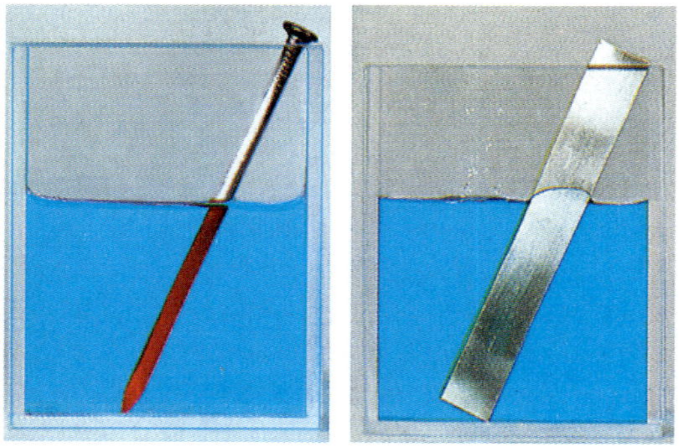

9.3 **Eisen und Silber werden in eine Kupfersulfatlösung getaucht. Bei Silber zeigt sich keine Reaktion.**

Betrachtet man nun einen Kupferstab, der in eine Eisensulfatlösung eintaucht, so stellt man keine Reaktion fest (Bild 9.4). Durch systematische Versuche mit verschiedenen Metallen und ihren Salzlösungen (Ionen) können die entsprechenden Reduktions- bzw. Oxidationswirkungen ermittelt und eine **Redox-Reihe der Metalle** aufgestellt werden. Ein Metall und das zugehörige Metallion wird als **Redoxpaar** bezeichnet.

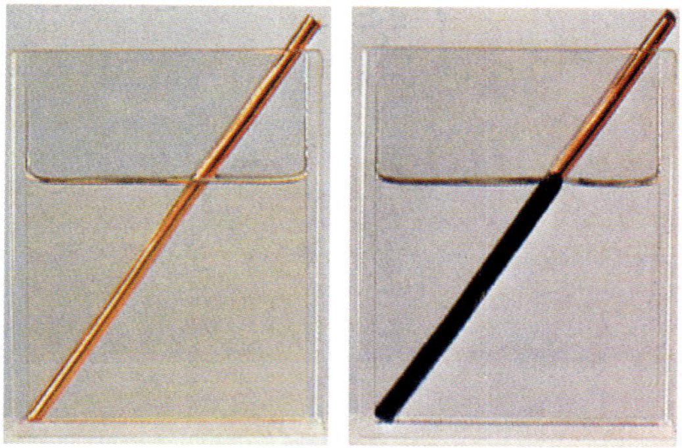

9.4 **Kupfer wird in eine Eisensalzlösung (links) und in eine Silbersalzlösung getaucht. Eine Reaktion zeigt sich nur in der Silbersalzlösung.**

Galvanisches Element

Gibt man beispielsweise ein Zinkblech in eine Zinksalzlösung und ein Kupferblech in eine Kupfersalzlösung, so hat man zwei Halbzellen. Man kann nun die Halbzellen in der Form aufbauen, dass sie nur durch eine poröse Wand (Diaphragma) voneinander getrennt sind und die beiden Metalle durch einen metallischen Leiter verbinden.

Diese Anordnung nennt man ein **galvanisches Element** oder eine **galvanische Zelle**. Zwischen den beiden Metallen fließt ein Strom, wobei ein Spannungsmesser etwa 1 Volt anzeigt (Bild 9.5). Am Zinkblech, dem Minuspol, gehen Zinkionen in Lösung. Dadurch bleiben dort Elektronen zurück, was zu einem Elektronenüberschuss führt. Die Elektronen fließen über das Verbindungskabel zum Kupferblech (Pluspol). Dort werden sie auf Kupferionen der Lösung übertragen, wodurch sich metallisches Kupfer bildet. Dieses scheidet sich am Kupferblech ab.

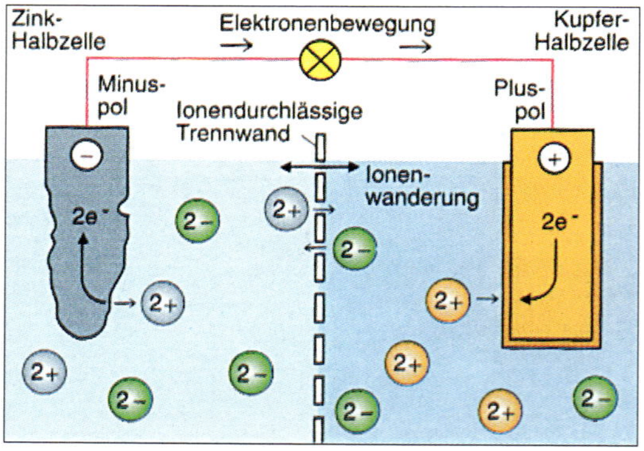

9.5 **Galvanisches Element**

Spannungsreihe der Metalle

So wie zwischen Zink und Kupfer kann man auch zwischen anderen Metallen, wenn diese in Lösungen ihrer Salze eintauchen, eine elektrische Potentialdifferenz feststellen. Bezieht man die Potentiale auf die **Standardwasserstoffelektrode** (deren Potential mit null festgelegt wurde) kommt man zur **elektrochemischen Spannungsreihe der Metalle** (Bild 9.6). Die Standardwasserstoffelektrode ist eine Platinelektrode, die in eine Wasserstoffionenlösung der Konzentration 1 mol/l bei 25 °C eintaucht und von Wasserstoff umspült wird (Bild 9.7).

Metalle sind umso unedler (im elektrochemischen Sinn), je weiter ihr Potential im negativen Bereich liegt. Stehen zwei verschiedene Metalle in leitender Verbindung und werden sie außerdem von einem Elektrolyten benetzt, so entspricht dies einem galvanischen Element. Das unedlere Metall beginnt sich zu zersetzen, das edlere bleibt erhalten. Die Zersetzung des unedlen Metalls erfolgt umso schneller, je weiter die Metalle in der Spannungsreihe auseinander liegen.

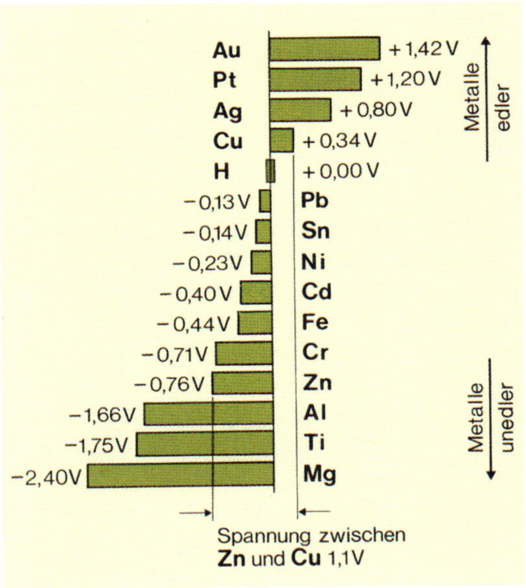

9.6 Elektrochemische Spannungsreihe

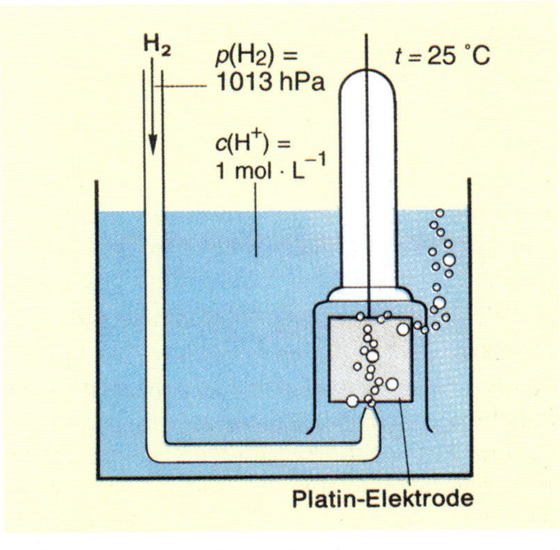

9.7 Standardwasserstoffelektrode

Rosten des Eisens

Auf eine blanke Eisenoberfläche gelangt ein Wassertropfen. Wenn man annimmt, dass das Eisen frei von Legierungselementen und auch ohne Kohlenstoff ist, so besitzt es also von vornherein keine durch unterschiedliche Gefügebestandteile gebildete galvanische Lokalelemente. Im Wassertropfen besteht immer eine Dissoziation der Wassermoleküle in H^+ und OH^--Ionen, allerdings nur in sehr geringer Konzentration. Weiters sind im Wasser durch die umgebende Luft etwas CO_2 und Sauerstoff gelöst. Es bilden sich nun auf dem Eisen dünne Oxidhäute und zwar bevorzugt an den Rändern des Tropfens, da dort das Sauerstoffangebot am größten ist (Bild 9.8). Die Oxidhäute besitzen ein edleres elektrochemisches Potential als reines Eisen, wodurch die Bedingungen für ein galvanisches Element gegeben sind. Von den blank gebliebenen Metallstellen im Zentrum des Tropfens, dem

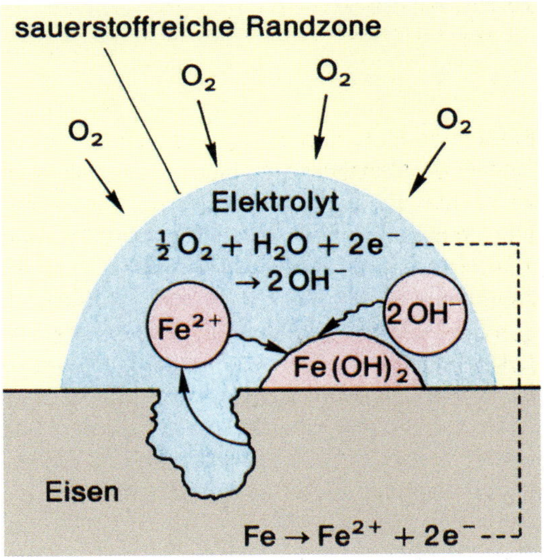

9.8 Wassertropfen auf reinem Eisen

anodischen Bereich, gehen zweiwertige Eisenionen in Lösung. Diese verbinden sich mit den im Wasser vorhandenen OH^--Ionen zu $Fe(OH)_2$, also Eisen(II)-hydroxid, welches verhältnismäßig gut löslich ist. Ist genügend Luftsauerstoff vorhanden, bildet sich dann noch das unlösliche Eisen(III)-hydroxid $Fe(OH)^3$. Bei Wasserentzug entstehen aus diesen Verbindungen die ebenfalls unlöslichen Eisenoxide FeO bzw. Fe_2O_3.

Je nach den Bedingungen für die Sauerstoff- und Wasserzufuhr treten nun all diese Oxide und Hydroxide in unterschiedlichen Massenverhältnissen auf und werden insgesamt als **Rost** bezeichnet. Die Rostschichten sind sehr porös und blättern wegen ihrer Sprödigkeit und geringen Festigkeit häufig ab, weshalb sie das Eisen vor weiterer Korrosion nicht schützen können (Bild 9.9).

9.9 Durchgerostete Stahlbleche

Die hier beschriebenen Vorgänge laufen wesentlich schneller ab, wenn das Wasser z. B. etwas säurehältig ist und das Eisen edlere Fremdmetalle oder Verbindungen enthält (Entstehung von Lokalelementen). Allerdings gibt es bestimmte Elemente (z. B. Kupfer oder Phosphor, die beim Eisen zur Bildung einer besonders dichten und festen Rostschicht führen, wodurch das Weiterrosten behindert wird (siehe Abschnitt 4.10.1).

Passivität

Eisen löst sich in verdünnter Salpetersäure. In konzentrierter Salpetersäure kommen aber die Reaktionen bald zum Stillstand. Das Eisen ist **passiv** geworden. Der Zustand ist allerdings nicht beständig, denn wenn man das passivierte Eisen mit verdünnter Salpetersäure in Kontakt bringt, wird es wieder angegriffen. Man kann eine vorübergehende Passivierung auch mit verdünnter Salpetersäure durchführen, indem man eine elektrolytische Zelle bildet, deren Anode das Eisen und deren Katode aus einem nicht angreifbaren Metall (z. B. Platin) besteht. Im anfänglich aktiven Bereich löst sich das Eisen, wobei die Korrosionsrate mit steigender Spannung zunimmt. Bei einer bestimmten Spannung gehen die Korrosionsvorgänge plötzlich stark zurück und bleiben in einem weiten Spannungsbereich sehr gering (Bild 9.10). Das Metall hat den passiven Zustand angenommen. Erst bei hohen Spannungen steigt die Korrosion wieder an.

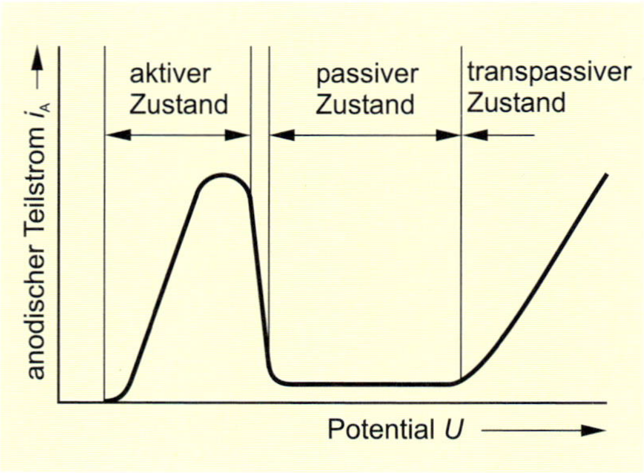

9.10 Anodische Teilstromkurve eines passivierbaren Metalls

Neben Eisen gibt es noch eine Reihe weiterer unedler Metalle, die unter speziellen Bedingungen zumindest vorübergehend in den passiven Zustand übergeführt werden können. Ursache der Passivität ist eine dünne, in einem größeren Potentialbereich beständige Deckschicht (Passivschicht). Für die Bildung dieser vorwiegend oxidischen Schicht ist eine sauerstoffabgebende Umgebung erforderlich.

Während beim reinen Eisen die selbstständige Bildung einer Passivschicht nur unter besonderen Umständen (z. B. Einwirkung von konzentrierter Salpetersäure) beobachtet wird, sind andere Elemente (wie z. B. Chrom, Silizium oder Aluminium) imstande, schon unter Einwirkung von Luftsauerstoff solche Schutzschichten entstehen zu lassen. Von bestimmten Prozentsätzen ab wird diese Eigenschaft auch auf Stahl übertragen.

Da jedoch höhere Silizium- und Aluminiumgehalte die Verformbarkeit beeinträchtigen, ist Chrom das wichtigste Legierungselement, das die chemische Beständigkeit in sauerstoffhaltiger oder sauerstoffabgebender Umgebung bestimmt. Eine echte Korrosionsbeständigkeit wird aber erst durch Gehalte von mehr als 12 % Cr erzielt, wobei Zusätze von Molybdän die Passivierung begünstigen. Nickel allein verleiht dem Stahl selbst bei hohem Prozentanteil nur Rostträgheit, führt aber im Zusammenwirken mit Chrom zu weitgehender Beständigkeit auch gegen reduzierende Medien. Diese austenitischen Stähle (Grundtyp: CrNi18-8) besitzen im passiven Zustand ein elektrochemisches Potential, das mit demjenigen der Edelmetalle vergleichbar ist.

9.3 Erscheinungsformen der Korrosion

Bedingt durch die Vielzahl der Einflüsse gibt es die unterschiedlichsten Korrosionserscheinungen.

Gleichmäßiger Angriff

Diese Korrosionsart ist die häufigste Form des Angriffs. Anodische und katodische Stellen auf der Metalloberfläche wechseln ständig, was einen gleichmäßigen Flächenabtrag bewirkt. Da man diese Korrosionsform am leichtesten erfassen und damit die Lebensdauer des Werkstücks gut vorausbestimmen kann, ist sie relativ ungefährlich (Bild 9.11).

9.11 Gleichmäßiger Korrosionsangriff

Lochkorrosion

Unter bestimmten Bedingungen tritt ein örtlich begrenzter Angriff auf. Beispielsweise kann es bei chemisch beständigen Stählen, dort, wo das angreifende Medium die passive Deckschicht durchbricht, zur Korrosion kommen. Es entstehen punktförmige Vertiefungen, die muldenförmig oder nadelstichartig ausgebildet sein können (Bild 9.12). Mitunter wird auch, von einem kleinen Loch ausgehend, die Oberfläche regelrecht unterhöhlt.

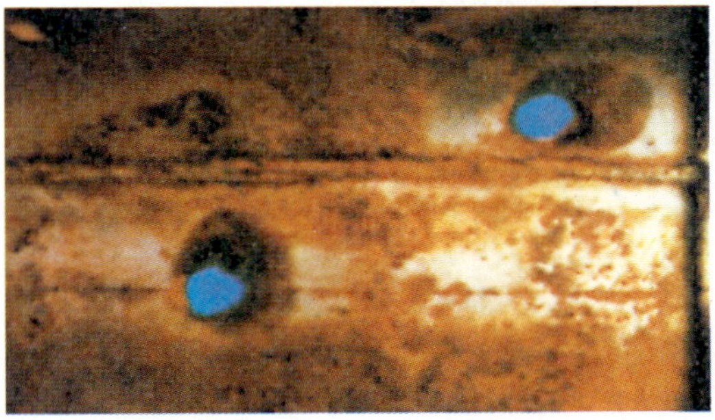

9.12 Lochkorrosion

Die Lochkorrosion (Lochfraß oder Pitting) ist zwar hinsichtlich der Menge ihrer Korrosionsprodukte nicht sehr bedeutend, doch führt sie oft unerwartet rasch zu einem Versagen des Bauteiles. Können durch sie in kurzer Zeit selbst dicke Bleche durchlöchert werden. Begünstigt wird diese Korrosionsart durch die Anwesenheit von Chlor-, Iod- oder Bromionen. Zulegieren von Molybdän bringt sowohl bei reinen Chrom- als auch bei Chrom-Nickelstählen eine Verbesserung.

Spaltkorrosion

Spaltkorrosion tritt in engen Spalten und Haarrissen auf, in denen der Stahl wegen ungenügender Sauerstoffzufuhr nicht ausreichend passiv wird. Zwischen den wenig belüfteten Spalten und der übrigen Oberfläche bilden sich Lokalelemente, die zu einem verstärkten Angriff in den Spalten führen. Zu Korrosionsschäden kann es zwischen punktgeschweißten Blechen, Dichtungen, Auflageflächen, beschädigten Überzügen, an Schrauben und Nieten kommen. Auch an der Metalloberfläche haftende Substanzen (Ablagerungen, Zunder usw.) sind oft die Ursache dieser Korrosionsart

(Bild 9.13). Die Spaltkorrosion kann in vielen Fällen durch konstruktive Maßnahmen und durch Reinhalten der Metalloberfläche verhindert werden.

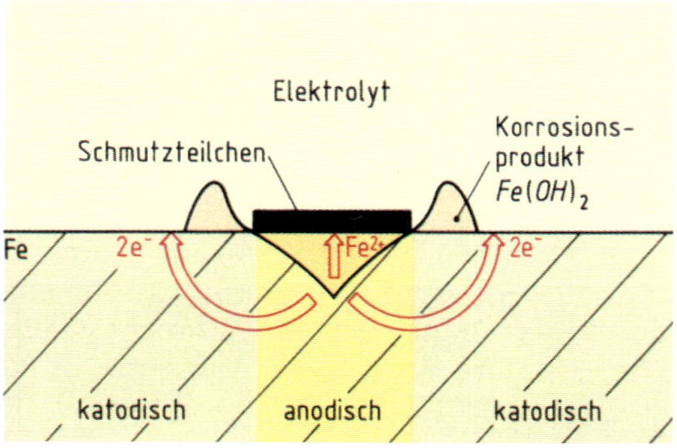

9.13 Auch Ablagerungen können Spaltkorrosion verursachen

Kontaktkorrosion

Stehen zwei verschiedene Werkstoffe in leitender Verbindung, so bildet sich bei Anwesenheit eines Elektrolyten ein galvanisches Element, wobei der unedlere Werkstoff in Lösung geht (Bild 9.14). Die Auflösung geht rasch vor sich, wenn die Potentialdifferenz zwischen den beiden Metallen groß ist und im Verhältnis zur Anode sehr große Katodenflächen vorhanden sind. Vernietet man z. B. Kupferbleche (große Katodenfläche) mit Stahlnieten (kleine Anodenfläche), so ist bei Anwesenheit eines Elektrolyten mit rascher Korrosion der Stahlnieten zu rechnen. Lässt sich bei einer Konstruktion die gleichzeitige Verwendung von Metallen mit unterschiedlichen elektrochemischen Potentialen nicht vermeiden, ist für eine ausreichende Isolierung zu sorgen.

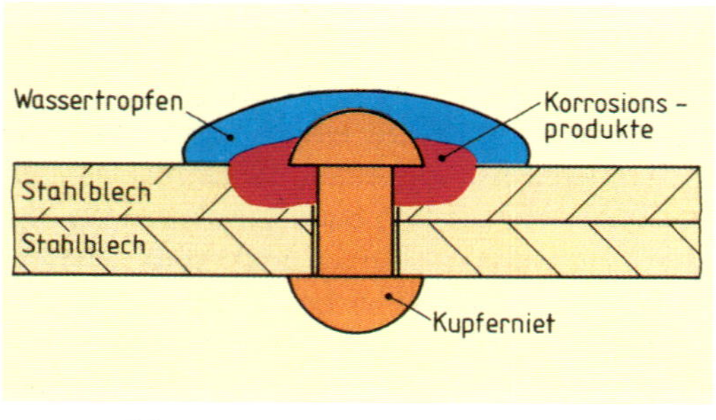

9.14 Kontaktkorrosion

Interkristalline Korrosion

Bei Metallen und Legierungen stellen die Korngrenzen infolge der zwischen ihnen und dem Korn vorliegenden Energiedifferenzen (Atome im Korngrenzenbereich haben einen höheren Energiezustand) Gebiete verminderter Widerstandsfähigkeit gegen Korrosion dar (Bild 9.15).

9.15 Interkristalline Korrosion an einem Bleirohr

Schon eine normale Korngrenzenätzung ist eigentlich eine (unterbrochene) interkristalline Korrosion. Bei fortschreitendem Angriff aggressiver Medien an den Korngrenzen wird der metallische Zusammenhang schließlich zerstört. Ist ein Gefüge heterogen (z. B. Fe und Fe_3C bei Stahl), so kann das Eisen selektiv aufgelöst werden. Die **selektive Korrosion** beschränkt sich in diesem Fall also nicht auf die Korngrenzen, sondern erfasst ganze Gefügebestandteile. Weitere Beispiele für diese Korrosionsart sind die **Spongiose beim Grauguss** und die **Entzinkung von Messing**. Im ersten Fall wird Ferrit aus dem Gussgefüge herausgelöst und die als Katode wirkenden Grafitlamellen bleiben erhalten. Bei der Entzinkung von Messing gehen Kupfer und Zink gemeinsam in Lösung. Anschließend wird das edlere Kupfer wieder reduziert und bildet einen Niederschlag. Die dadurch entstehenden Lokalelemente (Kupfer-Messing) beschleunigen den Korrosionsvorgang.

Andere Entstehungsursachen hat die **interkristalline Korrosion der austenitischen Cr-Ni-Stähle**, die schon im Abschnitt 4.10.1 kurz dargestellt wurde. Das nach dem Abschrecken aus 1000 bis 1200 °C vorliegende homogene Mischkristallgefüge dieser Stähle zeigt keine Neigung zur interkristallinen Korrosion. Erst wenn die Stähle einer Wärmeeinwirkung ausgesetzt sind (zwischen 450 und 850 °C, je nach Zeitdauer und Höhe des C-Gehaltes), werden an den Korngrenzen Chromkarbide ausgeschieden. Auf diese Weise kommt es an diesen Stellen zu einer Chromverarmung in den Mischkristallen und der Werkstoff verliert dort seine Beständigkeit, da Chrom nur in Mischkristallform die Ausbildung einer Passivschicht bewirken kann. Die Erwärmung, welche zur Chromkarbidausscheidung führt, lässt sich praktisch nicht vermeiden, da in den Bereichen, wo chemisch beständige Stähle eingesetzt werden (z. B. Apparatebau), Schweißungen schon fertigungstechnisch unumgänglich notwendig sind. Zur Verhinderung der interkristallinen Korrosion könnte man durch eine Erwärmung auf über 1000 °C die Chromkarbide wieder auflösen und anschließend das Werkstück abschrecken. Diese Maßnahme ist aber aus wirtschaftlichen und konstruktiven Gründen meist nicht durchführbar. Damit bleiben als Abhilfe nur die schon in Abschnitt 4.10.1 erwähnten Möglichkeiten: Begrenzung des C-Gehaltes auf möglichst niedrige Werte bzw. eine Stabilisierung mit Nb, Ti oder Ta.

Spannungsrisskorrosion

Steht ein Bauteil unter inneren oder äußeren Zugspannungen, kann es bei Anwesenheit eines geeigneten Mediums zur Spannungsrisskorrosion kommen. Die entstehenden Risse sind je nach Werkstoff und Elektrolyt interkristallin oder transkristallin. Sie verlaufen mehr oder weniger verzweigt etwa normal zur Spannungsrichtung (Bild 9.16).

Es gibt darüber hinaus eine Reihe weiterer Korrosionsformen, welche mit einer mechanischen Beanspruchung in Verbindung stehen. Beispiele dafür sind Korrosionen, bei denen **Reibung**, **Erosion** und **Kavitation** eine entscheidende Rolle spielen. Bei der Reibkorrosion korrodieren vorwiegend die durch den mechanischen Abrieb abgetrennten Werkstoffteilchen, wodurch z. B. der so genannte **Passungsrost** entsteht. Durch Erosion und Kavitation können passive Deckschichten auf der Metalloberfläche zerstört werden, so dass ein Korrosionsangriff ermöglicht wird.

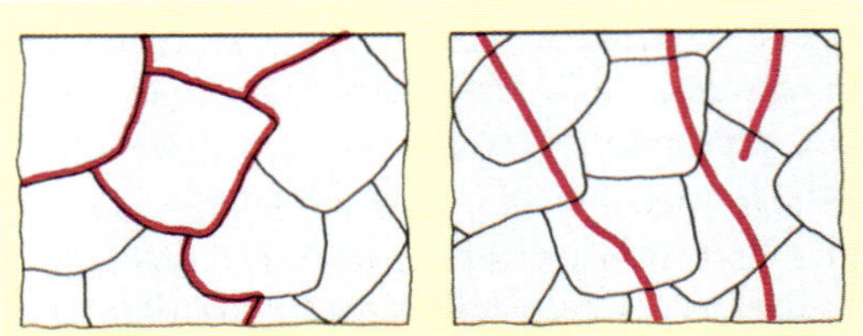

9.16 Bei der Spannungsrisskorrosion sind die Risse interkristallin oder transkristallin und verlaufen etwa normal zur Hauptspannungsrichtung

9.4 Korrosionsschutz

Bei den Vorkehrungen zum Korrosionsschutz unterscheidet man zwischen

- baulichen Maßnahmen,
- Legierungen,
- Schutzüberzügen und
- katodischem Schutz.

9.4.1 Bauliche Maßnahmen

Verschiedene Korrosionsarten wie z. B. Spalt- oder Kontaktkorrosion können durch entsprechende konstruktive Ausführungen der Bauteile verhindert werden.

9.4.2 Legierungen

Bei Kenntnis des aggressiven Mediums lässt sich praktisch immer eine Legierung finden, die nicht oder nur unbedeutend korrodiert. Ist das Medium nicht bekannt oder ist mit verschiedenen angreifenden Substanzen zu rechnen, müssen hochlegierte, chemisch beständige Legierungen verwendet werden, um einen Korrosionsschutz einigermaßen zu gewährleisten.

9.4.3 Schutzüberzüge

9.4.3.1 Metallische Überzüge

Metallische Überzüge dienen in vielen Fällen nicht nur dem Korrosionsschutz, sondern auch der Erzielung einer größeren Härte oder der Verschönerung. Sind die aufgebrachten Metalle edler als Stahl (z. B. Zinn), gewähren sie nur dann ausreichenden Korrosionsschutz, wenn sie völlig dicht sind. Wird die Schutzschicht verletzt, kommt es an dieser Stelle zur Zersetzung des Stahls. Im umgekehrten Fall (z. B. Zink auf Stahl) beginnt sich bei einer Beschädigung das unedlere Zink aufzulösen und der Stahl bleibt längere Zeit geschützt (Bild 9.17). Die entsprechenden Metalle werden durch verschiedene Verfahren in meist dünnen Schichten auf das zu schützende Grundmaterial aufgebracht.

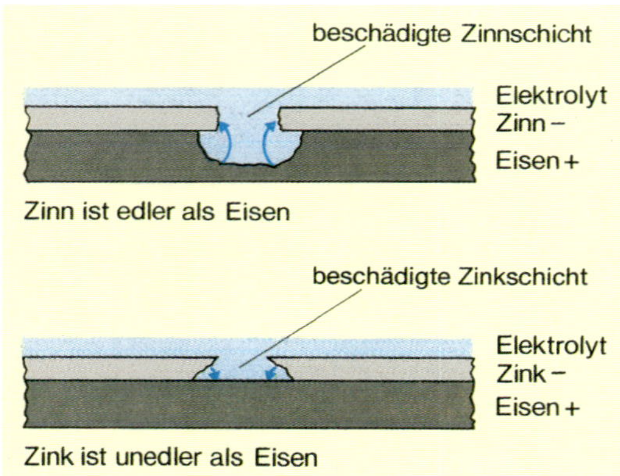

9.17 Metallische Überzüge als Korrosionsschutz

Beim **Galvanisieren** befindet sich das Werkstück, welches die Katode (Minuspol) bildet, in einem galvanischen Bad. Dieses enthält das aufzutragende Metall in gelöster Form. Der Metallverbrauch des Bades wird laufend durch die in Lösung gehenden Ionen aus dem Metall der Anode (Pluspol) ersetzt (Bild 9.18). Als Überzugsmetalle werden Chrom, Nickel, Kupfer, Zink, Zinn, Kadmium oder bei Bedarf auch Edelmetalle verwendet. Chrom wird entweder in einer sehr dünnen Schicht (im Mikrometerbereich) oft erst als drittes Metall (z. B. nach Kupfer und Nickel) als **Glanzverchromung** aufgebracht oder es findet die Abscheidung direkt auf dem Grundmetall statt, wobei die Schichtdicken bis zu etwa 0,5 Millimeter betragen. Durch dieses als **Hartverchromung** bezeichnete Verfahren erreicht man harte, verschleißfeste und sehr glatte Oberflächen.

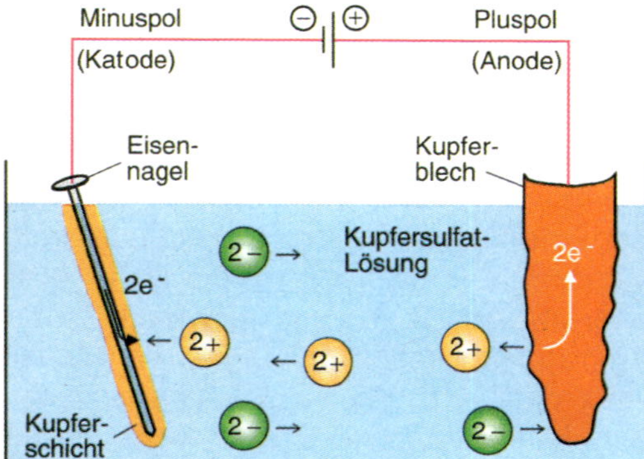

9.18 Galvanisieren

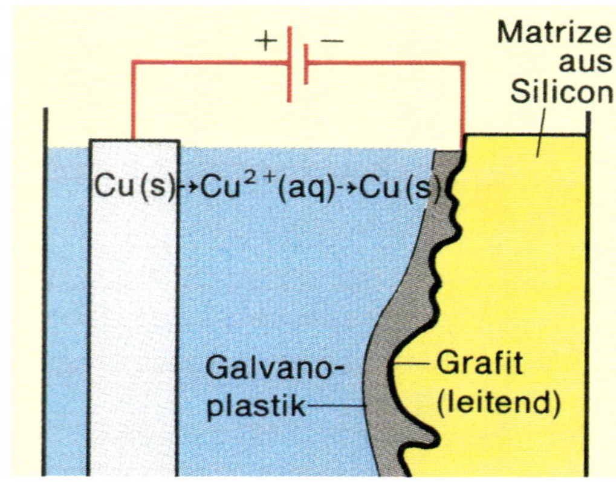

9.19 Eine weitere Anwendung der Galvanotechnik ist das Fertigen von Galvanoplastiken. Bei diesem Verfahren wird zunächst von einem Original ein negativer Abdruck (z. B. aus Silicon), die sogenannte Matrize, gemacht. Vor dem Galvanisieren wird auf die Matrize eine Grafitschicht aufgebracht, um die elektrische Leitfähigkeit herzustellen.

Durch **Tauchen** in flüssige Metalle lassen sich Werkstücke mit Metallschichten überziehen. Das bekannteste Verfahren ist das **Feuerverzinken,** welches auf zwei Arten durchgeführt werden kann (Bild 9.20).

- Bei der **Nassverzinkung** schwimmt eine Flussmittelschmelze auf dem Zinkbad. Die Werkstücke kommen von der Beizanlage und werden säurenass durch das Flussmittel in das Zinkbad getaucht.

9.20 Feuerverzinken

- Bei der **Trockenverzinkung** taucht man die Werkstücke zuerst in eine wässrige Lösung des Flussmittels. Nach dem anschließenden Trocknen bleibt ein dünner Flussmittelfilm auf den Werkstücken zurück, der nach dem Eintauchen ins Zinkbad schmilzt und die notwendige Reinigung übernimmt.
- Mittels Tauchverfahren lassen sich auch Aluminium- und Zinnschichten auf Werkstücke aufbringen. Weiters ist es möglich, mehrere Metalle (z. B. Zink und Aluminium) zu kombinieren.

Thermisches Spritzen ist ein Verfahren bei dem das aufzubringende Metall in Draht- oder Pulverform einer Spritzpistole zugeführt, dort mittels einer Wärmequelle (Flamme, Lichtbogen oder Plasma) aufgeschmolzen, mit Luft oder Schutzgas zerstäubt und anschließend auf das Werkstück aufgespritzt wird. Damit das Material besser am Werkstück haftet, ist für eine gewisse Rauheit der Oberfläche zu sorgen, was z. B. durch Sandstrahlen geschehen kann.

Beim **Plattieren** erfolgt die Aufbringung einer Metallschicht mit großem Druck auf den zu schützenden Werkstoff durch Pressen, Walzen oder Aufsprengen. Auch wenn das Aufbringen des Schutzmetalles durch Schmelzschweißen erfolgt, spricht man von einer Plattierung.

Aufdampfverfahren benötigen ein Hochvakuum (etwa 10^{-6} mbar), in dem sich die Werkstücke und eine elektrisch beheizte Verdampfungsquelle befinden. Bevorzugt werden auf diese Weise dünne Beschichtungen mit Edelmetallen durchgeführt.

Bei den verschiedenen **Diffusionsverfahren** werden die Werkstücke in Pulvern oder Gasen geglüht, wobei an den Werkstückoberflächen durch Diffusion eine Legierungsbildung entsteht. An den Rändern der Werkstücke nimmt der Gehalt des Schutzmetalles von außen nach innen immer mehr ab, wodurch man Schichten erhält, die sehr widerstandsfähig gegen Beschädigung oder Abblättern sind und sich auch gut verformen lassen. Je nach dem verwendeten Metall gibt es unterschiedliche Verfahren, wie Sherardisieren (Zn), Kalorisieren (Al), Alitieren (Al), Inchromieren (Cr) usw.

9.4.3.2 Nichtmetallische Überzüge

Öl-, Fett- oder Wachsschichten brauchen in der Regel nur für eine begrenzte Zeit Schutz gewähren, z. B. für Transport oder Lagerung. Die verwendeten Mittel müssen säurefrei sein und dürfen nur auf gereinigte Oberflächen aufgetragen werden. Beim **Schwarzbrennen** wird eine Ölschicht auf das Werkstück aufgebracht und anschließend auf etwa 400 °C erhitzt. Es entsteht eine schwarze Schicht, die einen zeitlich begrenzten Rostschutz bildet (Kunstschmiedearbeiten).

Farb- und Lacküberzüge werden sehr häufig zum Schutz metallischer Oberflächen gegen Korrosion eingesetzt. Für die Haltbarkeit und Funktion des Überzuges ist es besser, mehrere dünne Schichten übereinander anzubringen, als nur eine dicke Schicht aufzutragen (Bild 9.21). Lacke bestehen in der Hauptsache aus Bindemitteln, Lösungsmitteln und Pigmenten. Als Bindemittel dienen Kunstharze, Nitrozellulose und Leinöle. Um sie streich- und spritzfähig zu

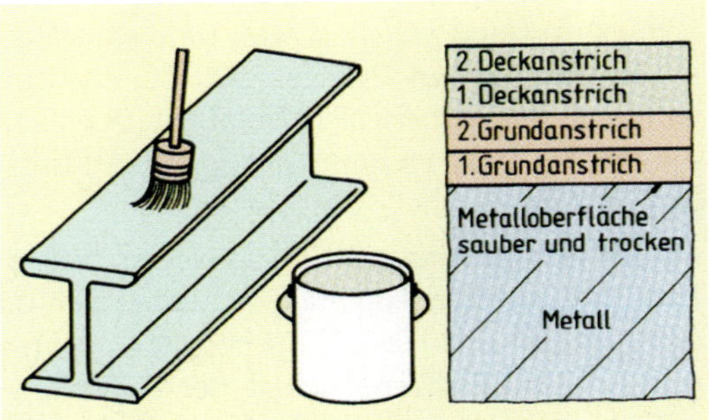

9.21 Ein sachgemäßer Korrosionsschutzanstrich wird in mehreren Lagen aufgetragen

machen, sind sie in Lösungsmitteln gelöst. Beim Trocknen verflüchtigen sich die Lösungsmittel und die Bindemittel bleiben als Lackschicht zurück. Pigmente sind feinpulvrige Beimischungen, die neben ihrer Rostschutzwirkung die Deckfähigkeit des Lackes verbessern und der Farbgebung dienen.

Das gebräuchlichste Verfahren zum Aufbringen von Lacken ist das Aufspritzen. Um den dabei auftretenden großen Lackverlust zu minimieren, legt man zwischen Spritzeinrichtung und Werkstück eine elektrische Gleichspannung (Bild 9.22). Die Lacktröpfchen werden dabei durch ein elektrisches Feld elektrostatisch aufgeladen und zum geerdeten Werkstück geführt (elektrostatisches Spritzverfahren).

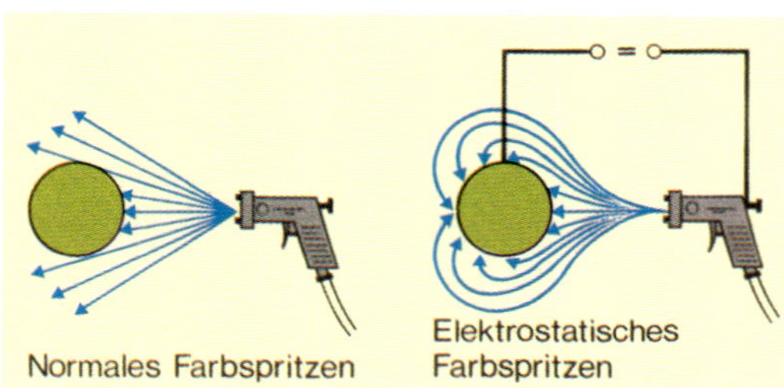

9.22 Elektrostatisches Spritzverfahren

Als **Kunststoffüberzüge** kommen praktisch alle Kunststoffe, insbesondere aber Thermoplaste und Elastomere in Frage. Sie dienen neben dem Korrosionsschutz zur elektrischen Isolation und zur Dekoration. Die Auftragsverfahren sind teilweise analog denen für die Metallüberzüge, z. B. Flammspritzen, Tauchen, elektrostatisches Beschichten. Hinzu kommt noch das Wirbelsintern, bei dem Kunststoffpulver in einem Behälter mit siebartigem Boden aufgewirbelt und im Schwebezustand gehalten wird. Wird ein Werkstück, welches auf 200 bis 300 °C erwärmt wurde, in die Wirbelschicht getaucht, überzieht es sich mit einer zusammenhängenden Kunststoffschicht.

Beim **Phosphatieren** werden die Werkstücke in Phosphatlösungen eingetaucht, wobei sich an den Oberflächen dünne Phosphatschichten (etwa 10 µm) bilden. Neben der korrosionsschützenden Wirkung bilden diese Schichten auch einen guten Haftgrund für Lackierungen, weiters dienen sie auch als Gleitschicht beim Einlaufen von Maschinenteilen oder beim Tiefziehen.

Das **Brünieren** ist ein Verfahren, bei dem Werkstücke aus Stahl in heiße oxidierende Salzlösungen getaucht werden, wodurch sich auf ihren Oberflächen Oxidschichten bilden.

Beim **Eloxieren** (elektrisches Oxidieren) werden Aluminiumteile in einem Elektrolyten (z. B. Schwefelsäure) an den Pluspol einer Gleichstromquelle angeschlossen. Den Minuspol bildet eine Blei- oder Aluminiumplatte (Bild 9.23). Durch frei werdenden Sauerstoff entsteht am Werkstück eine Oxidschicht im Bereich von 100 µm, die auch gut eingefärbt werden kann. Ein entsprechendes Verfahren gibt es auch für Magnesium (Elomag-Verfahren).

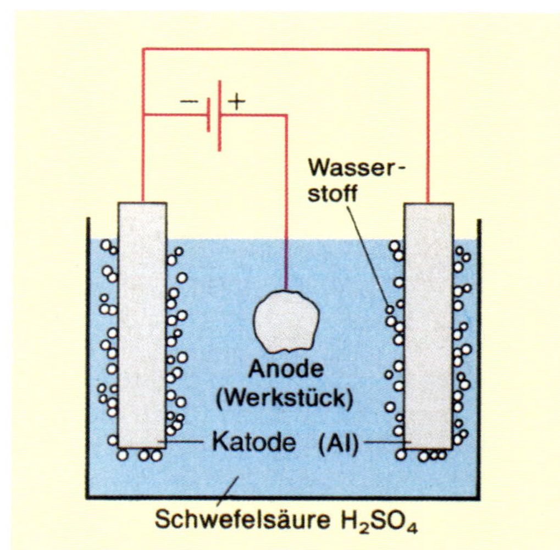

9.23 Eloxal-Verfahren

Emailschichten haben einen glasartigen Aufbau (z. B. Bor-Aluminium-Glas, durch Titanoxid getrübt). Die Grundmasse wird durch Tauchen oder Spritzen aufgebracht und anschließend gebrannt. Die Schichten sind sehr hart, chemisch sehr beständig, hitzefest aber spröde.

9.4.4 Katodischer Schutz

Dieses Verfahren wird zum Schutz von metallischen Anlagen im Erdboden (z. B. Rohrleitungen, Tanks usw.) oder von Schiffen und Fahrzeugen eingesetzt. Es gibt dabei zwei Möglichkeiten:

Im ersten Fall beruht die Schutzwirkung auf dem Prinzip des **galvanischen Elements**. Man schaltet die zu schützenden Bauteile mit einem sehr unedlen Metall (z. B. Magnesium) elektrisch leitend zusammen. Das unedle Metall, welches die **Opferanode** darstellt, wird aufgelöst und muss nach einiger Zeit ersetzt werden (Bild 9.24). Als Elektrolyt fungiert der (feuchte) Boden oder Seewasser.

Die zweite Möglichkeit ist das so genannte **Fremdstromverfahren**. Hier wird mit Hilfe einer äußeren Gleichstromquelle (z. B. Akkumulator) das zu schützende Objekt als Katode geschaltet und beispielsweise eine Kohleelektrode als Anode in das Erdreich eingegraben.

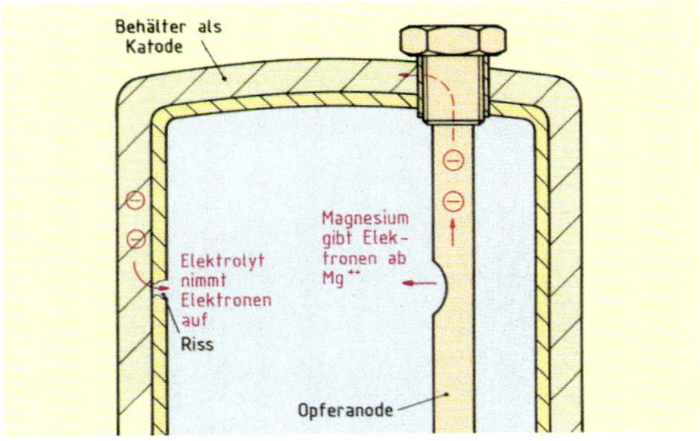

9.24 Behälter mit Magnesiumstab als Opferanode

Fragen und Aufgaben zu Abschnitt 9

9.1 Welcher Unterschied besteht zwischen einer chemischen und einer elektrochemischen Korrosion?

9.2 Wie kann man feststellen, welches von zwei Metallen das unedlere ist?

9.3 Wie groß ist die elektrische Spannungsdifferenz zwischen Kupfer und Magnesium nach der elektrochemischen Spannungsreihe?

9.4 Welche vier grundsätzliche Möglichkeiten des Korrosionsschutzes gibt es?

9.5 Weshalb ist gegen normale Umwelteinflüsse ein Überzug aus Zink einem aus Zinn überlegen?

9.6 Welche zwei grundsätzlichen Möglichkeiten des katodischen Korrosionsschutzes gibt es?

Prüfung metallischer Werkstoffe 10

Zur Ermittlung von Kennwerten, Verarbeitungseigenschaften, der chemischen Zusammensetzung, des Behandlungszustandes und allfälliger Fehler wurden eine Reihe von Verfahren entwickelt, die größtenteils durch Normvorschriften festgelegt sind.

10.1 Mechanische Prüfverfahren

10.1.1 Zugversuch

Beim Zugversuch (festgelegt in der Europäischen Norm EN 10 002) wird das Verhalten eines Werkstoffes unter Zugbeanspruchung ermittelt. Die Probe (Bild 10.1) wird in eine Prüfmaschine eingespannt und durch eine üblicherweise hydraulisch erzeugte Zugkraft belastet (Bild 10.2). Die Zugkraft wird langsam gesteigert, wobei die Probe sich immer weiter dehnt und schließlich bricht (Bild 10.3). Während des Versuchs werden die **Zugkraft *F*** und die **Längenänderung ΔL** der Probe gemessen und aufgezeichnet. Man errechnet nun die Spannung σ und die Dehnung ε, wobei man F auf den Anfangsquerschnitt S_0 ($\sigma = F/S_0$), ΔL auf die Anfangslänge L_0 bezieht ($\varepsilon = \Delta L/L_0$) und trägt die erhaltenen Werte grafisch auf. Dem so entstandenen **Spannungs-Dehnungs-**

10.2 Prüfmaschine

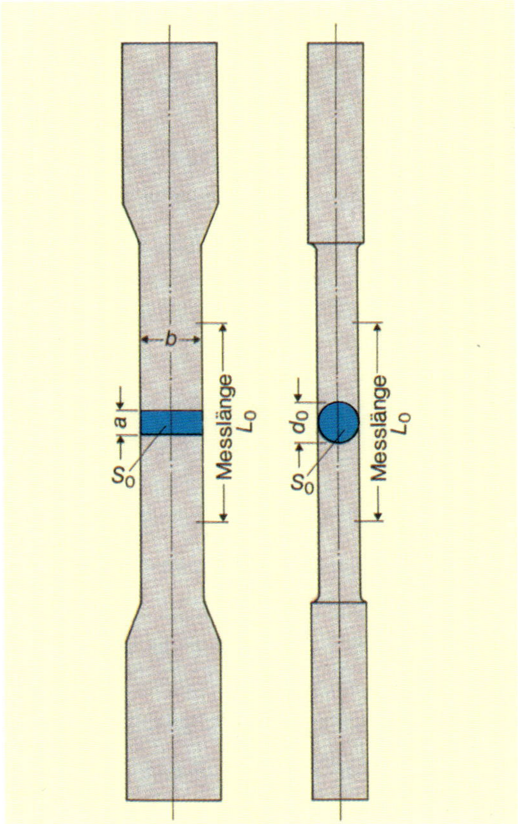

10.1 Probenformen für den Zugversuch

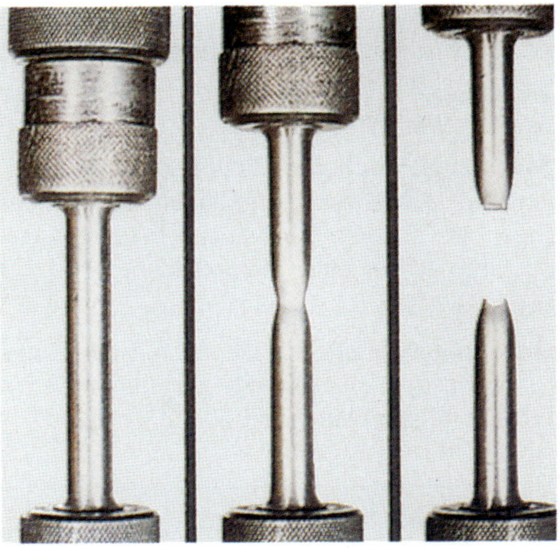

10.3 Einschnürung und Bruch einer Zerreißprobe

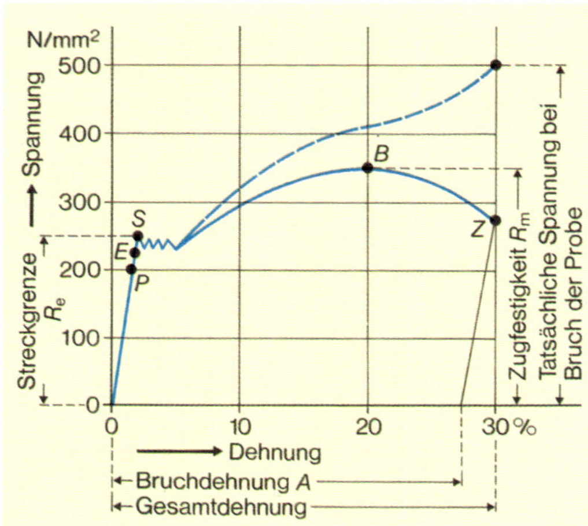

10.4 Spannungs-Dehnungs-Diagramm eines Werkstoffes mit ausgeprägter Streckgrenze

Diagramm (Bild 10.4) kann man verschiedene Kenngrößen entnehmen. Weitere wichtige Begriffe und Definitionen:

Anfangsmesslänge L_0 ist die Messlänge der Probe vor Aufbringen der Kraft. Sie wird durch feine Messmarken oder Farbstriche gekennzeichnet.

Messlänge L ist die jeweilige Länge der Probe während des Versuchs.

Messlänge nach dem Bruch L_u ist die Messlänge der Probe nach sorgfältigem Zusammenfügen der beiden Bruchstücke in der Weise, dass ihre Achsen eine Gerade bilden.

Verlängerung ΔL ist die Differenz $L–L_0$.

Dehnung ε ist eine auf die Anfangsmesslänge L_0 bezogene Verlängerung. Sie wird meist in Prozent angegeben. Es gilt:

$$\varepsilon = \frac{\Delta L}{L_0} \; [–] \text{ bzw. } \varepsilon = \frac{\Delta L}{L_0} \cdot 100 \; [\%]$$

Bruchdehnung A ist die bleibende Dehnung nach dem Bruch in Prozent.

Gesamte Dehnung beim Bruch A_t ist die gesamte Dehnung im Augenblick des Bruches. Sie setzt sich aus einem elastischen und einem plastischen (bleibenden) Anteil (A) zusammen.

Anfangsquerschnitt S_0 ist der Probenquerschnitt vor dem Versuch.

Probenquerschnitt S ist der jeweilige Querschnitt der Probe während des Versuchs.

Kleinster Probenquerschnitt nach dem Bruch S_u ist der an der am stärksten eingeschnürten Stelle gemessene Probenquerschnitt nach dem Bruch der Probe.

Brucheinschnürung Z ist die größte Querschnittsänderung nach dem Bruch der Probe, bezogen auf den Anfangsquerschnitt. Sie wird in Prozent angegeben.

$$Z = \frac{S_0 - S_u}{S_0} \cdot 100 \; [\%]$$

Spannungs-Dehnungs-Diagramm eines Werkstoffes mit ausgeprägter Streckgrenze

Bei Belastung der Probe nimmt zunächst die Zugspannung proportional zur Dehnung zu. Das Diagramm hat daher bis Punkt *P*, der **Proportionalitätsgrenze** die Form einer Geraden. Bis zur Proportionalitätsgrenze ist der Werkstoff elastisch verformbar. Das heißt, dass bei Wegnahme der Zugkraft der Probestab wieder seine ursprüngliche Länge L_0 annimmt. In diesem Bereich gilt das **Hooke'sche Gesetz**. Dieses lautet: $\sigma = E \cdot \varepsilon$. Der Proportionalitätsfaktor ***E*** ist der **Elastizitätsmodul**, welcher die Größe jener Spannung bestimmt, die für eine bestimmte Dehnung benötigt wird. Je größer der E-Modul ist (für Stahl liegt dieser Wert bei 210 000 N/mm²), desto steiler ist (gleicher Maßstab vorausgesetzt) die Gerade.

Da die Proportionalitätsgrenze experimentell nur schwer zu bestimmen ist (geringste plastische Dehnungsanteile sind praktisch immer vorhanden und ihr Nachweis nur eine Frage des messtechnischen Aufwandes), wurde eine **technische Elastizitätsgrenze** bestimmt, die jene Spannung darstellt, bei der nach Entlastung der Probe eine bleibende Dehnung von 0,01 % zurückbleibt (Punkt *E* in Bild 10.4).

Steigt die Belastung weiter an, tritt beim Punkt *S* ein plötzlicher Abfall der Spannung auf, obwohl sich der Stab weiter dehnt. Die bei *S* herrschende Spannung wird als **Streckgrenze R_e** bezeichnet. Die Probe beginnt sich nun deutlich plastisch zu verformen, der Werkstoff „fließt".

Im Fließbereich pendelt die Spannung bei weiterer Dehnung auf und ab, so dass man, wenn die Spannungsunterschiede deutlich genug sind, zwischen zwei Streckgrenzenwerten unterscheiden kann.

- Die obere **Streckgrenze R_{eH}** ist jene Spannung, bei welcher der erste deutliche Kraftabfall auftritt.
- Die **untere Streckgrenze R_{eL}** ist die kleinste Spannung im Fließbereich, wobei Einschwingerscheinungen nicht berücksichtigt werden.

Die Indizes H bzw. L stehen für die englischen Wörter higher bzw. lower).

Nach dem Fließbereich steigt die Kurve bis zu ihrem Höchstwert in Punkt *B*, der Bruchgrenze, an. Die Spannung im Punkt *B* ist die **Zugfestigkeit R_m** des Werkstoffes. Nach diesem Belastungsmaximum beginnt sich die Probe einzuschnüren, bis schließlich im Punkt *Z* der Bruch eintritt.

Die im Probestab auftretende Zugspannung σ wird aus der Zugkraft *F* und dem Anfangsquerschnitt S_0 berechnet. Sie berücksichtigt nicht die in Wirklichkeit auftretende Verkleinerung des Querschnittes. Nur deshalb ist es möglich, dass die Probe bei einer gegenüber der Maximalspannung (Punkt *B*) deutlich kleineren Spannung (Punkt *Z*) bricht. Die tatsächliche Spannung ist im Bild 10.4 strichliert gezeichnet. Für ihre Berechnung müsste während des Versuches fortlaufend der Querschnitt der Probe gemessen werden, was einen nicht vertretbaren Aufwand bedeuten würde.

Spannungs-Dehnungs-Diagramm eines Werkstoffes ohne ausgeprägte Streckgrenze

Bei vielen Werkstoffen fehlt eine ausgeprägte Streckgrenze. Der Zugversuch ergibt dann beispielsweise ein Diagramm nach Bild 10.5. Bei Dimensionierungen ist es aber in den meisten Fällen üblich, Bauteile so auszulegen, dass im Betrieb auftretende Spannungen mit einer bestimmten Sicherheit die Streckgrenze des Werkstoffes nicht erreichen. Um auch bei Werkstoffen mit fehlender Streckgrenze einen solchen Berechnungsfixpunkt zu haben, wurde eine so genannte Ersatzstreckgrenze eingeführt. Diese

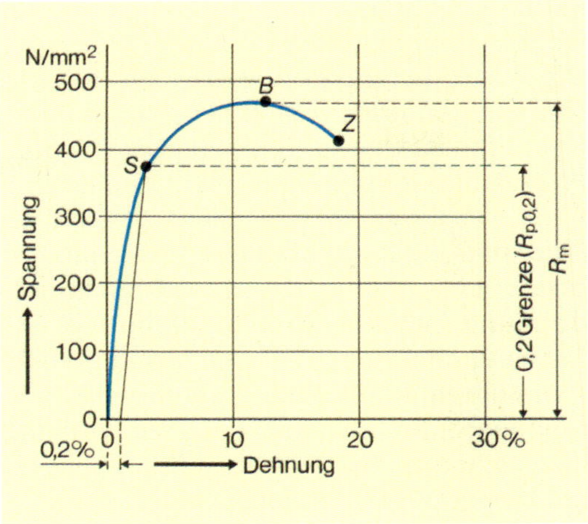

10.5 Spannungs-Dehnungs-Diagramm eines Werkstoffes ohne ausgeprägte Streckgrenze

ist die **0,2 %-Dehngrenze $R_{p0,2}$** und ist jene Spannung, bei der nach Entlastung eine bleibende Dehnung von 0,2 % auftritt.

Probenquerschnitt, Probenlänge

Die Probe wird üblicherweise aus dem Erzeugnis herausgearbeitet. Erzeugnisse mit gleich bleibendem Querschnitt (Profile, Stäbe, Drähte usw.) sowie gegossene Probestücke dürfen ohne Bearbeitung geprüft werden. Der Probenquerschnitt ist meist kreisförmig oder rechteckig, kann aber auch eine andere Form aufweisen.

Für die Vergleichbarkeit von Messergebnissen ist es notwendig entsprechende Abmessungsverhältnisse einzuhalten. Bei kreisförmigem Querschnitt sollen die Werte L_0 und d_0 zueinander proportional (verhältnisgleich) sein. Daher nennt man diese Proben **Proportionalstäbe**. Zwei Messlängen wurden genormt:

$L_0 = 5d_0$ für den **kurzen Proportionalstab** und
$L_0 = 10d_0$ für den **langen Proportionalstab**

Sind die Querschnitte nicht kreisförmig, werden die Längen durch die Gleichung $L_0 = k \cdot \sqrt{S_0}$ festgelegt. Mit den k-Werten 5,65 bzw. 11,3, entsprechend dem kurzen bzw. langen Proportionalstab ergibt sich dann für L_0 der fünffache bzw. zehnfache Durchmesser des flächengleichen Kreises.

Für gleiche Proportionalstäbe (z. B. $L_0 = 5\,d_0$) ergeben sich bei gleichen Werkstoffen bei gleichen Belastungsspannungen gleiche Dehnungswerte. Jedoch sind beispielsweise die Bruchdehnungen eines kurzen und eines langen Proportionalstabes unterschiedlich, wobei $A_5 > A_{10}$ ist. Der Grund dafür liegt darin, dass sich die Bruchdehnung A aus zwei Dehnungsbereichen zusammensetzt. Nämlich aus der **Gleichmaßdehnung** und der **Einschnürdehnung**. Die Dehnung im Bereich der Einschnürung ergibt etwas höhere Werte als die Dehnung der restlichen Probe. Bei kurzen Probestäben wirkt sich die Einschnürdehnung daher stärker aus und erhöht dadurch die Bruchdehnung.

10.1.2 Druckversuch

Verformungs- und Festigkeitskennwerte des Druckversuches sind im Wesentlichen analog denen des Zugversuches. Die Druckspannung σ_d ist als Nennspannung der Quotient aus der Druckkraft F und dem Anfangsquerschnitt S_0.

$$\sigma_d = \frac{F_0}{S_0}$$

Der beim Zugversuch bei weichen Baustählen auftretenden Streckgrenze entspricht beim Druckversuch die **Quetschgrenze**. Während des Druckversuches wird der wahre Querschnitt S größer als der Anfangsquerschnitt. Wie beim Zugversuch ergibt sich auch ein Unterschied zwischen wahrer und gedachter Spannung.

Der Druckversuch wird an zylindrischen Proben durchgeführt. Diese dürfen wegen der Knickgefahr nicht zu lang sein. Die Kraft wird so lange gesteigert, bis sich an der Oberfläche der Probe Risse bilden (bei zähen Werkstoffen) oder die Probe bricht (bei spröden Werkstoffen). Die entsprechende Nennspannung ist dann die Druckfestigkeit. Bei spröden Werkstoffen liegen die aufretenden Bruchflächen in Richtung der größten Schubspannungen, also unter einem Winkel von 45° zu den Hauptnormalspannungen. An den Bruchstücken sind häufig deutlich ausgebildete „Druckkegel" zu sehen (Bild 10.6).

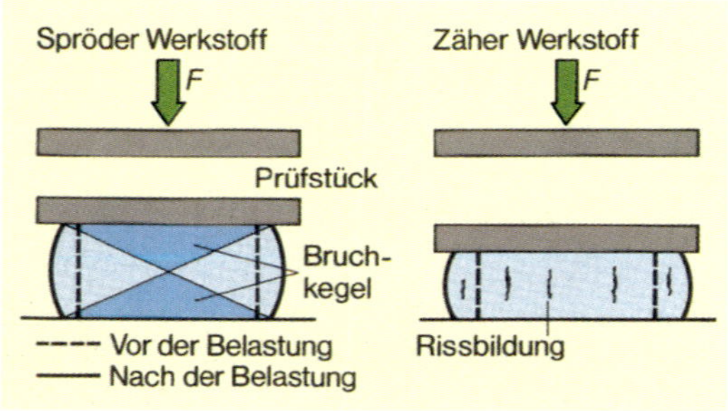

10.6 Druckbelastung

Für die Prüfung metallischer Werkstoffe hat der Druckversuch nur eine geringe Bedeutung (allenfalls z. B. für Gusseisen oder Lagermetalle), wohl aber für nichtmetallische Werkstoffe wie z. B. Holz, Beton, Natur- und Kunststein.

10.1.3 Biegeversuch

Der Biegeversuch hat nur in wenigen Fällen z. B. bei spröden Werkstoffen (Hartmetalle, Grauguss) eine gewisse Bedeutung. Es wird üblicherweise die Durchbiegung und Spannung beim Bruch (Biegefestigkeit) ermittelt (Bild 10.7). Die Biegefestigkeit als Quotient von Biege- zu Widerstandsmoment ist dabei nur ein rechnerischer Wert, da das Hooke'sche Gesetz bei Grauguss nicht angewendet werden kann. Bei zähen Werkstoffen kommt es im Allgemeinen zu keinem Bruch, sondern zu einem Zusammenfalten der Probe (siehe auch Abschnitt 10.2).

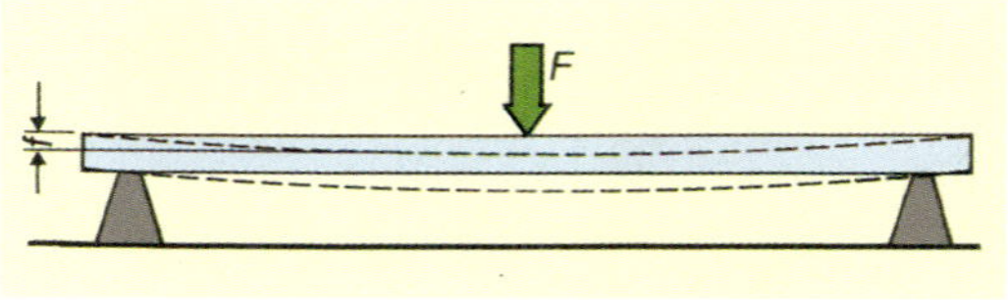

10.7 Biegeversuch

10.1.4 Kerbschlagbiegeversuch

Dieser Versuch dient zur Beurteilung der Zähigkeitseigenschaften metallischer Werkstoffe unter besonderen Prüfbedingungen. Durch **hohe Beanspruchungsgeschwindigkeiten** und **mehrachsige Zugspannungszustände** kann in Abhängigkeit von der Temperatur der Übergang vom **Zähbruch** zum **Sprödbruch** ermittelt werden. Mehrachsige Spannungszustände liegen vor, wenn auf den Werkstoff in verschiedenen Richtungen (räumlich gesehen) Spannungen wirken. Das Fließen des Materials wird stark behindert und das Bruchverhalten wird spröder.

Der Kerbschlagbiegeversuch wird auf einem **Pendelschlagwerk** durchgeführt (Bild 10.8). Eine mit einer Kerbe versehene Probe wird auf zwei Auflager und gegen zwei Widerlager gelegt. Die Finne des Pendelhammers trifft die der Kerbe abgewandte Seite der Probe. Diese wird mit einem einzigen Schlag entweder durchgebrochen oder durch die Widerlager gezogen. Die dabei verbrauchte **Kerbschlagarbeit A_V** kann unmittelbar am Gerät abgelesen werden.

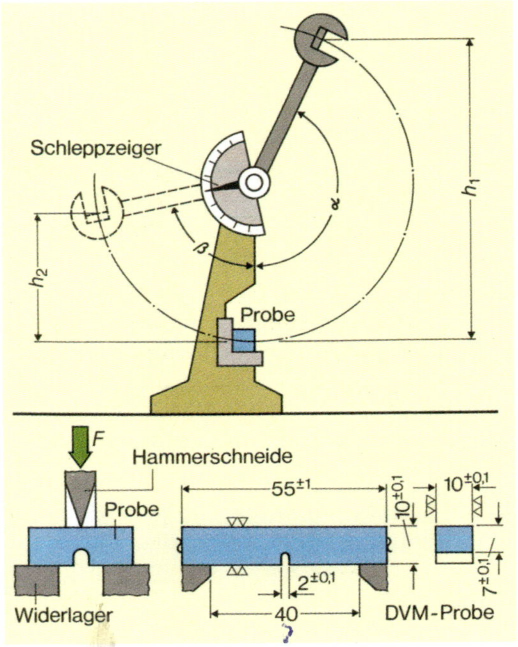

10.8 Pendelschlagwerk

$$A_V = m \cdot g \cdot (h_1 - h_2)$$

A_V [J]	Kerbschlagarbeit
m [kg]	Masse des Pendelhammers
g [m/s²]	Erdbeschleunigung
h_1 [m]	Fallhöhe des Pendelhammers
h_2 [m]	Steighöhe des Pendelhammers

Der Quotient aus Kerbschlagarbeit und dem Nennquerschnitt im Kerbengrund S_0 ist die **Kerbschlagzähigkeit α_k**.

$$\alpha_k = \frac{A_V}{S_0} \text{ [J/cm}^2\text{]}$$

Je spröder der Werkstoff, umso leichter bricht er und desto weniger wird der Hammer abgebremst, wodurch sich seine Steighöhe vergrößert. Gegenüber dem Zugversuch sind die Bedingungen beim Kerbschlagbiegeversuch für den Werkstoff wesentlich härter. Vor allem der mehrachsige Spannungszustand, der auch bei vielen Maschinenteilen auftritt, die Kerben, Absätze und dergleichen besitzen, behindert in Verbindung mit den hohen Beanspruchungsgeschwindigkeiten besonders bei tiefen Temperaturen das Fließen des Materials und begünstigt dadurch ein sprödes Bruchverhalten.

Die Versuche werden so durchgeführt, dass an einer Anzahl gleicher Proben bei unterschiedlichen Temperaturen die Kerbschlagarbeit bestimmt wird. Trägt man die Werte der Kerbschlagarbeit über der Temperatur auf (A_V-t-Kurve), so zeigt sich ein Unterschied zwischen kubisch-flächenzentrierten und kubisch-raumzentrierten Werkstoffen. Während bei der ersten Werkstoffgruppe im Allgemeinen ein kontinuierlicher Kurvenverlauf auftritt, gibt es bei den kubisch-raumzentrierten Werkstoffen (also beispielsweise bei allen un- oder niedrig legierten Stählen) zwei deutlich verschiedene Bereiche (Bild 10.9).

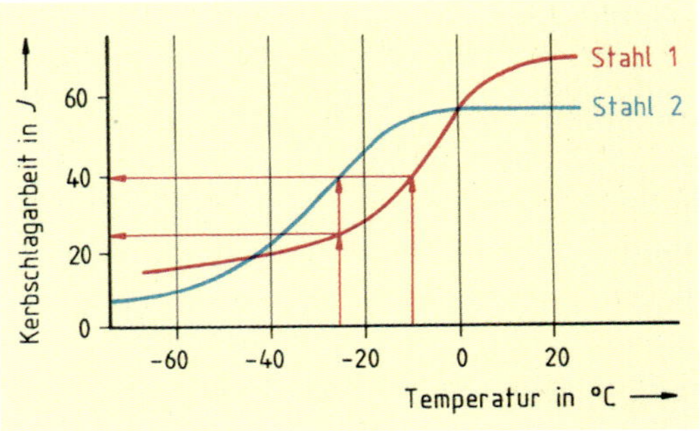

10.9 Kerbschlagzähigkeits-Temperatur-Kurve zweier Stähle

Man unterscheidet hier zwischen einer bei höheren Temperaturen auftretenden **Hochlage** mit zähem Bruchverhalten und einer **Tieflage** (bei niedrigeren Temperaturen), wo der Werkstoff spröde bricht. Dazwischen befindet sich ein Übergangsgebiet mit stark streuenden Messergebnissen. In diesem Übergangsgebiet gibt es einen **Steilabfall** der A_V-t-Kurve von der Hoch- in die Tieflage. Die Stelle des Steilabfalls, die für den Einsatz eines Werkstoffes von großer Bedeutung ist, wird durch die **Übergangstemperatur $t_ü$** gekennzeichnet. Je höher diese ist, desto sprödbruchgefährdeter ist der Werkstoff. Da sich das Übergangsgebiet zwischen Hoch- und Tieflage meist über einen größeren Temperaturbereich erstreckt, werden für die Bestimmungen von $t_ü$ bestimmte Kriterien herangezogen: Dazu zählen bestimmte Werte der Kerbschlagarbeit oder bestimmte Anteile (z. B. 50 %) an Verformungsbrüchen.

Man unterteilt die Bruchformen an den Proben in:

- **Verformungsbrüche,**
- **Trennbrüche** und
- **Mischbrüche.**

10.10 Verformungsbruch (links) und Trennbruch (rechts) von gekerbten Proben

Die Bruchfläche eines Verformungsbruches ist matt und hat eine faserige oder zerklüftete Struktur. An den Rändern sind mitunter stärkere plastische Verformungen festzustellen. Das Bruchverhalten ist zäh (Bild 10.10 links). Trennbrüche (bei sprödem Verhalten auftretend) haben fast ebene Bruchflächen mit glatten Rändern und einem körnigen (kristallinen) Aussehen (Bild 10.10 rechts). Daneben gibt es noch die Mischbrüche, an denen beide Bruchformen gemeinsam anzutreffen sind.

Da sich die Beanspruchungsgeschwindigkeit direkt auf das Bruchverhalten und damit auf die Kerbschlagarbeit auswirkt, muss die Schlaggeschwindigkeit innerhalb gewisser Grenzen liegen (etwa zwischen 4 und 6 m/s). Die Größe der Kerbschlagarbeit ist weiters stark von der Probengeometrie abhängig, wobei Ähnlichkeitsgesetze nicht angewendet werden können. **Daher ist bei allen Versuchen die Angabe der Probengeometrie unbedingt erforderlich.**

Ganz allgemein wird die Kerbschlagarbeit (Kerbschlagzähigkeit) durch höhere Schlaggeschwindigkeit, größere Schärfe und Tiefe der Kerbe, Kaltverformung, Alterung, höhere C-Gehalte, Grobkornbildung und tiefere Versuchstemperaturen vermindert.

10.1.5 Zeitstandsversuch

Bei Raumtemperatur braucht bei Festigkeitsversuchen für die Mehrzahl der metallischen Werkstoffe der Zeiteinfluss nicht berücksichtigt werden. Bei höheren Temperaturen tritt allerdings meist ein deutliches Dehnen über der Zeit auf, das als Kriechen des Werkstoffes bezeichnet wird. Will man also einen Werkstoff bei höheren Temperaturen für Konstruktionen verwenden, in denen er eine gewisse Festigkeit aufweisen muss, so ist die Kenntnis seines **Zeitstandverhaltens** erforderlich. Dieses wird für die in Frage kommenden Werkstoffe durch langwierige Zeitstandversuche bei den entsprechenden Temperaturen ermittelt. Man unterscheidet dabei im Wesentlichen zwei Kenngrößen, die nachstehend definiert werden:

- Die **Zeitdehngrenze** als jene Belastung (Spannung), die bei bestimmter Temperatur und nach einer bestimmten Zeit (z. B. 10^4 oder 10^5 Stunden) eine bestimmte bleibende Dehnung (z. B. 0,2 %) ergibt.
- Die **Zeitstandfestigkeit** als jene Belastung (Spannung), die bei bestimmter Temperatur und nach einer bestimmten Zeit zum Bruch der Probe führt.

10.1.6 Dauerschwingversuch

Aussehen und Entstehung eines Dauerbruches

In vielen Fällen wird ein Konstruktionsteil nicht einer statischen (ruhenden) Beanspruchung unterworfen, sondern ist einer schneller oder langsamer wechselnden, d. h. schwingenden Beanspruchung ausgesetzt. Man kann dabei feststellen, dass ein Werkstoff nach einer gewissen Zahl von Lastwechseln auch bei Belastungen unterhalb der Streckgrenze zu Bruch gehen kann.

Ein so entstandener **Dauerbruch** hat ein charakteristisches Aussehen (Bild 10.11). An seiner

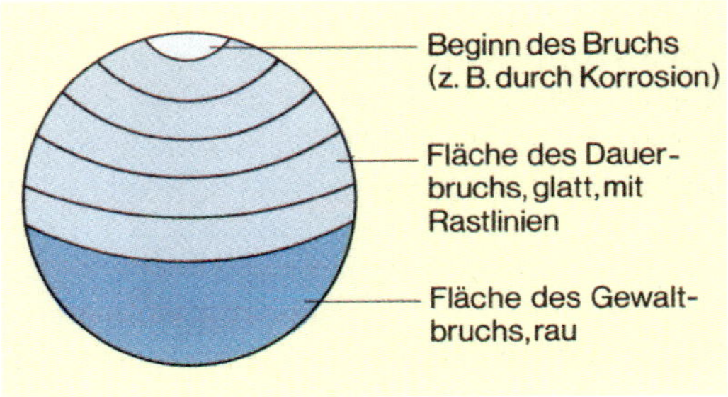

10.11 Dauerbruch

Bruchfläche erkennt man deutlich zwei verschiedene Zonen. Die eine Zone, die den eigentlichen Dauerbruch darstellt, ist glatt und häufig von so genannten Rastlinien durchzogen. Diese Rastlinien entstehen durch eine zeitweilige Unterbrechung oder Verminderung der Belastung. Ist der Dauerbruch schon so weit fortgeschritten, dass die restliche Querschnittsfläche den Festigkeitsanforderungen nicht mehr gewachsen ist, so erfolgt ein Gewaltbruch. Diese zweite Zone, die Restbruchfläche, hat ein körniges Aussehen und ist meist teilweise plastisch verformt.

Ein Dauerbruch kann von Fehlern im Werkstoff (z. B. Schlackenteilchen, Randentkohlungen, Seigerungen), Oberflächenbeschädigungen (z. B. Kratzer, Drehriefen, Korrosionsangriff), konstruktiv bedingten Kerben (z. B. Nuten, Wellenabsätze, Bohrungen) und örtlichen Druckstellen (z. B. aufgepresste Nabe) ausgehen. Der Prozess des Bruchfortschrittes kann mitunter viele Jahre dauern und wird, da keinerlei Formänderungen auftreten, sehr häufig nicht bemerkt. Erst mit dem Gewaltbruch tritt der Schaden zutage.

Ermittlung der Wöhlerkurve

Das Verhalten eines Werkstoffes unter schwingender Beanspruchung wird durch Versuche an zylindrischen, 10 mm dicken Prüfstäben mit polierter Oberfläche (um den Einfluss von Oberflächenfehlern auszuschalten) ermittelt. Bei den Versuchen unterscheidet man:

- Zug-Druck-,
- Biege- und
- Torsionsbeanspruchungen.

Man geht nun so vor, dass man in einer eigenen Prüfmaschine bis zu etwa zehn Prüfstäbe nacheinander einer verschieden hohen schwingenden Belastung um eine jeweils gleiche Mittelspannung aussetzt. Der Spannungsausschlag für jede dieser Proben bleibt während des Versuchs konstant. Man ermittelt nun die Zahl der Lastwechsel (Lastwechsel- bzw. Lastspielzahl), bei der die Probe bricht. Trägt man die Spannungswerte als Funktion der zugehörigen Lastspielzahlen grafisch auf, so entsteht die so genannte **Wöhlerkurve** (Bild 10.12).

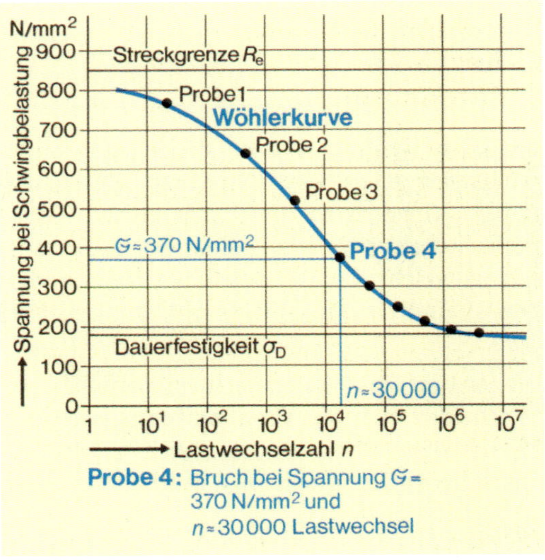

10.12 Wöhlerkurve

Diese beginnt ganz links mit der statischen Festigkeit bei einer ganz geringen Lastspielzahl, fällt dann steil ab und wird mit steigender Lastspielzahl immer flacher, bis sie schließlich waagrecht wird. Dort liegt die **Grenzlastspielzahl N_G**, die vom Werkstoff abhängt und bei Stahl etwa um $10 \cdot 10^6$, bei Leichtmetallen um $100 \cdot 10^6$ liegt. Der Spannungswert an dieser Stelle ist die **Dauerfestigkeit σ_D**, welche die höchste Spannung darstellt, die ein zylindrischer, polierter Stab von 10 mm Durchmesser bei dynamischer Belastung beliebig lange ohne Bruch bzw. ohne schädigende Verformung aushält.

Der Wert σ_D eines Werkstoffs, welcher aus einer Versuchsreihe ermittelt wurde, gilt nur für eine bestimmte Art der Beanspruchung (z. B. Biegung) und für einen bestimmten Wert der Mittelspannung σ_m. Es gilt:

$$\sigma_D = \sigma_m \pm \sigma_A$$

Um die verschiedenen Bezeichnungen besser unterscheiden zu können, erhalten die Kurzzeichen der aus dem Versuch ermittelten Festigkeitswerte große, die übrigen kleine Indexbuchstaben. Beispielsweise ist σ_A jener Spannungsausschlag, um den die Mittelspannung σ_m während eines Lastspiels erhöht oder erniedrigt wird. Weiters gilt auch

$$\sigma_o = \sigma_m + \sigma_a$$
$$\sigma_u = \sigma_m - \sigma_a$$

mit σ_o als größten und σ_u als kleinsten Spannungswert je Lastspiel (Ober- bzw. Unterspannung). Gegenüber dem allgemeinen Spannungsausschlag σ_a ist σ_A jener Spannungsausschlag, welcher der Dauerfestigkeit σ_D zugeordnet ist und als Ausschlagfestigkeit bezeichnet wird.

Als Sonderfälle der Dauerschwingfestigkeit unterscheidet man die **Wechselfestigkeit σ_W,** bei der die Mittelspannung gleich null ist und die **Schwellfestigkeit σ_{Sch}** mit $\sigma_u = 0$.

Beispiele für weitere Bezeichnungen sind:

σ_{zdW} Zug-Druck-Wechselfestigkeit
σ_{bW} Biegewechselfestigkeit
τ_W Torsionswechselfestigkeit
σ_{zSch} Zug-Schwellfestigkeit

Dauerfestigkeitsschaubild

Will man das Verhalten eines Werkstoffs im gesamten Bereich der Dauerschwingbeanspruchung erfassen, müssen Versuchsreihen mit verschiedenen σ_m durchgeführt werden. Man erhält die dazugehörigen Wöhlerkurven, denen man die entsprechenden Festigkeitswerte entnimmt, die für die Erstellung eines **Dauerfestigkeitsschaubildes** (z. B. nach Smith) benötigt werden.

In einem solchen Schaubild (Bild 10.13), welches nur für einen bestimmten Werkstoff und für eine Beanspruchungsart (z. B. Biegung) gilt, sind auf der Abszisse σ_m und auf der Ordinate σ_O und σ_U, alle im gleichen Maßstab aufzutragen. Auf der unter einem Winkel von 45° eingezeichneten Hilfsgeraden können die Mittelspannungen auch als Ordinatenwerte abgelesen werden. Jeder Mittelspannung entspricht ein Punktepaar im Diagramm. Theoretisch verläuft das Diagramm bis zur Zugfestigkeit R_m. Praktisch wird es jedoch durch die Streckgrenze R_e bzw. die 0,2 %-Dehngrenze $R_{p0,2}$ abgeschlossen, da diese Spannungen üblicherweise im Maschinenbau nicht überschritten werden. In den meisten Diagrammen werden ferner die schwach gekrümmten Kurvenverläufe für σ_O und σ_U durch Geraden ersetzt. Weiters wird auch der Druckbereich nicht gesondert dargestellt, da die entsprechenden Werte dem Zugbereich entnommen werden können.

Einflüsse, welche die Dauerfestigkeit vermindern

Die Dauerfestigkeitswerte aus den Diagrammen können im Allgemeinen nicht in voller Größe für die Berechnung von Maschinenteilen eingesetzt werden, da sie nur für polierte Rundproben mit einem Durchmesser von 10 mm gelten. Die wichtigsten festigkeitsmindernden Einflüsse betreffen die Form, die Oberfläche und die Größe des Bauteiles. Die Höhe dieser Einflüsse wird durch entsprechende Kennzahlen oder Beiwerte berücksichtigt.

Formeinfluss (Kerbwirkung)

Die Form der Maschinenteile führt in vielen Fällen zu Spannungsverteilungen, welche die Dauerfestigkeit herabsetzen. Besonders wirken sich plötzliche Querschnittsunterschiede (z. B. Kerben) aus, weshalb man verallgemeinernd von Kerbwirkung spricht (Bild 10.14).

An der Spannungsverteilung eines gekerbten Zugstabes sieht man deutlich die gegenüber der Nennspannung wesentlich höheren Spannungswerte am Kerbengrund (Spannungsspitzen). Der Spannungsverlauf wird durch die Kerbform bestimmt. Je schärfer die Kerbe, um so größer wird die durch sie hervorgerufene

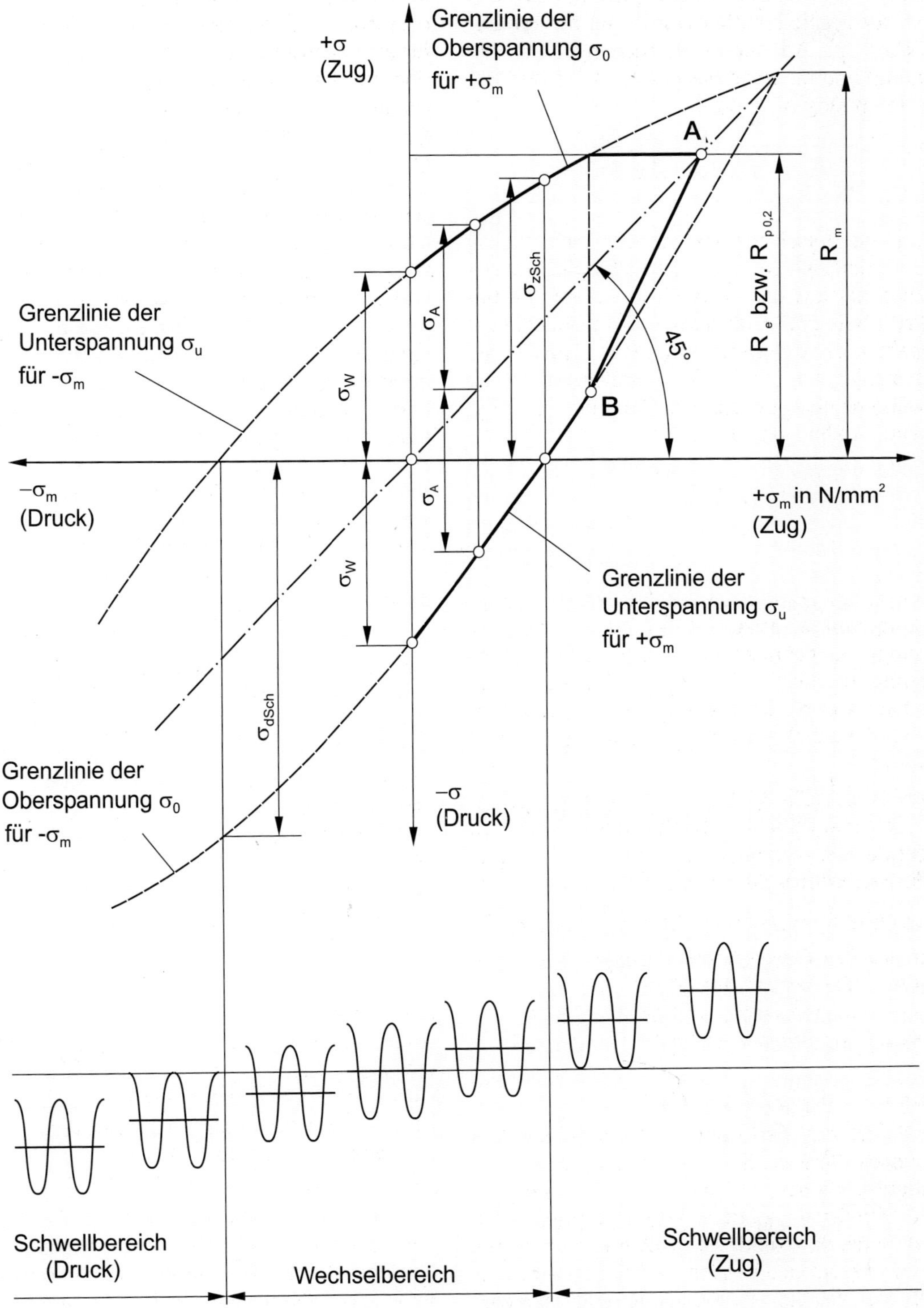

10.13 Dauerfestigkeitsschaubild

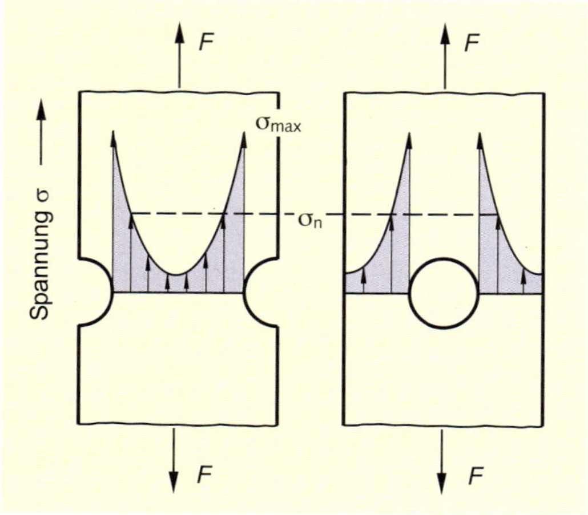

10.14 Kerbwirkung

Spannungsspitze. Die **Formziffer α_k** (durch Versuche ermittelt) berücksichtigt die Form der Kerbe oder eines sonstigen Querschnittüberganges. Sie gibt an, auf welche Spannungsspitze σ_{max} die Nennspannung σ_n ansteigt. Ihre Größe hängt abgesehen von der Kerbform auch von der Beanspruchungsart ab.

$$\alpha_k = \frac{\sigma_{max}}{\sigma_n}$$

Der hier für Normalspannungen dargestellte Zusammenhang gilt sinngemäß auch für Schubspannungen.

Kerben wirken sich bei harten und spröden Werkstoffen wesentlich ungünstiger aus als bei Werkstoffen mit hoher Zähigkeit. Diese Tatsache berücksichtigt die **Kerbempfindlichkeitsziffer η_k.** η_k ist nicht allein vom Werkstoff, sondern auch von der Kerbform, der Beanspruchungsart und der Bauteilgröße abhängig.

Für die gesamte Kerbwirkung werden alle Einflüsse in der **Kerbwirkungszahl β_k** zusammengefasst. Diese kann wie folgt berechnet werden:

$$\beta_k = 1 + \eta_k\,(\alpha_k - 1)$$

In den meisten Fällen werden die β_k-Werte wegen der etwas komplizierten Zusammenhänge nicht berechnet, sondern durch Versuche ermittelt. Definiert wird die Kerbwirkungszahl durch das Verhältnis der Dauerfestigkeit eines ungekerbten Stabes zu der eines gekerbten Stabes.

$$\beta_k = \frac{\sigma_D}{\sigma_{Dk}} \text{ bzw. } \frac{\tau_D}{\tau_{Dk}}$$

Oberflächeneinfluss

Die Oberflächenbeschaffenheit hat einen großen Einfluss auf die Dauerfestigkeit (Bild 10.15). Beispielsweise zeigt ein Bild einer spanend gefertigten Oberfläche, auch wenn diese fein bearbeitet wurde, bei entsprechender Vergrößerung deutliche Bearbeitungsriefen. Diese stellen im Prinzip kleinste Kerben dar, welche die Dauerfestigkeit vermindern. Der Einfluss der Oberflächengüte wird durch einen eigenen **Oberflächenbeiwert b_1** berücksichtigt. Dieser hängt von der Oberflächenrauigkeit und der Bruchfestigkeit des Werkstoffes ab. Für polierte Oberflächen hat b_1 unabhängig vom Werkstoff den Wert 1.

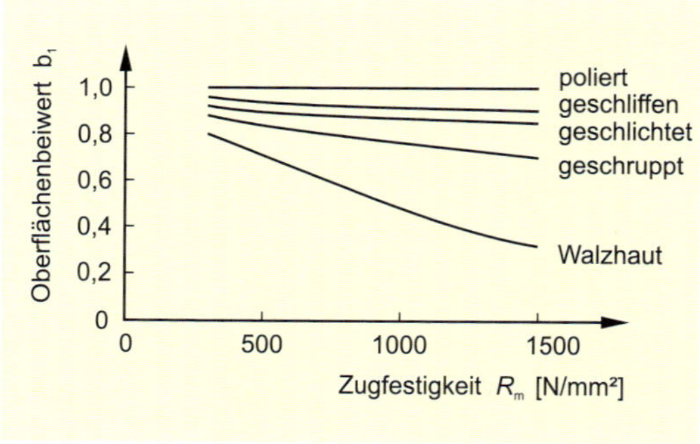

10.15 Oberflächeneinfluss

Größeneinfluss

Bei Biege- und Torsionsbeanspruchung nimmt die Dauerfestigkeit mit größer werdenden Querschnitten ab. Vergleicht man zwei verschieden dicke Biegestäbe mit gleicher Randfaserspannung σ_b, so sieht man die verschiedenen Spannungsgefälle. Beim Stab mit dem kleineren Durchmesser stehen die den Randfasern benachbarten Bereiche unter deutlich geringerer Spannung als beim dicken Stab. Man spricht von einer **Stützwirkung** (Bild 10.16). Die Stützwirkung ist bei Werkstücken mit größeren

Querschnittsabmessungen kleiner, was deren geringere Dauerfestigkeit erklärt. Der Größeneinfluss wird durch einen versuchsmäßig ermittelten **Größenbeiwert b_2** berücksichtigt, der bei zylindrischen Werkstücken von 10 mm Durchmesser den Wert 1 besitzt und bei größeren Durchmessern entsprechend niedriger wird. Bei Zug-Druck-Beanspruchung ist b_2 unabhängig vom Durchmesser 1.

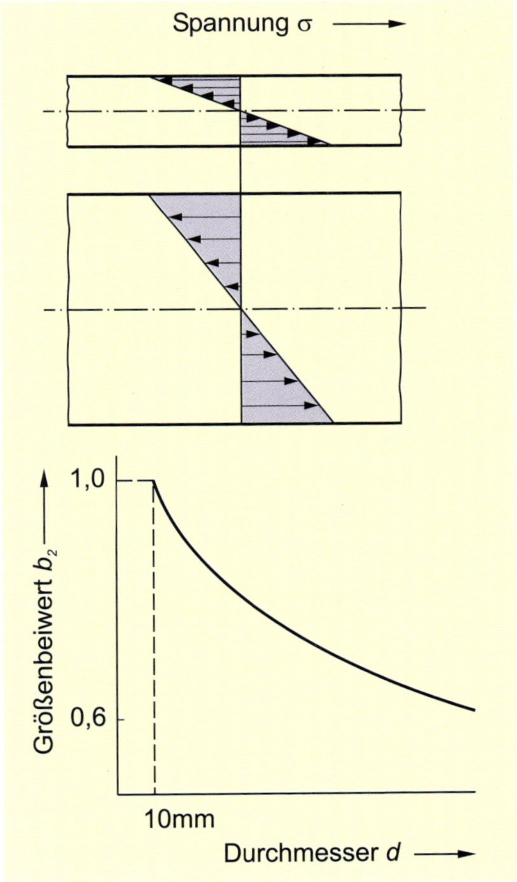

10.16 Stützwirkung

Gestaltfestigkeit

Berücksichtigt man alle Einflüsse zusammen, so kommt man zur Gestaltfestigkeit σ_G bzw. τ_G.

$$\sigma_G \text{ (bzw. } \tau_G) = \frac{\sigma_D \text{ (bzw. } t_D) \cdot b_1 \cdot b_2}{\beta_k}$$

10.1.7 Härteprüfung

Als **Härte** bezeichnet man den Widerstand, den ein Körper dem Eindringen eines härteren Prüfkörpers entgegensetzt.

Da das Eindringvermögen von verschiedenen Randbedingungen (Gestalt und Härte des Eindringkörpers, Art und Größe der Kraft usw.) abhängig ist, muss bei der zahlenmäßigen Angabe eines Härtewertes immer das Härteprüfverfahren genannt werden.

10.1.7.1 Härteprüfung nach Brinell

Bei der Härteprüfung nach Brinell (siehe EN 6506-1) wird eine Kugel aus EN ISO 6506-1 Hartmetall mit einer **Prüfkraft *F*** senkrecht in die Oberfläche einer Probe eingedrückt und der Eindruckdurchmesser *d*, der nach Wegnahme der Prüfkraft auf der Prüffläche entsteht, gemessen (Bild 10.17). Die Prüfung wird bei einer Raumtemperatur zwischen 10 °C und 35 °C (bei höheren Anforderungen bei einer Temperatur von 23 °C ± 5 °C) durchgeführt. Man verwendet Kugeln mit den Durchmessern D = 1, 2, 2,5, 5 und 10 mm.

Die Brinellhärte *HB* ist proportional zu dem Quotienten aus der Prüfkraft *F* und der gekrümmten Oberfläche *A* des Eindruckes, der die Form einer Kugelkalotte besitzt (*F* in N, *A* in mm²).

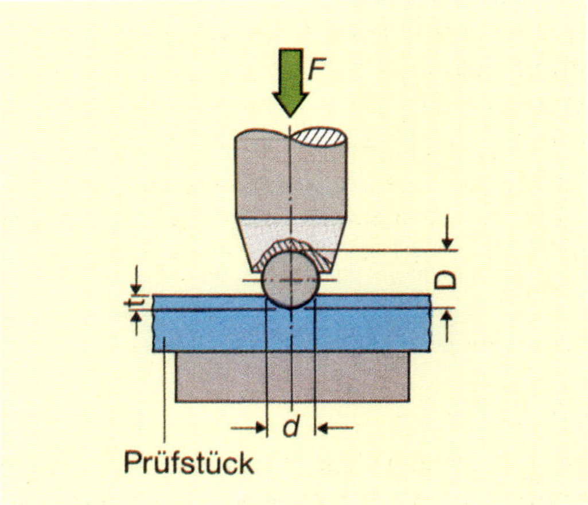

10.17 Härteprüfung nach Brinell

$$HB = \frac{0{,}102 \cdot F}{A} = \frac{0{,}102 \cdot F}{\frac{\pi \cdot D}{2}(D - \sqrt{D^2 - d^2})}$$

Der Faktor 0,102 wurde nach Übernahme der gesetzlichen Krafteinheit *N* eingeführt, um die gleichen Härte-Zahlenwerte behalten zu können. Die Prüfkraft ist so einzustellen, dass der Eindruckdurchmesser *d* zwischen den Werten 0,24 D und 0,6 D liegt. Der Durchmesser eines jeden Eindruckes ist in zwei rechtwinklig zueinander liegenden Richtungen zu messen. Für die Berechnung der Härte ist das arithmetische Mittel der beiden Werte zu verwenden. Der Beanspruchungsgrad (Belastungsgrad) $0{,}102 \cdot F/D^2$ ist dem Werkstoff und der Härte bei der Prüfung entsprechend zu wählen. Für Stahl gilt unabhängig von der Härte der Wert 30. Die Probendicke muss mindestens das Achtfache der Eindringtiefe betragen. Auf der Rückseite der Probe dürfen nach der Prüfung keine Verformungen sichtbar sein. Bei ausreichender Probendicke ist bevorzugt die Kugel mit 10 mm Durchmesser zu verwenden.

Die Brinellhärte wird durch folgende Zahlen und Buchstaben angegeben:

- Zahl für den Härtewert,
- HBW,
- Kugeldurchmesser in mm,
- eine Zahl, welche die Prüfkraft angibt, und
- die Einwirkungsdauer in Sekunden, falls diese von der vorgegebenen Dauer (10 bis 15 s) abweicht.

Beispiel:

600 HBW 1/30/20 = Brinellhärte 600, bestimmt mit einer Hartmetallkugel von 1 mm Durchmesser und einer Prüfkraft von 294,2 N, die 20 s einwirkte.

Die etwas unhandlichen Zahlenwerte für die Kraft ergeben sich durch die Umrechnung auf die neue Krafteinheit N. Im alten Maßsystem betrugen die Werte für die Kraft bei diesen Beispielen 750 bzw. 30 kp.

Für Stähle mit Zugfestigkeiten bis zu etwa 1500 N/mm², gilt zwischen Zugfestigkeit R_m und Brinellhärte *HB* näherungsweise folgende Beziehung:

$$R_m \approx 3{,}5 \cdot HB$$

10.1.7.2 Härteprüfung nach Vickers

Als Eindringkörper wird eine vierseitige Diamantpyramide mit einem quadratischen Grundriss und einem Flächenöffnungswinkel von 136° verwendet (Bild 10.18). Mit diesem Verfahren kann man auch sehr harte Werkstoffe (z. B. Hartmetalle) prüfen (siehe EN ISO 6507-1).

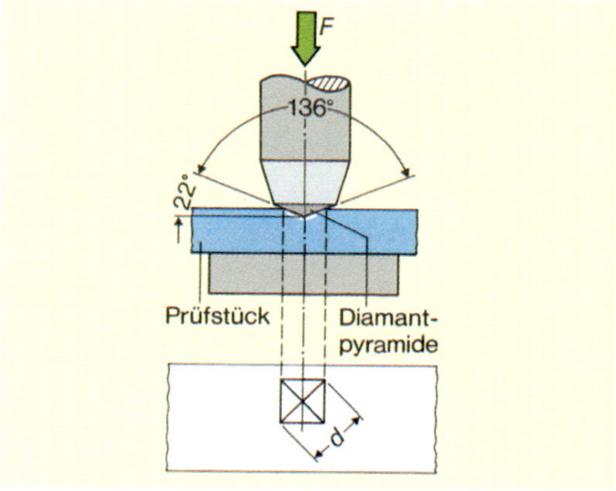

10.18 Härteprüfung nach Vickers

Die Vickershärte ist proportional dem Quotienten aus der Prüfkraft und der Oberfläche des bleibenden pyramidenförmigen Eindrucks. Die Oberfläche wird aus dem quadratischen Grundriss des Eindrucks mit dem Mittelwert der beiden Diagonalen und mit Hilfe des bekannten Öffnungswinkels errechnet. Es ergibt sich:

$$HV = \frac{0{,}102 \cdot F}{A} = \frac{0{,}102 \cdot 2\cos 22° \cdot F}{d^2} = 0{,}189 \cdot \frac{F}{d^2}$$

F in N, d in mm

Die Prüfkräfte für den **normalen Bereich** liegen zwischen 49 und 980 N, im **Kleinlastbereich** zwischen 1,96 und 49 N. Die Prüfkraft soll in etwa 5 s stoßfrei auf ihren Höchstwert ansteigen und 10 bis 15 s einwirken. Im Bereich zwischen 98 und 980 N entstehen geometrisch ähnliche Eindrücke, weshalb die Prüfkraft hier praktisch keinen Einfluss auf den Härtewert hat. Der Kleinlastbereich kommt für jene Proben zur Anwendung, deren Dicke oder Prüffläche zu klein ist oder wenn die Oberfläche nur wenig beschädigt werden soll. Für spezielle Fälle, wie Härtemessungen an dünnen Folien, einzelnen Gefügebestandteilen usw., wird die **Mikrohärteprüfung** eingesetzt. Die dafür geeigneten Geräte, bestehend aus einer Kombination von Härteprüfgerät und Mikroskop, arbeiten ebenfalls mit Diamantenpyramiden und verwenden Prüflasten von unter 1,96 N.

Die Härtewerte der Vickersprüfung sind mit denen der Brinellprüfung über einen bestimmten Bereich etwa vergleichbar. Für Brinellwerte mit dem Belastungsgrad 30 und Vickerswerte, gemessen mit Prüfkräften > 49 N, gilt bis zu einer Härte von 470 HV:

$$HB \approx 0{,}95 \cdot HV$$

Die Kurzbezeichnung der Vickershärte ist jener der Brinellhärte ähnlich.

Beispiele:

175 HV 20/30 = Vickershärte 175, bestimmt mit einer Prüfkraft von 20/0,102 = 196 N, die 30 s einwirkte.

635 HV 50 = Vickershärte 635, bestimmt mit einer Prüfkraft von 50/0,102 = 496 N, die 10 bis 15 s einwirkte.

Die Härteprüfung nach Vickers ist das genaueste Prüfverfahren und hat den größten Messbereich. Die Genauigkeit beruht darauf, dass sich die Diagonalen des Quadrates auch bei sehr kleinen Eindrücken exakt ausmessen lassen. Dies ist vor allem bei harten Prüfstücken von Bedeutung, da sich hier oft Eindrücke von nur wenigen μm ergeben.

10.1.7.3 Härteprüfung nach Rockwell

Bei diesem Verfahren (siehe EN ISO 6508-1) wird der Härtewert nicht aus dem Quotienten von Prüfkraft zu Eindruckoberfläche, sondern über die Eindringtiefe ermittelt (Bild 10.19).

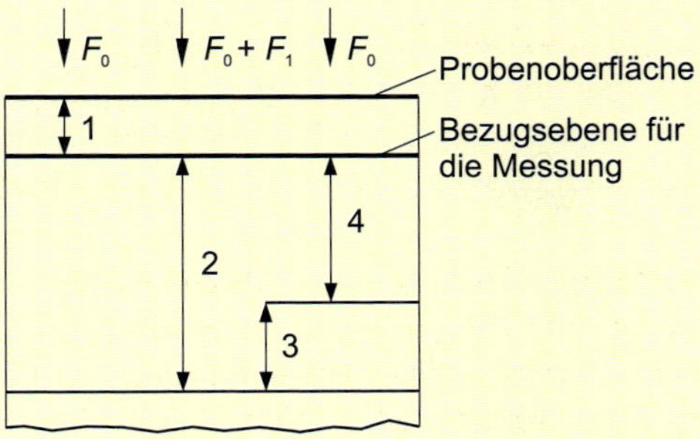

F_0 Prüfvorkraft
F_1 Prüfzusatzkraft
1 Eindringtiefe durch Prüfvorkraft F_0
2 Eindringtiefe durch Prüfzusatzkraft F_1
3 elastische Rückverformung infolge Rücknahme der Prüfzusatzkraft F_1
4 bleibende Eindringtiefe h

10.19 Härteprüfung nach Rockwell

Der Eindringkörper ist meist ein Diamantkegel mit 120° Spitzenwinkel und einer gerundeten Spitze mit 0,2 mm Radius. Bei weichen Werkstoffen wird eine gehärtete Stahlkugel mit einem Durchmesser von 1,5875 oder 3,175 mm (entsprechend 1/16 bzw. 1/8 Zoll) verwendet. Man unterscheidet demzufolge zwischen Rockwell-C (HRC)- und Rockwell-B (HRB)-Verfahren, wobei die Buchstaben C und B für die englischen Begriffe cone (Kegel) und ball (Kugel) stehen. Weitere Bezeichnungen werden nach Beschreibung des Prüfvorganges besprochen (siehe auch Tabelle 10.1).

Der Prüfvorgang erfolgt in drei Stufen:

1. Als erstes wird der Eindringkörper mit der **Prüfvorkraft F_0** (meist 98,07 N) in das Werkstück gedrückt. Die Messuhr wird anschließend auf Nullstellung gebracht. Durch das Aufbringen der Prüfvorkraft werden Einflüsse der Probenauflage sowie das Spiel in der Messeinrichtung ausgeschaltet.
2. Nun wird als nächstes die Belastung noch um die **Prüfzusatzkraft F_1** (mindestens der vierfache Wert von F_0) in einer Zeit zwischen 2 und 8 s stoß- und erschütterungsfrei erhöht, wodurch die Eindringtiefe weiter ansteigt.

3. Beim dritten Abschnitt des Prüfvorganges wird F_1 weggenommen, sodass der Eindringkörper nur mehr mit F_0 belastet bleibt. Dabei vermindert sich die Eindringtiefe geringfügig um den elastischen Anteil (Bild 10.19).

   Die Messuhr zeigt jetzt die bleibende Eindringtiefe h an. Die Rockwellhärte, welche in der Regel direkt an der Messeinrichtung abgelesen werden kann, wird durch folgende Beziehung errechnet:

$$\text{Rockwellhärte} = N - \frac{h}{S}$$

N [–] Zahlenwert, entsprechend der Skala (100 oder 130)

S [mm] Skalenteilung (0,002 oder 0,001 mm)

Einen Überblick über die verschiedenen Härteskalen, Eindringkörper, Prüfkräfte und Anwendungsbereiche gibt Tabelle 10.1. Für die Skalen A, C, D gilt: N = 100, S = 0,002 mm, für die Skalen B, E, F, G, H und K gilt: N = 130, S = 0,002 mm und für die Skalen N und T gilt: N = 100, S = 0,001 mm.

Die Rockwellhärte für die Skalen A, B, C, D, E, F, G, H und K wird angegeben durch das Symbol HR, dem der Härtewert vorangesetzt wird und dem ein Buchstabe (Skalenbezeichnung) folgt.

Bei den Skalen N und T wird zusätzlich zwischen dem Symbol HR und der Skalenbezeichnung noch eine Zahl (Prüfgesamtkraft in $N \cdot 0{,}102$) eingefügt.

Beispiele:

59 HRC: Rockwellhärte 59, gemessen in der Skala C. Die bleibende Eindringtiefe errechnet sich aus 100 – h/0,002 zu 0,082 mm (≙ 82 μm).

70 HR 30 N: Rockwellhärte 70, gemessen in der Skala N mit einer Prüfgesamtkraft von 294,2 N (294,2 · 0,102 = 30). Bei diesem Beispiel ergibt sich die bleibende Eindringtiefe aus 100 – h/0,001 zu 0,03 mm (≙ 30 μm).

Das Härteprüfverfahren nach Rockwell hat im Vergleich zu den beiden anderen Verfahren den Nachteil der geringeren Genauigkeit. Auch versagt es bei der Prüfung von sehr dünnen Schichten. Sein entscheidender Vorteil liegt in seinem geringen Zeitaufwand und der automatischen Messwerterfassung.

Härte-skala	Symbol für die Härte	Art des Eindringkörpers	Prüfvorkraft F_0	Prüfzusatzkraft F_1	Prüfgesamtkraft F	Anwendungsbereich (Bereich der Rockwellhärte)
A	HRA	Diamantkegel	98,07 N	490,3 N	588,4 N	20–88 HRA
B	HRB	Stahlkugel 1,5875 mm	98,07 N	882,6 N	980,7 N	20–100 HRB
C	HRC	Diamantkegel	98,07 N	1,373 kN	1,471 kN	20–70 HRC
D	HRD	Diamantkegel	98,07 N	882,6 N	980,7 N	40–77 HRD
E	HRE	Stahlkugel 3,175 mm	98,07 N	882,6 N	980,7 N	70–100 HRE
F	HRF	Stahlkugel 1,5875 mm	98,07 N	490,3 N	588,4 N	60-100 HRF
G	HRG	Stahlkugel 1,5875 mm	98,07 N	1,373 kN	1,471 kN	30-94 HRG
H	HRH	Stahlkugel 3,175 mm	98,07 N	490,3 N	588,4 N	80-100 HRH
K	HRK	Stahlkugel 3,175 mm	98,07 N	1,373 kN	1,471 kN	40-100 HRK
15N	HR15N	Diamantkegel	29,42 N	117,7 N	147,1 N	70–94 HR15N
30N	HR30N	Diamantkegel	29,42 N	264,8 N	294,2 N	42–86 HR30N
45N	HR45N	Diamantkegel	29,42 N	411,9 N	441,3 N	20–77 HR45N
15T	HR15T	Stahlkugel 1,5875 mm	29,42 N	117,7 N	147,1 N	67–93 HR15T
30T	HR30T	Stahlkugel 1,5875 mm	29,42 N	264,8 N	294,2 N	29–82 HR30T
45T	HR45T	Stahlkugel 1,5875 mm	29,42 N	411,9 N	441,3 N	1–72 HR45T

Tabelle 10.1 **Überblick über die verschiedenen Härteskalen, Eindringkörper, Prüfkräfte und Anwendungsbereiche bei der Härteprüfung nach Rockwell**

10.1.7.4 Dynamische Härteprüfverfahren

Bei diesem Verfahren wird die Prüfkraft sehr rasch auf die Probe aufgebracht. Die entsprechenden Prüfgeräte sind klein und handlich, wodurch Härtemessungen an fertigen Werkstücken durchgeführt werden können. Man unterscheidet

- Geräte, die entweder nach dem Eindringverfahren oder
- nach dem Rückprallverfahren arbeiten.

Ein Beispiel für ein Gerät, welches auf dem ersten Verfahren beruht, ist der **Poldi-Hammer,** bei dem sich eine Prüfkugel aus gehärtetem Stahl zwischen dem Prüfstück und einem Vergleichsstab bekannter Härte befindet. Ein kurzer Schlag mit einem Hammer erzeugt in Prüfstück und Vergleichsstab je einen Eindruck. Beide Eindruckdurchmesser werden ausgemessen, miteinander verglichen und daraus die Härte des Prüfstücks ermittelt.

Nach dem Rückprallverfahren arbeitet das **Skleroskop von Shore** (Bild 10.20). Ein mit einer abgerundeten Diamantspitze versehener zylindrischer Körper (Fallhammer) fällt in einem Glasrohr auf das zu prüfende Werkstück. Die Rücksprunghöhe dient als Härtemaß. Das Verfahren eignet sich besonders für harte und spröde Werkstoffe, bei denen der Anteil der plastischen Verformung vernachlässigbar klein ist. Härtewerte verschiedener Werkstoffe lassen sich nur dann vergleichen, wenn sie den gleichen Elastizitätsmodul besitzen. Da die Rücksprunghöhe außerdem von der Masse und Steifigkeit der Konstruktion beeinflusst wird, ist die Genauigkeit der Messergebnisse begrenzt.

10.2 Technologische Prüfverfahren

Mit diesen Prüfungen wird untersucht, ob sich Werkstoffe für bestimmte Verarbeitungsverfahren und Verwendungszwecke eignen. Im Gegensatz zu den mechanischen Prüfverfahren werden hier keine Werkstoffkennwerte für die Berechnung von Bauteilen ermittelt.

Technologische Prüfverfahren umfassen beispielsweise

- Biege-, Falt- und Verwindungsversuche,
- Tiefungsversuche,
- Aufweitungs- und Innendruckversuche,
- Schweißbarkeitsprüfungen,
- Schmiedbarkeitsprüfungen,
- Durchhärtbarkeitsversuche,
- Zerspanungs- und Abnutzungsversuche.

An einigen Beispielen soll die Art der Versuchsdurchführung dargestellt werden.

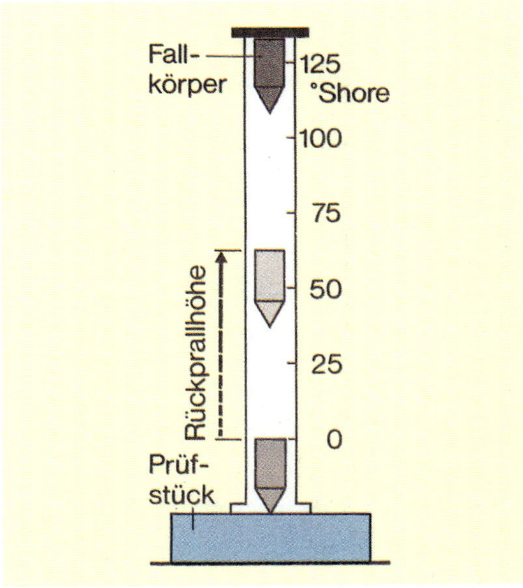

10.20 Skleroskop von Shore

10.21 Schmiedbarkeitsprüfung durch eine Ausbreitprobe

Der **Biegeversuch** (Bild 10.22) dient zur Ermittlung der Biegefähigkeit eines Werkstoffes bei Raumtemperatur. Die Probe wird langsam bis zu einem vorgeschriebenen Biegewinkel α gebogen. Bis zu diesem Winkel dürfen noch keine Risse auf der Zugseite der Probe auftreten. Beim **Faltversuch** erfolgt die Biegung um 180°.

Beim **Hin- und Herbiegeversuch** wird das Formveränderungsvermögen eines Werkstoffes bei mehrmaliger Änderung der Verformungsrichtung ermittelt. Das runde oder flache Probestück wird in einer Biegevorrichtung wiederholt aus der Senkrechten nach jeder Seite um je 90° gebogen. Die Anzahl der Biegungen bis zur Rissbildung ist das Gütemaß für die Zähigkeit und Verformbarkeit. Diesem Versuch werden z. B. Bleche für Schnellhefter oder Drahtseile unterworfen.

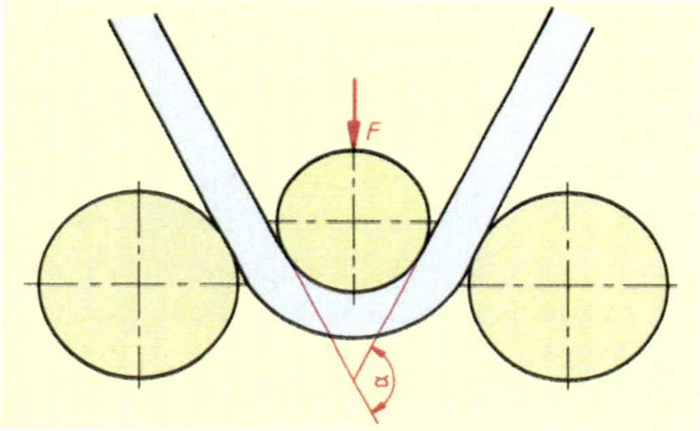

10.22 Biegeversuch

10.23 Prüfung der Verformungsfähigkeit einer Schweißnaht im Faltversuch

Der **Tiefungsversuch nach Erichsen** (Bild 10.24) erlaubt eine Beurteilung der Tiefziehfähigkeit von Blechen. Dabei drückt ein kugeliger Stempel langsam und gleichmäßig auf eine zwischen Blechhalter und Ziehring eingespannte Ronde und beult sie ein, bis ein Riss in ihr entsteht. Der Stempelweg bzw. die Tiefung *t* bis zum Anriss der Ronde bildet ein Maß für die Tiefziehfähigkeit. Eine glatte Oberfläche der Ronde und eine rundumlaufende Bruchlinie deuten auf ein feinkörniges Gefüge mit guten Verformungseigenschaften hin, während eine starke Aufrauung in der Nähe des Einrisses grobkörniges Gefüge mit schlechten Verformungseigenschaften anzeigt.

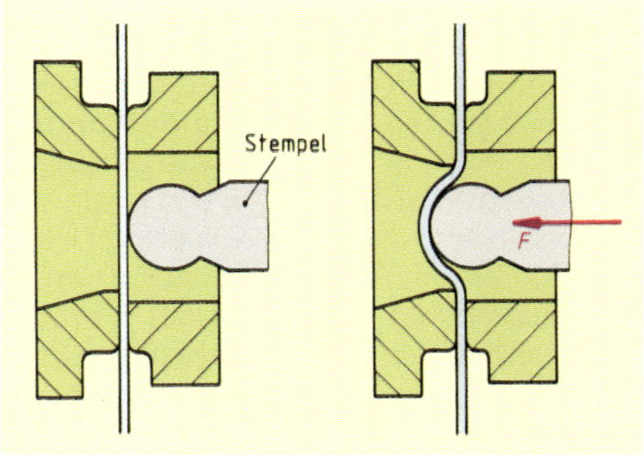

10.24 Tiefungsversuch nach Erichsen

10.3 Zerstörungsfreie Prüfverfahren

Diese Verfahren werden im Normalfall eigentlich nicht für die Werkstoffprüfung eingesetzt, sondern dienen hauptsächlich der Werkstückprüfung.

Ihr Ziel ist es, Fehler von Werkstücken oder Bauteilen vor ihrer Verwendung oder in bestimmten Fällen auch während ihres Einsatzes zu erkennen. Die Werkstücke erleiden durch die Prüfung keinerlei Schäden, sind also nachher für ihren Zweck verwendbar.

10.3.1 Prüfung mit Röntgenstrahlen

Erzeugung und Art der Strahlung

> Röntgenstrahlen sind elektromagnetische Wellen, die entstehen, wenn schnelle Elektronen auf ein Hindernis auftreffen und abgebremst werden.

In dem evakuierten Glaskolben einer Röntgenröhre (Bild 10.25) treten aus der Katode (glühender Wolframdraht) Elektronen aus, die durch

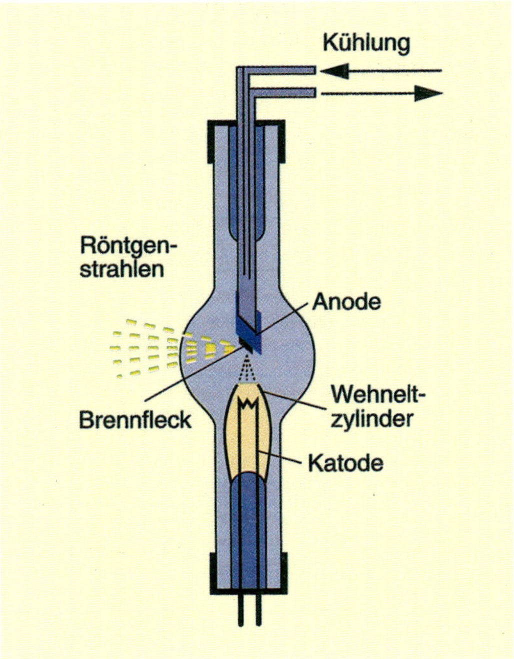

10.25 Röntgenröhre

eine zwischen Katode und Anode angelegte hohe Gleichspannung (bis etwa 10^3 kV) beschleunigt werden. Treffen die Elektronen auf die Anode, werden sie abgebremst. Der weitaus größte Teil der kinetischen Energie wird dabei in Wärme umgewandelt, weshalb für eine ausreichende Kühlung gesorgt werden muss. Aus der restlichen Energie entsteht die kurzwellige Röntgenstrahlung, die im elektromagnetischen Strahlungsspektrum an die UV-Strahlung anschließt.

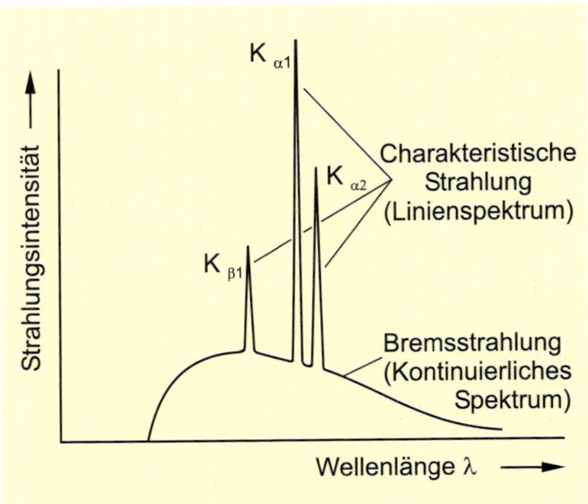

10.26 Brems- und Eigenstrahlung der Röntgenstrahlung

Die Röntgenstrahlung besteht aus der Bremsstrahlung und der Eigenstrahlung, welche auch als charakteristische Strahlung bezeichnet wird (Bild 10.26). Die **Bremsstrahlung** bildet ein kontinuierliches Spektrum mit Frequenzen, die mit der Energie (Geschwindigkeit) der Elektronen steigen. Die Wellenlängen werden im entsprechenden Maß kleiner. Man spricht von „härterer" Strahlung. Da die Energie der Elektronen proportional mit der angelegten Spannung steigt, lässt sich die kleinste Wellenlänge λ_{min} berechnen. Es ergibt sich

$$\lambda_{min} = \frac{1236}{U_s} \text{ [nm]}$$

U_s ist die Scheitelspannung in V. Die größten Wellenlängen des Spektrums liegen bei etwa $1{,}5 \cdot \lambda_{min}$.

Die neben der Bremsstrahlung ausgesendete **Eigenstrahlung** besitzt ein vom jeweiligen Anodenwerkstoff abhängiges Linienspektrum. Aus dieser Eigenstrahlung kann durch Verwendung von geeigneten Filtern eine bestimmte Wellenlänge für Röntgenfeinstrukturuntersuchungen (z. B. Bestimmung von Gitterkonstanten) herangezogen werden (siehe Abschnitt 2.5, Bild 2.25).

Prüfprinzip

Die Strahlung wird beim Durchgang durch den Werkstoff teilweise absorbiert. Die Absorption schwächt die Strahlungsintensität und die Fähigkeit fotografische Platten zu schwärzen (Bild 10.27). Das Absorptionsvermögen hängt von der Stoffart ab und bei ein und demselben Stoff auch von seinem Aggregatzustand. Es gilt das Schwächungsgesetz:

$$I = I_0 \cdot e^{-\mu \cdot s}$$

I_0	Intensität der auftreffenden Strahlung
I	Intensität der austretenden Strahlung
μ[cm^{-1}]	Schwächungskoeffizient des Werkstoffes
s [cm]	Werkstückdicke

Auf der unterschiedlichen Schwächung der Strahlungsintensität beruhen die Untersuchungen zur

Feststellung von Lunkern und anderen Hohlräumen, Rissen, Poren, Doppelungen, Seigerungen, Wanddickenunterschieden usw. Durchstrahlt man ein fehlerhaftes Werkstück, z. B. einen Stahlblock mit Lunker, so wird ein Röntgenfilm im Bereich des Lunkers stärker geschwärzt.

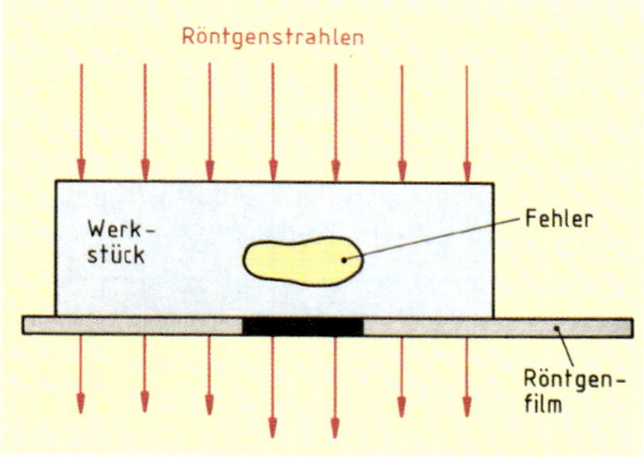

10.27 Prinzip der Röntgenprüfung

Das Durchdringungsvermögen der Strahlung steigt mit kleinerer Wellenlänge. Im gleichen Maße nehmen aber die Kontraste ab, so dass kleine Fehler schlechter erkennbar werden. Die größten durchstrahlbaren Wanddicken liegen für Stahl bei etwa 120 mm.

Neben der Verwendung eines Röntgenfilms besteht vor allem für die Massenprüfung die Möglichkeit, die Strahlung mittels eines Leuchtschirmes sichtbar zu machen. Wegen der geringen Empfindlichkeit ist dieses Verfahren jedoch nur für geringe Stahldicken (< 10 mm) anwendbar. Es eignet sich aber z. B. gut für die Reihenuntersuchung von Leichtmetallgussteilen.

10.3.2 Prüfung mit Gammastrahlen

> Gammastrahlen sind ebenfalls elektromagnetische Wellen, die noch kürzere Wellenlängen und dadurch eine größere Durchdringungsfähigkeit besitzen.

Als Strahlungsquellen kommen radioaktive Präparate wie z. B. Kobalt-60 zur Anwendung. Diese werden wegen der gefährlichen Strahlung in geeigneten Bleibehältern aufbewahrt. Der Fehlernachweis erfolgt durch einen Film oder durch Abtasten mit einem Zählrohr.

Die Prüfung mit Gammastrahlen hat den Vorteil (gegenüber jener mit Röntgenstrahlen), dass größere Wanddicken durchstrahlt werden können, keine Hochspannungs- und Kühleinrichtungen erforderlich sind und das Arbeitsgerät (kleine Strahlenkapsel) sehr handlich ist, wodurch die Prüfung schwer zugänglicher Werkstücke erleichtert wird. Nachteilig ist, dass die Strahlung nicht abgeschaltet werden kann, was eine ständige Abschirmung erforderlich macht. Weiters ist der Bildkontrast und damit die Erkennbarkeit kleiner Fehler schlechter als bei der Röntgenstrahlung.

> Das Arbeiten mit Röntgen- und Gammastrahlen kann gesundheitliche Schäden zur Folge haben, weshalb die einschlägigen Strahlenschutzbestimmungen streng zu beachten sind.

10.3.3 Prüfung mit Ultraschall

10.3.3.1 Grundlagen

> Unter Ultraschall versteht man mechanische Schwingungen mit Frequenzen über der Hörbereichsgrenze (>20 kHz).

In der Werkstoffprüfung werden Schallfrequenzen im MHz-Bereich (0,1–20 MHz) verwendet. Die Schallwellen breiten sich im Medium geradlinig mit der jeweiligen Schallgeschwindigkeit als Longitudinal- und Transversalwellen aus. Sie werden an Grenzflächen (Lunker, Dopplungen, Risse, Schlackeneinschlüsse usw.) reflektiert. Eine deutliche Reflexion (und damit der Nachweis eines Fehlers) erfolgt nur dann, wenn die Wellenlänge kleiner ist als die Dicke des Hindernisses. Andererseits müssen die Schallwellen deutlich größer sein als die Körner des Gefüges, da die Korngrenzen Grenzflächen darstellen, an denen die Schallwellen teilweise reflektiert, gebrochen und gebeugt werden.

Für die Erzeugung von Ultraschall kann der piezoelektrische Effekt (1880 von P. Curie entdeckt) ausgenützt werden. Die Bezeichnung kommt vom griech. Wort piezein = drücken. Legt man an Ionenkristalle (z. B. Quarz), die in bestimmter Orientierung aus einem Kristallstück herausgearbeitet wurden, eine hochfrequente Wechselspannung an, so führt der Kristall Dickenschwingungen aus. Bei genügend hoher Frequenz der angelegten Spannung erhält man Schwingungen im Ultraschallbereich. Diese Schwingungen werden vom Gerät mit Hilfe einer Kontaktflüssigkeit auf das zu prüfende Werkstück übertragen.

Der piezoelektrische Effekt ist auch in umgekehrter Richtung wirksam (Krafteinwirkung auf den Quarzkristall erzeugt einen elektrischen Strom), wodurch sich eine Reihe von technischen Anwendungen ergeben.

10.3.3.2 Prüfverfahren

Durchschallungsverfahren

Hier wird die Schwächung der Ultraschallwellen beim Durchlaufen eines Werkstücks gemessen (Bild 10.28). Sende- und Empfängerkopf stehen einander axial gegenüber. Man setzt die an einer fehlerfreien Stelle vom Empfängerkopf gemessene Intensität gleich 100 %. Befindet sich beim Abtasten des Werkstücks ein Fehler im Schallweg, so wird der Schall in Abhängigkeit von der Fehlergröße ganz oder teilweise reflektiert. Dadurch verringert sich die am Empfängerkopf gemessene Intensität.

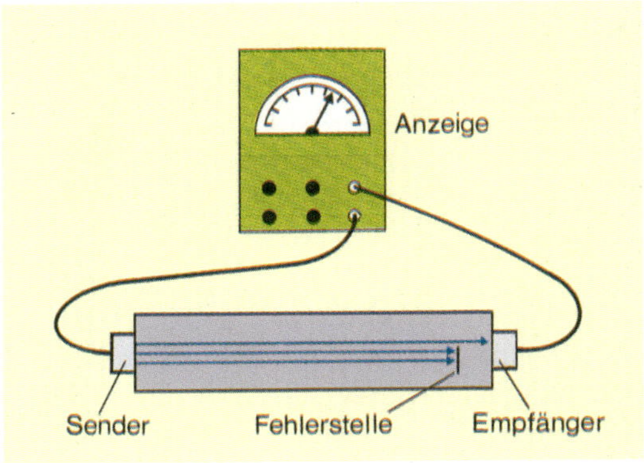

10.28 Durchschallungsverfahren

Nachteile: Beide Teile des Prüflings müssen gut zugänglich sein, Tiefenlage der Fehler ist nicht feststellbar.

Man kann auch die Schallwellen schräg einstrahlen (Winkelprüfgeräte) und unter Ausnützung von Zwischenreflexionen Sende- und Empfangskopf an derselben Oberfläche anordnen.

Resonanzverfahren

Dieses wird hauptsächlich zur Dickenmessung einseitig zugänglicher Prüflinge eingesetzt. Die Frequenz (Wellenlänge) wird solange verändert, bis Resonanz auftritt. Die Plattendicke s beträgt dann ein ganzzahliges Vielfaches der halben Wellenlänge ($s = n \cdot \lambda/2$). Aus der Beziehung $\lambda = w/f$ (mit w als Schallgeschwindigkeit) kann man die Dicke aus den Frequenzen f_1 und f_2 zweier aufeinander folgenden Resonanzen berechnen.

$$s = 0{,}5 \cdot w/(f_1 - f_2)$$

Impuls-Echo-Verfahren

Der Schallsender schickt in gewissen Abständen Ultraschallimpulse in das Werkstück (Bild 10.29). Fehlerquellen und das Werkstückende reflektieren die Ultraschallwellen. In den Impulspausen wird der Schallsender zum -empfänger, der die Echos aufnimmt. Auf einer Oszillographenröhre wird die Zeit für den Hin- und Rückweg der Schallwellen linear aufgezeichnet. Vertikal dazu ist eine proportionale Spannung für die reflektierte Energie sichtbar. Beim fehlerfreien Werkstück treten auf der Oszillographenröhre nur der Sendeimpuls und das Rückwandecho als Zacken auf. Bei einem fehlerhaften Werkstück ist zusätzlich ein Fehlerecho erkennbar. Da die Werkstückdicke bekannt ist, kann man das Oszillographenbild mit dem Abstand Sendeimpuls-Rückwandecho eichen. Daraus lässt sich die genaue Fehlertiefe des Werkstücks

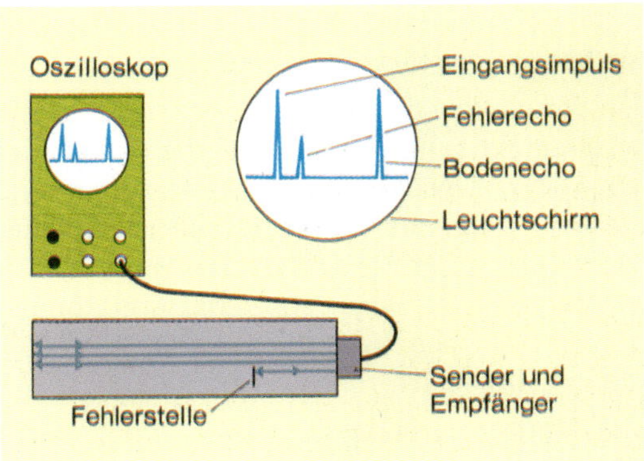

10.29 Impuls-Echo-Verfahren

ermitteln. Fehler, die dicht unter der Oberfläche liegen, werden kaum erkannt, da sich in diesem Fall Sendeimpuls und Fehlerecho überdecken.

Das Impuls-Echo-Verfahren wird am häufigsten angewendet, da

- das zu prüfende Material nur von einer Seite zugänglich zu sein braucht und weiters
- der Nachweis sehr kleiner Fehler möglich ist.

Die Ultraschall-Materialprüfung besitzt gegenüber der Röntgen- und Gammastrahlenprüfung einige Vorteile:

- geringer gerätetechnischer Aufwand und niedrigere Betriebskosten,
- kurze Prüfzeiten und damit die Möglichkeit der Prüfung vieler Teile,
- die Prüfvorgänge lassen sich automatisieren,
- es können dicke Werkstücke durchschallt werden, für die die Röntgen- und Gammastrahlenprüfung nicht mehr geeignet ist,
- Fehler mit sehr geringer Dicke können noch nachgewiesen werden,
- keine gesundheitliche Gefährdung des Bedienungspersonals.

Nachteilig gegenüber der Röntgen- und Gammastrahlenprüfung ist, dass das Prüfergebnis nur als Fehlerechofoto dokumentarisch festgehalten werden kann und außerdem keine exakte Aussage über die Fehlerart möglich ist.

10.3.4 Magnetische Rissprüfung

Dieses Verfahren dient zum Nachweis makroskopischer Fehler (hauptsächlich von Rissen) an oder dicht unterhalb der Oberfläche magnetisierbarer Werkstücke (Bild 10.30).

Ein ferromagnetisches Werkstück wird in ein Magnetfeld gebracht. Im Fehlerbereich ist der magnetische Widerstand höher, was durch eine Vergrößerung des Durchtrittsquerschnitts der Kraftlinien ausgeglichen werden muss. Dabei werden die Kraftlinien abgelenkt und können teilweise aus dem Werkstück austreten, es entstehen Streufelder.

Die Sichtbarmachung der Fehler erfolgt durch Magnetpulver, die in Öl oder Petroleum aufgeschwemmt werden. Zugabe von fluoreszierenden

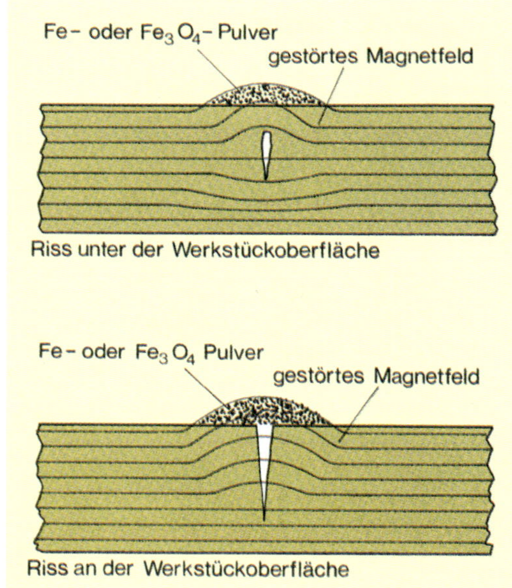

10.30 Prinzip der magnetischen Rissprüfung

Substanzen in Verbindung mit UV-Licht-Bestrahlung verbessern die Fehlererkennbarkeit. Die Grenzgröße liegt bei Rissbreiten von etwa 1 μm.

Als Nachteile sind die geringe Tiefenwirkung (< 8 mm), die niedrige Prüfgeschwindigkeit und eine zu sehr qualitative Anzeige zu nennen. Man kann z. B. nur schwer harmlose Oberflächenbeschädigungen und gefährliche Anrisse voneinander unterscheiden.

Für eine gute Fehlererkennbarkeit sollen die magnetischen Kraftlinien möglichst senkrecht zur Längsrichtung des Fehlers verlaufen. **Querrisse** werden durch Kraftlinien in Richtung der Längsachse des Werkstückes sichtbar. Dazu eignet sich eine **Jochmagnetisierung** mit einem Dauermagneten (für Kleinteile) bzw. mit einem Elektromagneten, welcher durch Gleich-, Wechselstrom oder kurze Stromstöße erregt wird, oder eine **Spulenmagnetisierung**.

Um **Längsrisse** nachzuweisen, wird das Werkstück mit elektrischem Strom durchflutet. Dadurch entsteht im Werkstück ein magnetisches Ringfeld, in dem die Kraftlinien geschlossene Bahnen bilden (Kreis- oder Quermagnetisierung).

Will man **Längs- und Querrisse** gleichzeitig erkennen, kombiniert man die Jochmagnetisierung mit der Selbstdurchflutung.

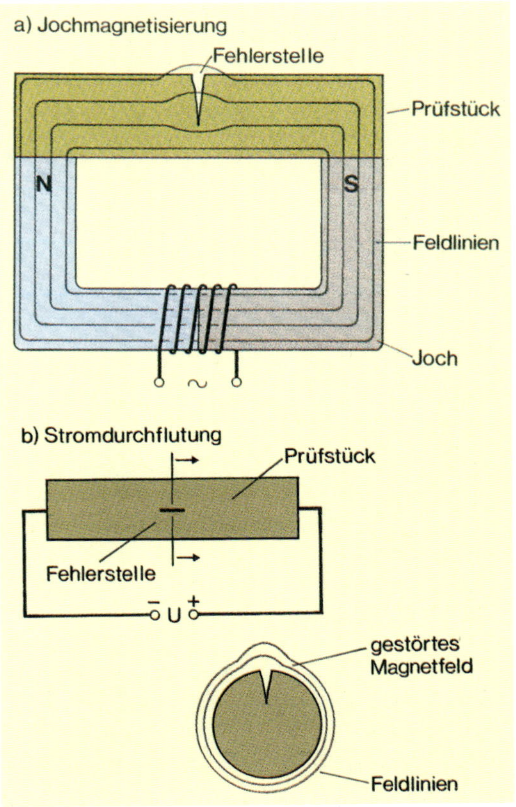

10.31 Verfahren der magnetischen Rissprüfung

Im Gegensatz zum Gleichstrom, der sich über den Leiterquerschnitt gleichmäßig verteilt, kommt beim Wechselstrom (vor allem bei höheren Frequenzen) der **Skineffekt** zur Wirkung. Das heißt, dass sich hier der Strom und damit das Magnetfeld verstärkt an der Oberfläche ausbildet, was die Fehler deutlicher sichtbar macht.

10.3.5 Induktive Prüfverfahren

Das Werkstück kommt in den Wirkungsbereich einer von Wechselstrom durchflossenen Spule, die in demselben Wirbelströme erzeugt. Die Rückwirkung des magnetischen Feldes dieser Wirbelströme auf die Prüfspule oder auf eine Sekundärspule wird zur Anzeige benutzt. Diese vergleicht man mit der Anzeige eines Normals. Die Anzeige ist abhängig von den Abmessungen, den Legierungsanteilen, der Härte sowie von Lunkern, Rissen und anderen Fehlern der Probe.

Die induktiven Prüfverfahren sind besonders für den Einsatz in der Serienfertigung geeignet. Man unterscheidet mehrere Verfahren:

- Beim **Tastspulverfahren** (Bild 10.32) wird eine Tastspule über das Werkstück geführt.

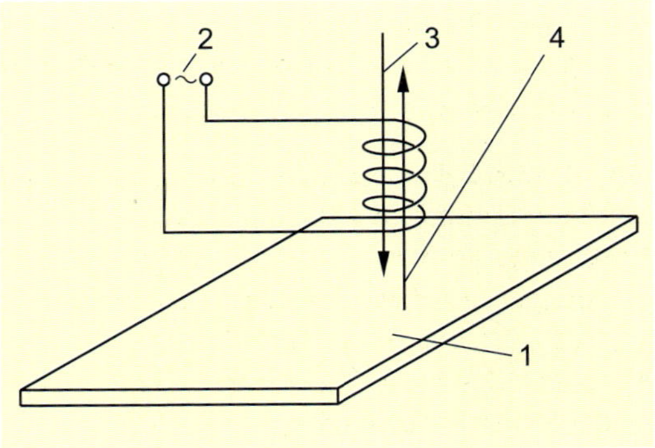

10.32 Prinzip des Tastspulverfahrens
1 Prüfstück; 2 Erregung und Messspannung; 3 magnetisches Wechselfeld der Spule; 4 magnetisches Feld des Prüfstückes

- Das **Gabelspulverfahren** (Bild 10.33) verwendet Primär- und Sekundärspule mit dazwischen befindlichem Werkstück (Anwendung z. B. für Dickenmessungen).
- Beim **Durchlaufspulverfahren** (Bild 10.34) wird das Werkstück innerhalb der Spule geführt. Dabei gibt es die **Differenzspulen-**

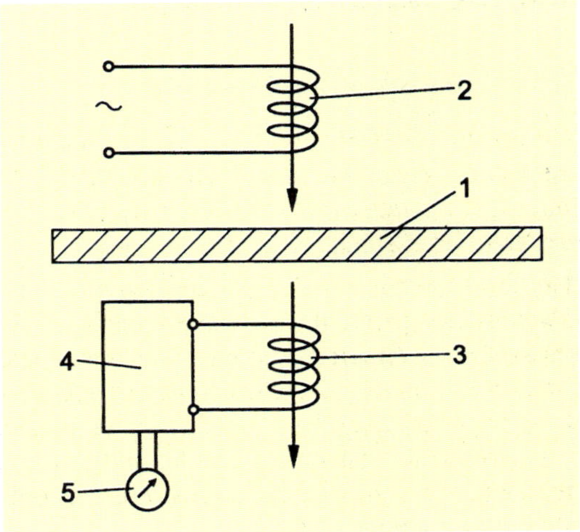

10.33 Prinzip des Gabelspulverfahrens
1 Prüfstück; 2 magnetisches Wechselfeld der Primärspule; 3 magnetisches Feld der Sekundärspule; 4 Verstärker; 5 Anzeigegerät

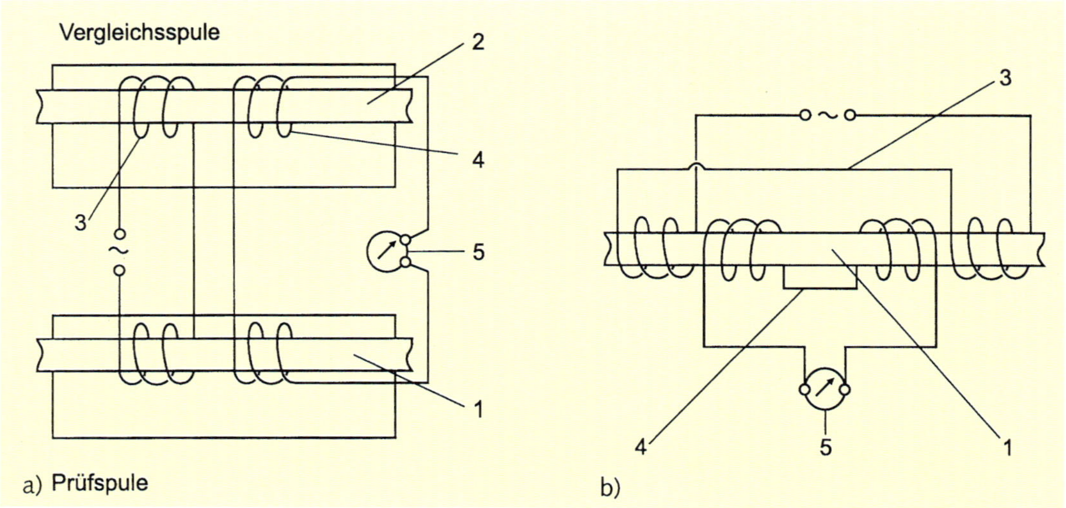

10.34 Prinzip des Durchlaufspulverfahrens
a) Differenzspulenvergleichsanordnung
b) Selbstvergleichsanordnung

1 Prüfling; 2 Normalprobe;
3 Primärwicklungen;
4 Sekundärwicklungen; 5 Anzeigegerät

vergleichsanordnung, bei der Prüfling und Normalprobe über gegenläufige Wicklungen zusammengeschaltet werden. Entspricht der Prüfling dem Vergleichsstück, erfolgt keine Spannungsanzeige. Im anderen Fall entsteht in den Sekundärwicklungen eine Spannungsdifferenz, die angezeigt wird. Bei der **Selbstvergleichsanordnung** werden zwei benachbarte Bereiche einer Probe miteinander verglichen, wobei sich Fehler durch einen Spannungsausschlag bemerkbar machen.

10.3.6 Oberflächenprüfung mittels Eindringverfahren

Ölkochprobe: Das Werkstück wird einige Minuten in heißes Öl (> 100 °C) getaucht, wobei das Öl in Risse eindringt. Nach der Entnahme erfolgt eine Reinigung und die Aufbringung von Schlemmkreide. Bei der nachfolgenden Abkühlung wird das Öl aus den Rissen gepresst und an den Fehlerstellen bildet sich eine Braunfärbung.

Farbeindringverfahren: Ein roter Farbstoff, welcher die Eigenschaft hat, auch in feinste Risse einzudringen, wird auf das Werkstück aufgebracht (Bild 10.35). Anschließend erfolgt eine Reinigung und eine Besprühung mit weißem Farbstoff, welcher den roten Farbstoff an sich bindet und eine Rotfärbung an den Rissen bewirkt.

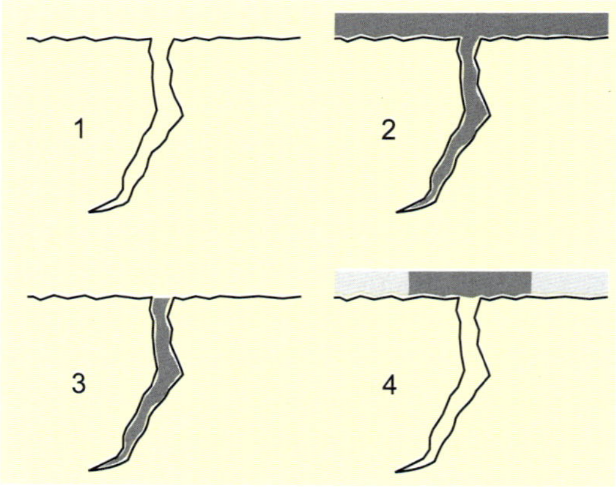

10.35 Farbeindringverfahren
1 vor der Behandlung
2 mit rotem Farbstoff bestrichen
3 gereinigt
4 mit weißem Farbstoff besprüht

Fluoreszenzverfahren: Die Prüfflüssigkeit enthält hier fluoreszierende Substanzen. Nach dem Eintauchen wird die Probe gereinigt und im UV-Licht betrachtet.

10.3.7 Schleiffunkenprobe

Die Schleiffunkenprobe ist ein rasches Mittel zur Unterscheidung von verschiedenen Eisenwerkstoffen bzw. zur angenäherten Analysenbestimmung (Bild 10.36).

Funkenbild	Werkstoff
 Funkengarbe gelb-orange. Zahlreiche Sternchen mit starken Verästelungen.	Niedriglegierter Werkzeugstahl mit 1,4 % C
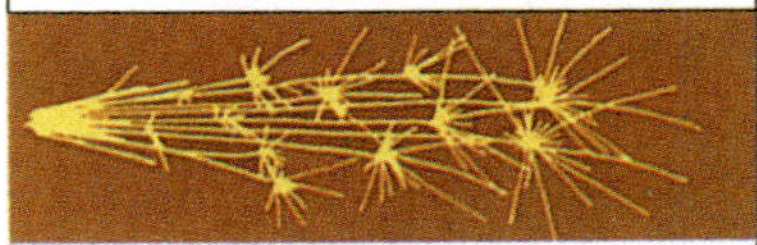 Funkengarbe strohgelb. Verästelte Sternchen, kürzere Grundstrahlen.	Vergütungsstahl mit 0,5 % C
 Funkengarbe dunkelgelb. Vereinzelte Sternchen, wenige Verästelungen, lange Grundstrahlen.	Unlegierter Baustahl mit 0,12 % C

10.36 Schleiffunkenprobe

Das Probestück wird gegen eine mittelharte Schleifscheibe gedrückt (Umfangsgeschwindigkeit 20 bis 30 m/sek).

Ein Teil der Schleifspäne wird dabei so hoch erhitzt, dass eine Verbrennung mit dem Luftsauerstoff erfolgt. Dies ergibt die Primärstrahlen. Bei der Verbrennung des Kohlenstoffs entsteht CO. Durch den Gasdruck zerplatzen die flüssig gewordenen Metallteilchen und es bilden sich Sekundärstrahlen. Primär- und Sekundärstrahlen ergeben zusammen ein Funkenbild, aus dem man auf die Zusammensetzung des Metalles schließen kann.

Die Beurteilung des Werkstoffes durch Beobachtung der Ausbildungsform und Farbe des Funkenbildes setzt einige Erfahrung voraus. Erleichtert wird die Bestimmung durch Vergleichsproben oder durch Farbbilder.

10.4 Metallografische Prüfung

> Aufgabe der Metallografie ist die qualitative und quantitative **Beschreibung der Gefüge metallischer Werkstoffe.**

10.4.1 Makroskopische Untersuchungen

Makrountersuchungen werden mit bloßem Auge oder bei schwacher Vergrößerung durchgeführt. Sie geben Aufschluss über Seigerungen, Schlackeneinschlüsse, Gasblasen und liefern grobe Anhaltswerte über den Gefügeaufbau. Voraussetzung ist im Allgemeinen eine geschliffene Oberfläche. Man unterscheidet zwischen

- **Ätzverfahren** und
- **Abdruckverfahren.**

Die Makroätzung ist meist eine so genannte **Tiefätzung** mit speziellen Reagenzien. An einer so behandelten Probe sind grundsätzliche Gefügeunterschiede erkennbar (z. B. Schweißnähte oder Wärmebehandlungszonen). Bei einer Schweißverbindung kann man verschiedene Einzelheiten wie Querschnittsform der Schweißnaht, Anzahl der Schweißlagen, Einbrand, Korngrößenverteilung, allfällige Schweißfehler usw. sehen. Ebenso können die Primärkristallisation in Gussteilen, ein Rekristallisationsgefüge oder Faserverläufe an verformten Teilen sichtbar gemacht werden.

Von den Abdruckverfahren ist der **Baumann-Abdruck** der bekannteste. Dieser dient als Nachweis von Schwefelseigerungen im Stahl. In der Dunkelkammer wird ein mit Schwefelsäure getränktes Fotopapier auf die geschliffene Stahlfläche gedrückt. Zwischen der Schwefelsäure und den Sulfideinschlüssen kommt es dabei zu Reaktionen, wobei Schwefelwasserstoff entsteht. Durch diesen bildet sich in der Fotoschicht dunkles Silbersulfid, welches die Lage der Sulfideinschlüsse kennzeichnet.

10.4.2 Mikroskopische Untersuchungen

Lichtmikroskop

Die Wirkungsweise des Auflichtmikroskops sowie die Herstellung von Metallschliffen und deren Ätzung wurde schon im Abschnitt 2.3 ausführlich dargestellt. Dazu folgen noch einige Ergänzungen.

Zur Sichtbarmachung des Schliffes wird statt der üblichen **Hellfeldbeleuchtung**, bei der das Licht praktisch senkrecht auf die Probe fällt, in manchen Fällen auch die **Dunkelfeldbeleuchtung** eingesetzt. Bei letzterem Verfahren wird das Licht durch einen Ringspiegel schräg auf die Probe gelenkt, wodurch z. B. die bei der Hellfeldbeleuchtung dunklen Korngrenzen hell erscheinen. Die Körner dagegen sieht man als dunkle Flächen, da die Lichtstrahlen nicht in das Objektiv bzw. Okular reflektiert werden. Der Vorteil der Dunkelfeldbeleuchtung liegt darin, dass mechanische Oberflächenbeschädigungen und andere Fehler oder manche Gefügebestandteile besser zu erkennen sind.

Es gibt darüber hinaus noch weitere Methoden, den Informationsgehalt der mikroskopischen Bilder zu erhöhen. Dazu zählen u. a. das Phasenkontrastverfahren, die Polarisationsmikroskopie und die Interferenzmikroskopie.

Rasterelektronenmikroskop

Beim Rasterelektronenmikroskop **REM** wird mit einem dünnen Elektronenstrahl (Durchmesser etwa 0,01 μm) die Oberfläche der Probe zeilenförmig abgetastet. Die Elektronen des Strahls schlagen aus der Probe Sekundärelektronen heraus. Aus der Zahl und der örtlichen Verteilung dieser Sekundärelektronen wird ein plastisches Bild der Oberfläche erstellt, das sich durch große Tiefenschärfe auszeichnet (Bilder 4.92, 7.6, 7.7, 8.21 und 8.82). Die Vergrößerung ist von der Geschwindigkeit der Elektronen und damit von der Beschleunigungsspannung abhängig. Gegenüber dem Lichtmikroskop kann man mehr als zwei Zehnerpotenzen erreichen. Wegen der großen Tiefenschärfe, die um einige Größenordnungen über jener des Lichtmikroskops liegt, eignet sich das Rasterelektronenmikroskop in der Werkstoffprüfung besonders für die Untersuchung von Bruchflächen.

Durchstrahlungselektronenmikroskop

Elektronenstrahlen können auch dünne Metallschichten durchdringen, die je nach der Beschleunigungsspannung im Bereich von 0,1 bis 1 μm liegen. Diese Eigenschaft findet ihre Anwendung im Durchstrahlungs- bzw. Transmissions-Elektronenmikroskop **TEM** (Bild 10.37). Aus den auftretenden Streuungen und Beugungen der Elektronenstrahlen können nach verschiedenen Verfahren lokale geometrische oder chemische Fehler des Kristallaufbaues (z. B. Versetzungen, feinste Ausscheidungen usw.) sichtbar gemacht bzw. in Bilder umgesetzt werden. Die richtige Deutung dieser Bilder setzt allerdings eine gewisse Erfahrung voraus.

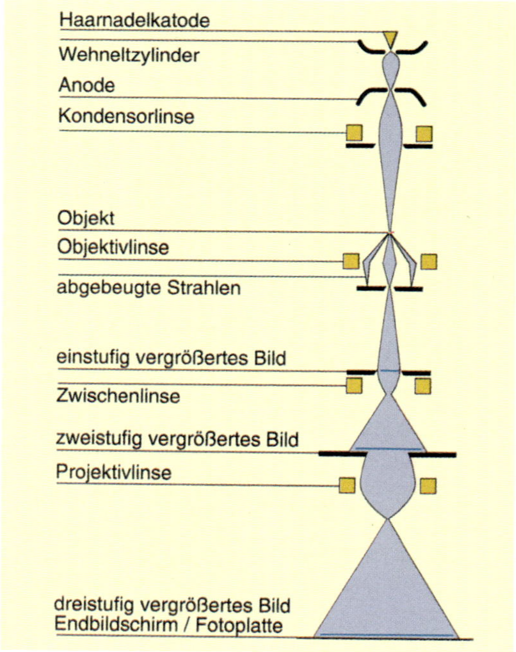

10.37 Prinzip eines Durchstrahlungsmikroskops

Fragen und Aufgaben zu Abschnitt 10

10.1 Welche Werkstoffkennwerte können durch Zugversuche ermittelt werden?

10.2 Was ist ein Proportionalstab?

10.3 Welcher der beiden genormten Proportionalstäbe hat die größere Bruchdehnung (Begründung)?

10.4 Welche Einflüsse begünstigen ein sprödes Bruchverhalten?

10.5 Welche Einflussfaktoren sind bei der Dauerfestigkeitsberechnung eines bestimmten Maschinenteiles zu berücksichtigen?

10.6 Bei einer Brinellhärtemessung an einer Stahlprobe wird der Eindruckdurchmesser d mit 1,6 mm gemessen. Welche Prüfkraft ergibt sich bei einem Kugeldurchmesser $D = 5$ mm? Wie lautet die Kurzbezeichnung des Härtewertes?

10.7 Die Kurzbezeichnung eines Härtewertes lautet 710 HV 40. Wie groß ist der mittlere Wert der Eindruckdiagonalen?

10.8 Wodurch unterscheidet sich prinzipiell die Berechnung der Rockwellhärte von der Härteberechnung nach Brinell oder Vickers?

10.9 Welches Ultraschallprüfverfahren ist dominierend (Begründung)?

10.10 Welche Nachteile hat die magnetische Rissprüfung?

Glossar

Affinität Bestreben von Atomen oder Atomgruppen, sich miteinander zu vereinigen (aus lat. affinitas „Verwandtschaft").

Aggregatzustand Erscheinungsform eines Stoffes (je nach Temperatur fest, flüssig oder gasförmig); im Zusammenhang damit stehen gegenseitige Lage und Bewegungszustand der Atome bzw. Moleküle (aus lat. aggregare „anhäufen, beigesellen").

Allotropie Eigenschaft eines Stoffes in verschiedenen Kristallformen vorzukommen (aus griech. allo „anders, verschieden" und trope „Wendung").

amorph form-, gestaltlos (aus griech. a „un-, nicht-" und morphos „Gestalt"); bedeutet hier „nicht kristallin".

Anion negativ geladenes Ion, das bei der Elektrolyse zur Anode wandert (siehe Ion).

Anisotropie Eigenschaft von Kristallen, nach verschiedenen Richtungen unterschiedliche phys. und chem. Eigenschaften zu zeigen (aus griech. a(n) „un-, nicht-", isos „gleich" und tropos „Richtung").

arrêt [a'rɛ] franz. „das Anhalten, Stillstand".

Austenit Stahl mit kubisch-flächenzentriertem Raumgitter; benannt nach dem engl. Metallurgen Sir W. C. Roberts-Austen (1843–1902).

Bainit Gefüge, bestehend aus einem feinen Gemenge von Zementit und Ferrit; benannt nach dem amerikanischen Forscher E. C. Bain.

binär aus zwei Teilen bestehend (aus lat. binarius „zwei enthaltend").

Brechkegel kegelförmiger, sich drehender Teil in Zerkleinerungsmaschinen.

Butadien Kurzwort aus Butan, di (zweifach) und der Nachsilbe en; ungesättigter Kohlenwasserstoff, der als Ausgangsstoff für synthetischen Gummi dient.

Carbide siehe Karbide

chauffage [ʃo'fa:ʒ] franz. „Erhitzung, Heizung".

Cowper [kauper] Winderhitzer für Hochöfen; nach dem englischen Ingenieur A. E. Cowper (1819–1893).

Curie-Punkt nach dem französischen Forscher und Nobelpreisträger Pierre Curie [küri] (1859–1906).

Destillation Reinigung oder Trennung meist flüssiger Stoffe durch Verdampfung und anschließender Kondensation (aus lat. destillare „herabträufeln").

Diamagnetismus siehe Abschnitt 2.6.3 (aus griech. dia „durch, hindurch, zwischen, auseinander")

Diffusion Wanderbewegung von Atomen oder Molekülen in gasförmigen, flüssigen oder festen Stoffen, wobei sich Konzentrationsunterschiede ausgleichen. Daneben gibt es noch die Selbstdiffusion in einphasigen, homogenen Körpern, wobei einzelne Atome ihre Plätze tauschen (aus lat. diffundere „ausströmen, sich verbreiten").

Dipol Anordnung zweier gleich großer elektrischer Ladungen oder magnetischer Pole entgegengesetzer Polarität. Beispielsweise magnetische Dipole in Metallen, die durch um Atome kreisende Elektronen hervorgerufen werden oder Moleküle, bei denen die Schwerpunkte von positiver und negativer Ladung nicht zusammenfallen, welche also zwei Ladungspole besitzen (Di aus griech. dis „zweifach").

Dotierung Zugabe von Fremdatomen in Halbleitern (aus lat. dotare „ausstatten").

Duktilität plastische Verformbarkeit (aus lat. ductilis „ziehbar, dehnbar").

Duromere harte Kunststoffe, die auch als Duroplaste bezeichnet werden (aus lat. durus „hart" und griech. plastikos „formbar").

Elastomere Kunststoffe mit hohem Rückfederungsvermögen (aus griech. elastos „dehnbar").

Emission Aussendung, Aus- oder Abgabe (aus lat. emittere „herausschicken").

endotherm mit Aufnahme von Wärme verbunden (aus griech. endon „innen, innerhalb" und thermos „warm").

Erosion Zerstörung von Materialien durch mechanische Einwirkung (aus lat. erodere „abnagen, zerfressen").

Eutektikum bedeutet so viel wie „leicht Schmelzendes" (aus griech. eu- „gut, schön" und tekein „schmelzen").

Eutektoid siehe Abschnitt 3.2.5.2; oid (aus griech. -eides „-förmig" bzw. eidos „Form, Gestalt") hat als Endung von Adjektiven und Substantiven die Bedeutung von „eine ähnliche Form aufweisend, ähnlich beschaffen oder aussehend".

exotherm mit Freiwerden von Wärme verbunden (aus griech. exo „außen, draußen" und thermos „warm").

Ferrit Eisen (aus lat. ferrum „Eisen").

Ferromagnetismus siehe Abschnitt 2.6.3 (aus lat. ferrum „Eisen" und Magnesia, einer Landschaft im alten Griechenland, wo ein magnetisches Eisenerz gefunden wurde).

Fluoreszenz Eigenschaft bestimmter Stoffe, durch Bestrahlung (z. B. mit Licht- oder Röntgenstrahlen) zum Eigenleuchten angeregt zu werden. Beim Flussspat (Calciumfluorid CaF_2) wurde diese Erscheinung zuerst beobachtet. Flussspat wird auch in der Hüttentechnik als Flussmittel zur Erzielung einer dünnflüssigen Schlacke eingesetzt (daher sein Name). Von dieser Eigenschaft des Flussspates leitet sich auch der Name des Gases Fluor ab (aus lat. fluere „fließen").

fraktionierte Destillation Flüssigkeiten mit verschiedenen Siedepunkten durch Verdampfung und anschließender Kondensation isolieren (aus lat. frangere „brechen").

Galvanisches Element siehe Abschnitt 9.2. Namensgebung nach dem italienischen Arzt Luigi Galvani (1737–1798), der 1793 entdeckte, dass Froschschenkel, die mit zwei verschiedenen miteinander verbundenen Metallen in Berührung kamen, zuckten. Galvani interpretierte diese Erscheinung fälschlich als „tierische Elektrizität".

heterogen uneinheitlich (aus griech. heteros „verschieden" und genes „erzeugt, verursacht").

heteropolar entgegengesetzt elektrisch geladen (aus griech. heteros „verschieden").

homogen einheitlich (aus griech. homos „gleich, gleichartig" und genes „erzeugt, verursacht").

homöopolar gleichartig elektrisch geladen (aus griech. homoios „ähnlich, gleichartig").

Hooke'sches Gesetz siehe Abschnitt 10.1.1. Benannt nach dem englischen Physiker Robert Hooke [huk] (1635–1703), der sich u. a. mit den Gesetzmäßigkeiten der Elastizität von Festkörpern beschäftigte.

Hysterese (Hysteresis) das Zurückbleiben einer Wirkung hinter der sie bedingenden veränderlichen Kraft (aus griech. hysteresis „das Nachstehen, das Zukurzkommen").

Impuls Begriff aus der Mechanik: Produkt aus Kraft und Dauer der Krafteinwirkung (des Stoßes) bzw. das Produkt aus Masse und Geschwindigkeit (aus lat. impulsus „Anstoß, Antrieb").

Induktion Erzeugung elektrischer Ströme (Spannungen) in Leitern durch veränderliche Magnetfelder (aus lat. inductio „das Hineinführen").

inerte Gase reaktionsträge Gase wie z. B. die Edelgase Helium oder Argon (aus lat. inertia „Untätigkeit, Trägheit").

Interferenz Überlagerung (aus lat. inter „zwischen" und ferire „schlagen, treffen"); in diesem Fall (Laue 1912) sind es Überlagerungen von Röntgenstrahlen. Auch bei Lichtstrahlen gibt es Interferenz (siehe Abschnitt 4.7.3 → Anlassfarben).

Ion elektrisch geladenes Teilchen, das aus neutralen Atomen oder Molekülen durch Anlagerung oder Abgabe von Elektronen entsteht (aus griech. ion „Wanderndes").

Isomere chem. Verbindungen, die bei gleicher Zahl und Art der Atome (gleiche Summenformel) verschiedene Molekülformen haben (aus griech. isos „gleich" und meros „Teil").

isotherm gleiche Temperatur habend (aus griech. isos „gleich" und thermos „warm").

Isotropie Richtungsunabhängigkeit der phys. und chem. Eigenschaften eines Körpers (siehe Anisotropie).

Karbide (Carbide) Verbindungen des Kohlenstoffs mit Metallen, Bor oder Silizium (aus lat. carbo „Kohle" und ...id, in der chem. Fachsprache verwendete Nachsilbe von Substantiven zur Bezeichnung von Verbindungen aus zwei Elementen, von denen eines meist ein Metall ist).

Kation positiv geladenes Ion, das bei der Elektrolyse zur Katode wandert (siehe Ion).

Kavitation Entstehen und plötzliches Vergehen von Dampfblasen in Flüssigkeitsströmungen an Stellen, wo der Dampfdruck erreicht wird. Durch diese Vorgänge entsteht starker Materialverschleiß (aus lat. cavus „Höhlung, Loch").

Keramik Werkstoffe unterschiedlichster Zusammensetzung, die nach der Formgebung gebrannt werden. Man unterscheidet verschiedene Gruppen wie Tonkeramik, Oxidkeramik, Nitridkeramik, Metallkeramik u. a. (aus griech. keramike „Töpferkunst").

Kokille metallische, wiederholt verwendbare Gießform (aus franz. coquille [kɔkij] „Muschel").

kommunizierende Gefäße unten miteinander verbundene und oben offene Gefäße, in denen eine Flüssigkeit gleich hoch steht (aus lat. communicare „gemeinsam machen, vereinigen").

Königswasser Säuremischung, bestehend aus einem Teil konzentrierter Salpetersäure und drei Teilen konzentrierter Salzsäure.

kovalente Bindung Bindung zwischen gleichartigen Atomen durch gemeinsame Elektronen (aus lat. com bzw. co „zusammen, zugleich" und valere „stark, gesund sein").

Kupolofen Schmelzofen zur Herstellung von Gusseisen (aus lat. cupa „Tonne, Fass").

latent versteckt, verborgen (aus lat. latere „verborgen sein").

Ledeburit Eutektikum der Legierung Eisen-Kohlenstoff; nach dem deutschen Metallurgen A. Ledebur (1837–1906).

Legierung Definition siehe Abschnitt 3.1 (aus lat. ligare „verbinden, vereinigen").

Liquiduslinie im Zustandsdiagramm von Legierungen die Linie, oberhalb der alle Legierungsbestandteile flüssig sind (aus lat. liquidus „flüssig").

Majorität Mehrheit (aus lat. maior „größer, stärker").

Martensit feinkörniges, nadelartiges Gefüge, welches beim Abschrecken des Austenits entsteht und durch die Zwangslösung des Kohlenstoffs eine große Härte besitzt; benannt nach dem deutschen Forscher A. Martens (1850–1914).

Metallionen Ionen eines Metalls (siehe Ionen).

Metallurgie Wissenschaft und Technologie von der Gewinnung und Verarbeitung der Metalle (aus griech. metallourgein „Metalle verarbeiten").

metastabil weder stabil noch instabil, in der Mitte zwischen stabil und instabil (aus griech. meta „inmitten, zwischen, hinter, nach" und lat. stabilis „standhaft, dauerhaft").

Minorität Minderheit (aus lat. minor „kleiner").

Modifikation Abwandlung, Veränderung (aus lat. modificatio „richtige Abmessung").

Monomere niedermolekulare Ausgangsstoffe für die Erzeugung von Polymeren (aus griech. monomeres „aus einem Teil bestehend").

Nitride Metall-Stickstoff-Verbindungen (siehe Karbide); Nitro... (aus lat. nitrum „Soda, Natron"): Stickstoff bildend oder enthaltend.

Objektiv die dem zu beobachtenden Gegenstand (Objekt) zugewandte Linse oder Linsenkombination eines optischen Gerätes (aus lat. obiectum, eigentlich „das Entgegengeworfene").

Okular die dem Auge zugewandte Linse oder Linsenkombination eines optischen Gerätes (aus lat. oculus „Auge").

Paramagnetismus siehe Abschnitt 2.6.3 (aus griech. para „entlang, neben, bei, gegen").

Peritektikum bedeutet so viel wie „ringsherum Schmelzendes" (aus griech. peri „um, herum, umher" und tekein „schmelzen").

Perlit Gefügebestandteil des Stahles (schichtenförmiger Aufbau aus Ferrit und Zementit).

Permeabilität Durchlässigkeit (aus lat. permeare „durchwandern"); im magnetischen Feld bedeutet die Permeabilität μ das Verhältnis zwischen magnetischer Induktion B und magnetischer Feldstärke H.

Plastomere auch als Thermoplaste bezeichnet; Kunststoffe, die bei Erwärmung plastisch verformbar sind (aus griech. thermos „warm" und plastikos „formbar").

Polymere sehr große Moleküle, die durch Verbindung kleinerer (Monomere) entstanden sind (aus griech. polys „viel" und meros „Teil").

Polymorphie Vielgestaltigkeit (aus griech. polys „viel" und morphos „Gestalt").

Potentialwall Begriff aus der Physik; hier ist eine elektrostatische Barriere (Sperre) gemeint, die den Austritt eines Elektrons aus dem Metallverband unter einem bestimmten Energieniveau verhindert.

primär zuerst vorhanden, ursprünglich, erst-, vorrangig, wesentlich (aus lat. primus „der Erste, Vorderste").

Puddelverfahren historisches Stahlgewinnungsverfahren (aus engl. to puddle [pʌdl] „umrühren").

Pulvermetallurgie Herstellung von Metallen und Legierungen durch Pressen und Sintern von Pulvern (aus lat. pulvis „Staub"); siehe auch Metallurgie.

Reduktion bei den Vorgängen im Hochofen: Entzug von Sauerstoff aus einer chem. Verbindung (Erz), wodurch Metall (Eisen) entsteht (aus lat. reductio „Zurückführung").

Reflexion hier: das Zurückwerfen von Schallwellen oder elektromagnetischen Wellen, wie z. B. Licht (aus lat. reflectere „rückwärts wenden, zurückbeugen").

refroidissement [rəfrwaˋdisˋmã] franz. „Abkühlung".

regenerativer Wärmeübertrager Wärmeübertrager, bei dem der Wärmetransport zwischen zwei Medien über Wärmespeicher erfolgt. Während der aufgeheizte Speicher seine Wärme an ein kühleres Medium abgibt, wird der kalte Speicher von einem heißen Medium erwärmt, also „regeneriert" (aus lat. regenerare „erneuern, wiederherstellen").

Resonanz Wird ein schwingfähiger Körper (Oszillator) durch eine äußere, periodisch veränderliche Kraft in Schwingung versetzt, spricht man von erzwungener (fremderregter) Schwingung. Stimmen Eigenfrequenz des Oszillators und Erregerfrequenz überein, tritt Resonanz auf (aus lat. resonare „widerhallen"). Die Amplituden (Schwingungsausschläge) des Oszillators können dabei sehr hohe Werte annehmen.

Segregatlinie Sättigungslinie; Linie in Zustandsschaubildern, unterhalb der es zu Ausscheidungen kommt (aus lat. segregare „ausscheiden").

sekundär an zweiter Stelle stehend (aus lat. secundus „der Nächste, Zweite").

Soliduslinie im Zustandsdiagramm von Legierungen die Linie, unterhalb der alle Legierungsbestandteile fest sind (aus lat. solidus „gediegen, fest").

Sorbit feinstreifiges Perlitgefüge; benannt nach dem englischen Forscher H. C. Sorby (1826–1908).

Spin schnelle Rotation eines Körpers (aus engl. spin „schnelle Drehung"); hier bedeutet Spin die Eigenrotation der Elektronen.

Spongiose selektive Korrosion beim Grauguss (aus lat. spongiosus „schwammig, porös").

Sublimation siehe sublimieren

sublimieren unmittelbar vom festen in den gasförmigen Zustand übergehen und umgekehrt (aus lat. sublimare „erhöhen").

Substitution Ersetzung oder Austausch einer Person, Sache (eines Begriffs) durch eine(n) andere(n); siehe Abschnitt 3.1 Substitutionsmischkristall (aus lat. substituere „an die Stelle setzen").

Substrat Unterlage, Grundlage (aus lat. substernere „unterbreiten, unterlegen").

tertiär an dritter Stelle stehend (aus lat. tertius „der Dritte").

Textur Gefüge mit ausgerichteten (orientierten) Kristallen, z. B. nach Kaltverformung (aus lat. textura „Gewebe, Zusammenfügung").

Thermoelement Temperaturmessgerät, welches aus zwei Leitern verschiedener Werkstoffe besteht, die an ihren Enden verbunden (gelötet) sind.

Totalreflexion Erscheinung, dass ab einem bestimmten Einfallswinkel kein Licht aus einem optisch dichteren in einen optisch dünneren Stoff übertreten kann (siehe auch Reflexion).

Troostit feinstreifiges Perlitgefüge; benannt nach dem französischen Chemiker L. J. Troost (1825–1911).

Ummagnetisierung Richtungsänderung der Magnetisierung, wenn z. B. eine Spule mit Wechselstrom gespeist wird.

Valenz chem. Wertigkeit; Zahl der H-Atome, die ein Atom eines Elementes bindet oder ersetzt (aus lat. valentia „Stärke, Kraft").

Valenzelektron Außenelektron, das für die chem. Bindung verantwortlich ist.

VOEST Vereinigte Österreichische Eisen- und Stahlwerke.

WIG-Schweißung WOLFRAM-INERT-GAS-Schweißung. Schutzgasschweißung mit reaktionsträgen Gasen (siehe inerte Gase).

Wöhlerkurve Bild 10.12 in Abschnitt 10.1.6; nach August Wöhler (1819–1914), der maßgeblich an der Erforschung der Dauerfestigkeit beteiligt war.

Zementit Eisenkarbid; besonders harte Verbindung von Eisen und Kohlenstoff (aus lat. caementum „Bruchstein").

Antworten und Lösungen

Abschnitt 2

2.1 Im flüssigen Aggregatzustand haben die Atome noch eine freie Beweglichkeit. Im festen Aggregatzustand schwingen die Atome um bestimmte Fixpunkte. In beiden Fällen sind die Abstände der Atome voneinander sehr klein.

2.2 Entweder regelmäßig in den kristallinen oder unregelmäßig in den amorphen Festkörpern.

2.3 Der Haltepunkt beim Abkühlen entsteht durch die frei werdende Erstarrungswärme, welche die durch die Umgebung entzogene Wärmemenge kompensiert (ausgleicht).

2.4 Durch rasche Abkühlung (Bildung von vielen arteigenen Keimen) oder durch Zugabe kleiner Mengen von speziellen Legierungselementen, welche Fremdkeime bilden.

2.5 Bild der vorbehandelten Metalloberfläche (unter dem Mikroskop).

2.6 Durch Schleifen, Polieren und Ätzen.

2.7 Metallatome werden durch Abgabe ihrer Außenelektronen (Valenzelektronen) zu positiven Ionen. Zwischen den Ionen und den im Metall frei beweglichen Valenzelektronen (Elektronengas) wirken elektrostatische Kräfte.

2.8 Die abstoßenden Kräfte zwischen den Ionen nehmen bei kleiner werdenden Abständen stärker zu, als die anziehenden zwischen den Ionen und dem Elektronengas. Dadurch entfernen sich bei größeren Schwingungsamplituden (als Folge höherer Temperaturen) die Schwingungsmittelpunkte etwas voneinander, was eine Volumsvergrößerung bedeutet.

2.9 Das Raumgitter entsteht durch Verbindung der Schwingungsmittelpunkte entsprechender Atome mit Geraden.

2.10 Kleinster Bereich eines Raumgitters, der das Kristallsystem bzw. die Gitterart erkennen lässt.

2.11 An einem Eckatom haben acht Elementarzellen Anteil, an einem Atom in der Mitte der Seitenfläche zwei Elementarzellen. Dies ergibt für die kubisch-raumzentrierte Zelle im Durchschnitt je 2 Atome, für die kubisch-flächenzentrierte je 4.

2.12 Die Leervolumina betragen 25,95 % (kfz) bzw. 31,98 % (krz) und entsprechend die runden Werte für die Packungsdichten 74 % bzw. 68 %.

2.13 Auf der guten Beweglichkeit des Elektronengases.

2.14 Im ersten Fall geht die Verformung nach Wegnahme der Kraft wieder zurück, im zweiten Fall bleibt sie bestehen.

2.15 Die Atome einer Versetzung befinden sich nicht in der Ideallage, sind also nicht so fest gebunden.

2.16 Beiden Begriffen gemeinsam ist die Richtungsabhängigkeit bestimmter Eigenschaften. Die Anisotropie bezieht sich auf einen einzelnen Kristall (Kristallit), die Textur betrifft einen größeren Gefügebereich mit vielen Kristalliten.

2.17 Je stärker die Kaltverformung, desto feiner das Korn nach dem Rekristallisationsglühen.

2.18 Nach $T_{min} \approx 0{,}4\ T_S$ ergibt sich $T_{min} = 724$ K bzw. $t_{min} = 451$ °C (gilt nur für starke Kaltverformung).

Abschnitt 3

3.1 Mischkristalle sind aus mindestens zwei verschiedenen Atomarten aufgebaut. Kristallgemische sind heterogene Gefüge und bestehen aus mindestens zwei unterschiedlichen Kristallarten.

3.2 Das Gefüge besteht in beiden Fällen aus Primärkristallen, die vom Eutektikum umgeben sind. Im ersten Fall werden die Primärkristalle von den Atomen der einen Komponente, im zweiten Fall von jenen der anderen gebildet.

3.3 a) $m_A = 66{,}67$ %, $m_{EU} = 33{,}33$ %
b) m_B = 60 % (bezogen auf das Eutektikum)

3.4 a) ca. 1335 °C, ca. 75 % Ni
b) $m_K = 34$ %, $m_{RS} = 66$ %, Konzentration der Mischkristalle ca. 67,5 % Ni, Konzentration der Restschmelze ca. 41 % Ni.
c) ca. 1230 °C, ca. 26 % Ni.

3.5 a) Durch längeres Glühen nahe der Soliduslinie
b) Durch eine Kaltverformung vor dem Glühvorgang

3.6 a) Kurve hat einen Haltepunkt
b) Kurve hat Knickpunkte oder Knick- und Haltepunkte
c) Kurve hat weder Knick- noch Haltepunkte

3.7 a) heterogen
b) homogen

3.8 a) ca. 5,4 % B
b) $m_\alpha = 43{,}1$ %, $m_{EU} = 56{,}9$ %, α-Kristalle haben c_2 (15,8 % B), β-Kristalle haben c_5 (83,1 % B)
c) Mit den Konzentrationen c_3 (3,3 % B) und c_6 (95 % B) ergeben sich m_α von etwa 60 % (primäre α-Kristalle, α-Kristalle des Eutektikums, sekundäre α-Kristalle) und m_β von etwa 40 % (β-Kristalle des Eutektikums, sekundäre β-Kristalle).

3.9 ca. 578 °C (Soliduslinie)

3.10 1,0114 (der Wert ergibt sich mit den Gitterkonstanten für γ- und α-Eisen bei 911 °C und mit den Ergebnissen der Aufgabe 2.11)

3.11 Der Eisenstab erfährt eine sprunghafte Verlängerung (siehe Frage 3.10)

3.12 Einlagerungsmischkristall, Zementit, Grafit

3.13 $\frac{12}{(3 \cdot 56 + 12)} = 0{,}0666$ (was 6,67 % bedeutet)

3.14 Der Kohlenstoff verschiebt den Umwandlungsbeginn zu tieferen Temperaturen hin.

3.15 1147 °C, 2,06 %

3.16 Mit den maximalen Lösungsfähigkeiten 0,02 (Ferrit), 0,8 (Austenit), den relativen Atommassen 12 (C) und 56 (Fe) sowie der Anzahl der Eisenatome, die im Durchschnitt auf eine Elementarzelle entfallen (2 bzw. 4) ergibt sich, dass im Ferrit etwa nur jede 536., im Austenit jede 6. bis 7. Zelle mit einem C-Atom besetzt ist.

3.17 a) Bei etwa 950 °C (Sekundärzementit)
b) Austenit (88 %) und Sekundärzementit (12 %)
c) Perlit und Sekundärzementit

3.18 a) 1147 °C
b) Ledeburit (Austenit und Zementit)
c) Austenit 51,4 %, Zementit 48,6 %

3.19 Primär-, Sekundär- und Tertiärzementit

Abschnitt 4

4.1 Reduktionsprozess

4.2 Beim COREX-Verfahren werden weder eine Kokerei noch eine Sinteranlage benötigt.

4.3 Bei den Sauerstoffblasverfahren entstehen durch den fehlenden Luftstickstoff wesentlich höhere Reaktionstemperaturen.

4.4 Durch das „Schwinden" des erstarrenden Metalles (Volumensunterschied zwischen flüssiger und fester Phase)

4.5 Ungleichmäßige Verteilung der Legierungselemente z. B. in einem Gussblock

4.6 Gegenüber der lamellaren Form des Zementits im Perlit, bildet sich dieser in der Zwischenstufe körnig oder nadelig aus.

4.7 Durch Abkühlungsversuche mit einer großen Anzahl von Proben und anschließender Gefügebestimmung

4.8 Normalglühen

4.9 Bei legierten Stählen, da Legierungselemente die kritische Abkühlungsgeschwindigkeit herabsetzen

4.10 Bei geringer Unterkühlung (nahe der Perlittemperatur von 723 °C) verläuft die Umwandlung sehr langsam. Bei sehr tiefen Temperaturen ist die Umwandlungsgeschwindigkeit wegen der schlechten Diffusion ebenfalls sehr niedrig. Dazwischen gibt es ein Maximum (siehe Bild 4.55).

4.11 a) Stahl für den Stahlbau, 235 N/mm² Mindeststreckgrenze für Nenndicken ≤ 16 mm, Mindestkerbschlagarbeit 27 J bei 20 °C.

b) Stahl für den Maschinenbau, 295 N/mm² Mindeststreckgrenze für Nenndicken ≤ 16 mm.

c) Stahl für den Druckbehälterbau (EN 10 028-3), 460 N/mm² Mindeststreckgrenze für Nenndicken ≤ 16 mm, unlegierter Qualitätsstahl.

d) Vergütungsstahl (EN 10 083-2) mit 0,6 % C-Gehalt

e) Vergütungsstahl (EN 10 083-1) mit 0,34 % C und 1 % Cr.

f) Schnellarbeitsstahl mit 18 % W und 1 % V.

g) Schnellarbeitsstahl mit 6 % W, 5 % Mo und 2 % V.

4.12 Wenn nach dem Härten noch Restaustenit im Gefüge ist und bei hochlegierten austenitischen Stählen.

4.13 Nickelmartensit in den „maraging steels" mit etwa 20 % Ni-Gehalt und weiteren Legierungselementen.

4.14 Manganhartstahl

4.15 Chrom

4.16 Etwa 12 %

4.17 Die Wärmeausdehnung ist um etwa 50 % größer, die Wärmeleitfähigkeit um etwa zwei Drittel kleiner als beim unlegierten C-Stahl.

4.18 Schnellarbeitsstahl

4.19 Grauguss mit perlitischem Grundgefüge

4.20 Primäre γ-Mischkristalle und Ledeburit (Hartguss)

Abschnitt 5

5.1 Durch Zugabe von Kryolith kann man den Schmelzpunkt um über 1000 °C senken.

5.2 1g Al benötigt $\frac{3350}{4.27} = 31{,}0185$ kJ

1kg Al benötigt $\frac{10^3 \cdot 31{,}0185}{3600} = 8{,}6$ kWh

5.3 Streckgrenze und Festigkeit sollen verbessert, Dehnung und Korrosionsbeständigkeit nicht zu stark verschlechtert werden.

5.4 Beim üblichen Aushärtevorgang muss das Werkstück nach dem Glühen abgeschreckt werden.

5.5 Nicht mit Wasser löschen, da dieses sich bei den hohen Temperaturen in Wasserstoff und Sauerstoff zersetzt.

5.6 Bessere Korrosionsbeständigkeit und Dehnung.

5.7 Geringe Dichte, hohe Festigkeit, ausgezeichnete Korrosionsbeständigkeit.

5.8 Durch Zugabe von Legierungselementen (Aushärtung) und ein spezielles Oberflächenhärteverfahren (ODH) mittels Sauerstoff.

5.9 Es darf kein Wasserstoff in das Kupfer gelangen (Wasserstoffkrankheit). Besser ist es, sauerstofffreies Kupfer zu verwenden.

5.10 Patina ist Kupferkarbonat, Grünspan ist Kupferacetat.

5.11 Messinglegierungen enthalten mindestens 50 % Kupfer und als Hauptlegierungselement Zink. Bronzen haben mindestens 60 % Kupfer und verschiedene Legierungszusätze, wobei Zink nicht überwiegen darf.

5.12 Neusilber hat kein Silber.

5.13 Aus etwa zwei Drittel Ni und einem Drittel Cu

5.14 Durch pulvermetallurgische Verfahren

5.15 Etwa halb so hoch, wegen ihres hohen Schmelzpunktes (siehe 5.2.3.2)

5.16 Tantal

5.17 Eine kubische Gittermodifikation des Zinns, die bei Temperaturen unter 18 °C auftritt (pulverförmiger Zerfall).

Abschnitt 6

6.1 Metalle mit amorpher Struktur, hergestellt durch sehr rasche Abkühlung von Metallschmelzen.

6.2 Auf Grund spezieller magnetischer Eigenschaften werden amorphe Metalle in der Elektronik und Elektrotechnik (z. B. Ringkerne) eingesetzt.

6.3 Eine superplastische Legierung erlaubt Dehnungen von einigen hundert Prozent.

6.4 Eine bestimmte Umformtemperatur, nicht zu hohe Umformungsgeschwindigkeiten und ein sehr kleines, temperaturbeständiges Korn (< 10 µm).

6.5 Bestimmte Legierungen „erinnern" sich bei Erwärmung an eine frühere Form, in die sie zurückkehren. Voraussetzung sind zwei verschiedene Phasen, die bei jeweils unterschiedlichen Temperaturen beständig sind.

Abschnitt 7

7.1 Die Pulvermetallurgie gehört zum Urformen ebenso wie das Gießen und das Fertigen von Galvanoplastiken (siehe Bild 9.19).

7.2 Pulverherstellung, Pressen, Sintern und Nachbehandlung (Kalibrieren)

7.3 353 428,9 N

7.4 Gleichzeitiges Pressen und Sintern in Grafitmatrizen

7.5 Grundsätzlich liegt die Sintertemperatur unterhalb des Schmelzpunktes des Werkstoffes. Bei Pulvergemischen aus verschiedenen Stoffen kann ein Bestandteil aufschmelzen.

Abschnitt 8

8.1 Quarzsand, Soda und Kalkstein

8.2 Quarzglas

8.3 Metalloxide

8.4 Porzellan, Steinzeug und Steingut

8.5 Aluminiumoxid (Al_2O_3) mit Einsatzgebieten in der Zerspanungstechnik, weiters Verwendung als Trägermaterial für die Elektrotechnik und Elektronik und für Teile, die einem großen Verschleiß und Hitzeeinwirkung ausgesetzt sind.

8.6 Werkstoffe, die aus einem keramischen und metallischen Anteil bestehen.

8.7 Ein Halbleiter ist bei tiefen Temperaturen ein Isolator, bei steigender Temperatur steigt seine Leitfähigkeit infolge der thermischen Paarbildung. Bei einem Metall sinkt bei steigender Temperatur die Leitfähigkeit, da die stärkeren Wärmeschwingungen der Ionen den Elektronentransport immer mehr behindern.

8.8 Auch bei einem dotierten Halbleiter steigt die Leitfähigkeit infolge der Störstellenaktivierung mit zunehmender Temperatur an. Die Leitfähigkeitskurve erreicht bei einer bestimmten Temperatur ein Maximum (wenn alle Störstellen aktiviert sind). Danach fällt die Kurve leicht ab (Behinderung der Ladungsträger durch die Wärmeschwingungen der Atome des Halbleiters), um bei weiterer Temperaturerhöhung stark anzusteigen (thermische Paarbildung).

8.9 Es fließt ein geringer Sperrstrom (wegen der thermischen Paarbildung)

8.10 Fremdstoffe weisen in der flüssigen und festen Phase unterschiedliche Löslichkeiten auf. Reinheitsgrade von über 10^{-9} sind möglich.

8.11 Die Menge beträgt etwa 1 Milligramm.

8.12 Dotierungsprozess bei einem Halbleiter, bei dem zwei Dotierungselemente mit deutlich verschiedenen Diffusionsgeschwindigkeiten gleichzeitig eingebracht werden.

8.13 Kohlenstoff ist das wichtigste Element für die Kunststofferzeugung. Er ist vierwertig und kann mit arteigenen Atomen kettenoder ringförmige Verbindungen bilden.

8.14 Jene Bereiche, wo Makromoleküle geordnet nebeneinander liegen

8.15 Polyethen mit geringer und mit hoher Dichte (siehe Abschnitt 8.4.5.1).

8.16 Der Kunststoff PTFE besteht aus Kohlenstoff und Fluor, besitzt eine hohe Korrosions- und Temperaturbeständigkeit, ist praktisch nicht benetzbar, klebwidrig und hat einen extrem niedrigen Reibungsbeiwert.

8.17 Schmelzspinnverfahren

8.18 Ungesättigte Polyester

8.19 Zellulose wird in einem Bad (bestehend aus Natronlauge und Schwefelkohlenstoff) gelöst, dann durch Düsen in ein Fällbad (Schwefelsäure) gepresst und anschließend gereinigt. Man erhält wieder Zellulose.

Abschnitt 9

9.1 Beispiele für eine chemische Korrosion sind Oxidationsvorgänge (direkte Elektronenabgabe an den Reaktionspartner). Bei einer elektrochemischen Korrosion ist die Bildung eines galvanischen Elementes die Vorbedingung.

9.2 Dies zeigt die Spannungsreihe der Metalle (Bild 9.6).

9.3 2,74 Volt (Bild 9.6)

9.4 Bauliche Maßnahmen, Zugabe von Legierungselementen, Schutzüberzüge und katodischer Schutz

9.5 Ein Riss im Überzug ergibt zusammen mit einem allfällig vorhandenen Elektrolyten ein Lokalelement. Eisen (Stahl) wird in diesem Fall vom unedleren Zink eine gewisse Zeit geschützt.

9.6 Die eine Möglichkeit ist die Verwendung eines unedlen Metalles (z. B. Mg) als Opferanode. Die zweite Möglichkeit ist die Verwendung einer Gleichstromquelle, mit der das zu schützende Objekt als Katode geschaltet wird.

Abschnitt 10

10.1 Zugfestigkeit R_m, Streckgrenze R_e, bzw. 0,2 %-Dehngrenze $R_{p\,0,2}$, Elastizitätsmodul E, Bruchdehnung A und Brucheinschnürung Z.

10.2 Probestab mit einem bestimmten Verhältnis der Messlänge (L_0) zum Durchmesser (d_0)· $L_0 = 5\ d_0$ gilt für den kurzen, $L_0 = 10\ d_0$ für den langen Proportionalstab.

10.3 Der kurze Proportionalstab hat die größere Bruchdehnung, da sich hier die Einschnürdehnung stärker auswirkt.

10.4 Höhere Verformungsgeschwindigkeit, größere Schärfe (Tiefe) der Kerbe, vorhergehende Kaltverformung, Alterung, höherer C-Gehalt, grobes Korn, niedrige Versuchstemperatur.

10.5 Formeinfluss, Oberflächeneinfluss, Größeneinfluss.

10.6 Der Beanspruchungsgrad für Stahl beträgt 30. Daraus ergibt sich eine Prüfkraft von 7352,94 N. Der entsprechende genormte Wert liegt bei 7,355 kN. Mit dieser Zahl ergibt sich die Kurzbezeichnung des Härtewertes zu 363HBS5/750.

10.7 0,323 mm

10.8 Bei der Härteprüfung nach Brinell und Vickers wird der Härtewert aus dem Quotienten von Prüfkraft und Eindruckoberfläche ermittelt. Bei der Rockwellhärteprüfung ist die Eindringtiefe maßgebend.

10.9 Das Impuls-Echo-Verfahren wird am häufigsten verwendet. Das Werkstück braucht nur von einer Seite zugänglich sein. Der Nachweis sehr kleiner Fehler ist möglich.

10.10 Niedrige Prüfgeschwindigkeit, geringe Tiefenwirkung und geringe Quantifizierungsmöglichkeit der Fehler sind die wesentlichen Nachteile der magnetischen Rissprüfung.

Stichwortverzeichnis